中国少数民族语言话语材料丛书
ZHONGGUO SHAOSHU MINZU YUYAN HUAYU CAILIAO CONGSHU

临高语话语材料集
LINGAOYU HUAYU CAILIAOJI

刘剑三 ◎ 编著

中央民族大学出版社
China Minzu University Press

图书在版编目（CIP）数据

临高语话语材料集/刘剑三编著．—北京：中央民族大学出版社，2009.11
ISBN 978－7－81108－734－5

Ⅰ．临… Ⅱ．刘… Ⅲ．黎语—语言学—研究 Ⅳ．H281

中国版本图书馆 CIP 数据核字（2009）第 137116 号

临高语话语材料集

作　　者	刘剑三
责任编辑	戴佩丽
封面设计	汤建军
出 版 者	中央民族大学出版社
	北京市海淀区中关村南大街 27 号　邮编:100081
	电话:68472815(发行部)　传真:68932751(发行部)
	68932218(总编室)　　　68932447(办公室)
发 行 者	全国各地新华书店
印 刷 者	北京骏驰印刷有限公司
开　　本	787×1092(毫米)　1/16　印张：19
字　　数	260 千字
版　　次	2009 年 11 月第 1 版　2009 年 11 月第 1 次印刷
书　　号	ISBN 978－7－81008－734－5
定　　价	58.00 元

版权所有　翻印必究

内 容 简 介

　　临高语是通行于海南岛西北部的一种非汉语语言，因其操用者主要集中在临高县而得名。本书所收集的语言材料只限于临高县境内，流行范围也主要在临高县境内。书首的"临高语概况"部分简要介绍临高县境内的临高土语在语音、词汇和语法等方面的主要特点，并配以例解，语音以城厢的波莲音系为标准。所收语料以民间故事为主，流传范围都比较广，其中有一部分几乎妇孺皆知，有的还在流传过程中被浓缩为成语典故而进入日常口语当中。所收谚语格言绝大多数都有比较悠久的历史，形式活泼，内容健康，至今仍活跃于乡下百姓的日常口语之中，每每成为人们茶余饭后的经典话语。临高县旧有哭嫁风俗，新中国建立初期仍很流行，哭词因人、因家境而异，本书所录为不同地方、不同家境的两个80多岁老妇人的哭词，笔者只是稍加编辑，组合而成。《奵燕哭夫词》自清光绪年间口耳相传，流传至今，民间称之为"360句哭词"，富有盛名。

编　者

2009年4月30日

目　　录

第一编　概　　况 …………………………………… (1)
　　临高话概况 ………………………………………… (2)
　　一、语音（临高县波莲音系） ……………………… (3)
　　二、词汇 …………………………………………… (6)
　　三、语法 …………………………………………… (13)

第二编　民间故事 …………………………………… (37)
　　高山神 ……………………………………………… (38)
　　仙人洞 ……………………………………………… (43)
　　金顺婆 ……………………………………………… (48)
　　探花张岳崧 ………………………………………… (52)
　　王桐乡告御状 ……………………………………… (71)
　　刘大霖千里求名师 ………………………………… (86)
　　丘公的故事 ………………………………………… (97)
　　汉公的故事 ………………………………………… (106)

第三编　长篇故事 …………………………………… (127)
　　符良生 ……………………………………………… (128)
　　姐妹设计捉人熊 …………………………………… (139)
　　邓世雄怒杀恶霸 …………………………………… (149)
　　三人五眼要看清 …………………………………… (158)
　　梦驸马 ……………………………………………… (168)
　　调俗王，美里将 …………………………………… (177)

第四编　谚语格言 …………………………………… (185)
　　关于社会、人生的谚语格言 ……………………… (186)
　　关于认识、实践的谚语格言 ……………………… (197)
　　关于学习、修养的谚语格言 ……………………… (210)

关于批评、教育的谚语格言 …………………………… (215)
关于集体、团结的谚语格言 …………………………… (228)
关于策略、技巧的谚语格言 …………………………… (230)
关于阶级、阶层的谚语格言 …………………………… (232)
关于勤劳、俭朴的谚语格言 …………………………… (235)
关于婚姻、家庭的谚语格言 …………………………… (238)
关于农业、生产的谚语格言 …………………………… (242)

第五编　长篇韵文体话语材料 ………………………… (243)
　妚燕哭夫词 …………………………………………… (244)
　哭嫁词 ………………………………………………… (261)
　童　谣 ………………………………………………… (295)

第一编　概　况

临高话概况

临高语是通行于海南岛北部的一种语言，通行地段北边临海，南以南渡江为界，西抵松涛水库，东至南渡江入海口，包括临高全县和澄迈、儋州、海口（含原琼山和海口）的部分乡镇，基本上处于南渡江西部，《正德琼台志》上称之为"西江黎语"。临高语内部可以分为临高、澄迈和琼山三种土语，其语言称谓各有不同：临高土语自称临高话，岛内闽人早期多称之为黎语，现在一般也称之为临高话；其他两种土语岛内闽人称之为黎语，自称为"村话"。临高土语包括临高县、儋州市的几个乡镇（一部分）和澄迈县的福山、桥头二镇，儋州地区与临高本土语音基本一致，解放后稍有变异；澄迈的福山、桥头与临高土语音差别稍远，但基本上能互相通话。本文所述为临高县境内的临高话。

临高县是"临高人"的主要聚居地，占总人口的一半以上。临高隋朝建县，至今已有1400多年的历史。现有人口40多万，除个别乡镇的圩集和村落外全以临高话为母语，整个县包括县城均以临高话为交际语言。

临高县民间流行的文化艺术样式主要有木偶戏、八音、舞狮、民歌和民间故事。临高木偶戏临高话称为"佛子戏"，是县内人民群众喜闻乐见的一种稀有剧种，演出时人偶同台。旧时乡下每逢节庆日一般都要请来木偶戏团，观者如堵。木偶戏对群众的影响既大且深，剧中的故事道理、警句名言人们耳熟能详，往往成为长辈教育晚辈的好材料。八音是一种亦奏亦舞的艺术形式，因演奏时要使用八种民间乐器而得名。舞狮一般是节庆时进行，旧时一些较大的村子都有自己的舞狮队，海边渔民至今每年正月初里还有请舞狮队挨家逐户驱邪的。民歌以海边渔民的"哩哩美"最为出名，现在青年人已经很少有人会唱。民间故事比较流行，有些故事如"汉公的故事"等更是家喻户晓。

临高人住房一般是三开间，中间一间为厅堂，厅堂后上边有阁楼安放神位，旁边两间为卧室，其中一间兼做厨房。旧时衣着均以自织自染的青布为料，下裳男女均为唐装，而以灯芯粗的绳子为裤带；上衣女的衣襟左掩，现在已基本改变，唯有海边妇女仍然保留。男女小时即订婚，订婚时需看双方的生辰八字，谓之"红纸合命"；长大后择日成婚，男女先送婚礼，临近婚前再送一道小礼，谓之"束髻"。新中国成立前有"哭嫁"、"不落夫家"等习俗，现在已经基本灭迹。丧葬时一般三代之内都要守孝，有"头七"、"三七"、"五七"等几道仪式，最后还要做斋，超度亡灵。节日正月有春节、元宵，二月有社日，三月有寒食、四月有清明，五月有端阳，七月中元节，八月中秋节，十一月冬至，与周边其他汉族无异。

下面介绍临高话的语音特点。

一、语音（临高县波莲音系）

（一）声母 波莲话共有 17 个声母（ʔb、ʔd 两个声母本文一律省 ʔ，写成 b、d）。

b		m		f		v
d	t	n				l
	ts	ȵ		s		j
	k	ŋ		x		
	ʔ	h				

上述声母全县绝大部分地区相同，只有新盈和马袅（含皇桐）有所不同，主要是新盈有送气清塞音 ph、kh 而无清塞音 f、x，其他地区刚好相反；新盈、马袅均无 ȵ、ȵ 并入 j；马袅一大部分变成了 j。具体区别如下：

其他地区：b m f v d t n l ts ȵ j k x ŋ h
新盈：   b m ph v d t n l ts s j kh x ŋ h
马袅：   b m f v d t n l (j) ts s j k x ŋ h

例词（以其他地区为例，下同）：

b	boŋ² 土	bin³ 变	m	mɔ¹ 客人	meu² 猫
f	fa³ 天	fui² 肥	v	vɔ³ 村	vi⁴ 味
d	di¹ 找	don³ 顿	t	tɔi³ 问	tiaŋ¹ 箱
n	nam⁴ 水	nɔm² 南	l	loŋ³ 鼓	luŋ² 龙
ts	tsian² 荠菁	tsi³ 纸	ȵ	ȵau³ 盐	ȵan³ 颤抖
s	saŋ¹ 山林	sa² 茶	j	jaŋ³ 井	ju² 油
k	kai⁴ 屎	kə³ 锯	ŋ	ŋai³ 哭	ŋa² 五
x	xut⁸ 短	xu⁴ 舅舅	ʔ	aŋ¹ 醒	ɔi³ 爱
h	haŋ¹ 高	haŋ² 糖			

（二）韵母

共82个，其中单元音韵母7个，复合元音韵母14个，带辅音尾韵母61个。

a		e	i	o	ɔ	u	ə
	ia			ua			
ai		uai			oi	ɔi	ui	əi
au	iau		eu	iu		uɔ		uə
an	ian	uan	en	in	on	ɔn	un	ən
am	iam		em	im	om	ɔm	um	əm
aŋ	iaŋ	uaŋ	eŋ	iŋ	oŋ	ɔŋ	uŋ	əŋ
ap	iap		ep	ip	op	ɔp	up	əp
at	iat	uat	et	it	ot	ɔt	ut	ət
ak	iak	uak	ek	ik	ok	ɔk	uk	ək
aʔ	iaʔ	uaʔ	eʔ	iʔ	oʔ	ɔʔ		əʔ

例词：

a	la³ 秧苗	ha³ 嫁	o	mo¹ 猪	to³ 数
e	se¹ 给	ŋe³ 硬	ɔ	bɔ² 叶子	hɔ² 河
i	di³ 好像	hi³ 戏	u	bu⁴ 忘记	ku³ 九
ə	kə² 他	kə³ 锯	ia	mia² 来	tia³ 写
ua	jua³ 衣	kua¹ 瓜	ai	dai¹ 死	tsai³ 债

第一编 概 况

oi	loi¹ 梯子	soi¹ 催	uai	nuai³ 疲劳	ŋuai⁴ 外
ɔi	nɔi¹ 名字	hɔi³ 替	ui	fui¹ 头发	tui³ 岁
əi	məi² 醉	xəi⁴ 骑	au	nau⁴ 新	kau³ 旧
iu	liu⁴ 席子	miu⁴ 庙	ɔu	fɔu³ 等候	sɔu³ 凑
əu	ləu² 哪	bəu¹ 豹	an	tan¹ 答应	tan³ 伞
ian	vian¹ 买	dian² 电	uan	luan¹ 吞	tuan³ 蒜
en	men⁴ 光滑	sen¹ 千	in	vin¹ 飞	bin¹ 鞭子
on	lon⁴ 拆下	son³ 寸	ɔn	vɔn¹ 磨	ŋɔn² 银
un	fun¹ 雨	sun² 存	ən	lən³ 兔子	fən³ 粪（干）
am	lam¹ 黑	lam² 蓝	iam	tiam³ 淡	xiam² 钳子
em	dem¹ 端	nem⁴ 念	im	lim¹ 黎人	lim² 镰刀
om	lom¹ 浮标	tsom² 蘸	ɔm	dɔm³ 低	nɔm² 男
um	sum¹ 瘦	kum³ 被子	əm	kəm² 饱	xəm³ 欠
aŋ	maŋ¹ 怕	haŋ² 烫	iaŋ	viaŋ¹ 薄	siaŋ² 墙
iŋ	miŋ² 虫子	fiŋ⁴ 病	oŋ	voŋ² 肺	koŋ¹ 工
ɔŋ	lɔŋ¹ 鼻子	bɔŋ¹ 帮	uŋ	nuŋ² 丰盛	fuŋ¹ 封
əŋ	səŋ¹ 告诉	təŋ⁴ 剩	ap	lap⁷ 躺	tap⁷ 涩
iap	ŋiap⁷ 眨	diap⁸ 碟子	ep	sep⁷ 沙哑	hep⁷ 帖子
ip	lip⁸ 蜈蚣	tsip⁷ 接	op	top⁷ 塌陷	op⁸ 青蛙
ɔp	dɔp⁷ 肝	kɔp⁷ 鸽子	up	bup⁷ 钝	lup⁸ 抚摸
əp	təp⁸ 十	kəp⁷ 劫	at	kat⁷ 虱	vat⁸ 袜子
iat	liat⁸ 臭虫	kiat⁷ 结实	uat	tsuat⁷ 馋	tuat⁸ 刷
et	tset⁸ 阴茎	het⁷ 铁	it	mit⁸ 刀	sit⁷ 七
ot	ot⁷ 棕子	tsot⁷ 卒	ɔt	bɔt⁷ 草	tsɔt⁷ 截（量词）
ut	dut⁷ 屁	sut⁷ 缩	ət	dət⁷ 裂	fət⁷ 佛
ak	lak⁸ 深	sak⁸ 勺子	iak	jiak⁷ 饿	fiak⁸ 白
uak	duak⁸ 呕吐	tsuak⁸ 戳	ek	dek⁸ 看	mek⁸ 麦子
ok	nok⁸ 鸟	tsok⁷ 粥	ɔk	lɔk⁷ 响	sɔk⁸ 贼
ik	bik⁷ 翅膀	xik⁸ 木屐	ək	hək⁷ 对	tək⁷ 颜色
uk	uk⁷ 出	luk⁷ 绿	aʔ	baʔ⁷ 血	maʔ⁸ 马
iaʔ	xiaʔ 牛虻	iaʔ⁷ 背(动词)	uaʔ	luaʔ⁷ 硬	huaʔ⁸ 吆喝

e⁶	tseʔ⁷ 脏	heʔ⁸ 吓唬	i⁶	liʔ⁷ 鳞	iʔ⁸ 亿
ə⁶	kɔʔ⁸ 臭	xɔʔ⁷ 磕	u⁶	tuʔ⁷ 尾巴	kuʔ⁷ 韭菜
ə⁶	ləʔ⁸ 爬	vəʔ⁷ 竹篾			

(三) 声调

共七个，其中舒声调用四个，促声调三个，促声调的调值与舒声调完全相同，因此只有四种调值。声调的第九调（促声调）有意义的音节仅八十多个，多出现在象声词和某些带有夸张性的绘形的词当中。

	舒 声 调				促 声 调		
调类	1	2	3	4	7	8	9
调值	13	55	33	21	33	55	21
例词	sa¹ 耳朵	fɔi² 次	an³ 骂	sɔŋ⁴ 洞	hukʔ⁷ 做	ləkʔ⁸ 孩子	tsatʔ⁹ 矮而胖
	ko¹ 姑	loi² 雷	siŋ³ 请	hɔi⁴ 袋子	bəkʔ⁷ 北	vatʔ⁸ 袜子	uakʔ⁹ 喝水声

除此以外，临高话还有一套独立的汉字读书音系统，在推广普通话之前，学校里的教育和政府向百姓宣布政令等都依这套音系。与上述音系相比，读书音系统要简单一些，有声母 15 个（少 t 和 ȵ），韵母 54 个（主要少了带主要元音 e、o 和带喉塞音韵尾 ʔ 韵尾的韵母），声调 5 个（舒声调 4 个，促声调只有一类）。

二、词　汇

(一) 词汇的来源和分类

临高话的词汇从来源上分，可以分为固有词、借词和合璧词。

1. 固有词

临高话的基本词汇大部分为固有词，表示自然现象，指示称代、动植物名称、动作行为和性质状况的词绝大多数为固有词，表示人体部分的词大部分都是固有词。例如：

表示自然现象：fa³ 天　mat⁸ 地　da³vən² 太阳　van³ 风　fun¹ 雨　dai² 虹　ba⁴ 云　nam⁴ 水　vəi² 火

表示动植物的：mo¹ 猪　ma¹ 狗　bit⁷ 鸭　nok⁸ 鸟　miŋ² 虫　dun³ 树　mak⁸ 果实　ma² fən⁴ 龙眼　ma² huan¹ 荔枝

表示动作行为的：kɔn¹ 吃　lap⁷ 睡　n̩un¹ 站　ŋo¹ 坐　həm¹ 闻　huk⁷ 做

表示指示称代的：nə⁴ 这　hau² 我　mə² 你　ki³ kai³ 什么　ləu² na³ 谁

表示性质状态的：n̩ɔ³ 大　nɔk⁷ 小　haŋ¹ 高　dəm³ 低　lak⁸ 深　dən³ 浅

表示人体部位的：na³ 脸　ləŋ¹ 鼻子　sa¹ 耳朵　bak⁷ 嘴巴　mo² 手　tin¹ 牙齿

以上各类词中，也有极少数是借自汉语的，如表示自然现象的 loi²（雷）、sai¹（星星）、bəŋ¹（冰）、tit⁷（雪），表示人称部分的 hau³（头）、kok⁷（脚）、tim¹（心）、iau² tsə³（腰子，即肾）等。

2. 借词

基本来自汉语，主要来自共同语，也有一些直接借自属于汉语的海南闽方言和儋州话。汉语借词数量大，覆盖面广，已经占了基本词汇的很大一部分。数词除个别词外全为汉借词，表示物质文明的词大多数是汉借词，例如 taŋ²（床）、həi²（台，即桌子）、i³（椅子）、doŋ³（凳子）、sia¹（车）、xo³（裤）、hai²（鞋）、vat⁸（袜）、he¹（靴）、xik⁸（木屐）、tan³（伞）、bit⁴（笔）等。表示亲属称谓的词也有半数以上为汉借词，例如 ba²（爸）、ma³（妈）、beʔ⁷（伯）、tok⁷（叔）、xu⁴（舅）、xim⁴（妗）、ko¹（姑）、tse³（姐）、məi⁴（妹）、kuŋ²（公，即爷爷）、fo²（婆，即奶奶）等。表示方位时令的大多数也是汉借词，例如 doŋ¹（东）、fɔm²（南）、su¹（秋）、doŋ¹（冬）等。

从时间上看，汉借词可以分为老借词和新借词。老借词是依临高话音系，新借词基本上依读书音系统；老借词以单音词为主，新借词以双音词为主。例如：

老借词：bɔŋ¹（帮）　tə⁴（助）　ken³（惯）　ŋip⁸（业，即职业）　oi³（爱）

新借词：baŋ¹ tsɔ²（帮助）　tsip⁸ kuan²（习惯）　tsik⁸ ŋiap⁸（职业）　ai² huʔ²（爱护）

3. 合璧词

即半固有半外借（基本上借自汉语）的词，这类词以偏正式为最多，构词能力也较强，往往是成批量的。例如：

lan²（屋子）：

lan² hɔk⁸ 学校　　lan² miu⁴ 庙宇　　lan² fəŋ² 卧室　　lan² tsau³ 厨房

lan² haŋ² 糖房　　lan² ŋua⁴ 瓦房　　lan² tsoŋ³ 公房　　lan² ki³ 私房

fan¹（番）：

bit⁷ fan¹ 番鸭　　　　　dun³ fan¹ 凤凰树　　　　　boŋ² fan¹ 水泥
鸭番　　　　　　　　　树番　　　　　　　　　　土番

la⁴ fan¹ 菠萝　　　　　lək⁸ fan¹ 番人（外族人）
野菠萝　　　　　　　　孩子 番

da¹ fan¹ 番眼（喻火眼金睛）
眼睛 番

ba¹（鱼）：

ba¹ tin¹ 鲜鱼　　　　　ba¹ hai³ 海鱼　　　　　　ba¹ ta¹ 鲨鱼
鱼 鲜　　　　　　　　鱼 海　　　　　　　　　鱼 鲨

ba¹ sɔŋ² 鲳鱼　　　　　ba¹ ŋən² 银鱼　　　　　　ba¹ tiaŋ³ 鱼干
鱼 鲳　　　　　　　　鱼 银　　　　　　　　　鱼 鲞

ba¹ juat⁸ nəm¹ 越南鱼
鱼 越　南

由两个表示相同概念而一为固有词语素一为汉借词语素组成的并列式词语也不少，例如（下面有横线者为汉借词语素）：

maŋ¹ kou̠ŋ 沟渠　　　hum¹ ti̠p³ 收拾　　　məŋ⁴ v̠əŋ² 梦想

mi̠n² bui³ 棉花　　　f̠an¹ len³ 翻转　　　lək⁸ n̠i² 子女

niŋ² s̠ik⁷ 旁侧　　　bu⁴ b̠aŋ⁴ 忘记　　　dan¹ t̠ə³ 单独

lam¹ ou³ 乌黑　　　t̠ə³ au³ 尝试　　　ka¹ lan² 家庭

有一些借自汉语的双音词，其中一个语素为临高话固有词读音，另一个为汉借词读音，例如（下面有横线者为汉借词读音）：

s̠uŋ² mia²（从来）　　tsi̠ŋ³ jou¹（正在）　　b̠ou² nɔi¹（报名）　　məŋ² k̠ua³（不过）

(二) 构词法

临高话的词从音节上看，总体上是双音词多，单音词少，基本词汇则单音词占了绝对优势。从构词法上看，总体上单纯词少，合成词多，基本词汇则单纯词占优势。

1. 单纯词

单纯词中以单音节为主，双音节的很少。例如：

(1) 单音节单纯词

tia⁴ 山　　to³ 河　　bɔt⁷ 草　　bɔ² 叶子　　dɔp⁷ 肝
voŋ² 肺　　hiaŋ¹ 香　　kɔʔ⁸ 臭　　fiŋ² 平　　da³ 中间
niŋ² 旁边　　bai¹ 上面　　dau² 下面

(2) 双音节单纯词

这类词主要是表示动植物名称和性质状态的词，其中表示性质状态的词多为双声或者叠韵。例如：

ku² duk⁸ 松鼠　　ku⁴ tsi⁴ 萤火虫　　uŋ³ aŋ³ 蛤蟆　　ku² duŋ¹ 蝌蚪
lɔ² ɔ² 健忘　　ni² niau³ 轻佻　　ti² tut⁸ 凹凸不平
la⁴ tsa⁴ 粗率　　lu⁴ la⁴ 模糊　　tap⁸ te³ 啰唆　　ən³ mən⁴ 微温
ap⁸ iaŋ² 潮乎乎

汉借词来自共同语的新借词和来自岛上的汉语方言的多音词(含双音)大多数可以归入此类，因为它们是作为一个不可分割的概念来看待。来自共同语的最多，例如 tsou² jiau⁴(造谣)、hou¹ lən²(讨论)、fiŋ¹ kua⁴(苹果)、si³ huŋ³ si²(西红柿)、fəi³ siaŋ¹(非常)、dik⁸ biat⁸(特别)等。来自方言的基本上属于此类，例如闽方言的 kuŋ³ baŋ⁴(厕所)、siu³ ni⁴(橡胶)、ŋou³ kak⁸ se³(五角星)，来自儋州话的 sou³ hai²(草鞋)、mai³ lan⁴(米烂，一种扁状的米粉条食品)、dam² tsəu²(儋州)等。

2. 合成词

(1) 复合式

a) 并列式

bak⁷ sau¹ 口齿　　na³ da³ 长相　　baʔ² mek⁸ 血脉
　　　　口声　　　　　　脸眼　　　　　　血脉

kok⁷ mɔ² 手艺　　xɔ³ jua³ 衣服　　eŋ¹ tok⁷ 兄弟
脚　手　　　　　裤　衣　　　　兄　叔

tau³ mu³ 妯娌　　be² eŋ¹ 乡绅　　te⁴ mɔ⁴ 软弱
嫂　婶　　　　　父　兄　　　　软　弱

tsɔŋ³ bɔŋ³ 健壮　　fiak⁸ fɔn⁴ 白嫩　　hit⁷ heu³ 嚣张
壮　棒　　　　　白　细腻　　　惊　跳

tsip⁷ sɔp⁸ 皱巴巴
折　凑

b) 偏正式 包括"正＋偏"和"偏＋正"，而以前者为多。

sak⁷ fiak⁸ 白菜　　hou⁴ luk⁸ 绿豆　　vən³ sak⁷ 菜园
菜　白　　　　　豆　绿　　　　园　菜

tsuŋ¹ jan³ 酒杯　　kum³ min² 棉被　　hai² naŋ¹ 皮鞋
盅　酒　　　　　被子　棉　　　鞋　皮

vən² nɔi⁴ 今天　　nan⁴ təŋ² 剩肉　　hiaŋ¹ tia² 香茅
天　这　　　　　肉　剩　　　　香　茅草

hiaŋ¹ lo² 香炉　　siŋ³ hep⁷ 请帖　　mai² tə⁴ 好事
香　炉　　　　　请　帖子　　　好　事

3) 动宾式

uk⁷ saŋ¹ 出殡　　kit⁷ saŋ¹ 打猎　　kit⁷ sin⁴ 打仗
出　山林　　　　打　山林　　　　打　阵

tit⁸ bun³ 折本　　heŋ² liŋ² 休息　　kɔn¹ ki¹ 承桃
折　本　　　　　停　力　　　　吃　继

kaŋ³ bak⁷ 吹牛　　kiat⁵ hɔk⁸ 放假　　biaŋ³ nam⁴ 灌溉
讲　口　　　　　结　学　　　　放　水

ləm¹ la³ 插秧　　huk⁷ bɔt⁷ 除草　　kɔn¹ liŋ² 吃力
插　秧　　　　　做　草　　　　吃　力

d) 主谓式

xəi³ lok⁸ 生气　　tim¹ sau³ 妒忌　　ŋu² lun² 蛮不讲理
气　旺　　　　　心　坏　　　　牛　争吵

 sa¹ mak⁸ 耳背　　 sa¹ tum⁴ 中耳炎　bak⁷ en³ 嘴甜
耳朵　聋　　　　耳朵 臭蛋味　　嘴　甜

ləŋ³ fet⁸ 塌鼻　　naŋ¹ na¹ 脸皮厚
鼻子 扁　　　　皮　厚

e) 补充式

hoi³ lɔi² 后退　　　dai¹ tsai¹ 瘟病　　　dai¹ un³ 夭折
　退　后　　　　　　死　灾　　　　　　死　年幼
kaŋ³ baŋ¹ 说明　　　biaŋ³ tuŋ¹ 放松　　vɔk⁷ xɔn¹ 看重
　讲　亮　　　　　　放　松　　　　　　看　重
en³ ȵe³ 甜滋滋　　　luaʔ⁷ lan¹ 硬邦邦
甜 甜 貌　　　　　　硬 硬 貌

以上五种形式中，偏正式最多，主谓式和补充式很少，并列式和动宾式介于中间。

(2) 附加式

a) 前附式

临高话的派生词比较丰富，主要是前附式。表示人的前缀就有 bə³、nə²、be² 等。bə³ 主要附于亲属名称和人名（取其中一个字）之前，相当于汉语的"阿"。nə² 主要附于单音节形容词之前，使之名物化，类似于英语的定冠词 the。be² 主要附于动词或形容词之前，表示"男子"的意思。三者之中，bə³ 和 be² 构词能力较强，nə² 构词能力较弱。例如：

bə³：

bə³ kuŋ² 阿公　　bə³ fɔ² 阿婆　　bə³ ba² 阿爸　　bə³ ma³ 阿妈
bə³ tam¹ 老三　　bə³ ŋei⁴ 老二　　bə³ siau³ 阿超　bə³ kian³ 阿坚
bə³ hua³ 阿花

nə²：

nə² nɔ³ 老大　　nə² lau⁴ 老人　　nə² un³ 年轻人　nə² lai³ 富人
nə² ŋa⁴ 穷人　　ne² mak⁸ 聋子　　nə² ŋɔp⁷ 哑巴

be²：

be² den¹ 疯子　　be² ŋən² 蠢汉　　be² lan⁴ ti¹ 懒汉
be² tuat⁷ kɔn¹ 骗子
be² im¹ kɔn¹ 乞丐　be² lei¹ 光棍　　be² fu⁴ xiu⁴ 轿夫
be² fui² 胖子　　be² dəm³ 矮子

表示植物的前缀有 ma²、mak⁸ 等，ma² 几乎可以用于一切可以结果的植物，mak⁸（本义为果实）只用于可吃的果实，包括水果。例如：

ma²：

ma²fən⁴ 龙眼　　　　ma²huan¹ 荔枝　　　　ma²fi² 黄皮
ma²miat⁸ 菠萝蜜　　　ma²len⁴ 苦楝　　　　ma²laŋ² 槟榔
ma²jia² 椰子　　　　　ma²kət⁷ 豆薯　　　　ma²bun³ 乌墨
ma²voŋ² 芝麻　　　　 ma²liak⁸ 榕树（大）　ma²van³ 榕树（小）
ma² viaŋ¹ 杨桃　　　　ma²ŋau¹ 木棉　　　　ma²dai³ 益智
ma²ŋok⁸ 柚子　　　　 ma²jiap⁷ 扁豆
mak⁸：
mak⁸fan¹ 番薯　　　　mak⁸fək⁸ 萝卜　　　　mak⁸men⁴ 姜竽
mak⁸fan¹hai³ 木薯　　 mak⁸la⁴ 野萝卜　　　 mak⁸siŋ⁴ 橙子
mak⁸kəm¹ 柑

还有一个与 be² 相对的前缀 mai⁴，但使用范围比 be² 要宽得多，不仅可用于人表示成年女性，还可以用于动物，表示雌性（与 hau⁴ 相对），有时还进一步虚化为不分雌雄。例如：

mai⁴den¹ 疯婆　　　　mai⁴ŋən² 蠢婆　　　　mai⁴lan⁴ti¹ 懒婆
mai⁴fui² 肥婆　　　　 mai⁴kai¹ 母鸡　　　　mai⁴mo¹ 母猪
mai⁴meu² 雌猫　　　　mai⁴tuan² 母羊　　　　mai⁴jiu⁴ 老鹰
mai⁴ak⁸ 乌鸦　　　　 mai⁴kut⁷ 红毛鸡　　　 mai⁴nu¹ 老鼠

此外，还有借自汉语前缀的 hai⁴（第）、sə¹（初）等，组合方式与汉语相同。

b）后附式

后附式远不如前附式丰富，而且后缀成分构词能力很弱，几乎是一种后缀成分只能跟一个词根语素组合。例如：

liŋ¹ tsə³　白里透红　　　　　　　baŋ¹ huan⁴　蒙蒙亮
红（后缀）　　　　　　　　　　亮（后缀）
lem³ liat⁸　亮闪闪　　　　　　　nam⁴iap⁹iap⁹ 水淋淋
闪亮（后缀）　　　　　　　　　水（后缀）
tsak⁸ tsi² tsi²　湿淋淋　　　　　 luan⁴ um⁴ um⁴ 乱哄哄
湿（后缀）　　　　　　　　　　乱（后缀）

此外，还有一种类似于后缀的成分，能把一个双语词变成类似成语的语言成分，其组合模式是在双音词后面重复读成双音词的第一个音节，再附上一个单音词缀。这个双音词可能是单音词，也可能是复合词，由单纯词组成的例如：

lap⁸ ŋau¹ 糊涂——lap⁸ ŋau¹ lap⁸ di³ 糊里糊涂
tap⁸ te³ 啰唆——tap⁸ te³ tap⁸ bəi² 啰里啰唆
hau³ lak⁸ 高兴——hua³ lak⁸ hau³ jɔu³ 开开心心
由复合词组成的如：
kau⁴ hau³ 点头——kau⁴ hau³ kau⁴ dia¹ 点头哈腰
点　头
xəi³ lok⁸ 生气——xəi³ lok⁸ xəi³ si⁴ 形容生闷气的样子
气　旺
kuʔ⁸ hau³ 埋头——kuʔ⁸ hau³ kuʔ⁸ hun¹ 形容十分专心卖力
俯下　头

三、语　　法

(一) 词类：可以分为名词、动词、形容词、代词、数词、量词、副词、介词、连词、助词、语气词、象声词等十二类。

1. 名词　可以分为一般名词、方位名词和时间名词。
一般名词：
fia⁴ 饭	sak⁷ 菜	n̠um¹ 蛋	tsok⁷ 粥
vən³ 坡地、园	nia² 田	la³ 秧苗	ŋau⁴ 水稻
mek⁸ 麦	mek⁸ fan¹ 玉米（番麦）		bit⁷ fan¹ 铅笔（番笔）
fan² tsiu¹ 辣椒（番椒）			

方位名词：
bai¹ 上面	dau² 下面	da³ 中间	na³ 前
lɔi² 后	doŋ¹ 东	nɔm² 南	tɔi¹ 西
bək⁷ 北			

时间名词：
vən² nɔi⁴ 今天	bak⁷ tsək⁸ 明天	dɔŋ³ lɔ² 后天	vəi² nɔi⁴ 今年
vəi² na³ 明年	vəi² lɔ² 后年	vəi² 年	keu² 月

一般名词可以受名词、动词、形容词和数量短语、指量短语的修饰，在不用结构助词 kə³ 的情况下，名词、动词和形容词修饰名

词要放在被修饰的名词之后，代词修饰名词，于前后都可以。例如：

be² lau⁴ bə³ ŋo⁴ 阿五的父亲　　vun² ŋuk⁸ 长出来的毛
　父亲　阿五　　　　　　　毛　长

jua³ nau⁴ 新衣服
　衣　新

lan² hɔk⁸ hau² lo⁴（或 hau² lo⁴ lan² hɔk⁸）我们学校
　学　校　我　们　　我　们　　学　校

数量短语和指量短语修饰名词时可以放在名词之前，也可以放在名词后，但数词为 hə³（一）时要放在量词之后。例如：

van³ fan¹ kum³　或　kum³ vən³ fan¹ 两床被子
　两　番　被子　　　被子　两　番

it⁷ bun³ sek⁷　或　sek⁷ bun³ hə³ 一本书
一　本　册　　　册　本　一

nə⁴ na³ leŋ¹ hun²　或　leŋ¹ hun² na⁴ na³ 那个人
那　个　　人　　　　　人　　那　个

方位名词只能受一般名词和指示代词修饰，而且只能放在被修饰的词之后。例如：

bai¹ dun³ 树上　　　da³ vɔ³ 村里　　　na³ lan² 屋前
上面　树　　　　　里　村　　　　前　屋子

lɔi² siaŋ² 墙后面　　bai¹ nɔi⁴ 这上面　　dau² nin⁴ 那下面
后面　墙　　　　　上面　这　　　　下面　那

da³ nɔi⁴ 这里面
里面　这

时间名词只有 vəi²（年）、keu²（月）、vən²（天）可以受数量短语和指量短语修饰，但组合方式有不同的习惯。例如：

ti³ vəi² 四年　　　tam³ vən² 三天　　　vən³ mɔ⁸ keu² 两个月
nə⁴ vəi² hə³ 这年　nə⁴ vən² hə³ 这天　　nə⁴ keu² hə³ 这个月
　这　年　一　　　　这　天　一　　　　这　月　一

一般名词可以做主语、宾语和定语，例如：

bəi³ bə³ fuŋ³ ɔi³ kɔn¹ nan⁴ kai¹ 阿峰的姐姐喜欢吃鸡肉。
　姐　阿　峰　爱　吃　肉　鸡

其中，vəi²（年）和 vən²（天）直接跟数词结合而无需量词的参与，而 keu²（月）必须有量词的参与，这与汉语很相似。

2. 动词　可分为一般动词、能愿动词、趋向动词和判断动词。
一般动词：

vin¹ 飞　　　luan¹ 吞　　　kaʔ⁷ 咬　　　n̠am¹ 玩　　　xəi² 开
laŋ¹ 锁、关　dai¹ 死　　　jou³ 活　　　ham¹ 抬　　　xui⁴ 跪
tia³ 写　　　hɔk⁸ 读

能愿动词：

xəŋ³ 肯　　　hɔi³ 会　　　nəŋ² 能　　　kɔm³ 敢　　　xɔi³ji³ 可以
iŋ³ kai³ 应该

趋向动词：

kən³ 上　　　loŋ² 下　　　uk⁷ 出　　　lou⁴ 进　　　mia² 来
bəi¹ 去　　　kən³ bəi¹ 上去　　　　　　loŋ² mia⁴ 下来
uk⁷ bəi¹ 出去　lou⁴ mia² 进来

判断动词：ti⁴ 是

一般动词主要作谓语或者谓语的中心词，可以受副词、形容词和某些代词的修饰，还可以作状语和补语。例如：

ma³ en² nau⁴ uk⁷ bəi¹ 妈妈刚出去。
　妈　刚　刚　出　去

həi² nə⁴ mɔʔ⁸ di³ ləu² huk⁷ 这道题怎么做？
　题　这　道　怎　么　做

vɔn³ na³ eŋ¹ tok⁷ tseŋ¹ lou⁴ hɔk⁸ tə¹ 兄弟俩争着读书。
　两　个　兄　弟　争　进去　读　书

kə² vou⁴ xi² xiu¹ cmɔʔ⁸ dət⁷ iɛv³ 他把气球吹破了。
　他　吹　气球　个　做　了

能愿动词主要是跟一般动词组合起来充当谓语，例如：

kə² mən² xəŋ³（kɔm³、ka¹ lai³）bəi¹ 他不肯（敢、应该）去。
　他　不　肯　（敢、应该）　去

趋向动词既有一般动词的功能，在句子中充当谓语，也可以在一般动词后面作补语。例如：

hem¹ kən² uk⁷ bəi³（lou⁴ mia²）大家出去（进来）。
　大　家　出　来　（进来）

na³ fian² kən³ bəi¹, na³ taʔ⁷ loŋ² mia² 一个爬上去，一个跳下来。
　个　爬　上　去，个　跳　下　来

判断动词用在判断句中，与名词或者代词在一起充当句子的谓语，例如：

kə² lo⁴ tsuŋ³ ti⁴ lim² kou¹ leŋ¹ hun² 他们都是临高人。
  他 们 总 是 临 高 人

一般动词可以重叠，单音词重叠形式为 AA，双音词重叠形式为 ABAB，重叠后表示动作时间短暂。例如：

tiaŋ³ tiaŋ³ fəi² na⁴ huk⁷ 想想一下才做。
 想 想 下 才 做

hem¹ kən² siaŋ³ liaŋ² siaŋ³ liaŋ² hen¹ 大家先商量商量。
  大 家 商 量 商 量 先

有些单音节动词能带后附成分，组成 ABB 的形式，后附成分具体描绘前面单音节动词的情状。例如：

nan³ hət⁹ hət⁹ 不住地发抖   lək⁷ sot⁹ sot⁹ 簌簌地响
发抖（后缀）   响（后缀）

ŋai³ həi¹ həi¹ 号啕大哭   liau¹ xi² xi² 笑嘻嘻
哭（后缀）   笑（后缀）

3. 形容词

主要是单音词，也有一部分双音词，双音词中有很大一部分是汉借词。例如：

单音节：

mai² 好   səu³ 坏   ŋə³ 大   nok⁷ 小

ləi¹ 长   xut⁸ 短   liau⁴ 多   tiu³ 少

lak⁸ 深   dən³ 浅   tap⁷ 涩   miak⁸ 滑

on³ dəŋ³ 稳当   siŋ³ so¹ 清楚   miŋ² fek⁸ 明白   tap⁸ te³ 啰唆

一般可以受程度副词和否定副词的修饰，例如：

hai⁴ mai² (on³ dəŋ³)   mən² fiŋ² (siŋ³ so¹)
很 好（稳当）   不 平（清楚）

表示程度加深除了在前面加程度副词以外，还可以通过重叠的方式。单音节重叠后前一个音节一律变成高平调，具体为舒声调变为第二调，促声调变为第八调，如果该词已经是高平调，则不发生音变。例如：

mai² 好——mai² mai² 很好   səu³ 坏——səu² səu³ 很坏

lak⁸深——lak⁸ lak⁸很深　　nɔk⁷小——nɔk⁸ nɔk⁷很小

双音词的第一类重叠形式为 AABB，重叠后一般不发生音变，第二类重叠形式为 ABAB 式，重叠后不发生音变。例如：

hau³ lak⁸ 高兴——hau³ hau³ lak⁸ lak⁸ 高高兴兴

on³ dɔŋ³ 稳当——on³ on³ dɔŋ³ dɔŋ³ 稳稳当当

lam¹ ɔu³ 乌黑——lam¹ ɔu³ lam¹ ɔu³ 乌黑乌黑

tsip⁷ tai³ 笔挺——tsip⁷ tai³ tsip⁷ tai³ 笔挺笔挺

形容词在句子中可以做谓语、状语、定语和补语，例如：

kə² sum¹, leŋ¹ hun² sum¹ kə³ deu² lai³ meŋ³。
他　瘦，　　瘦　的　跑　得　快。

meŋ³ bɔi¹ meŋ³ lɔŋ¹ 快去快回。
快　去　快　回

4. 代词

可以分为人称代词、指示代词和疑问代词。

(1) 人称代词：hau² 我　mə² 你　kə² 他　hau² lo⁴ 我们　mə² lo⁴ 你们　kə² lo⁴ 他们　dou² lo⁴（或 dou²）咱们　van⁴ 别人　kak⁸ na³ 别人　tə² tə³ 自己　sə⁴ ki³ 自己　hem¹ kɔn² 大家

(2) 指示代词：nia⁴ 这　nə⁴ 那（或"这"）　nɔi⁴ 这　nin⁴ 那　ən¹（或 ən³ nən³）那样　i¹ 那样　tə² ən¹（或 tən²）这样

(3) 疑问代词：lɔu² 哪，哪里　lɔu² na³ 谁，哪个　ki³ kai³ 什么　di³ lɔu² 怎么　di³ lɔu² jiaŋ⁴ 怎样　ki³ liau⁴ 多少

人称代词通过后附成分 lo⁴ 表示复数，但 lo⁴ 不能单用。人称代词在句子中可以做主语、宾语和定语。例如：

kə² ɔi³ mə² mən² ɔi³ leŋ¹ hun² van⁴ kə³ 他喜欢你，不喜欢别人。
他 爱 你 不 爱　人　别人 的

指示代词 nə² 与 nia⁴、ən¹ 和 i¹ 分别相对，但后一个比较少用。nə⁴、nia²、nɔi⁴、nin⁴ 只能作修饰成分，在句子中作定语，ən¹ 和 tə² ən¹ 可以做主语、谓语和状语、定语。例如：

da³ nin⁴ mən² lai³ leŋ¹ hun² 那里面没有人。
里面 那 没有　人

leŋ¹ hun² nə⁴ hu³ tsui² ŋai³ kaŋ³ ko³ 这个人最难讲话。
人　这 个　最　难 讲 话

tə² ən¹ tsui² mai² 这样最好。
这样 最 好

kə² tsiu⁴ ti⁴ ən¹ 他就是这样。
他 就 是 这样

tə² ən¹ kə³ leŋ¹ hun² mən² juŋ² jən⁴ kau³ mai² 这样的人不容易教好。
这样的 人 不 容易 教 好

ən¹ huk⁷ mən² nɔ¹ lai³ 这样做不行。
这样 做 不 行

疑问代词 di³ ləu²、di³ ləu² jiaŋ⁴ 只能作谓语和状语,其他可以做主语、宾语和定语。例如:

nə⁴ xin⁴ tə⁴ di³ ləu² vəi³ 这件事怎么啦?
这 件 事 怎 么 了

di³ ləu² huk⁷ na⁴ hɔp⁸ i³ kə² 怎么做才中他的意?
怎么 做 才 合意 他

ləu² na³ di² maŋ² ləu² na³ 谁要怕谁?
哪个 要 怕 哪个

ləu² lai³ tsu⁴ bɔi¹ ləu² 哪里有就去哪里。
哪里 有 就 去 哪里

ki³ kai⁵ haŋ² sak⁸ du² lai³, mə² di² tiaŋ³ ɔu¹ ki³ liau⁴
什么 糖 果 都 有,你 要 想 要 多 少
什么糖果都有,你想要多少?

5. 数词

临高话的数词基本上为汉借词,它们是:一(it⁷)、二(vən³、ŋi⁴、ŋəi⁴)、三(tam¹,有时可以变读作 tam²)、四(ti³、tə³、təi³)、五(ŋa³、ŋɔ⁴)、六(sok⁷、lok⁸)、七(sit⁷)、八(bet⁷、bat⁷)、九(ku³)、十(təp⁸)、零(leŋ⁴、leŋ²)、百(bek⁷)、千(sen¹)、万(van⁴)、亿(iʔ⁸)。其中二、四、五、六和八有几种不同的称谓,使用场合也有所不同,其间的不同既有基数和序数的区别,也有基数内部和序数内部的区别。就基数内部而言,十以内和十以上称谓就有所不同,十以内有以下两种数数法:

一 二 三 四 五 六 七 八 九 十

it⁷ vən³ tam¹ ti³ ŋa³ sok⁷ sit⁷ bet⁷ ku³ təp⁸
it⁷ ŋi⁴ tam¹ tə³ ŋo⁴ lok⁸ sit⁷ bet⁷ ku³ təp⁸

上述两种数数法，第一种是纯粹的基数表示法，如果与量词组合，必须要用此种称谓，例如两个、四个、五个、六个要分别读作 vən³ mɔʔ⁸、ti³ mɔʔ⁸、ŋa³ mɔʔ⁸、sok⁷ mɔʔ⁸。第二种虽然也是数数的，但实际上是表序数，主要是用来表月份，例如二月、四月、五月、六月要分别读作 ŋi⁴ ŋit⁸、tə³ ŋit⁸、ŋo³ ŋit⁸、lok⁸ ŋit⁸。

如果是十以上，则个位数和十位数以上称谓不同：个位数要用 ŋəi⁴、ti³、ŋa³、sok⁷、bet⁷，十位数以上要用 ŋi⁴（或 vən³）、tə³、ŋo⁴、lok⁸ 和 bat⁷。例如：

222 ŋi⁴ bek⁷ ŋi⁴ təp⁸ ŋəi⁴ 或 vən³ bek⁷ ŋi⁴ təp⁸ ŋəi⁴
444 tə³ bek⁷ tə³ təp⁸ ti³
555 ŋo⁴ bek⁷ ŋo⁴ təp⁸ ŋa³
666 lok⁸ bek⁷ lok⁸ təp⁸ sok⁷
888 bat⁷ bek⁷ bat⁷ təp⁸ bet⁷

就序数而言，三种使用场合有三种不同的称谓（第一种和第二种是"四"不同）：

	二	四	五	六	八
排行	ŋəi⁴	təi³	ŋo⁴	lok⁸	bat⁷
"初"+数词	ŋəi⁴	tə³	ŋo⁴	lok⁸	bat⁷
"第"+数词	ŋəi⁴	ti³	ŋa³	sok⁷	bet⁷

"一"还有一种叫法 hə³（或 ə³），但 it⁷ 能单用，hə³ 不能单用，只能与量词结合起来使用；同样与量词结合，it⁷ 只能放在量词之前，而 hə³ 只能放在动词之后。例如：

it⁷ hu²（xin⁴、hiu²、dun³）   hu²（xin⁴、hiu²、dun³）hə³
一 只 （件、条、棵）   只 （件、条、棵） 一

"零"单用时叫 leŋ⁴，100 以上空位时叫 leŋ²，例如 106 读作 it⁷ bek⁷ leŋ² sok⁷。

6. 量词

可以分为物量词和动量词，物量词占了绝大多数，动量词只有

少数几个。物量词使用频率较高的是 hu²（个，用于人和其他动物）、mɔʔ⁸（个，用于物体）和 na³（个，用于人），动量词使用频率较高的是 fɔi²（次、下、回、遍、趟）。量词中汉借词较多，既有来自共同语的 hiu²（条）、xin⁴（件）、tsiaŋ¹（张）、sua⁴（座）、sin⁴（阵）、don³（顿）等，也有来自汉语方言的 kuan³（管，用于笔）、biŋ³（柄，用于伞和扇子）等。

临高话量词语法上最大的特点是在表"一"这个数时可以只用量词而无须与数词"一"组成数量短语，量词在句子中可以单独充当主语、谓语、宾语、定语和补语。例如：

na³ uk⁷ na³ lou⁴ 一个出去一个进来。（充当主语）
个 出 个 进

ŋon² kɔk⁷ kən¹ 一角钱一斤。（充当谓语）
银 角 斤

kən¹ mɔʔ⁸ təŋ⁴ mɔʔ⁸ 吃掉一个剩下一个。（充当宾语）
吃 吃 剩 个

hai⁴ foŋ³ du² mən² kaŋ³ ko³ kə³ 好久都没有讲一句话。（充当定语）
很 就 都 不 讲 话 句

bak⁷ tsək⁸ bəi¹ kən¹ kə² don³ 明天去吃它一顿。（充当补语）
明 天 去 吃 它 顿

临高话量词的第二个特点是与汉语一样可以重叠。重叠有两种形式，一种是重叠后前一个音节一律变成高平调，即舒声变为第二调，促声变为第八调（原词为高平调则不发生音变），一般用于否定句中，表示"一"的意思。例如：

mən² lai³ leŋ¹ hun² na² na³ 没有一个人。
没 有 人 个 个

mən² van² lai³ mai³ fak⁸ fak⁷ 一捆甘蔗也砍不了。
不 砍 得 甘蔗 捆 捆

另一种是重叠后读音一般不发生变化，一般用于肯定句中，与汉语一样表示"每"的意思。例如：

"kuŋ² hi³ nen²！" "na³ na³ lai³。" "恭喜新年！" "人人都有。"
恭 喜 年 个 个 有

xin⁴ xin⁴ du² xəm³ kua³ mɔ² kə² 每件都要经过他的手。
件 件 都 要 过 手 他

7. 副词

汉借词较多，其中有不少是固有词、汉借词表示同一概念的。例如：

(1) 程度副词

hai⁴ 很　　　　　na⁴ku² 十分　　　tsui² 最　　　　fəi³siaŋ¹ 非常
dik⁸biat⁸ 特别　　e² 更　　　　　　kəŋ² 更
me² 越　　　　　hiaŋ³sə³ 差不多　　ki³hu³ 几乎

(2) 时间副词

ka³ 已经　　　　ji⁴kiŋ³ 已经　　　en²nau⁴ 刚才　　kiaŋ²kiaŋ³ 刚刚
tsiŋ³jou³ 正在　　di² 将　　　　　du² 都　　　　　tsuŋ³ 总，都
fiŋ²(平)都　　　na⁴ 只　　　　　in²in¹ 全部　　　suan¹bu² 全部
ham⁴ba⁴laŋ⁴ 总共

(3) 否定副词

mən²(或 m̥²)不、没有　　tsin² 别　　tsin²ŋa⁴ 别

(4) 语气副词

saŋ²ti⁴ 难道　　　　ɔm³ɔm³ 原来　　　juan¹lai¹ 原来　　kiu²kiŋ² 究竟
dɔŋ¹dəi³ 到底　　　da²xai² 大概　　　xɔ³nəŋ² 可能　　　ɔi³ 可能
fan⁴tsiŋ² 反正　　　da² 居然，竟然　xəm³lai⁴(欠赖)幸亏
kuai³saŋ² 怪不得　kan³sui² 干脆　　　ket⁸tset⁸ 干脆
ŋe³ŋe³(硬硬)偏偏

(5) 情态副词

hok⁸i³ 特意，故意　　　　it⁷ti² it⁷tə⁴(一时一事)突然
kan³xuaŋ² 赶紧　　　　　lɔk⁸lɔk⁸ 偷偷，悄悄

副词主要是修饰动词或形容词（个别可以修饰代词），在句子中充当状语。例如：

di² (du²、in²in¹、lɔk⁸lɔk⁸、mən²) bəi¹
将（都、全部、悄悄、不）去

hai⁴ (e²、na⁴ku²、dik⁸biat⁸、tsui²、mən²) haŋ¹
很（更、非常、特别、最、不）高

mən² ən¹ tsu² i¹ 不这样就那样。
　不　这样 就　那样

8. 介词

介词大都是从动词发展来的，其中有很大一部分是汉借词。常用的介词有 lok⁸（从）、suŋ²（从）、dɔŋ¹（到）、jou³（在）、lok⁸ i³（由于）、tsiu²（照）、vəi⁴（为）、doi³（对）、hem¹（和，跟）、ɔu¹（拿，被）、bi²（被）、biaŋ³（让）、bi³（比）、hiaŋ³（向）、huŋ²（同）、hɔi³（替）、sə²（除）等。

介词不能单独使用，必须与名词、代词组成介词短语，充当状语或补语。例如：

lok⁸ vən² va² dɔŋ¹ vən² nɔi⁴ 从昨天到今天
 从 昨天 到 今天

tsin² hɔi³ kə² huk⁷ 别替他做。
 别 替 他 做

mən² ŋa⁴ vəi¹ nə⁴ kə³ tə⁴ hem¹ van⁴ tseŋ¹ kɔn²
 不 要 为 这 的 事 和 别人 争 互相
不要为这些事和别人吵架。

kə² lap⁷ jou³ bai¹ ləu² 他睡在楼上。
 他 睡 在 上面 楼

9. 连词

可以分为表示联合关系和表示偏正关系两类。

(1) 表示联合关系

主要有 hem¹（和）、ha³ ti⁴（还是）、sə² mə²（要么）、huk⁸ tsə⁴（或者）等。例如：

ma¹ hem¹ meu² 狗和猫
 狗 和 猫

bə³ ba² hem¹ bə³ ma³ 阿爸和阿妈
 阿爸 和 阿妈

mə² di² vian¹ jia¹ nia² tsuaŋ¹ hə³ ha³ ti⁴ nə⁴ tsuaŋ¹ hə³
 你 要 买 药 这 种 一 还是 那 种 一
你要买这种药还是那种药？

sə² mə² tsu⁴ ən¹, sə² mə² tsu⁴ i¹ 要么就这样要么就那样。
 要么 就 这样 要么 就 那样

vən² nɔi⁴ bɔi¹ huk⁷ tse⁴ bak⁷ tsək⁸ bɔi¹ du² nɔ¹ lai³
今　　天　　去　　或　　者　　明　　天　　去　　都　　行
今天去或者明天去都行。

(2) 表示偏正关系

大都是汉借词，主要有 ən¹vəi⁴……tə³ji³（因为……所以）、mən²dan¹……lu¹sia⁴（不但……而且）、tui²jian²……tsək⁷ti⁴（虽然……但是）、ki²jian¹（既然）、tsi¹ɔu¹（只要）、kia³sə³（假使）、tsək⁸（如果）、ji⁴kua⁴（如果）等。例如：

ən¹　vəi⁴　hai³　maŋ²　kə²，tə³　ji³　mən²　kɔm³　bɔi¹。
因　　为　　太　　怕　　他　　所　以　　不　　敢　　去
因为太怕他，所以不敢去。

kə²　mən²　dan¹　hək⁸　tsip⁸　mai²，lu¹　sia¹　teŋ¹　ja³　luaŋ³。
他　　不　　但　　学　　习　　好　　而且　生　　也　漂亮
她不但学习好，而且长得也漂亮。

tui² jian² kə² nɔ³ kua³ hau²，tsək⁷ ti⁴ hau² mən² maŋ² kə² tsiʔ⁸ tsiʔ⁸。
虽　　然　　他　大　过　我，但　是　我　不　怕　他　点　点
虽然他比我大，但是我一点都不怕他。

ki² jian¹ kaŋ³ vɔi³ tsu⁴ xəm³ huk⁷。既然讲了，就要去做。
既　　然　　讲　了　就　要　做

mən² kuan³ kiau⁴ xɔ³ du² xəm³ kian³ si¹ lɔŋ³ bɔi¹。
不　　管　　多　　苦　都　　要　　坚　　持　下　去
不管多苦，都要坚持下去。

kia³ sə³ be² mai⁴ jɔu³ jɔu³，hau² ja³ mən² hɔi³ xo³ ən¹ nən³。
如果　父　母　在　在，我　也　不　会　苦　这样
如果父母还在，我也不会这么辛苦。

hau² tsək⁸ mən² det⁷，xɔ³ nɔŋ² hək⁸ hai⁴ it⁷ nɔi¹
我　　如果　不　　跌　可　能　得　第　一　名
如果我不摔倒，可能会得第一名。

10. 助词　可以分为结构助词和时态助词两类。

(1) 结构助词主要有 kə³（的，地）、lai³（得）、kɔn²（互相）等。

a) kə³（的，地）

主要用于偏正短语中，表示定中关系或者状中关系。表示定中关系时相当于"的"，定语置于中心语前或者后都可以，而以后置常，定语置于后口语色彩较浓，定语置于前书面语色彩较浓。例如：

taŋ² beʔ⁷ nə³ ke³ 或 beʔ⁷ nə³ kə³ taŋ² 大伯的床
　床　伯　大　的　　伯　大　的　床

dun³ kə² lo⁴ kə³ 或 kə² lo⁴ kə³ dun³ 他们的树
　树　他　们　的　　他　们　的　树

mai⁴ lək⁸ ȵai² kə³ 或 ȵai² kə³ mai⁴ lək⁸ 聪明的女人
　女　人　聪明　的　　聪明　的　女　人

sak⁷ kɔn¹ kə³ 或 kɔn¹ kə³ sak⁷ 吃的菜
　菜　吃　的　　吃　的　菜

表示状中关系时相当于"地"，只能在中心词前，多用于书面语。例如：

it⁷ bak⁷ it⁷ bak⁷ kə³ kɔn¹ 一口一口地吃
一　口　一　口　地　吃

lau⁴ lau⁴ tit⁸ tit⁸ kə³ hɔk⁸ loŋ² bəi¹ 老老实实地学下去
　老老　实实　地　学　下　去

kə³ 还可以和动词、形容词组成类似于汉语那样的"的"字结构，其作用相当于一个名词性短语，在句中作主语或宾语。例如：

doʔ⁷ kə³、fiu¹ kə³ tsuŋ³ hɔ² in² in¹ lou⁴ 赌的、嫖的全都抓住。
赌　的　嫖　的　总　抓　全部　进去

vian¹ ȵə³ kə³，mən² ŋa⁴ vian¹ nək⁷ kə³ 买大的，不要买小的。
买　大　的　不　要　买　小　的

b) lai³（得）　lai³ 相当于"得"，用于动词、形容词后，表示后一部分补充说明前一部分的可能、结果、程度等。例如：

huk⁷ lai³ mai² 做的结果良好（或"能做好"）
做　得　好

diu⁴ lai³ ui² ja³ kɔn¹ lai³ bəi¹ 提得起也吃得下。
提　得　起　也　吃　得　下去

mai² tsu⁴ mai² lai³ dai¹，səu³ tsu⁴ səu³ lai³ tsuat⁸
好　就　好　得　死　　坏　就　坏　得　绝
好就好得要死，坏就坏得要命。

kaŋ² (lai³) bə² dun³ du² kau⁴ hau³ 讲得树叶都会点头。
　讲　得　叶　树　都　点　头

最后一句是主谓短语作补语，实际口语中 lai³ 用与不用都可以。

c) kən²（互相）

kən² 是一个用作构词（或词组）关系的助词，附于动词（大量）和形容词（个别）后面，表示一种相互关系，所依附的词以单音节为主，少量为双音词。例如：

ŋiaŋ³ kən² 相让　　　kəp⁷ kən² 相处　　　həp⁸ kən² 相符
　让　互相　　　　　　合　互相　　　　　　合　互相
mai² kən² 相好　　　iŋ⁴ hiaŋ⁴ kən² 互相影响
　好　互相　　　　　影响　互相
kuan³ sim³ kən² 互相关心
　关心　互相

（2）时态助词

主要有 leu⁴（了）和 kua³（过），都是汉借词，用于动词（或其宾语）和形容词后面。leu⁴ 表示动作或性状的实现，口语中较少用，kua³ 表示动作或性状曾经发生过，已经进入日常口语。例如：

vok⁸ leu⁴ it⁷ dun³ ju⁴ it⁷ dun³ 拔了一棵又一棵
　拔　了　一　棵　又　一　棵
kə² vən² va² mia² nɔi⁴ kua³ 他昨天来过这里。
　他　昨　天　来　这里　过
fiŋ⁴ kə² kə³ mən² mai² fəi² kua³ 他的病从来没好过。
　病　他的　没　好　次　过

11. 语气词

临高话的语气词比较多，同一种语气往往可以用不同的词表示，同一个语气词往往也可以表示不同的语气。主要有 vɔi³ 或 vɔ³（了）、ni²（呢）、ma²（吗）、le⁴、le³、kə²（吧）、te²、ti³（吧）、ti² hi⁴ 等。其中有的只能表示一种语气，如 vɔi³（vɔ³）只用于陈述语气，ha² 和 ma² 只用于疑问语气，有的可以表示几种不同的语气，如 ni²。例如：

kə² ka³ uk⁷ bɔi¹ vɔi³ 他已经出去了。
　他　已经　出　去　了

hau² maŋ² mə² ha² (或 ma²) 我怕你吗？
　我　怕　你 吧

bak⁷ tsək⁸ mə² di² bəi¹ m̩² bəi¹ ni² 明天你要不要去？
　明天　你 要 去 不 去 呢

leŋ¹ hun² nə⁴ hu² hə³ tsin¹ tsin¹ hai⁴ mai² ni² 这个人真的可好呢。
　人　这个 一　真　真 很 好 呢

kə² ŋe³ ti⁴ maŋ² mə² te² 他一定是怕你吧？
　他 硬 是 怕　你 吧

kə² en³ mən² mia² jəu³ le⁴ 他还没来呢。
　他 还 没　来 在 呢

mə² ti⁴ lim² kəu¹ leŋ¹ hun² ti³ 你是临高人吧？
　你 是 临　高　人　吧

kə² ti⁴ hək⁸ teŋ¹ le³ 他是学生？
　他 是 学　生

dəu² vən³ na³ huŋ² kən² bəi¹ ti² hi⁴ 咱俩一起去，行吗？
　咱　两个　一起　　去

12. 象声词

象声词包括感叹的声音和模拟物体的声音两种，前者作句子的独立成分，后者可以作状语和补语，有时可以作谓语。临高话前者较少，后者较多，后者有很大一部分为第九调（促声）。例如：

fəi² ! mə² ja³ di² hən³ van⁴ 。呸！你还要骂人家！
　呸　你 也 要 骂　人家

ai² , hau² tsək⁸ mia² meŋ³ tsiʔ⁸ mai² vɔ³ 。
　唉 我 如果 来 早　点 好 了
唉，我要是来早一点就好了。

mo¹ hu² van² ŋut⁹ ŋut⁹ , bit⁷ hu² van² hat⁹ hat⁹ 。
　猪 个 叫 呜 呜 鸭 个 思 哑 哑
猪"呜呜"地叫，鸭子"哑哑"地叫。

sia¹ fu⁴ hə³ ut⁹ tsiu³ tsu⁴ kua³ bəi¹ vɔ³ 。
　车 部 一 呜 下子 就 过 去 了
车子"呜"的一声就过去了。

kə² uak⁹ uak⁹ ki³ tsiu³ tsu⁴ uak⁹ nam⁴ hui⁴ in¹ vɔi³ 。
　他 呼 噜 几 下子 就 喝　水 碗 完 了

他"呼噜呼噜"几下子就把一碗水喝完了。
suŋ³ ba³ hə³ buak⁸ tsiu³ hə³ tsu⁴ buak⁸ kə² dai¹ vɔ³。
　枪　把　一　咔嚓　下子　一　就　打　他　死　了
枪"咔嚓"一声就把他打死了。

(二)短语

主要有偏正短语、动宾短语、述补短语、联合短语、主谓短语、同位短语、连谓短语和兼语短语等。

1. 偏正短语

(1) 名词为中心

nia² bə³ siau³ kə³ 或 bə³ siau³ kə³ nia² 阿超的田
　田　阿　超　的　　阿　超　的　田

lan² hau² 或 lan² hau² kə³ 或 hau² kə³ lan² 我的房子
　房子　我　　房子　我　的　　我　的　房子

hua¹ ki³ kai³ 或 ki³ kai³ hua¹ 什么花
　花　什么　　什么　花

la³ vok⁸ 或 la³ vok⁸ kə³ 或 vok⁸ kə³ la³ 拔的秧苗
　秧　拔　　秧　拔　的　　拔　的　秧

nan⁴ vɔn³ fan² 或 vɔn³ fan² nan⁴ 两盘肉
　肉　两　盘　　两　盘　肉

tə⁴ nə⁴ xin⁴ 或 nə⁴ xin⁴ tə⁴ 这件事
　事　这　件　　这　件　事

sak⁷ tɔ² tɔ³ sa¹ kə³ 或 tɔ² tɔ³ sa¹ kə³ sak⁷ 自己种的菜
　菜　自　己　种　的　　自　己　种　的　菜

hua³ tsui² fat⁸ ŋi² nə⁴ kə³ 或 tsui² fat⁸ ŋi² nə⁴ kə³ hua³ 最便宜的那些货
　货　最　便　宜　那　的　　最　便　宜　那　的　货

(2) 动词为中心

in² in¹ bɔi¹ 全部去　　　　　lai² lai⁴ bɔi¹ 慢慢走
完　完　去　　　　　　　　慢　慢　走

lok⁸ bək⁸ kiŋ³ mia² 从北京来　　kəp⁷ lou⁴ huk⁷ 抢着干
从　北京　来　　　　　　　劫　进去　做

di³ ləu² hɔk⁸ 怎么学　　　　　tən² huk⁷ 这么做
怎么　学　　　　　　　　　这么　做

it⁷ mɔʔ⁸ it⁷ mɔʔ⁸ kə³ tuan³ 一个一个地算
　一 个 一 个 　地 算

kəm⁴ nɔi⁴ dəŋ¹ 今晚到
　今 晚　 到

（3）形容词为中心

na⁴ ku² ŋə³ 非常大
　非 常 大

bi⁴ kə² haŋ¹ 比他高
　比 他 高

tam¹ sik⁷ ləi¹ 三尺长
　三 尺 长

ən¹ nən³ lak⁸ 这么深
　这样 深

（4）量词为中心

vən³ tsiaŋ¹ 两张
　两 张

nə⁴ tsuaŋ¹ 那种
　那 桩

it⁷ vən⁴ 或 vən⁴ hə³ 一张
　一 张　 张 一

kak⁸ na³ 另一个
　别 个

2. 动宾词组

kən¹ fia⁴ 吃饭
　吃 饭

di¹ dai¹ 找死
　找 死

maŋ² nit⁷ 怕冷
　怕 冷

ɔi³ kən¹ men⁴ sau³ 喜欢吃炒面
　爱 吃 炒 面

vian¹ vən³ bun³ 买两本
　买 两 本

təi³ mə² vən³ mə²⁸ vən² hi¹ 问你两个问题
　问 你 两 个 问 题

xu² van⁴ dai¹ 希望人家死
　求 人家 死

tiaŋ³ it⁷ tsiu³ tsu⁴ fat⁷ 想一下子就发财
　想 一 下子 就 发

tia³ tə¹ 写字
　写 字

kim³ doʔ⁷ 禁赌
　禁 赌

ham² ho² sə⁴ sai⁴ 贪图舒服
　贪 图 自 在

tiaŋ³ jou² loŋ² bəi¹ 想活下去
　想 活 下 去

3. 述补短语

fiŋ⁴ dai¹ 病死
　病 死

taʔ⁷ loŋ² bəi¹ 跳下去
　跳 下 去

kən¹ tam¹ don³ 吃三顿
　吃　三　顿

met⁷ jou³ dau² taŋ² 躲在床下
　躲　在　下　床

kaŋ³ hai⁴ mai² 讲得很好
　讲　很　好

han³ lan² mɔ⁸ di² dum³ vɔi³ 震得房子快要倒塌了
　撼　房子　个　将　倒塌　了

mən² kən¹ lai³ kəm² 吃不饱
　不　吃　得　饱

lun³ lai³ ŋai² tu⁴ 热得难受
　热　得　难　受

4. 联合短语

bə³ ba² hem¹ bə³ ma³ 阿爸和阿妈
　阿爸　和　阿妈

en³ hua³ kam² kən² 酸甜苦辣
　甜　酸　苦　辣

ju⁴ haŋ² ju⁴ nɔ³ 又高又大
　又　高　又　大

lai³ kən¹ lai³ diŋ¹ 有吃有穿
　有　汽　有　穿

5. 主谓短语

hem¹ kən² hok⁸ tsip⁸ 大家学习
　大　家　学　习

kə² na⁴ ku² ȵai² 他非常聪明
　他　非常　聪明

kə² tsiau² hai⁴ haŋ¹ 他个子很高
　他　个子　很　高

tam¹ na³ di³ tso³ 三个一组
　三　个　一　组

ən¹ nən³ tsui² mai²
　这样　最　好

vən² nɔi⁴ siŋ³ xi¹ tam¹ 今天星期三
　今天　星　期　三

ŋon² mɔ⁸ tam¹ kən¹ 一块钱三斤
　很　个　三　斤

di³ ləu² huk⁷ du² nɔ¹ lai³ 怎么做都行
　怎　么　做　都　行

6. 同位短语

hau² lo⁴ ki³ na³ 我们几个
　我们　几　个

sin² ian³ nə⁴ tsuaŋ¹ kəu⁴ 鸦片这种东西
　鸦片　这　桩　东西
tɕiaŋ³ fiŋ¹ su³ ki² 张平书记
　张平　书计
kə² lo⁴ nə⁴ həu² 他们那群
　他们　那　群
7. 连谓短语
kən³ saŋ¹ van² vən² 上山砍柴
　上　山林　砍　柴
bəi¹ həu¹ vian¹ sak⁷ 去市场买菜
　去　集市　买　菜
hoŋ⁴ bit⁷ bəi¹ tiaŋ⁴ 赶鸭子去放养
　赶　鸭子 去　养
uk⁷ bəi¹ san² bu² 出去散步
　出　去　散　步
8. 兼语短语
jam³ kə² uk⁷ bəi¹ 叫他出去
　叫　他　出　去
siŋ³ van⁴ kən¹ jan³ 请人喝酒
　请　人家　喝　酒
hoŋ³ lək⁸ bəi¹ lan² hək⁸ 送孩子上学
　送　孩子 去　学校
lai³ leŋ¹ hun² lək⁸ kəu⁴ 有人偷东西
　有　人　偷 东西

(三) 句型
1. 单句
(1) 主谓句
tok⁷ tam¹ lap⁷ suan¹ 三叔睡觉。
　叔　三　睡　觉
ləu² nə⁴ mə²⁸ hai⁴ haŋ⁴ 这座楼很高。
　楼　这 个　很　高
mə² lo⁴ vən³ na³ ləu² na³ ȵo³ 你们俩谁大?
　你们　两　个　谁　大

kə² huk⁷ tə⁴ na⁴ ku² ŋin⁴ tsin¹ 他办事非常认真。
　他　做　事　非常　　认真

di³ kən¹ təp⁸ liaŋ⁴ 每斤十两。
　每　斤　十　两

bai¹ fa³ lai³ mɔ²⁸ da³ vən² 天上有个太阳。
　上　天　有　个　　太阳

kə² loŋ² to³ tuk⁷ liaŋ² 他下河洗澡。
　他　下　河　洗　凉

hem¹ kɔn² suan⁴ kə² huk⁷ ban³ tsiaŋ¹ 大家选他当班长。
　　大家　　选　他　做　　班长

bə³　ma³　ou¹　kou⁴　nə⁴　kə³　feŋ²　loŋ²　to³　vɔi³
阿　妈　要　东西　这　的　扔　下　河　了
阿妈把这些东西扔到河里去了。

hau² ou¹（或 bi²）kə² hɔn³ dɔn³ vɔi³ 我被他骂了一顿。
　我　要（或被）他　骂　顿　了

2. 复句

(1) 联合复句

tam¹ hu² hau⁴ ti³ hu² mai⁴ 三个公的，四个母的。
　三　个　公　四　个　母

kə² mən² dan¹ mən² tsi² si¹ hau²，ja³ di² fan⁴ dəi² jou³。
他　不　单　不　支持　我　也要　反　对　在
他不但不支持我，还要反对。

kə² kiaŋ² kiaŋ³ kɔn¹ fia³ in¹ tsu⁴ hɔk⁷ tə¹ 他刚吃完饭就读书。
　他　刚　刚　吃　饭　完　就　读书

sə² mə² ti⁴ mə² bɔi¹，sə² mə² ti⁴ hau² bɔi¹ 要么你去，要么我去。
　要么　是　你　去　要么　是　我　去

2. 偏正复句

mə² tsək⁸ mən² mia² hau² tsu⁴ mən² bɔi¹ 你如果不来，我就不去。
　你　如果　不　来　我　就　不　去

mən² kuan³ di³ ləu² jiaŋ⁴，mə² du² xəm³ uk⁷ na³ fɔi²。
　不　管　怎么样　你　都　要　出　面　次
不管怎么样，你都必须出一次面。

kə² leŋ¹ hun² mən² nɔ³, tsək⁷ ti⁴ hai⁴ lai³ liŋ²。
他　人　　不　大　可是　很　有　力
他人不大，可是很有力。

ən¹ vəi¹ mən² tsi² i², tɔ³ ji³ huk⁷ həi² hiu² sək⁷ vɔi³
因　为　不　注意，所以　做　题　条　错　了。
因为不注意，所以做错了一道题。

2. 紧缩句

me² tiaŋ³ me² xi² 越想越生气。
越　想　越　气

it⁷ ləŋ¹ tsu⁴ lap⁷ 一回来就睡。
一　回　就　睡

mən² ən¹ mən² nɔ¹ lai³ 不这样不行。
不　这样　不　行

mən² huk⁷ tsu⁴ fa⁴ 不做就算了。
不　做　就　罢

(四) 语序与现代汉语共同语不同的几种情况

1. 定语

定语和中心词的位置。定语在中心词前或后都可以，这是临高话在语序上最鲜明的一个特色，例子前面已经举了很多，这里只是介绍一下它的发展情况。这两种语序，定语在后是固有语序，定语在前是受汉语的影响之后才产生的。受汉语影响是先从书面语开始，而后慢慢向口语渗透的，所以定语在后口语色彩较浓，而定语在前书面语色彩较浓，两种语序口语中以定语在后这种语序为常见。但是，这只是就总体情况而言，具体来说则其发展显示出不平衡的状态。就现状来看，某些组合实际口语中一样常见，两种语序使用频率几乎不分上下，这种情况主要发生在代词充当定语时（没有结构助词 kə³），例如下面的句子：

⎰ lan² kə² ki³ kai³ hua¹ du² lai³。
⎱ 家　他　什么　花　都　有　　　　他家里什么花都有。
⎰ lan² kə² hua¹ ki³ kai³ du² la³。
⎱ 家　他　花　什到　都　有

$\begin{cases} \text{dəu}^2 \text{ lo}^4 \text{ vɔ}^3 \text{ en}^3 \text{ təi}^2 \text{ hai}^4 \text{ mən}^2 \text{ sɔk}^7 \text{ le}^2。\\ 咱们村现在很不错的 \\ \text{vɔ}^3 \text{ dəu}^2 \text{ lo}^4 \text{ (或 dəu}^2\text{) en}^3 \text{ təi}^2 \text{ hai}^4 \text{ mən}^2 \text{ sɔk}^7 \text{ le}^2。\\ 村咱们现在很不错的 \end{cases}$

咱们村现在很不错的。

上面两个句子的两种语序，即使足不出户的没有文化的乡下老人，都会非常随便地从他们的交际中脱口而出，甚至后起的定语在前者说的可能性还要大一些。语言中的任何嬗变都是从某个点开始而后推向全面的，我们有理由相信，临高话中这种后起的定语在前的语序终有取代固有语序的一天。

2. 含宾语的结果补语

现代汉语中如果同时含有宾语和补语，一般总是补语在前，宾语在后，如"打死他"、"吃饱饭"等。临高话却刚好相反，宾语在前补语在后，如上面短语要说成：

kit⁷ kə² dai¹　　　　　　kɔn¹ fia¹ kəm²
打　他　死　　　　　　吃　饭　饱

又如：

huk⁷ tsək⁸ ŋiap⁸ in¹ vɔi³ 做完作业了
　做　作业　完 了

maʔ⁷ baʔ⁷ liaŋ³ vɔi³ 吸干了血
　吸　血　干 了

tsu² lan² baŋ³ vɔi³ 把房子打扫干净了
　扫 房子 干净 了

liŋ¹ sia¹ mai² vɔi³ 把车修好了
　修 车 好 了

临高话中像这类同时含有宾语和补语的短语，现代汉语大都可以变换成把字结构，如："打死他"、"做完作业"、"吸干血"可以变换成"把他打死"、"把作业做完"、"把血吸干了"，有些只能用把字结构来表述，如"把房子打扫干净了"，临高话没有这种表示法。

3. 可能补语的否定式

现代汉语否定式的结果补语总是放在动词谓语的后面，而且不需要结构助词"得"，临高话则不同，除个别情况外，一般否定词要放在动词谓语之前，而且必须带结构助词 lai³（得）。例如：

mən² kɔn¹ lai³ in¹ 吃不完　　　　mən² tiaŋ⁴ lai³ jəu³ 养不活
　不　吃　得　完　　　　　　　　不　养　得　活

mən² dak⁷ lai³ liaŋ³ 晒不干　　　mən² tuk⁷ lai³ baŋ³ 洗不干净
　不　晒　得　干　　　　　　　　不　洗　得　干净

而结果补语的否定式却采用了汉语可能补语的结构（一般后面加 jəu³）。例如：

kɔn¹ mən² in¹ jəu³ 还没有吃完
　吃　不　完　在

dak⁷ mən² liaŋ³ jəu³ 还没有晒干
　晒　不　干　在

4. 某些状语

临高话的状语一般是放在动词谓语之前，但句中含 hem¹（添，"还"的意思）、jəu³（在，"还"的意思）和 hen¹（先）等词时，这些词必须放在动词之后。例如：

kɔn¹ hui⁴ hem¹ 再吃一碗　　　　vian¹ bun³ hem¹ 再买一本
　吃　碗　添　　　　　　　　　　买　不　添

huk⁷ mən² in¹ jəu³ 还没做完　　　kit⁷ mən² dai¹ jəu³ 还没有打死
　做　不　完　在　　　　　　　　打　不　死　在

kɔn¹ in¹ hen¹ na⁴ huk⁷ 先吃完才做
　吃　完　先　才　做

ləŋ¹ lan¹ hen¹ na⁴ siaŋ³ liaŋ² 先回家才商量
　回　家　先　才　商　量

这些短语中的 hem¹、jəu³ 都应该看作副词，分别相当于汉语的"再"和"还"，但动词前面却可以再加 tsai²（再）和 en³（还），如上述短语又可以说成：

tsai² kɔn¹ hui⁴ hem¹ 再吃一碗
　再　吃　碗　添

tsai² vian¹ bun³ hem¹ 再买一本
　再　买　本　添

en³ huk⁷ mən² in¹ jəu³ 还没做完
　还　做　不　完　在

en³ kit⁷ mən² dai¹ jou³ 还没有打死
　还 打 不 死 在

但是上述句式单用 tsai² 和 en³ 却不能表意，需要分别与 hem¹ 和 jou³ 配合起来使用（en³ 在肯定句中可以单用）。

另外，个别词作状语放在动词前或后都可以。例如：
ən¹ nə³ huk⁷ mən² no¹ lai³ 或 huk⁷ ən¹ nən³ mən² no¹ lai³。
　这样 做 不 行　　做 这样 不 行
这样做不行。

5. 双宾语

当一个动词同时带有指人宾语和指物宾语时，汉语总是指人宾语在前，指物宾语在后，如"我给他一本书"。临高话却有两种不同的语序，一种和汉语相同，例如：
hau² jiŋ² kə² vən³ mɔ⁸ ŋen² 我赢他两块钱。
　我 赢 他 两 个 银
kə² lək⁸ hau² hai⁴ liau⁴ sin² voi³ 他偷了我很多钱。
　他 偷 我 很 多 钱 了
kiau³ kiŋ⁴ fat⁸ bə² ba² ki³ təp⁸ ŋen² 交警罚阿爸几十元。
　交 警 罚 阿爸 几 十 银

一种是指物宾语在前，指人宾语在后。例如：
beu³ jua³ nə⁴ hiu² hau² 把那条衣递给我。
　递 衣 那 条 我
lan² hɔk⁸ tsiaŋ² bit⁷ kuan³ kə² 学校奖励他一支笔。
　学校 奖 笔 管 他
kə² se¹ ki³ təp⁸ ŋen² xu⁴ hu² hə³ 他给小舅子几十元。
　他 能 几 十 银 舅 个 一

第一种的指人宾语和指物宾语往往有领属关系，第二种没有这种关系。第二种可以在指人宾语前加 jou³（给）或 se¹（给），例如第一个例子可以说成：
beu³ jua³ nə⁴ hiu² jou³（se¹）hau²
　递 衣 那 条 给　　　我

第一种不能换成第二种语序，但第二种有一部分可换成第一种语序，只是书面色彩较浓，口语中不如第二种常见。例如第三个例子可说成：

kə² se¹ xu⁴ hu² hə³ ki³ təp⁸ ŋɔn²
他 给 舅 个 一 几 十 银

当动词为 nai³（借）时，两种语序分别负载不同的意思：

kə² nai³ hau² ki³ təp⁸ ŋɔn² 他跟我借了几十元。
他 借 我 几 十 银

kə² nai³ ki³ təp⁸ ŋɔn² hau² 他借给我几十元。
他 借 几 十 银 我

6. 比较句

(1) 等比

kə² ka³ haŋ¹ huŋ² hau² vɔi³ 他已经跟我一样高了。
他 已经 高 同 我 了

(2) 差比

kə² mən² haŋ¹ huŋ² hau² 他没有我高（他不如我高）。
他 不 高 同 我

kə² ŋɔ³ kua³ hau² 或 kə² bi³ hau² ŋɔ³ 他比我大。
他 大 过 我　　他 比 我 大

用汉借词 bi³（比）是后起的，口语中远不如前一种常见。

第二编　民间故事

kuŋ¹ xɔu² tan¹
公　高　山

　　niŋ² lim² kɔu¹ tsi² hin⁴ lai³ lək⁸ tia⁴ mɔʔ⁸ hə³, jam³ tia⁴ xɔu² tan¹
　　旁边　临　高　治　县　有　小　山　个　一　叫　山　高　山
hə³。bai¹ tia⁴ lai³ lək⁸ miu⁴ mɔʔ⁸ hə³, da³ miu⁴ lai³ kuŋ¹ hu² hə³, jam³
（助）。上面　山　有　小　庙　个　一，里　庙　有　公　个　一　叫
kuŋ¹ xɔu² tan¹ hə³。tia⁴ mɔʔ⁸ tui² jian² mən² haŋ¹, tsək⁷ ti⁴ lok⁸ tɔi³ lau⁴
公　高山（助）。山　个　虽然　不　高，可是　从　世　老
mia² it⁷ vəi² tə³ kui³ siaŋ² siaŋ² lai³ leŋ¹ hun³ kən³ tia⁴ vɔi³ bai³ kuŋ² xɔu²
来　一　年　四　季　常　常　有　人　　上　山　了　拜　公　高
tan¹。
山。

　　suan² kaŋ³ jɔu³ han² siau¹ kə³ ti² hɔu⁴, dau³ kok⁸ tia⁴ lai³ vɔ³ mɔʔ⁸
　　传说　在　汉朝　的　时候，下面　脚　山　有　村子　个
hə³, da³ vɔ³ lai³ lan² vəŋ² ka¹ hə³ ji² lok⁸ siŋ³ tsiu³ kua³ mia²。lan² vəŋ² na⁴
一，里　村　有　姓　王　家　一　移　从　青州　　过来　姓　王　那
ka¹ hə³ lai³ lək⁸ vən³ na³, nə² ŋɔ³ hu² hə³ jam³ vəŋ² xi¹ hə³, nə² ŋəi⁴ hu² hə³
家　一　有　儿子　两　个　老大　个　一　叫　王祈　的　老二　个　一
jam³ vəŋ¹ lut⁸ hə³。lai³ vən² hə³, vən³ na³ eŋ³ tok⁷ kən³ tia⁴ xɔu² tan¹ vəi³
叫　王律　的。有　天　一，两　个　兄弟　上　山　高山　了
kit⁷ saŋ¹, ŋəu³ bəi¹ ŋəu³ ləŋ¹, ŋəu³ tiŋ² bak⁸ fəŋ³ vəi³ ni² tsuŋ² mən² am³
打猎，逛　去　逛　回，逛　成　半天　外　了　呢　总　不　碰
hək⁸ ki³ kai³ hu² hu²。vəŋ³ xi¹ lai³ tsi²ʔ⁸ nuai³ vɔi³, hu⁴ niŋ² sun¹ lai³ din²
到　什么　个个。王祈　有　点　累　了，看见　旁边　路　有　石头
mɔʔ⁸ hə³ fiŋ² fiŋ² ən¹ nən³, di² tiaŋ³ kən³ bai¹ din² vɔi³ hiu³ sik⁸ fɔi²,
个　一　平平　这样，要　想　上　上面　石头　了　休息　次。
kiaŋ² kiaŋ² tam³ kok⁷ kən³ din² vɔi³ le³, din² mɔʔ⁸ hə³ it⁷ tsiu³ tsu⁴　a³
刚刚　迈　脚　上　石头　了　呢，石头　个　一　一下子　就　裂开
bak⁷ lop⁷ kok⁷ kə² fiaŋ² ləu⁴ vɔi³。kə³ xuan² mən² hu⁴ di² ləu⁴ hə³, di² tiaŋ³
口　吞　脚　他　边　进　了　他　狂　不　知　怎么　了，要　想

jit⁸ kok⁷ uk⁷ mia², tsək⁷ ti⁴ me² dam² me² lak⁸。vɔŋ¹ lut⁸ jou³ niŋ³ ka³ maŋ²
拔　脚　出　来，　可是　越　陷　越　深　王律　在　旁边 已　吓

on³ vɔi³, juŋ⁴ liŋ² lou⁴ beŋ¹, tsək⁷ ti⁴ di³ ləu² beŋ¹ du² m̥² beŋ¹ lai³ uk⁷。kə²
稳　了，用　力　进去　拉，　可是　怎么　拉　都 不 拉 得 出。他

ju⁴ sen⁴ mia² ju⁴ sen⁴ bɔi¹, mən² hu⁴ di³ huk⁸ di³ ləu² na⁴ mai²。tsiŋ³ jou³ nə⁴
又　转　来 又　转　去，　不 知 要　做　怎么 才 好。正　在　这

ti² hou⁴, vɔŋ¹ xi¹ da² xɔi¹ bak⁷ kaŋ³ ko³ vɔi³："hau² ti⁴ kuŋ¹ xou² tan¹, tsi⁴
时候，王祈　突然 开　口 说话　了　我是 公　高山，　住

jou³ lan² din² nə⁴ mɔʔ⁸ hə³ hai⁴ fɔŋ² vɔi³, mə² lo⁴ tsək⁸ di² tiaŋ³ fiŋ² an¹, tsu⁴
在　屋 石头 这个 一　很　外 了，你们　若　要　想　平安，就

xəm³ ka³ ŋu² fiak⁸ hu² hə³ mia² sɔŋ³ hau², tam¹ vəi² di³ fɔi³。"ko³ du² mən²
欠　宰 牛　白　个　一　来　祭 我，　三　年　一次。" 话　都　没

kaŋ³ in¹ jou³ ka³ mut⁸ m̥² hu⁴ tsiʔ⁸ tsiʔ⁸ vɔi³。vɔŋ¹ lut⁸ kan³ xuaŋ² ləŋ¹ vo³
讲　完　在　已 隐没 不 见　点　点　了。　王律　赶　狂　回 村

vɔi³ di¹ leŋ¹ hun² ham² liaŋ², meŋ³ meŋ³ ka³ ŋu² fiak⁸ hu² hə³ bɔi¹ sɔŋ³ kə²
了　找　人　商量，　　快快　宰 牛　白　只　一　去　祭　他。

lok⁸ nin⁴ hou⁴ lɔi², suan² vo³ tsin² tsin¹ na² na² tsuŋ³ fiŋ² an¹, hem¹ kɔn² mə²
从 那 后　来， 全　村　真 真　个个　总　平安，　大家　你

suan² hau², hau² suan² kə², tsuŋ³ bo¹ kuŋ¹ nə⁴ hu² leŋ¹, luk⁸ leŋ¹ nə⁴ xat⁸
传　我，　我　传　他，　总　说 公　这个　灵，　周围　那 块

hə³ mən² kuan³ am² hək⁸ ki¹ kai³ tə⁴, tsuŋ³ kən³ tia² xou² tan¹ vɔi³ sɔŋ³ kə²。
一　不　管　碰 到　什么　事 总　上　山　高山　了 祭 他。

suŋ² siau¹ kə³ ti² hou⁴, vɔŋ¹ vən¹ muan⁴ dai³ sɔk⁸ hou² hə³ fəŋ² təŋ²
宋朝　的　时候，　王文满　　带　贼 群 一 凭 承

vən² jəp⁷ oŋ¹ lou⁴ da³ hin⁴ vəi³ kəp⁷ kou⁴, lai³ be² lau⁴ hu² hə³ fok⁸ sɔk⁸ kə²
夜里　闯 进 里 县 城　了 劫 东西，有　老人　个　一　伺　贼　的

m̥² tsi² i², lok⁸ lɔk⁸ deu² kən³ tia² vɔi³ sɔŋ¹ jou³ kuŋ¹ xou² tan¹。kuŋ¹
不 注意，　悄悄　跑　上　山　了　告诉　给　公　高山。　公

xou² tan¹ fai³ dau⁴ luk⁷ luk⁸ hə³ mia² hum² sɔk⁸, ɲe² sɔk⁸ hou² hə³ da¹ kɔt⁸
高山　派　黄蜂　窝　一　来　驱 贼，　蛰 贼　群　一 眼睛 肿

vɔi³, di³ ləu² diŋ² du² mən² diŋ² lai³ on³, meŋ³ meŋ³ ɲi¹ tuʔ⁷ ləu⁴ deu²。
了，　怎么　顶　都　不　顶　得　稳，　快快　夹 尾巴 进去 逃。

mən² kua³ kiau⁴ fɔŋ³, sin¹ ɲhou¹ hem¹ mɔk⁸ ən³ ju⁴ dai³ sɔk⁸ hou² hə³ lou⁴
没　过　多　久，　陈韬　和　莫因　又 带　贼 群　一　进

da³ hin⁴ vɔi³ dɔŋ¹ leŋ¹ lut⁷ lan² kəp⁷ kɔu⁴, lai³ leŋ¹ hun² deu² kən³ tia² vɔi³
里 县 了 到 处 烧 房子 劫 东西，有 人 跑 上 山 了
səŋ⁴ jɔu³ kuŋ¹ xɔu² tan¹, du² m̥² ŋiap⁷ mak⁸ da¹ fɔi² hə³, sɔk⁸ hau² vɔn³ hu²
告诉 给 公 高山， 都 没 眨 眼睛 次 一，贼 首 两 个
ka³ dɔŋ¹ mɔ² həu¹ kiaŋ¹ vɛi³, van³ du² mən² meŋ³ huŋ²。
已 举 手 投降 了，风 都 不 快 同。

　　juan¹ siau¹ hɔŋ³ hau² nə⁴ ki³ təp⁸ vəi², siaŋ² siaŋ² lai³ sɔk⁸ kə³ lɔu⁴ da³
　　元朝 开头 那 几 十 年， 常常 有 贼 的 进 里
hin⁴ kəp⁷ kɔu⁴, mui³ fɔi² bɔi¹ di¹ kuŋ¹ xɔu² tan¹, kuŋ¹ du² uk⁷ mia² fu² tə⁴.
县城 劫 东西，每 次 去 找 公 高山， 公 都 公来 扶助。
lai³ vəi² hə³, ŋu¹ kuk¹ bɔu⁴ dai³ sɔk⁸ həu² hə³ bɔi¹ niŋ³ hai³ kəp⁷ kɔu⁴, vɔ³
有 年 一，吴 国 宝 带 贼 群 一 去 旁边 海 劫 东西，村
nə⁴ kə³ li² tia³ xɔu² tan¹ hai³ lɔi¹ vɔ³, di² bɔi¹ səŋ¹ jɔu³ kuŋ¹ ka³ m̥² əŋ³ vɔ³,
那些 离山 高山 太 远了，要 去 告诉 给 公 已 不 及 了，
lai³ leŋ¹ hun² tə³ au³, lɔi² lɔi¹ vɔk⁷ tia⁴ xɔu² tan¹ bai³, dek⁸ kuŋ¹ hu⁴ m̥²
有 人 尝试 远远 望 山 高山 拜， 看 公 知道 不
hu⁴, du² mən² fɔu³ len³ lɔi² jɔu³ le³, sɔk⁸ nə⁴ həu² hə³ tə² tə³ ka³ tan³ vɔ³,
知道，都 没 等 转 身 在 呢，贼 这 群 一 自己 就 散 了,
hɔi³ leŋ¹ leŋ¹ kə² lɔ⁴ kə³ vɔi³, mən² tɔk⁷ kiau⁴ leŋ²。
退 回 地方 他们 的 了，不 知 多 灵。

　　kuŋ¹ xɔu² tan¹ mən² dan¹ bɔŋ¹ hɔi³ sɔk⁸, bək⁷ tiŋ³ kə³ tsək⁸ lai³ ki³ kai³
　　公 高山 不但 帮 退 贼， 百姓 的 如果 有 什么
tə⁴ mia² xu³ kə² kə² du² bɔŋ¹。 lai³ vəi² hə³, fa³ mɔʔ⁸ hə³ da² daŋ⁴ tiŋ² keu²
事 来 求 他 他 都 帮。有 年 一，天 个 一 竟然 旱 成 月
vɔi³, nia² kə³ tsuŋ³ liaŋ³ dət⁷ vɔi³, m̥² lai³ nam⁴ hau³ lɔi² nia² lɔm¹ la³,
了，水 田 的 总 干 裂 了，没有 水 好 犁 田 插秧,
vɔk⁷ vɔk⁷ tsu⁴ di² ŋu⁴ kua³ tɔk⁸ vɔ³, lai³ leŋ¹ hun² hei² ŋə³ bɔi¹ di¹ kuŋ¹
看看 就 将 误 过 熟 了，有 人 提议 去 找 公
xɔu² tan¹, hem¹ kən² tsu⁴ ka³ ŋu² fiak⁸ hu² hə³ kən³ tia⁴ vɔi³ sɔŋ²。 xu² kuŋ¹
高山，大家 就 宰牛 白 个 一 上 山 了 祭 求 公
nə⁴ vən² hə³, fa³ mɔʔ⁸ e² lun³ tsiŋ³ vəi³ jɔu³, kiaŋ¹ kiaŋ¹ kua³ kɔm⁴ le³ fa³
那 天 一，天 个 还 热 像 火 在， 刚刚 过 夜 呢 天
mɔʔ⁸ hə³ tsu⁴ dok⁷ fun¹ loŋ³ mia², lin² lin² dok⁷ vɔn³ vən³, suan² hin⁴ nia²
个 一 就 下 雨 下 来， 连连 下 两 天， 全 县 田

kə³	nam⁴	fun¹	ləu²	xat⁸	du²	tsuk⁷	,	bek⁷	tiŋ³	kip⁸	si¹	ləi²	nia²	ləm¹	la³	,	ŋau⁴
的	水	雨	哪里	都	足	,	百姓	及时	犁	田	插秧	,	水稻				

nə⁴	tok⁸	hə³	teŋ¹	na⁴	ku²	mai²	.	lok⁸	nin⁴	həu²	ləi²	,	bək⁷	tiŋ³	na⁴	lip⁸	miu⁴
这	熟	一	生长			非常好。		从	此	后来,			百姓	才	立	庙	

mɔ⁸	ləu⁴
个	进去。

高 山 神

　　临高县城旁边有座小山，叫高山岭，岭上有个小庙，庙里有一个神，叫高山神。山虽然不高，可是自古以来一年四季常常有人上山去拜高山神。

　　传说在汉朝的时候，高山岭山脚下有个村子，村里有一户从青州迁来的姓王的人家。这户王姓人家有两个儿子，老大叫王祈，老二叫王律。有一天，兄弟俩上高山岭打猎，转来转去，转了半天，什么都没有碰上。王祈有点累了，看见路旁有块平平的石头，想到上面去休息一下，脚刚迈上石头，石头突然裂开个口子，把他一只脚吞了下去。他慌了，想把脚拔出来，可是越陷越深。王律在旁边已吓呆了，用力去拉，可是怎么都拉不出。他转来转去，不知怎么办才好。正在这时候，王祈突然开口了："我是高山神，住在此石屋里很久了。你们要想平安，就得把一头白牛宰来祭我，三年一次。"话还没说完已经隐没不见了。王律急忙回到村里找人商量，赶快宰了一头白牛来祭他。从此以后，大家你传我，我传他，都说这个神特别灵，周边一带不管碰上什么事，都要到高山岭来祭他。

　　宋朝的时候，王文满带着一伙强盗闯入县城抢劫财物，有位老人趁强盗们不注意，悄悄跑上山去告诉高山神。高山神调遣一窝黄蜂来驱贼，把贼群蜇得眼睛发肿，怎么顶都顶不住，赶快夹起尾巴逃走了。没过多久，陈韬和莫因又带着一伙强盗进入县城到处烧房子劫财物。有人跑上山去告诉高山神，没到眨眼工夫，两个贼首已经举手投降，连风也没这么快。

　　元朝开始那几十年，常常有强盗进县境来抢劫东西，每次去找高山神，高山神都出来相助。有一年，吴国宝带领一伙强盗到沿海一带抢东西，这几个村子离高山岭太远了，要想去那里告诉高山神已来不及了。有人尝试远远望着高山岭拜，看神知道不知道，还没等转过身子，这伙强盗自己就东奔西散，退回自己的地盘了，不知多灵验。

　　高山神不但帮着退贼，老百姓有什么事来求都相帮。有一年天旱，一连旱了近一个月，水田干裂了，无水犁田插秧，眼看着就要误过季节了，有人提议去找高山神，宰了一头白牛上山去供祭。求神那天，天还热得像火烧，夜里刚过就下起雨来，一连下了两天，全县的水田雨水到处都充足，老百姓及时犁田插秧，这一造水稻生长也特别好。从此以后，老百姓才给他立了个庙。

讲述人：刘尚德
流传地区：临高县

sɔŋ⁴ tin¹ ka¹
洞　仙　家

　　lim² kəu¹ hin⁴ ba² len² həu¹ lai³ sɔŋ⁴ tia⁴ mɔʔ⁸ hə³, jam³ bo¹ sɔŋ⁴
　　临　高　县　波莲　圩　有　洞　山　个　一，叫　做　洞
tin¹ ka¹ hə³。bak⁷ sɔŋ⁴ lai³ din² ki³ xap⁸ fiŋ² fiŋ² ən¹ ən³, niŋ² bak⁷ sɔŋ⁴ nə⁴
仙家　的。口　洞　有　石头　几　级　平平　这样，旁边　口　洞　这
xap⁸ hə³ xuat⁷ kua³ liu⁴ fan¹ vəi³, xɔ³ ji³ ŋo¹ lai³ ti³ ŋa³ na³ leŋ¹ hun²。bai¹
级　一　宽　过　席子　张　了　可以　坐　得　四五个　　人。上面
deŋ¹ sɔŋ⁴ ŋuk⁸ lək⁸ dun³ ki³ dun³, bɔ² kə³ but⁸ but⁸, tsa² bak⁷ sɔŋ⁴ mɔʔ⁸
顶　洞　长　小　树　几　棵，叶子的　茂盛茂盛，遮　口　洞　个
hə³ ki³ ti² du² ŋui¹ ŋui¹ ən¹ nə³。nə² tiaŋ⁴ ŋu² nə⁴ kə³ m̥² kuan³ lək⁸ nɔk⁷
一　几　时　都　阴阴　这样。(词头)养　牛　那　些　不　管　小孩
nə² lau⁴, tsɔŋ³ ɔi³ mia² niŋ² bak⁷ sɔŋ⁴ vəi³ baŋ⁴ ŋui¹。da³ sɔŋ⁴ na³ kuʔ jɔp⁷,
老人，总　爱　米　旁边　口　洞　了　避阴。里面　洞　十分　暗，
me² ləu⁴ me² tsek⁷, me² ləu⁴ me² jɔp⁷。hiŋ² nə² lau⁴ kə³ kaŋ³, sɔŋ⁴ nə⁴
越　进去　越　窄，越　进去　越　暗。呼　老人　的　讲，洞　这
mɔʔ⁸ hə³ lai³ tiŋ² fu³ sun¹ ləi¹, tsək⁷ ti⁴ lok⁸ hau³ mia² m̥² lai³ leŋ¹ hun² kəm³
个　一　有　成　铺　路　远，可是　从　头　来　没有　人　敢
ləu⁴ dəŋ¹ dəi³, tsuŋ³ ti⁴ bəi¹ dəŋ¹ da³ vəi³ tsu⁴ deu² uk⁷ mia²。
进　到　底，总　是　走　到　中间　了　就　逃　出　来。

　　hiŋ² kaŋ³ jəu³ kua² kua³ na³ kə³ ti² həu⁴, luk⁸ leŋ¹ nə⁴ xat⁸ hə³ lai³
　　听　讲　在　过　过　前　的　时候，周围　这　块　一　有
leŋ¹ hun² hu² hə³ mia² niŋ² bak⁷ sɔŋ⁴ vəi³ xai³ huan³。lai³ vən² hə³ kə² kuʔ⁸
人　个　一　来　旁边　口　洞　了　开荒。有　天　一　他　挖
nuai³ vəi³, hu⁴ niŋ² bak⁷ sɔŋ⁴ kə³ ŋui¹ ŋui¹, di² tiaŋ³ bəi¹ bak⁷ sɔŋ⁴ vəi³
累　了　看到　旁边　口　洞　的　阴阴　要　想　去　口　洞　了
laŋ² liaŋ² fəi³, du² mən² tam³ kəu⁴ ki³ tua⁴ jəu³, hu⁴ be² lau⁴ vən³ na³ jəu³
歇凉　次，都　沿　迈　东西　几　步　在，看见　老人　两　个　在
bak⁷ sɔŋ⁴ huk⁸ ki³ kai³ ne⁴, bəi¹ dəŋ¹ niŋ² vəi³ dek⁸ le³, ɔm³ ɔm³ ti⁴ jəu³
口　洞　做　什么　呢，去　到　旁边　了　看　呢，原来　是　在

deu² xi² . daŋ² si¹ luk⁸ leŋ¹ nə⁴ xat⁸ hə³ vɔ³ kə² tiu³ , leŋ¹ hun² ja³ mən²
走　棋。当时　周围　那 块 一 村子 的 少，　人　也　不

liau⁴ , hem¹ kɔn² sa¹ m̩² liau⁴ tsuŋ³ tək⁷ kɔn² in¹ , tsək⁷ ti⁴ be² lau⁴ nə⁴ vɔn³
多　大家　差 不多　总 认识互相完, 可是 老人 这 两

hu² kə² lok⁸ hau³ du² mən² hu⁴ fəi² kua³ , fui¹ kə² lo⁴ kə³ du² fiak⁸ in¹ vɔi³ ,
个 他 从 头 都 没 见次 过, 头发 他们 的 都 白 完 了,

him² mui² da¹ du² fiak⁸ vɔi³ , tsək⁷ ti⁴ nan⁴ naŋ¹ kə² en³ hɔ² hɔ¹ tsiŋ³ lək⁸
连 眉毛 都 白 了, 可是　皮肤　的 还 嫩嫩 像 仔

hou⁴ teŋ¹ jou³ . be² lau⁴ vɔn³ na³ deu² xi² na⁴ ku² lou⁴ tim¹ , it⁷ tsiʔ⁸ du² mən²
后生　在。老人　两 位 走 棋 十分　入心, 一 点 都 不

sa² li³ kə² . kə² lok⁸ nək⁸ ui² tsu⁴ jiat⁸ deu² xi² , mən² kuan³ tam¹ sit⁷ ŋi⁴ təp⁸
查理他。他 从 小 起 就 热爱 走 棋,　不管　三 七 二 十

it⁷ , ou¹ bəŋ¹ tsa⁴ hem⁴ mo⁴ ŋo¹ lɔŋ² vɔi³ tsu⁴ dek⁸ kə² lo⁴ vɔn³ na³ deu² xi² .
一, 拿 柄 钩刀 垫 屁股 坐 下 了 就 看 他们 两 位 走 棋。

xi² fan² hə³ en³ mən² deu² in¹ jou³ , kə² hu⁴ bai¹ vən¹ fiaŋ² hə³ kum² kum²
棋盘 一 还 没 走 完 在, 他 感到 上面 肩 边 一 痒 痒

ən¹ nə³ , it⁷ tsiu³ təʔ⁸ mɔʔ⁸ lɔŋ² dau³ jua³ vɔi³ hɔ² mat⁷ hu² hə³ uk⁷ mia² ,
这样, 一下子 伸 手 下 下面 衣 了 抓 跳蚤 个 一 出来,

biaŋ³ lou⁴ da³ bak⁷ vɔi³ kap⁸ lək⁷ buak⁸ tsiu³ hə³ . be² lau⁴ vɔn³ na³ len³ na³
放 进 里 嘴巴 了 咬 响 "咔嚓" 下子 一。老人 两 位 转 脸

ləŋ¹ mia² dek⁸ kə² , haŋ⁴ viʔ⁸ hau³ viʔ⁸ hau³ ən¹ nə³ , him² kə² tseʔ⁷ , tse² ku²
回业 看 他, 光 摇 头 摇 头 这样, 嫌 他 脏, 借 故

soi¹ kə² ləŋ¹ lan² . kə² m̩² hau³ i³ sə³ , na⁴ daʔ⁸ lou⁴ mɔʔ⁸ ui² , sui² mɔ² di²
催 他 回 家。他 不 好 意思, 才 直 腰 个 起来, 随手 要

ŋan¹ tsa⁴ tsiaŋ² ui¹ le³ , e² , bəŋ³ tsa⁴ du² ka³ dəi² fiaŋ² hə³ bɔi¹ vɔi³ .
拿 钩刀 张 起来 呢, 啊, 柄 钩刀 都 已经 烂 边 一 去 了。

kə² tɔ² tɔ² ŋam³ jou³ daʔ³ tim¹ : "buk⁷ nɛi⁴ kə³ hai⁴ hiam⁴ , du² mən² kou⁴
他 自己 嘀咕 在 里 心 : 白蚁 这里 的 好 厉害, 都 没 东西

xək⁷ hə³ ka³ kɔn¹ bəŋ³ tsa⁴ fiaŋ² bɔi¹ vɔ³ ! " haŋ⁴ ŋam³ haŋ⁴ ləŋ¹ bɔi¹ kou⁴
刻 一 已 吃 柄 钩刀 边 去 了!" 边 嘀咕 边 回 去 东西

kə² vɔi³ .
他 了。

kiaŋ² kiaŋ³ ləŋ¹ dɔŋ¹ daʔ³ baŋ³ kə² vɔi³ le³ , kə² hu⁴ lək⁸ nək⁷ hu² hə³ ŋa³
刚刚 回 到 庭院 他 了 呢, 他 看到 小孩 个 一 五

sok⁷ tui³ ən¹ nən³ jou³ bak⁷ dən⁴ kə² n̥am¹ ne⁴。lək⁸ nə⁴ hu² hə³ tsiŋ² tsiŋ³
六　岁　这样　在　口　门　他　玩　呢。孩子　这个　一　正正
ti⁴ lək⁸ kə², tsək⁷ ti⁴ lək⁸ be² vɔŋ³ na³ am³ kɔn² mən² tək⁷ kɔn², vɔŋ³ na³
是孩子他，可是子父两个遇见互相不认识互相，两个
vok⁷ kɔn² it⁸ it⁷ ən¹ nən³。tsuk⁸ tsuk⁸ nə⁴ ti² hou⁴ mai⁴ lək⁸ kə² hap⁷ nam⁴
看　互相一　一　这样。　足　足　这时候　妻子　他　挑　水
lok⁸ jaŋ¹ ləŋ¹ mia², it⁷ vok⁷ hək⁸ kə², na³ mɔ⁊⁸ du² ka³ maŋ³ tiam² vəi³,
从　水井　回来，一　看　到　他，脸　个　都　已　吓　惨白　了，
meŋ³ meŋ³ tsa² lək⁸ hu² lou⁴, doi³ kə² kaŋ³:"mə² ka³ dai¹ fiak⁸ uk⁷ tam¹
　快快　　遮孩子个进去，对他讲：你已死外面　三
vəi² vəi³, jiau² lək⁸ mai⁴ hau² lo⁴ vɔŋ² na³ tu⁴ xo³ so³ nan² vi²。ka¹ dou² xo³
年　了，丢下　子母　我们　两　个受　苦楚　难为。家　咱　苦
ti⁴ xo³, hau² ka³ hem¹ mə² huk⁷ tsai¹ vəi³, vəi² vəi³ du² dai³ lək⁸ kə² bɔi¹
是苦，我已跟你做斋了，年年都带儿子的去
hem⁴ fən² mə², kua³ nen² kua³ tsit⁷ du² sua⁴ fia⁴ sɔŋ² mə², mə² en³ lai³
上　坟　你，过年过节都摆饭祭你，你还有
ki³ kai³ m̥² biaŋ³ tim¹ jou³? ləŋ³ bəi¹ kou⁴ mə² lo³, mən² ŋa⁴ tə³ lək⁸ hu²
什么　不　放心　在？回去　东西你啰，不　要　使孩子个
maŋ²。"hiŋ² mai⁴ lək⁸ kə² tən² kaŋ³, kə² kam⁴ dəŋ¹ na⁴ ku² xi¹ kuai², kə²
害怕。"听　妻子　他这么讲，他　感到　非常　奇怪，他
kaŋ³:"mə² den¹ vəi³ la²? hau² uk⁷ bɔi¹ huk⁷ kɔŋ¹ du² mən² dəŋ¹ vən² hə²
讲："你癫了吗？我出去做工都不到天一
jou³, mə² di³ ləu² bo¹ hau² ka³ dai¹ tam¹ vən² vɔ³?"mai⁴ lək⁸ kə² vi⁊⁸ hau³
在，你怎么说我已死三年了？"妻子他摇头
m̥² tsun³, kə² na⁴ tsiaŋ¹ kə² di³ ləu² dek⁸ vɔŋ³ na³ be² lau⁴ deu² xi² nə⁴ kə³ tə⁴
不相信，他才将他怎么看两位老人走棋这些事
kaŋ³ uk⁷ mia²。mai⁴ lək⁸ kə² hu⁴ kə² tsin² tsin¹ mən² dai¹ jou³, m̥² tək⁷
讲　出来。妻子　他看到他　真真　没死在，不知
kiau⁴ əŋ¹, suan² vɔ³ leŋ¹ hun² hiŋ² sa¹ vəi³ du² vi² mia² dek⁸。tə⁴ içi³ nə⁴
多高兴，全村人　听　了都围来看。事件这
xin⁴ hə³ suan² uk⁷ bɔi¹ hou⁴ ləi², hem¹ kɔn² tsu⁴ ou¹ sɔŋ⁴ nə⁴ mɔ⁊⁸ hə³ jam³
件一传　出去　后来，大家　就把洞这个一叫
sɔŋ⁴ tin¹ ka¹ hə³。
洞　仙家（助）。

仙 人 洞

　　临高县波莲圩有一个山洞，叫做仙人洞。洞口有几级石级很平，靠近洞口的那级比一张席子还宽，可以坐得下四、五个人。洞口顶上长着几棵小树，叶子茂密，把洞口遮得四时都阴阴的。那些放牛的人，不管是小孩还是老人，总喜欢到洞口来遮阴。洞里很黑，越入越窄，越入越黑，听老人讲，这个洞口有将近十里长，可是从来没有人敢走到底，总是走到中间就走出来。

　　传说在很多年以前，此地周围有一个人到洞口旁边开荒。有一天，他挖地挖累了，看到洞口旁边很阴凉，想到洞口那里歇歇凉。还没迈出几步，看见两位老人在洞口做些什么，走到旁边一看，原来是在下棋。当时周围一带村子很少，人也不多，大家几乎彼此都互相认识，可是这两位老人他从来没有见过，他们头发全白了，连眉毛也白了，可是皮肤还是像后生仔那样鲜嫩鲜嫩的。两位老人下棋非常入神，一点都没注意到他。他从小起就很喜欢下棋，不管三七二十一，他拿起钩刀垫在屁股下面坐下来就看两位老人下棋。一盘棋还没下完，他觉得一边肩膀上痒痒的，一下子把手伸到衣衫底下，从肩膀上抓出一个跳蚤来，赶紧放入嘴巴里，"咔嚓"一声咬住。两位老人转过脸来看他，摇了摇头，嫌他脏，借故催他回家。他不好意思，才直起腰来，随手拿起钩刀，啊，钩刀柄已烂了半边！他自己心里嘀咕："这里的白蚁真厉害，还没到一刻工夫已经把钩刀柄蛀去了半边。"一边嘀咕，一边非常不愿意地离开洞口回家。

　　刚刚回到自家庭院，他看到一个约摸五六岁的孩子在他家门口玩。这个孩子正是他的儿子，可是父子俩相见不相识，两人彼此紧盯着对方。刚好这时候他妻子从井里挑水回来，一看到他，脸已吓得发白，赶快把孩子遮住，对他说："你已死在外三年了，丢下我们母子俩受苦。咱家苦是苦，可我已给你超度了，年年都带着孩子给你上坟，过年过节还摆下饭菜供祭你，你还有什么不放心的？走回你的路吧，别吓坏了孩子！"听了妻子的话，他觉得非常奇怪，说：

"你疯了吗？我出去做工还不到一天，你怎么说我已经死了三年?"妻子摇头不相信，他才把他怎么看两位老人下棋的事讲了出来。妻子看到他真的还没死，不知道多高兴，全村人知道消息后都围过来看。这件事传出去以后，大家就把这个山洞叫做仙人洞。

讲述人：刘尚德

流传地区：临高县

fɔ² kim³ sun²
婆　　金顺

dou² lo⁴ lim² kəu¹ mui³ vɔ³ mui³ lan² du² fok⁸ tə⁴ fɔ² kim³ sun²,
咱们　临高　每　村　每　户　都　服侍　婆　金顺,
vəi⁴ tin³ kai³ di² fok⁸ tə⁴ kə² ni²? hau² hiŋ² sa¹　nə⁴　lau⁴ kə³ kaŋ³ ən¹ nən³:
为什么　要　服侍　她　呢? 我　听 (词头) 老 的 讲　这样:
jou³ kua³ na³ kə³ ti² hou⁴, tɔi³ kan¹ na⁴ ku² luan⁴, kit⁷ sin⁴ tsuŋ³ mən²
在　过　前　的　时候, 世间　非常　乱, 打仗　总　不
heŋ², biŋ¹　kə³　siaŋ² siaŋ² loŋ² vɔ³ kiau³ jiau³ bek⁷ tiŋ³, tə³ leŋ³ hun²
停,　兵 (助词)　常常　下　村　搅扰　百姓,　使　人
kə³　maŋ² tim¹ han⁴ vɔi³. nə⁴ vəi² hə³ kiaŋ² kiaŋ² kua³ tsi¹ ŋit⁸ təp⁸ ŋo⁴,
(助词)　怕　心　撼动　了。那　年　一　刚刚　过　正月　十五,
ja³ kit⁷ sin⁴ mia² doŋ¹. lai³ vɔ³ mɔ²⁸ hə³ leŋ¹ hun²　kə³　deu² in¹ deu² baŋ³
也　打仗　来　到。有 村 个 一　人　(助词) 逃　完　逃　干净
vɔi³, təŋ⁴ mai² lək⁸ hu² hə³ lak⁸　lək⁸　deu² hem² mo⁴ nen⁴? deu² kə³ ti² hou⁴
了, 剩　女人　个　一　背孩子　逃　跟尾　呢?　逃　的　时候
ni² hu⁴　niŋ² sun¹ lai³ lək⁸ nok⁷ hu² hə³ m̥² lai³ be² mai⁴ vɔi³, ŋai³ du² ŋai³
呢 看见　旁边　路　有　小孩　个　一　没有　父母　了, 哭　都　哭
dəŋ⁴ sə²⁷ vɔi³, nu⁴ ku² sam² siat⁷. mai⁴ lək⁸ nə⁴ hu² hə³ vɔk⁷ vɔk⁷ biŋ¹ ma³
抽噎　了,　非常　惨切。女人　这个　一　看　看　兵　马
kə³　tsu⁴ di² mia² doŋ¹ vɔi³, meŋ³ meŋ³ kə²⁷ lək⁸ bo² lai³ hu² hə³
(助词)　就　要　来　到　了, 快　快　解　孩子　肚　生　个　一
loŋ² mia², bɔi¹ lak⁸ lək⁸ van⁴ hu² hə³ deu² lo³. m̥² deu² lai³ ki³ tua⁴,
下来,　去　背　孩子 人家　个　一　逃　啰。没　逃　得　几步,
biŋ¹ ma³　kə³　ka³　tsui¹ di² mo⁴ kə² vɔi³, hu⁴ kə² jiau² lək⁸ sə⁴ ki³ bɔi¹
兵马　(助词) 已经　追　赶上　她　了, 看见　他　丢下　孩子　自己　去
lak⁸　lək⁸　van⁴, tɔi³ kə² vəi⁴ ki³ kai³. mai⁴ lək⁸ nə⁴ hu² hə³ tsu⁴ kaŋ³ tə⁴ tit⁸
背　孩子人家, 问　她　为什么。女人　那个　一　就　讲　事实
kə³ uk⁷ mia²: "hau² vəi⁴ ki³ kai³ jiau² lək⁸ sə⁴ ki³ bɔi¹ lak⁸ lək⁸ van⁴ hu²
的　出来: 我　为什么　丢下　孩子　自己　去　背　孩子 人家 个

deu² ni²? ha², lək⁸ van⁴ hu² hə³ m̥² lai³ be² mai² vɔi³, m̥² lai³ na³ tsiau² ku²
逃 呢？噢, 孩子 人家 个 一 没有 父母 了, 没有 个 照顾
vɔi³, nu⁴ ku² nan² vi²。hau² en² un³ nen² jou³, lək⁸ hau² hu² hə³ tsək⁸ ti⁴
了, 十分 悲惨。 我 还 年轻 在, 孩子 我 个 一 若是
biŋ¹ ma³ dək⁷ dai¹ du² mai², hau² ja³ xɔ³ ji² suŋ² lai³ jou³。"kə² tsu⁴ dɔi³ lək⁸
兵马 踩 死 都 好, 我 也 可以 重生 在。" 好 就 对 小
biŋ¹ nə⁴ hɔu² kaŋ³ lɔ²。lək⁸ biŋ¹ kə³。hu⁴ kə² liaŋ² tim¹ mai², tsu⁴ bɔi¹
兵 这 群 讲 啰。小 兵 (助词) 看到 她 良心 好, 就去
hoi⁴ bɔu³ jou² vɔŋ² dɔi³。vɔŋ² dɔi³ hiŋ² hək⁸ vɔi² kaŋ³: "tɔi³ kan¹ m̥ɔ⁸ hə³ di²
汇报 给 皇帝。 皇帝 听 到 了 讲：世间 个 一 哪
lai³ leŋ² hun² na³ ən¹ mai² ha², siŋ² ŋin⁴ jiau² lək⁸ bɔ⁸ lai³ hu² hə³ bɔi¹ kɔ²
有 人 个 这么 好 吗, 情愿 扔下 孩子 肚 生 个 一 去 救
lək⁸ van⁴ hu² hə³?" hɔu⁴ lɔi² miŋ² lɔŋ² bɔi¹, tsək⁸ lai³ mai⁴ lək⁸ hu² hə³
孩子 人家 个 一？" 后来 命令 下去, 若 有 女子 个 一
tə² ən¹ mai² ni², mə² lɔ⁴ tsiaŋ² kuan³ dəŋ¹ vɔ³ kə² lɔ⁴ vɔi³, tsu⁴ ven² kua³
这么 好 呢, 你们 将 官 到 村 她们 了, 就 绕 过
niŋ² vɔi³, mən² juŋ⁴ kua³ vɔ³ kə² lɔ⁴ mɔ⁸ hə³。biŋ¹ ma³ kə² tsu⁴ tsai²
旁边 了, 不 用 过 村 她们 个 一。 兵马 (助词) 就 再
bɔi¹ di² mai⁴ lək⁸ nə⁴ hu² hə³ kaŋ³, bɔ¹: "mə² lɔ⁴ m̥² juŋ¹ deu² vɔi³, mə² lɔ⁴
去 找 女人 那 个 一 讲 说 "你们 不 用 逃 了, 你们
huk⁷ bek⁷ tiŋ² an¹ tim¹ huk⁷ kɔu⁴ mə² lɔ⁴。hau² lɔ² tsək⁸ kua³ sun¹ nə⁴ hiu²
做 百姓 安心 做 东西 你们。 我们 若 过 路 这 条
ni², tsu⁴ lɔi² lɔi¹ ven⁴ kua³ bɔi¹, mən² kiau³ jiau² mə² lɔ⁴。" mai⁴ lək⁸ fan¹
呢, 就 远 远 绕 过 去, 不 搅扰 你们。" 女人 翻
bak⁷ leŋ¹ mia² tɔi³: "en³ təi² mə² lɔ⁴ nə⁴ hɔu² hə³ ti⁴ mən² kua³ vɔ³ hau² lɔ⁴
嘴 回 来 问："现在 你们 这 群 一 是 不 过 村 我们
ti² le³, tsək⁸ kak⁸ hɔu² mia² ni², m̥² ti⁴ ja³ kiau³ jiau² hau² lɔ⁴, tə³ hau² lɔ⁴ ja³
了 了, 若 别 群 来 呢, 不 也 也 搅扰 我们, 使 我们 也
maŋ² ja³ deu²?" lək⁸ biŋ¹ kə³ ja³ ləŋ¹ bɔi¹ hoi⁴ bɔu³ vɔŋ² dɔi³, bɔ¹ mən² lai³
怕 也 逃？" 小 兵 (助) 也 回 去 汇报 皇帝, 说 没有
kɔu⁴ hɔu⁴ hɔu², tsək⁸ kak⁸ hɔu² mia² di³ ləu² ban³? vɔŋ² dɔi³ ju⁴ miŋ² liŋ²
东西 号 记号, 若 别 群 来 怎么 办？皇帝 又 命令
bɔ¹, tsək⁸ ən¹ nen³, mə² ləŋ¹ bɔi¹ tsu⁴ dɔ⁴ kə² ɔu¹ dia⁴ mai³ ni² vi² vɔ³
说, 若 这样, 你 回 去 就 叫 她 拿 渣 甘蔗 呢 围 村

kə² lo⁴ mɔ⁸ ləu⁴, m̩² kuaŋ² ləu² hou², kua³ niŋ² hu⁴ dia⁴ mai² vɔi³ lɔi² lɔi²
她们　进去，不管　哪群，过　旁边看到　渣 甘蔗 了　远远
tsu⁴ veŋ⁴, mən² juŋ⁴ kua³ vɔ³ kə² lo⁴ mɔ⁸ hə³. tə⁴ hɔi⁴ nə⁴ xin⁴ hə³ suan²
就　绕，　不用　过　村　她们　个　一。事情　这　件　一　传
uk⁷ bəi¹, ləu² na³ du² hu⁴ mai⁴ lək⁸ nə⁴ hu² liaŋ² tim¹ mai², ləu² na³ du²
出去，哪个　都　知道　女人　这个　良心　好，哪个　都
hu⁴ vɔŋ² dɔi³ miŋ² liŋ¹, hou⁴ lɔi² tsu⁴ it⁷ suan² təp⁸, təp⁸ suan² bek⁷, bek⁷
知道　皇帝　　命令，后来　就一　传　十，十　传　百，百
suan² sen¹, luk⁸ leŋ¹ nə⁴ xat³ hə³ tsuŋ³ vi² dia⁴ mai³ ləu⁴, lok⁸ vɔ³ kə² lo⁴
传　千，　周围　这块一　总　围　渣 甘蔗 进去，从　村 她们
tsi³ dɔŋ¹ niŋ² hin⁴, hou⁴ lɔi² kit⁷ sin⁴ tsu⁴ m̩² lai³ biŋ¹ ma³ mia² kiau³ jiau³
至　到　周围 县，后来　打　仗　就　没有　兵马　来　搅扰
vɔi³. mai⁴ lək⁸ nə⁴ hu² hə³ lai³ kɔŋ¹ vɔi³ ni², kiŋ¹ kua³ hai⁴ liau⁴ siu²,
了。女人　这个　一　有　功　了　泥，经过　许多　朝，
leŋ¹ hun² tsu⁴ fuŋ¹ kə² tam¹ mɔ⁸ ham², jam³ bo¹ mək⁸ sun² fu³ jin¹、
人　就　封　她　三　个　衔，叫　做　莫顺　夫人、
dian² kia³ fu³ jin¹, tsiau³ sai¹ tsin² bou⁴ kim² sun² fu³ jin¹ ma⁴, tɔ³ ji³ dou² lo⁴
殿驾　夫人、招　财进　宝　金顺　夫人　嘛，所以　咱们
lim² kou¹ ni², liau⁴ to³ du² fok⁸ tə⁴ fɔ² kim² sun². mən² hu⁴ ti⁴ bo¹ kə² ti⁴
临高　呢，多 数 都　服侍　婆　金顺。不　知道是 说 她 是
mai⁴ lək⁸ nə⁴ ŋai² vək³ ha³ ti⁴ di³ ləu² hə³, tsuŋ³ ti⁴ fai² kə² ləu⁴ lɔi² dən⁴ vɔi³.
女人　个 难　看　还是　怎么　了，总 是 排 她 入 后 门 了。
dou⁴ lo⁴ lim² kou¹ liau⁴ to³ ti⁴ ji² lok⁸ fuk⁸ kian¹ kam³ tsia² vɔ³ kua³ mia² kə³,
咱们　临高　多 数是 移 从　福建　甘蔗 村　过来　的，
tɔ³ ji³ ou¹ dia⁴ mai³ mia² vi² vɔ³.
所以 拿 渣 甘蔗 来　围 村。

金　顺　婆

　　咱们临高每村每户都服侍金顺婆，为什么要服侍她呢？我听老人这么说过：

　　从前，社会很混乱，仗老是打个不停，官兵们常常到乡下去搅扰百姓，让人心悸胆跳。那年刚过正月十五，仗就打到了。有个村子人都跑光了，剩下一个女人背着孩子逃在后头。正逃的时候，她

看见路旁边有个小孩没有父母了，哭得一个劲地抽泣，非常悲惨。这个女人眼看着兵马就要来到，赶快解下自己的孩子，背起别人的孩子，赶着逃走。没跑上几步，兵马已经赶上，看到她丢下自己的孩子去背别人的孩子，就问她为什么。这个女人就讲出事实来："我为什么丢下自己的孩子去背别人的孩子呢？喔，（那是）人家的孩子没有父母亲了，没有人照顾了，相当悲惨，而我还很年轻，即使我孩子被兵马踩死了，我还可以再生。"她就这么对士兵们讲。士兵们看到她这么有良心，就去汇报给皇帝。皇帝听了，说："世界上哪有这么好的人，情愿丢下自己的孩子去救别人的孩子？"后来下了命令，说如果有这么好的女人，你们将官们来到她们村了，就绕道从旁边经过，别从她们村经过。于是士兵再去找那个女人说："你们别跑了，你们安心当你们的百姓。我们如果再路过这里，就远远地绕过去，不再搅扰你们。"这位女人反嘴问道："现在你们这一群是不从我们村经过了，要是别的一群来到了呢，不也搅扰我们，把我们吓跑了？"士兵又返回去汇报给皇帝，说没有东西做记号，要是别的一群来到了该怎么办呢。皇帝又下命令说，如果是这样，你回去叫她们用甘蔗渣把她们村围住，不管是哪群人，路过时一看到甘蔗渣了，就远远地绕开，不要从她们村经过。这个消息一传开，谁都知道她心地好，谁都知道皇帝的命令。后来就一传十，十传百，百传千，周围这一带都用甘蔗渣把村子围住，一直围到县城附近，以后打起仗来就没有兵马来搅扰了。这个女人立了功，经过很多朝代，人们就封给她三个头衔，叫做莫顺夫人、殿驾夫人和招财进宝金顺夫人，所以咱们临高大多数都服侍金顺婆。不知道是由于她是一个女人，（摆出来了）不好看还是什么原因，都把她（的神位）摆在门后面。咱们临高大多数是从福建甘蔗村那边移过来的，所以才用甘蔗渣来把村子围住。

讲述人：刘尚德
流传地区：临高县

ham³ hua³ tsiaŋ³ jɔk⁸ suŋ³
探花　张　岳　崧

tsiaŋ³ jɔk⁸ suŋ³ nɔk⁸ nɔk⁷ kə³ ti² hou⁴ na⁴ ku² ma² ha², vən² vən² haŋ⁴
张　岳　松　小小　的　时候　十分　淘气，天天　又
bəŋ³ haŋ⁴ ȵam¹, tə¹ ja³ m̩² lai³ tim¹ hɔk⁸. be² lau⁴ kə² jam³ tsiaŋ³ fam² hən³,
游　又　玩，书也　没有　心　读。父亲　他　叫　张　范　的，
tsuan³ huk⁷ teŋ¹ li³ lɔp⁸ fan³。kə² huk⁷ teŋ¹ li³ lɔp⁸ fan³ ti⁴ hem¹ ləu² na³ ou¹
专　做　生意 米　贩。他　做　生意　米　贩　是　跟　哪个　要
ni²? kə² tsuŋ³ ti⁴ hem¹ luk⁸ vɔŋ¹ tam² xip⁷ vian¹ mɔk⁸ kə³. luk⁸ vɔŋ¹ tam²
呢? 他　总是　跟　禄王　三级　买　谷子　的。禄王　三
xip⁷ leŋ¹ hun¹ nə⁴ hu² ni² ti⁴ na³ sai² tsu³, ou¹ en³ təi² təi³ kan¹ mia² kaŋ³, ti⁴
级　人　这个　呢是　个　财主，要　现在　世　间　来　讲，是
jam³ da² di² tsi⁴ hən³. luk⁸ vɔŋ¹ tam² xip⁷ ka¹ lan² lai³ sin² kə², tsu⁴ siŋ³
叫　大 地主（助）。禄王　三级　家庭　有　钱（助），就　请
tin² teŋ¹ ləu⁴ lan² vɔi³ hun² lək⁸ kə², tsiaŋ³ jɔk⁸ suŋ³ ja³ hem¹ mo⁴ hɔk⁸.
先生　进家　了　教孩子他，张　岳　松　也　跟　尾　学。
tin² teŋ¹ nə⁴ hu² tsui² ȵai², ti⁴ na³ kə³ jin² sai², jam³ tsiu³ hua¹ tsik⁸ hən³.
先生　这个　最　聪明，是个　举人　才，叫　周　和　积　的。
nə⁴ ti² hou⁴ lək⁸ luk⁸ vɔŋ¹ hu² ni² ti⁴ bo¹ hɔk⁸ tə¹ ȵai² sai² hən³, tə³ ji³ na⁴
那　时候　孩子　禄王　个　呢是　说　读　书长于　才　的，所以　才
siŋ³ tin² teŋ¹ tsui² mai² kə³.
请　先生　最　好　的。

tsiaŋ³ jɔk⁸ suŋ³ it⁷ min⁴ hɔk⁸ tə¹, it⁷ min⁴ ju⁴ bɔi¹ hɔk⁸ kɔŋ¹ kit⁷ xin²,
张　岳　松　一面　读　书，一面　又　去　学　功　打拳，
tɔ² tɔ³ ja² tsi³ kan¹ dəi³ hə³ vən² vən² haŋ⁴ len⁴. tsiu³ hua¹ tsik⁸ an³
自己　也　置　铜　对　一　天天　在　练。周　和　积　骂
tsiaŋ³ jɔk⁸ suŋ³: "sek⁷ mə² du² mən² lai³ tim¹ hɔk⁸ le⁴, mə² ja³ di² tiaŋ³ hɔk⁸
张　岳　松: "册　你　都　没有　心　读　呢，你　也要　想　学
kɔŋ¹, ki³ kai³ mə² du² tiaŋ³ hɔk⁸. mə² tə² ən¹ hɔk⁸ tə¹ m̩² tiŋ³ hɔk⁸ tə¹, hɔk⁸
功，什么　你　都　想　学。你　这样　读　书不成　读　书，学

koŋ¹ m̩² tiŋ² hɔk⁸ koŋ¹, mə² tsək⁸ ən¹ nən³ di² tiŋ² koŋ¹ la²?" luk⁸ vɔŋ¹
功　不　成　学　功，你　若　这样　会　成　功　吗？" 禄王
tam² xip⁷ lap⁷ suan¹ mɔŋ⁴ vən², bo¹ ho³ hu² hə³ hem¹ ma¹ hu² lap⁷,
三级　　睡觉　　做梦，　说 虎 个 一 与 狗 个 睡，
luk⁸ vɔŋ¹ tam² xip² xi² bo¹ lək⁸ kə² hu² hə³ ti⁴ ho³, tsiaŋ³ jɔk⁸ suŋ³ ti⁴ ma¹。
禄王　三级　认为　孩子 他 个 一 是 虎，张 岳 松 是 狗。
hou⁴ləi² tsiu³ hua¹ tsik⁸ hun¹ lək⁸ kə² na⁴ hu² ni², tsin¹ bu² siaŋ³ daŋ³ səi²,
后来 周 和 积　都 孩子 他 那 个 呢，进步　　相当　　迟，
tsək⁷ ti⁴ tsiaŋ³ jɔk⁸ suŋ³ hɔk⁸ lɔŋ² bɔi¹ kə² ti² hou⁴ ni², hɔk⁸ dɔŋ¹ ləu⁷ tək⁷ dɔŋ¹
可是 张 岳 松 学 下　去 的 时候 呢　学 到 哪 懂 到
ləu², hun¹ it⁷ tək⁷ vən³, hun¹ tə¹ tək⁷ təp⁸, huk⁷ tsək⁸ vən¹ kə³
哪， 教 一 懂 二，　教 字 懂 十， 做　作文　的
tsiu³ hua¹ tsik⁸ mən² ke²⁷ lai³ lɔŋ² bɔi¹, kə² uk⁷ bak⁷ dɔi² tsiaŋ³ fam² kaŋ³:
周 和 积　不 改 得 下 去， 他 出 口 对 张 范　讲：
"lək⁸ ma² hu² ma² di² hoŋ³ bɔi¹ ləu² ti³, kə² ka³ həŋ³ kua³ hau² vɔi³, hau²
"孩子 你 个 你 要 送　去　哪 吧，他 已 聪明　过 我 了， 我
mən² hun¹ lai³ lək⁸ hu² vɔi³。"
不　教　得 孩子 个 了。"

　　tsiaŋ³ fam³ hu⁴ tin² teŋ¹ m̩² xəŋ³ hun¹ lək⁸ kə² vɔi³, tsu⁴ tsun⁴ bi²
　　张　范 知道 先生　不 肯　教 孩子 他 了，就　准备
hum¹ sin² liau⁴ tsi⁷⁸ hə³, hau³ hoŋ³ tsiaŋ³ jɔk⁸ suŋ³ bɔi¹ lan² hɔk⁸ hin⁴。lai³
收集 钱 多　些　一，好　送　张 岳 松 去　学校　县。有
vən² hə³, kə² hap⁷ ləp⁸ kən¹ xiŋ¹ tsu¹ lan² sai² tsu³ hu² hə³ iŋ³, sai² tsu³ nə⁴
天 一，他 挑 米 上　琼州　家　财主　个 一 卖，财主　这
hu² hə³ hu² lɔp⁸ kə² kə³ mai², siaŋ² siaŋ² hem¹ kə² vian¹。tsuk⁸ tsuk⁸ nə⁴
个 一 看到 米 他 的　好，　常常　　跟 他 买。 足 足 那
ti² hou⁴ sai² tsu³ siŋ³ miŋ¹ sə³ hu² hə³ hem¹ kə² liak⁸ leŋ¹, tsi⁴ jou³ lan² kə²
时候　财主　请　名师　个 一 跟 他 择 墓地，住 在 家 他
nen⁴。miŋ¹ sə³ nə⁴ hu² jam³ huŋ¹ diŋ² xaŋ³ həŋ³, xiŋ¹ tsiu³ tsin³ tə⁴ ŋu¹ dian⁴
呢。 名师　这 个　叫　　洪 定 康 （助），　琼州　进士 吴 典
tsuan³ mən¹ siŋ³ kə² lok⁸ kiŋ¹ tiŋ² lɔŋ² mia² həi³ kə² liak⁸ leŋ¹, liak⁸ leŋ¹
专　　门　请 他 从　京城　　下 来　替 他 择 莫地， 择 墓地
mai² vɔi³ sai² tsu³ hu² hə³ ja³ siŋ³ kə² kua³ lan² mia²。ləu² na³ hu⁴
好 了 财主　个 一 也 请 他 过 家　来。 哪 个 知道

huŋ¹ diŋ² xaŋ³ ləu⁴ lai³ lan² vəi³ le³, vən² vən² haŋ⁴ lap⁷ jəu³ bai¹ taŋ², tsuŋ³
洪 定 康 进 得 家 了 呢， 天天 都 躺 在 上面 床， 总

m̥² bəi¹ dek⁸ leŋ¹, kə² ti⁴ tiaŋ² au³ tim² sai² tsu² hu² fəi²。sai² tsu² hu² haŋ⁴
不 去 看 基地，他 是 想 试探 心 财主 个 次。财主 个 老

ŋam³: "tiaŋ⁴ kəu⁴ nə⁴ hu² hə² kən¹ huan⁴ vəi³ ti³, du² m̥² uk⁷ da³ ləu⁴ ŋəu⁴
嘀咕："养 东西 这 个 一 吃 坏 了 的，都 不 出 里 荒野 游

fəi² fəi² le⁴, di² lai³ leŋ¹ fu⁴ hə³ tə² tə³ ləu⁴ da³ lan² vəi³ la²。huŋ¹ diŋ² xaŋ³
次次（助），哪 有 墓地 座 一 自己 进 里 家 了 呢。洪 定 康

hu⁴ kə² mən² lai³ tim¹, tsu⁴ bo¹: "hau² ləŋ¹ bəi¹ hen¹, dəu² xəu² to³
知道 他 没有 心， 就 说："我 回去 先， 咱们 计 数

hua⁴ sik⁸ hau² na⁴ ləŋ¹ bəi¹, hau² ka³ mia² fəŋ³ vəi³, maŋ² ja² m̥² lai³ sin²
伙食 我 才 回去， 我 已经 来 久 了， 怕 也 没有 钱

kəu³ vəi³。tsu⁴ ke?⁷ fən⁴ hə³ təŋ⁴ fən⁴ hə³。" kə² bo¹: "m̥² nɔ¹ lai³, sin²
够 了。就 解 份 一 剩 份 一。他 说："不 行， 钱

hua⁴ sik⁸ du² di² xəm³ ha²? mə² ti⁴ it⁷ na³ haŋ⁴ haŋ⁴ miŋ² sə³, ke?⁷ mia² fəi²
伙食 都 要 欠 吗？你 是一个 堂堂 名师， 解来 次

hə³ ti³!" tsiaŋ³ fam² jəu³ niŋ² nen⁴, xin³ kə²: "e², tin² teŋ² tsək⁸
一 吧！" 张 范 在 旁边 呢， 劝 他："算了， 先生 若

mən² lai³ jəu³, ləŋ¹ fəi² di² əu¹ na⁴ əu¹ ti³, mə² tsu⁴ bik⁷ van² ən¹ nə³。"
没有 在， 下次 要 拿 才 拿 嘛， 你 就 逼 人家 这样。"

sai² tsu³ hu² hə³ xi² vəi³: "mə² tsək⁸ lai³ le⁴ mə² tsu⁴ ke?⁷ bəi¹ lo²。"
财主 个 一 气 了："你 如果 有 呢 你 就 解 去 啰。"

tsiaŋ³ fam² bo¹: " hau² ke?⁷ hau² ja² ke?⁷ ti³, kə² tsək⁸ m̥² lai³ kəu³ nen⁴,
张 范 说："我 解 我 也 解 嘛，他 若 没有 够 呢，

təŋ⁴ ki³ liau⁴ hau² ke?⁷, mə² ja² xəm³ sin² tu?⁷ ləp⁸ hau² tsi?⁸ nen⁴, xəu²
剩 多少 我 解， 你也 欠 钱 尾 米 我 些 呢， 算

bəi¹!" i³ fəi² tsu⁴ xəu² to³, tsiaŋ³ fam² ja² həi³ ke?⁷ in² in¹ vəi³ ma⁴。
去！" 一下子 就 算 数， 张 范 也 替 解 完完 了 嘛。

huŋ¹ diŋ² xaŋ³ hu⁴ kə² tim¹ mai⁴, təi³ kə²: " mə² ti⁴ ləu² leŋ¹ hun²? lan²
洪 定 康 知道 他 心 好， 问 他："他 是 哪里 人？ 家

mə² m̥?⁸ hə³ jəu³ ləu² ne⁴?" kə² bo¹: " hau² jəu³ lim² kəu¹ ti³。"
你 个 一 在 哪里 呢？"他 说：" 我 在 临高 （助）。"

huŋ¹ diŋ² xaŋ³ ju⁴ tɔi³: "mə² jɔu³ lim² kɔu¹ ti⁴ jɔu³ dau² vɔ³ la² ha³ ti⁴ jɔu³
洪 定 康 又 问："你 在 临高 是 在下面 村 呢 还是 在
həu¹ hin⁴?" tsiaŋ³ fam² bo¹: "hau² jɔu³ dau² vɔ³ ten², hau² jɔu³
圩 县？" 张 范 说："我 在 下面 村（助），我 在
nia² man⁴。" "tsək⁸ ən² nən³ hau² huŋ² mo⁴ mə² bɔi¹ lan² mə² fɔi²。" i³ fɔi²
罗万。" "若 这样 我 跟尾 你 去 家 你 次。" 一下子
tsu⁴ lɔŋ² dɔŋ¹ nia² man⁴ vɔi³。
就 下 到 罗万 了。

huŋ¹ diŋ² xaŋ³ mia² dɔŋ¹ nia² man⁴ həu⁴ lɔi², ja³ ti⁴ tsiŋ³ jɔu³ lan²
洪 定 康 来 到 罗万 后来， 也 是 像 在 家
sai² tsu³ hən³, vən² vən² haŋ² kɔn¹ haŋ⁴ lap⁷, di³ vən² kɔn¹ tam¹ dɔn³。kɔn¹
财主（助），天天 还是 吃 还是 睡， 每 天 吃 三 顿。吃
fia⁴ nə⁴ ti² həu⁴ kə² tsɔŋ¹ luat⁷ mə² fau³ hui⁴, di³ dɔn³ fau³ hui⁴ di³ mɔʔ⁸,
饭 那 时候 他 装 脱 手 摔 碗，每 顿 摔 碗 一个，
he² hui⁴ kiaŋ³ si³ kə³ in² in¹ kə², kə² ti⁴ tə³ mə² liaŋ² tim¹ mai² m̥² mai²
全部 碗 江西 的 完完（助），他 是 试 你 良心 好 不好
lo²。kə² da² tsi⁴ fəŋ³ vɔi³ le³, tsi⁴ lai³ keu² hə³ vɔi³ lo³, kə² bo¹: "hau² di²
啰。他 很 住久 了， 住 有 月 一 了啰，他 说： 我 要
ləŋ¹ bɔi¹ te², hau² mia² fəŋ³ vɔi³, ja³ m̥² lai³ sin² vɔi³, mə² tsək⁸ lai³ sin²
回去（助），我 来 久 了， 也 没有 钱 了， 你 若 有 钱
mə² tsu⁴ nai³ tsiʔ⁸ hem¹ hau², dau² fɔi² hau² lɔŋ² mia² hau² na⁴ fɔ¹ mə²。
你 就 借 些 添 我， 下次 我 下来 我 才 还 你。"
tsiaŋ³ fam² liaŋ² tim¹ mɔʔ⁸ mai²: "e², ɔu¹ bɔi¹ ti³, mə² di² ɔu¹ ki³ liau⁴ ɔu¹
张 范 良心 个 好： 好，拿 去 吧， 你 要 拿 多少 拿
bɔi¹。" ɔu¹ sin² bɔi¹ vɔi³ le³, tsiaŋ³ fam² ja³ ən¹, mai⁴ lək⁸ kə² ja³ ən¹,
去。" 拿 钱 去 了 呢，张 范 也 这样， 女人 他 也 这样，
tsiaŋ³ jɔk⁸ suŋ³ ja³ ən¹, m̥² lai³ na³ ŋam³ kə² kə³, tam¹ na³ hoŋ³ kə² kən³
张 岳 松 也 这样， 没有 个 嘀咕 句句， 三 个 送 他 上
lua², nɔ³ kə² tsi³ lua² vau³。tsiaŋ³ jɔk⁸ suŋ³ le³ da² kən³ leŋ² haŋ² haŋ² vɔi³
船， 看 他 到 船 消失。张 岳 松 呢居然 上 地方 高高 了
xui⁴ lɔŋ², huŋ¹ diŋ² xaŋ³ tim¹ mɔʔ⁸ tiaŋ³: dai¹ lo³, van⁴ tam¹ na³ lək⁸ mai⁴
跪下， 洪 定 康 心 个 想 死 啰，人家 三 个 子母
da² lai³ liaŋ² tim¹, it⁷ fɔi² tsu⁴ jam³ fu⁴ lua² hu² hə³ mia², do⁴ kə² dak⁷ lua²
非常 有 良心， 一下 就 叫 艄公 个 一 来，叫他 折头 船

ləŋ¹ bɔi¹ 。fu⁴ lua² hu² hə³ bo¹ : "mə² da² biaŋ³ hau² tə³ ən¹ lɔi¹ vɔi³ , hau²
回去。 艄公 个 一 说: "你 竟然 放 我 驶 这么 远 了, 我
di² ɔu¹ sin² ho³ 。"kə² bo¹ : "mə² di² ɔu¹ sin² hau² na⁴ ɔu¹ mə² , kiau⁴ sin²
要索取钱 和。"他 说: "你 要 拿 钱 我 才要给你,多少钱
hau² du² ɔu¹ mə² , mə² xɔi¹ ləŋ¹ bɔi¹ !" tam¹ na³ lək⁸ mai¹ hu⁴ lua² dak⁷
我 都要给你,你 开 回去!" 三 个 子 母 见 船 折
hau³ ləŋ¹ mia² , lɔi¹ lɔi¹ tsu⁴ tɔi³ : "mə² mən² tiŋ² ləŋ¹ vɔi³ la²?" kə² ja³ jiau²
头 回来, 远远 就 问: 你 不 成 回 了吗?" 他也拉长
sau¹ tan¹ : "hau² m̩² tiŋ² ləŋ¹ vɔi³ 。" tsiaŋ³ jɔk⁸ suŋ³ it⁷ tsiu³ tsu⁴ xui⁴
声音 回答: "我 不 成 回 了。" 张 岳 松 一下子 就 跪
lɔŋ² bɔi¹ 。huŋ¹ diŋ² xaŋ³ kiaŋ³ kiaŋ³ kən³ xɔm³ tsu⁴ bɔi¹ diu² kə² ui² , bo¹ :
下去。 洪 定 康 刚刚 上 岸 就 去 扶 他 起来,说:
"mai² vɔi³ lək⁸ ha² , tin² teŋ¹ mən² ləŋ¹ bɔi¹ vɔi³ lo³ , di² tsi⁴ jɔu³ nɔi⁴ lo³ 。"
"好 了孩子啊, 先生 不 回去 了啰,要住 在 这里 了。"
tsu⁴ ləŋ¹ lan² kə² lo⁴ tsi⁴ lo² 。
就 回 家 他他 住 了。

huŋ¹ diŋ² xaŋ³ nə⁴ fɔi² ləŋ¹ mia² , du² m̩² kua³ lai³ hai³ ŋai⁴ vən² tsu⁴
洪 定 康这次 回来, 都 没过 得 第 二 天 就
kan⁴ bɔi¹ dek⁸ leŋ¹ 。 tsiaŋ¹ fam² lai¹ lək⁸ vən³ mɔ²⁸ hə³ , juan¹ lai¹ ti⁴
赶 去 看 墓地。 张 范 有 小 园 个 一, 原来 是
luk⁸ vəŋ¹ tam² xip⁷ kə³ , sai² tsu³ kə³ m̩² ti⁴ vən³ nia² kə³ liau² la² , tsu⁴ sə¹
禄王 三级 的, 财主 (助)不是 园 田 的 多吗, 就 给
leŋ¹ nə⁴ xat⁸ hə³ kə² sa¹ kua¹ , ŋam² ŋam² leŋ¹ nə⁴ xat⁸ hə³ ti⁴ leŋ¹ fu⁴ hə³ ,
地 这 块 一 他 种 瓜, 刚好 地 这 块 一 是墓地坐一,
leŋ¹ ham³ hua³ sai² fu⁴ hə³ 。huŋ¹ diŋ² xaŋ³ hu⁴ leŋ¹ nə⁴ fu⁴ hai² ŋai² lai³ ,
墓地 探花 才 座 一。 洪 定 康 知道墓地这 座 很 难 有,
tsu⁴ tɔi³ tsiaŋ¹ fam² : "lək⁸ leŋ¹ nə⁴ ɲi²⁸ hə³ ti⁴ m̩² ti⁴ leŋ¹ mə² xat⁸ hə³ ?" kə²
就问 张 范 : "小 地 这丁点一是不是地你 块 一?" 他
tan¹ bo¹ ti⁴ luk⁸ vəŋ¹ tam² xip⁷ xat⁸ hə³ 。 "kə² hem¹ mə² mai² mə²?" "mai² ,
回答 说是 禄王 三级 块 一。"他 跟 你 好 不?" "好,
hau² tsək⁸ ti⁴ ɔu¹ mək⁸ tsuŋ² ti⁴ hem¹ kə² ɔu¹ in² in¹ le⁴ , m̩² lai³ sin² ja³ ti⁴
我 若是要稻谷 总 是 跟 他 要 完完 的, 没有 钱 也是

hem¹ kə² tia¹ bəi¹ huk⁷ teŋ¹ li³ le⁴。" "tsək⁸ ən¹ nə³ mai², mə² bəi¹ hem¹ kə²
跟 他 赊 去 做 生意 的。" "若 这样 好, 你 去 跟 他
vian¹ leŋ¹ nə⁴ xat⁸ loŋ²。" tsiaŋ³ fam² tsu⁴ bəi¹ təi³ luk⁸ vəŋ¹ tam² xip⁷：" lək⁸
买 地 这 块 下。" 张 范 就 去 问 禄 王 三级："小
leŋ¹ mə² se¹ hau² sa¹ kua¹ nə² n̠i²⁸ hə³ mə² tsu⁴ se¹ hau² tə², mə² di² əu¹
地 你 给 我 种 瓜 那 丁点 一 你 就 给 我 吧, 你 想要
vən³ nə⁴ n̠i²⁸ ki³ kai³？leŋ¹ n̠i²⁸ daŋ³ dia²⁸ daŋ³ dia²⁸ ən¹ nən³, di² lai³ kən¹
园 这 丁点 什么？地 丁点 倾斜 倾斜 这样, 哪有 吃
la²？kan³ sui² mə² tsu⁴ iŋ³ jou³ hau², hau² dap⁷ məu⁴ mɔ²⁸ lou⁴ huk⁷ kən¹
呢？干脆 你 就 卖 给 我, 我 搭 草棚 进去 做 吃
tə²！" "se¹ mə² tsu⁴ se¹ mə² ti³, di² əu¹ sin² huk⁷ ki³ ka³？fəŋ² ju⁴ le⁴, hau² se¹
吧！" "给 你 就 给 你 吧, 要要 钱 做 什么？朋友 呢, 我 给
mə²！" tsiaŋ³ fam² tsiu² tə⁴ da²⁸ da²⁸ tsu⁴ leŋ¹ mia², huŋ¹ diŋ² xaŋ³ təi³："kə²
你！" 张 范 就 事 直 直 就 回来, 洪 定 康 问："他
xəŋ³ mə²？" "xəŋ³" tsək⁷ ti⁴ kə² m̥² xəŋ³ əu¹ sin², kə² bo¹ se¹ hau² hən³。"
肯 不？" "肯", 可是 他 不肯 要 钱, 他 说 给 我 的。"
"se¹ ti⁴ se¹, mə² leŋ¹ bəi¹ di¹ kə² tia³ xəi³ hiu² lou⁴, sə² mə² hou⁴ ləi² ko³ ŋai²
"给是给, 你 回去 找 他 写 契 条 进去, 要不 后来 话 难
kaŋ³。" tsiaŋ² fam² ja³ leŋ¹ bəi¹ fəi² hem¹, bo¹："hau² lai³ lai⁴ tiaŋ³ fəi² hə³,
讲。" 张 范 也 回去 次 添, 说："我 慢慢 想 次 一,
mə² se¹ hau² ti⁴ se¹ hau² te², tsək⁴ ti⁴ m̥² tia³ xəi³ loŋ² ni², lai³ da¹ dəu² jou³
你 给 我 是 给 我 了, 可是 不 写 契 下 呢, 有眼 咱们 在
dəu² ti⁴ fəŋ² ju³, hou⁴ ləi² hau² tsək⁸ ti⁴ huk⁷ lan² loŋ² bəi¹ vəi³, lək⁸ n̠i²
咱们是 朋友, 后来 我 若是 做 房子 下去 了, 子女
kə² dəŋ¹ nə³ vəi³ kəp⁷ kən² mən² tsiŋ³ dəu² vən³ na³ vəi³ ni², xəŋ³ maŋ² di²
(助) 到 大 了 合 互相 不 像 咱们 两 个 了 呢, 恐怕 要
lai³ fan¹ tim¹, tsək⁸ fam¹ tim¹ ui² vəi³ do⁴ hau² sek⁷ lan² bəi¹ ni²？lan² mɔ²⁸
有 翻心, 若 翻 心 起 了 叫 我 拆 房子 去 呢？房子 个
hə³ hau³ huk⁷ ti⁴ ŋai² sek³ kə²。" "tsək⁸ ən¹ hau² tsu⁴ tia³ xəi³ hiu² mə²
一 好 做 是 难 拆 的。" "若 这样 我 就 写 契 条 你
ti² hi⁴。" tsu⁴ tia³ xəi³ hiu² hə³ kə² leŋ¹ mia² vəi³。
吧。" 就 写 契 条 一 他 回来 了。

　　leŋ¹ lan¹ hou⁴ ləi², huŋ¹ diŋ² xaŋ³ ja³ həi³ kə² tiaŋ³ kəi³, kə² doi³
　　回家 后来, 洪 定 康 也 替 他 想 计, 他 对

tɕiaŋ³ fam² kaŋ³ : "mə² hem¹ kə² tən² mai² , en³ təi² mə² mui³ vən² bəi¹ huk⁷
张　范　讲："你　跟　他 这么　好，　现在　你　每　天　去　做
teŋ¹ li³ nen⁴ , mə² dek⁸ kə² ɔi³ kɔn¹ ki³ kai³ mə² tsu⁴ vian¹ ki³ kai³ kə² kɔn¹."
生意　呢，你　看　他　爱　吃 什么 你 就　买 什么　他 吃。"
"kə² ɔi³ hɔm² ma² laŋ²." "tsək⁸ ən¹ nən³ mə² mui³ fəi² bəi¹ huk⁷ teŋ¹ li³ tsu⁴
"他 爱　含　槟榔。"   "若　这样　你　每 次　去　做　生意　就
vian¹ ma² laŋ³ ki³ mɔ⁰⁸ kə² hɔm²." hou⁴ ləi² uk⁷ bəi¹ huk⁷ teŋ¹ li³ , tɕiaŋ³ fam²
买　槟榔　几 个　他 含。"　后来　出去　做　生意，　张　范
tsuŋ³ ti⁴ tiaŋ³ fap⁷ vian¹ ma² laŋ³ ləŋ¹ kə² hɔm².
总　是　想法　买　槟榔　回 他 含。

xɔi³ vən⁴ hə³ dɔŋ¹ lai³ mɔ² vɔi³ , tɕiaŋ³ fam² huk⁷ jam² don³ hə³ siŋ³
契张 一 到 得手 了，张　范　做　酒　顿　一　请
luk⁸ vəŋ¹ tam² xip⁷ , jan³ huk⁷ mai² vɔi³ də⁴ tɕiaŋ³ jɔk⁸ suŋ³ bəi¹ jam³
禄王　三 级，酒　做　好 了 让　张　岳　松　去 叫
luk⁸ vəŋ¹ mia² kɔn¹ jan³ lo². nə⁴ ti² hou⁴ vən² en³ m̥² baŋ¹ jou³ , jɔk⁸ suŋ³
禄王　来 吃 酒 （助）。这　时候　天 还 没　亮 在， 岳松
di² lou⁴ da³ baŋ luk⁸ vəŋ¹ jam³ le² , ma¹ kə² ki³ hu² ŋop⁸ ŋop⁸ ən¹ nən³ di²
要 进　院子　禄王　叫 呢，狗 他 几 只　汪　汪　这样　要
kap⁸ jɔk⁸ suŋ³ , jɔk⁸ suŋ³ it⁷ tɕiu³ tsu⁴ deu² kən³ bai¹ dun³ hou² li³ vɔi³.
咬　岳松， 岳松　一下子 就　跑　上　上面　树　桃 了。
luk⁸ vəŋ¹ tam² xip³ nə⁴ ti² hou⁴ mɔŋ⁴ vən² da³ mɔ² ne⁴ , kə² hu⁴ lai³ ti³ hu²
禄王　三 级 这 时候　做梦　在 手 呢，他 看见 有 四 只
təi¹ tsə³ vi² ho³ hu² hə³ , ho³ hu² hə³ kən³ bai¹ hou² li³ nen⁴ , ma² ki³ hu² haŋ⁴
狮子 围 虎 只 一，虎 只 一 上　上面　桃　呢，狗 几 只 在
van² kə² , tɕiaŋ³ jɔk⁸ suŋ³ mən² kɔm³ lɔŋ³ kə². luk⁸ vəŋ¹ tam² xip⁷ aŋ¹
叫（助），张 岳 松 不　敢　下（助）。禄王　三　级 醒
vɔi³ , kə² xəi² den⁴ dek⁸ le³ , e² , tɕiaŋ³ jɔk⁸ suŋ³ ! "jɔk⁸ suŋ³ a² jɔk⁸ suŋ³ , mə²
了，他 开 门　看 呢，喔，张 岳松！ 岳松　呀 岳松，你
mia² huk⁷ ki³ ka³ ?" "ba² jam³ mə² kua³ bəi¹ ma² jan³." "jam³ hau² kua³
来 干 什么？" "爸 叫 你 过 去 喝 酒。"   "叫 我 过
bəi¹ ma²⁷ jan³ ?" luk⁸ vəŋ¹ tam² xip⁷ dək⁷ ma¹ ki³ hu² deu² tan³ vɔi³,
去 喝 酒？" 禄王　三 级　吆喝　狗 几 只　跑 散　了，
hem² mo² tɕiaŋ³ jɔk⁸ suŋ³ uk⁷ mia². fa³ mɔ⁰⁸ en³ fok⁷ ŋiau⁴ jou³ , kə² vɔk⁷ bəi¹
跟尾　张　岳 松　出来。天　个　还　灰　雾 在，他 看 去

第二编　民间故事

dau³ na³ di² di³ lai³ tan³ biŋ³ hə³ baŋ⁴ lək⁸ hu² hə³ nen⁴。kə² tim¹ mə⁸
前面　好像　有　伞　柄　一　傍　孩子　个　一　呢。他　心　个
tian³，maŋ² dəu² ka³ huk⁷ sək⁸ vɔi³ kɔ²，maŋ² tsiaŋ³ jɔk⁸ suŋ³ ti⁴ ho³ hu²
想，　怕　咱　已经　弄　错　了　吧，怕　张　岳　松　是　虎　个
hə³，lək⁸ dəu² ti⁴ ma¹ hu² kɔ²，ti³ hu² təi¹ tsu² vi² ho³ hu² hə³ kən³ bai¹ hɔu²
一，孩子　咱　是　狗　个　吧，四　只　狮子　围　虎　只　一　上　上面　桃
li³ nen⁴，m̥² ti⁴ tsiaŋ³ jɔk⁸ suŋ¹？xɔ³ nəŋ² ti⁴ tsiaŋ³ jɔk⁸ suŋ¹ vɔi³，lək⁸
（助），　不　是　张岳松？　可能　是　张　岳　松　了，孩子
dəu² ti⁴ ma¹ hu² vɔi³，di² dəŋ¹ lan² tsiaŋ³ fam² vɔi³ kə² haŋ⁴ tiaŋ³ jəu³。kən¹
咱是狗只了，快到　家　张　范　了他　还　想　在。吃
jan³ sə² si² vɔi³，luk⁸ vəŋ¹ tam² xip⁷ tsu⁴ bo¹："tsiaŋ³ fam² ha² tsiaŋ³ fam²，
酒　结束　了，禄王　三级　就　说　"张　范　呀　张　范，
hau² hem¹ mə² kəp⁷ kən² ən¹ fəŋ² vɔi³，dəu² vən³ na³ fəŋ² ju³ təŋ² mai²
我　跟　你　合　互相　这么　久　了，咱们　两　个　朋友　这么　好
vɔi³，kan³ sui² dəu² vən³ na³ fəŋ² ju³ huk⁷ sin² ka¹ lo³。" tsiaŋ³ fam² bo¹：
了，　干脆　咱们　两　个　朋友　做　亲家　吧。" 张　范　说：
"e²，ka¹ hau² mə⁸ hə³ ŋa⁴ ən¹ nən³，hau² mə⁴ huk⁷ tsiŋ² kua² lau¹ im¹ hə³
"怎么？家　我　个　一　穷　这样，我　就　做　像　乞丐　一
le⁴，hau² di³ ləu² dɔi³ lai³ mə² mə² xəŋ³ ti³ mai⁴ lək⁸ kə³ di³ ləu² xəŋ³？"
呢，我　怎么　对　得　你？你　肯　呢　女人　的　怎么　肯？"
"hau² tsək⁸ də⁴ kə² kə² tsu⁴ xəŋ³ lo³ tə²。mə² tsək⁸ xəŋ³ kə² ja³ xəŋ³ ten²。"
"我　若　叫　她　她　就　肯　了的，你　若　肯　她　也　肯　的。"
kiat⁸ kua⁴ ləŋ¹ lan² səŋ¹ mai⁴ lək⁸ vɔi³，mai⁴ lək⁸ hu² hə³ da² m̥² xəŋ³，bo¹：
结果　回　家　告诉　女人　了，女人　不　一　居然　不肯　说：
"mə² lai² ləm² lək⁸ neu² hə³ tə² tə³，mə² ka³ m̥² lai² sun¹ hau³ bɔi¹ vɔi³，
"你　有　姑娘　小　个　一　自己，你　已经　没有　路　好　走　了，
mə² tsu⁴ ɔt⁷ lək⁸ hu² hə³ lɔu⁴ lək⁸ tsiaŋ³ fam² hu² hə³。tsiaŋ³ fam² na³ ŋa⁴
你　就　塞　孩子　个　一　进入　孩子　张　范　个　一。张　范　个　穷
ən¹ nən³，lək⁸ nə³ bɔi¹ dɔi³ la²？" be² nə³ bo¹："mə² m̥² xəŋ³ hau² tsu⁴ di²
这样，孩子　个　去　挨饿　吧？"丈夫　个　说：你　不　肯　我　就要
xəŋ³。" kə² ja³ bɔi¹ di¹ tsiaŋ³ fam² ham² lo³："bak⁷ tsək⁸ mə² diu² təi³ ki³ hu²
肯。"他也去找　张　范　谈　啰：明天　你　牵　水牛　几　个
bɔi¹ na³ vɔ³ hau² vɔi³ tiaŋ⁴，mə² kə¹ lap⁷ suan¹，biaŋ³ təi³ ki³ hu² bɔi¹ kən¹
去　前村　我　了　养，你　假　睡觉，　放　水牛　几　个　去　吃

ŋau⁴ hau² 。" tsiaŋ³ fam² bo¹ : "hau² di² kəm³ ha² ?" "mən² maŋ² , hau² tsək⁸
水稻 我。" 张 范 说: "我 哪 敢 呢?" "不 怕, 我 若
dɔ⁴ mə² di³ ləu² mə² tsu⁴ huk⁷ di³ ləu² 。 mə² biaŋ² təi³ bɔi¹ kɔn¹ ŋau⁴ vɔi³
叫 你 怎么 你 就 做 怎么。 你 放 水牛 去 吃 水稻 了
ni² , hau² tsu⁴ fat⁸ mə² , hau² tsu⁴ ou¹ sin² mə² , mə² bɔi¹ vian¹ lək⁸ mo¹ hu²
呢, 我 就 罚 你, 我 就 要 钱 你, 你 去 买 小 猪 个
hə⁸ mia² sui¹ , hau² tsu⁴ tia³ nen² miŋ⁴ jəu³ mə² , mə² tsu⁴ biaŋ³ lou⁴ lək⁸ xui⁴
一 来 蒸, 我 就 写 年命 给 你, 你 就 放 进 小 柜
mɔŋ⁸ vɔi³ , vɔn³ na³ hap⁷ biŋ³ bɔi¹ lan² hau² , bo¹ hau² fat⁸ təi³ kɔn¹ ŋau⁴
个 了, 两 个 挑 饼 去 家 我, 说 我 罚 水牛 吃 水稻
hən³ , kiaŋ³ kiaŋ³ bɔi¹ dɔŋ² vɔi³ mə² tsu⁴ ou¹ suŋ³ mia² hiak⁷ 。 hau² tsi⁴ jəu³
的, 刚刚 去 到 了 你 就 拿 鞭炮 来 放。 我 住 在
lan² lɔi² nen⁴ , hau² na⁴ lɔŋ² mia² təi³ dek⁸ ki³ kai³ 。"
层 后 呢, 我 才 下来 问 看 什么。"

hai⁴ ŋəi⁴ vən² hə³ , tsiaŋ³ fam² tsiu² ko³ kə² kə³ jam³ leŋ¹ hun² ham¹
第 二 天 (助), 张 范 照 话 他 的 叫 人 抬
xui⁴ hap⁷ kou⁴ hoŋ³ ləi³ kə³ kua³ bɔi¹ , luk⁸ vɔŋ¹ tsu²? heŋ⁴ lɔŋ² mia² tsɔŋ¹
柜 挑 东西 送 礼 的 过去, 禄王 拄 拐杖 下来 装
təi³ : "vən² nɔi⁴ huk⁷ ki³ kai³ kit⁸ suŋ³?" mai⁴ lək⁸ tsu⁴ bo¹ : "tsiaŋ³ fam²
问: "今天 做 什么 打 鞭炮?" 女人 就 说: 张 范
biaŋ³ təi³ kɔn¹ ŋau⁴ , mə² fat⁸ van⁴ te² le⁴ 。" luk⁸ vɔŋ¹ kaŋ³ : "fat⁸ təi³
放 水牛 吃 水稻, 你 罚 人家 的。" 禄王 讲: "罚 水牛
kɔn¹ ŋau⁴ du² lai³ ou¹ lək⁸ mo¹ sui¹ nə⁴ kə³ , hoŋ² ŋɔn² nə⁴ kə³ , ja³ hap⁷ biŋ³
吃 水稻 都 有 拿 小 猪 蒸 这些, 送 银 这些, 也 挑 饼
vɔn³ la² hem¹ mia² ha² , mai⁴ ma³ lau² mə² nə⁴ hu² hə³ , hau² ka³ hu⁴ mə²
两 箩 添 来? 哈, 女人 小子 你 这个 一, 我 已经 见 你
hem¹ tsiaŋ³ fam² vən³ na³ kam⁴ kam⁴ kut⁸ kut⁸ hən³ , ɔm³ ɔm³ mə² ka³ ə⁴
跟 张 范 两个 不阴不阳 的, 原来 你 已 许配
lək⁸ jəu³ van⁴ vɔi³ , tsa³ tsɔŋ¹ ləŋ¹ mia² ək⁷ hau² 。 mə² du² huk⁷ tə⁴ hɔi³ nə⁴
孩子 给 人家 了, 还 装 回来 试探 我。 你 都 做 事情 这
kə³ ha² ? mə² ja³ di² tiaŋ³ tuat⁷ hau² jəu³ ha² tsai³ , ki³ kai³ du² huk⁷
些 吗? 你 也 要 想 骗 我 在 吗? 算了, 什么 都 做
heŋ³ tiŋ² vɔi³ , hau² ja³ mən² hem¹ mə² kaŋ³ liau² vɔi³ , tsiu² ən¹ tsu⁴ ən¹
不可更改 了, 我 也 不 跟 你 讲 多 了 照 这样 就 这样

voi³, tsiaŋ³ fam² ja³ ti⁴ leŋ¹ hun² mai² nə³ te²。" i³　fəi²　vɔn³ na³ tsu⁴ tiŋ²
了，张　范　也　是　人　好　个　的。"一下子　两　个　就成
sin² ka¹ voi³, ləm² lək⁸ luk⁸ vɔŋ² hu² hə³ tsu⁴　ə²　tsiaŋ³ jək⁸ suŋ³ voi³.
亲家　了，　姑娘　禄王　个一　就许配　张　岳　松　了。
　　dəŋ¹ nə⁴ ti² həu⁴, huŋ¹ diŋ² xaŋ³ ja³ mia² di¹ tsiaŋ³ fam² fəi² hem¹, təi³
　　到　这　时候，洪定康也来找张　范次添，问
kə³: "hui⁴ kua⁴ na³ hau² kɔn¹ fau³ dət⁷ nə⁴ kə³ en³ jou³ mə²?" "jou³, hau⁴
他："碗　过去　我　吃　摔　破　那些　还在　不？" "在，我
en³ hum¹ nen⁴. mai⁴ hu² hə³ na⁴ ku² lai³ tim¹ lo², kɔn¹ fau³ di³ mə²⁸ tsu⁴
还　收拾　呢。女人个一　非常　有　心　啰，吃　摔　一　个　就
hum¹ di² mə²⁸ ləu⁴ da³ xiaŋ¹ voi³, kəu⁴ keu² hə³ hum¹ ku³ təp⁸ mə²⁸ hui⁴。"
捡　一　个　进里　筐　了，东西月一　捡　九　十　个　碗。"
huŋ¹ diŋ² xaŋ³ tsuk⁷ kə³: "mə² ji² fən² be² lau⁴ mə² lo⁴ mə²⁸ mia², hum¹ kəu⁴
洪　定　康　嘱他："你移坟　父亲　你们　个　来，捡东西
kə³ biaŋ³ ləu⁴ tə² həp⁸ voi³, ou¹ hui⁴ nə⁴ kə³ nam² dəi² dəi² min³ ləu⁴ niŋ²
的　放　进　匣子　了，拿碗　这些　捣　烂　烂　涂抹　入　旁边
voi³, lip⁸ hiaŋ³ mə²⁸　ləu⁴ huk⁷ lək⁸ lan² mə²⁸ kən³ bai¹ voi³, fəu³ lək⁸
了，立　向　个　进去，做　小　房子个　上　上面了，等　孩子
kui³ hen¹ mə² na⁴ ji² lan², lək⁸ mən² kui³ jou³ m̩² juŋ⁴ ji² lan² ho³. mə²
贵　先　你　才　移房子，孩子　不　贵　在　不用　移房子（助）你
tsək⁸ ji² lan² meŋ² voi³, van⁴ hu² mə² huk⁵ fən² mə²⁸ da³ nin⁴ voi³, van⁴
若　移房子　快　了，人家发现你　做　坟　个　中间那里了，人家
tsu⁴ di² jam³ mə² xiau⁴ mak⁸ fən² mə²⁸ bəi¹ lo²。" ku² sə⁴ ni² kə² tsu⁴ tsiu² ko³
就要　叫你　撬　坟地　个　去　啰。" 故此呢他　就　照话
van⁴ kə³ ji² fən² be² lau⁴ mə²⁸ mia², biaŋ³ ləu⁴ tə² həp⁸ voi³, nam² hui⁴ kə³
人家的　移坟　父亲　个　来，放　进　匣子　了，捣　碗　的
dəi² dəi² voi³, lau¹ hoi² min³ lit⁸ lit⁸ ləu⁴, huk⁷ lan² mə²⁸ kən³ bai¹ voi³。
烂　烂　了，搅拌　灰　涂抹　紧紧　进去，做　房子　个　上　上面了。
　　lok⁸ nin¹ həu⁴ ləi², tsiaŋ³ jək⁸ suŋ³ hək⁸ tə¹ haŋ⁴ hək⁸ haŋ² hən³ vo³. nə⁴
　　从　这　后来，张　岳　松　读　书　越　读　越　聪明了。那
voi² hə³, vɔŋ² dəi³ kɔn¹ siu² dan², se¹ lək⁸ ən³ tsin² sə² mə²⁸ hə³ lɔŋ²
年　一，　皇帝　吃　寿诞，给　小　恩　进士　个　一　下
hai⁴ nəm¹ mia², kiat⁸ kua⁴ kən³ kua² siaŋ² xau³ kə² ti² həu⁴ le³,
海南　来，　结果　上　科　场　考　的　时候呢，

tsiaŋ³ jok⁸ suŋ³ xau³ hək⁸ vɔ³。xau³ hək⁸ ən³ tsin² sə² hou¹ lɔi¹, kə² ja³ di² bɔi¹
张 岳 松 考 中 了。考 中 恩 进 士 后 来, 他 也 要 去
kiŋ¹ tiŋ² xau³ jou³。kə² di² bɔi¹ nə⁴ ti² hɔu⁴, huŋ¹ diŋ² xaŋ³ tsuk⁸ kə²: "leŋ¹
京 城 考 在。他 要 去 那 时 候, 洪 定 康 嘱 他: "坟地
nə⁴ fu⁴ hə³ ti⁴ tsoŋ³ ŋa² tɔi³, kə² ŋa³ min⁴ hiaŋ³, di³ min⁴ ti⁴ di³ tɔi³。mə² ni²
那 座 一 是 中 五 世, 它 五 面 向, 一 面 是 在 世。你 呢
tsoŋ³ tsoŋ² juan¹ ti⁴ fai⁴ lou⁴ ham³ hua³ nen⁴, mə² kaŋ³ ko³ kə³ tsu⁴ fai⁴ nen⁴
中 状 元 是 败 入 探 花 了, 你 讲 话 句 就 败 的。
lək⁸ hau² hu² hə³ ni² ja³ xau³ lou⁴ vɔi³, ti⁴ fam⁴ siu² vɔi³, lək⁸ hau² hu² hə³
孩 子 我 个 一 呢 也 考 入 了, 是 犯 朝 了, 孩 子 我 个 一
ti⁴ fam⁴ lou⁴ kuan⁴ mai⁴ hua¹。mə² mə⁴ ko³ lək⁸ hau² hu² hə³ kə², lou² na³
是 犯 进 馆 妓 女。你 要 救 孩 子 我 个 一(助), 哪 个
du² mən² ko³ lai¹, ti⁴ mə² tɔ² tɔ³ ko³ lai¹ ne⁴。" tsiaŋ³ jok⁸ suŋ³ haŋ⁴ hiŋ² haŋ⁴
都 不 救 得, 是 你 自 己 求 得 的。" 张 岳 松 边 听 边
kau⁴ hau³: "it⁷ heŋ⁴ hau² di² ko³ ti³。"
点 头: "一 定 我 要 救 的。"

doŋ¹ uk⁷ bəŋ³ nə⁴ vən² hə³, tsiaŋ³ jok⁸ suŋ³ tit⁸ tit⁸ xau³ tsoŋ³ vɔ³, kə²
到 出 榜 那 天 一, 张 岳 松 实 实 考 中 了, 他
tsoŋ³ ti⁴ tsoŋ³ tsoŋ² juan¹ ho³, tsək⁷ ti⁴ kə² vok⁷ vu⁴ tsoŋ² juan¹ hu² hə³ da²
中 是 中 状 元 的, 可 是 他 看 到 武 状 元 个 一 竟 然
nam² ən¹ nam¹ e³ həŋ³ tsu⁴ tsoŋ³ vu⁴ tsoŋ² juan¹ vɔi³, kə² tsu⁴ bo¹:
打(拟声) 打(拟声)这 样 就 中 武 状 元 了, 他 就 说:
"o², dou² tsoŋ³ vən² tsoŋ² juan¹ mə²⁸ hə³ mə⁴ ŋo¹ bak⁷ mo⁴ mə²⁸ kən¹ bup⁷
"哦, 咱 中 文 状 元 个 一 要 坐 屁 股 个 吃 白 蚁
vɔi³ hen¹, van⁴ vu⁴ tsoŋ² juan¹ mə²⁸ le³, na⁴ nam² kɔu⁴ ki³ tsiu³ tsu⁴ ou¹
了 先, 人 家 武 状 元 个 呢, 只 打 东 西 几 下 子 就 要
tsoŋ² juan¹ mə²⁸ bɔi¹ kən¹ vɔ³, ja³ tsiau² tiŋ³ fu² ma⁴ vɔi³ le², kiau⁴ hək⁸ to³
状 元 个 去 吃 了, 也 招 成 驸 马 了 呢, 多 划 算
vɔi³ le⁴。" vəŋ² dɔi³ hiŋ² sa¹ hək⁸ vɔi³, bo¹: "kə² da² vok⁷ xɔ³ vu⁴ tsoŋ² juan¹
了 啊。" 皇 帝 听 到 了, 说: "他 竟 然 看 轻 武 状 元
ha², biaŋ³ kə² hem¹ vu⁴ tsoŋ² juan¹ kit⁷。" van⁴ tsu⁴ dap⁷ hai² mə²⁸ lou⁴ kit⁷
吗, 放 他 跟 武 状 元 打。" 人 家 就 搭 台 个 进 去 打
le³。kə² hem¹ van⁴ kit⁷ tam¹ vən² tam¹ kom⁴ m̩² hu⁴ tu¹ jiŋ², van⁴
(助), 他 跟 人 家 打 三 天 三 夜 不 见 输 赢, 人 家

kiaŋ² kiaŋ³ kit⁷ nuai² vɔi³ tsu⁴ lai³ leŋ¹ hun² siŋ³ bɔi¹ ɔu¹ kɔu⁴ bu³ kə³ mia²
刚刚　打累　了　就　有　人　请　去　拿东西补的来
kɔn¹ lo², kə² nuai² vɔi³ tsu⁴ ləŋ¹ lan² dɔŋ¹ vɔi³ kɔn¹ nam⁴ fia⁴ hui¹ hə³ le⁴。
吃啰，他累了就回房东了吃　稀饭　碗一（助）。
lan² dɔŋ¹ tɔi³："te³, di³ ləu² hə³ ?" kə² bo¹ : "lok⁸ dɔu² kaŋ³ ko³ kə³ ti³,
房东　问："（助），怎么　啦？"他　说：由于咱　讲　话句呢，
tsu⁴ lui⁴ dɔu² le⁴。dɔu² bo¹ dɔu² ŋo¹ bak⁷ mo⁴ mɔ⁽⁸ kɔn¹ bup⁷ vɔi³, hɔk⁸ tə¹
就连累咱的。咱说咱　坐　屁股　个　吃白蚁了，读书
bak⁷ du² fau⁴ vɔi³ na⁴ lai³ vən¹ tsoŋ² juan¹ mɔ⁽⁸ hə³, van¹ nam² kɔu⁴ ki³
嘴巴都起泡了才有　文　状元　个一，人家打东西儿
tsiu³ tsu⁴ ɔu¹ vu⁴ tsoŋ² juan¹ mɔ⁽⁸ hə³ vɔi³, dɔu² bo¹ tsək⁸ ən¹ dɔu² du² tək⁷
下子就拿武　状元　个一了，咱说若这样咱都会
huk⁷。dɔu² kaŋ³ ko³ nə⁴ kə³ kun¹ vɔŋ¹ tsu⁴ jam³ dɔu² hɔp⁸ tu¹ jiŋ¹ ləu¹ vɔi³
做。咱讲话这句君　王　就叫咱合　输赢进去了
kit⁷, kit⁷ dai¹ mən² ton³ le⁴。" lan² dɔŋ¹ tsu⁴ bo¹ : "mə² m̩² juŋ¹ maŋ²,
打，打死　不　算　的。"房　东　就说：你不用　怕,
mə² lo⁴ xiŋ¹ fəm¹ leŋ¹ hun² tin² miŋ² kə³ leŋ², bak⁷ tsək⁸ tsau³ tsau³ mə² kɔn¹
你们　琼南　人　神明　的灵，明天　早早你吃
fia⁴ vɔi³ di² bɔi¹ kit⁷ ni², mə² bɔi¹ tiu¹ hiaŋ¹ tsi¹ hə³, hiaŋ¹ kə³ suŋ¹ dɔŋ¹ fa³
饭了要去打呢，你去烧香支一，香（助）熏到天
vɔi³ ni², tə² tə³ di² lai³ tin² miŋ² mia² ko³, mə² mən² juŋ⁴ maŋ²。"
了呢，自己将有　神　明　来救，你不　用　怕。"
hai¹ ŋəi⁴ vən² kə² tsin² tsin¹ tiu¹ hiaŋ¹ ləu¹ vɔi³ kit⁷, kit⁷ dɔŋ¹ hai⁴
第　二天他真　真　烧　香进了打，打到平
baŋ¹ vɔi³, da² tsu⁴ lai³ he¹ dəi³ hə³ lok⁸ bai¹ fa³ lɔŋ² mia², sam³
明了，居然就有靴对一从　上面　天下来，喘
vu⁴ tsoŋ² juan¹ nə³ naŋ¹ hau³ tui² dət⁷ dɔŋ¹ da¹ vɔi³。kə² kit⁷ kɔu⁴
武　状元个皮额头裂到眼睛了。他打东西
hu² hə³ det⁷ vɔi³, di² tiaŋ¹ kit⁷ van¹ dai¹ le³, vɔŋ² dɔi³ tsu⁴ ɔu¹
个一倒了，要想打人家死呢，皇帝就拿
həŋ⁴ hiu² hə³ lan² ləu⁴ da³ vɔi³ hua⁽⁸ ui² : "mə² lɔi¹ nɔ³ ən¹ nə³
棍棒条一拦入中间了吆喝起来："你胆大这样
ha², mə² kɔm³ kit⁷ lək⁸ lə¹ hau¹ hu² hə³ ha²!" it⁷ tsiu³ tsu⁴ lan²
吗，你敢打女婿我个一吗!"一下子就拦

on³ vɔ³, hou⁴ lɔi² tsu⁴ biaŋ³ kə² loŋ² ham³ hua³ vɔi³, lok⁸ nin⁴ tsu⁴
稳 了，后 来 就 放 他 下 探 花 了，从 此 就
m̥² tsiau³ vu⁴ tsoŋ² juan¹ vɔi³。
不 招   武   状   元   了。

  tsiaŋ³ jɔk⁸ suŋ³ tui² jian² dok⁷ loŋ² ham³ hua³ vɔi³, tsək⁷ ti⁴
  张   岳   崧   虽   然   落   下   探   花   了，可 是
lək⁸ voŋ² dɔi³ hu⁴ kə² vən¹ ja³ ȵai² vu⁴ ja³ hən³, tsu⁴ kɔp⁷ lou⁴
儿子   皇   帝 看 到 他 文 也 聪明 武 也 能干，就   合 入
kə² vɔi³, voŋ³ na³ ŋin⁴ huŋ² nen², kiŋ¹ siaŋ¹ hem¹ kən² uk⁷ uk⁷ lou⁴
他 了，两 个 认   同   年， 经   常   一起   出   出 入
lou⁴。dɔŋ¹ hou⁴ lɔi² ni², lək⁸ huŋ¹ diŋ² xaŋ³ hu² hə³ ja³ xau³ tsoŋ²
入。到   后   来 呢，孩子 洪   定   康 个 一 也 考   中
vɔi³, kə² da² lou⁴ kuan⁴ mai⁴ hua⁴ ɔu¹ van⁴ hɔ² lou⁴ vɔi³, ləu² na³
了，他 居然   进   馆   妓   女 要 人家 抓 进 了，哪 个
du² mən² ko³ lai³, tsiaŋ³ jɔk⁸ suŋ³ bo¹: "van⁴ dɔ⁴ dou² bɔi¹ ko²
都 不 救 得，张   岳   崧   说："人家 叫 咱 去 救
le⁴。" kə² di² tsun¹ bi² bɔi¹ ko² le³, mai⁴ lək⁸ da² lan² lou⁴: "mə²
呢。" 他 要 准   备 去 救 呢， 女   人   竟然   拦   住："你
ja³ di² bɔi¹ ko³ ha²? mə² kaŋ³ ko³ kə³ hə³ mə² ka³ fai⁴ tsoŋ² juan¹
也 要 去 救 吗？你 讲   话 句 一 你 已经   败   状   元
dok⁷ loŋ² ham³ hua³ vɔi³, mə² ja³ di² kaŋ³ fɔi² hem¹ lou⁴ mə² tsu⁴
落   下   探   花 了，你 也 要   讲   次 添   进去 你 就
dai¹ le⁴。mə² di² bo¹ van⁴ hem¹ mə² mai² mai² ne⁴, kou⁴ voŋ² dɔi³
死 了。你 还 认为   人家   跟   你   好   好 呢， 东西   皇 帝
nə⁴ kə³ mai² mai² tsu⁴ sou³, sou³ sou³ tsu⁴ mai² ko²。" mai⁴ lək⁸
这 个   好   好   就   坏，   坏   坏   就   好（助）。"女 人
hu² hə³ tsam² ən¹ nən³, kə² tsu⁴ m̥² kəm² bɔi¹ ko³ vɔi³ lo³, hou⁴
个 一 劝阻   这 样，他 就 不   敢   去 救 了，后
lɔi² tsu⁴ ɔu¹ lək⁸ huŋ¹ diŋ² xaŋ³ hu² hə³ mia² ka³ vɔi³。huŋ¹ diŋ²
来   就 拿 孩子   洪   定   康   个 一 来 杀 了。洪   定
xaŋ³ bo¹: "tsiaŋ³ jɔk⁸ suŋ³ ha², hau² kaŋ² ko³ kə³ mə² ɔ¹ mə²?"
康   说："张   岳   崧 啊，我   讲   话 的 你 记得 不？"
kə² bo¹: "ɔ¹!" "mə² vəi⁴ ki³ kai³ m̥² ko² lək⁸ hau²?" "e², hau²
他 说："记得！" "你 为 什么   不 救   孩子 我？" "唉，我

di² bəi¹ hən³, mai⁴ lək⁸ tsu⁴ tsam² lou⁴ da³ vəi³, hau² tsu⁴ maŋ²
要　去　呢，女　人　就　阻拦　入　中间　了，我　就　怕
oŋ³ vɔ³." huŋ² diŋ² xaŋ² bo¹: "nə⁴ ti² hɔu⁴ hau² du² ka³ bo¹ mə²
稳　了。" 洪　定　康　说："那　时　候　我　都　已经　说　你
tsoŋ² juan¹ ləŋ¹ ham³ hua³ le⁴, mə² m̥² hu⁴ ha²? mə² m̥² ko³ lək⁸
状　元　回　探　花　了，你　不　知　道　吗？你　不　救　孩子
hau² ti⁴ mə² kɔn¹ kɔu⁴ tɔi³ hə³ vəi³。tsu⁴ fai² ho² mɔ²⁸ hə³ kə²
我　是　你　吃　东西　世　一　了。" 就　排图　个　一　他
dek⁸, tse² vəi² lut⁷ dau³ na³ kə² vəi³, kiat⁸ kua⁴ kə² tsin² tsin¹ na⁴
看，点　火　烧　面　前　他　了，结　果　他　真　真　只
kɔn¹ kɔu⁴ tɔi³ hə³ tɔ² tɔ³ ti³。
吃　东西　世　一　自　己　(助)。

探花张岳崧

张岳崧小时候很淘气，整天又游又玩，无心读书。他父亲叫张范，专做贩卖大米生意的。他贩卖大米是跟谁要的呢？他都是跟三级村的禄王要的稻谷。三级村的禄王是个财主，用现在社会的话来说，就是大地主。三级村的禄王家里很有钱，就请一位先生到他家里来教他孩子，张岳崧也跟着学。这位先生非常聪明，是个举人的才，名字叫周和积。那时候禄王的孩子据说很会读书，所以才请来这么好的先生。

张岳崧一边读书，一边又去学功夫，学打拳，自己还购置了一对铜锏天天在练。周和积骂张岳崧说："书你都无心读，还要想学功夫，什么你都想学。你这样读书不成读书，学功夫不成学功夫，这样下去你会成功吗？"三级村的禄王睡觉时做了个梦，(梦中)看见有一只老虎跟一只狗睡觉，禄王以为他孩子是老虎，张岳崧是狗。后来周和积教他那个孩子呢进步相当慢，可张岳崧学下去的时候呢，学到哪懂到哪，教一懂二，教一个字会十个字，写的作文周和积已经改不了了，于是他对张范说："你那孩子得送到别的地方去读书，他已经比我聪明了，我教不了这孩子了！"

张范知道先生不肯教他孩子了，于是准备凑多一点钱，好把张岳崧送到县学去。有一天，他挑米到琼州府的一家财主那里卖——

那财主看到他的米比较好,常常跟他买。刚好财主请了个名师来跟他择茔地,正住在他家里。这位名师名字叫洪定康,琼州进士吴典专门从京城请他来替自己择茔地,择好茔地后,那位财主又把他请到家里来。谁知道洪定康进了他家,天天都躺在床上,总不出去看茔地,他是想试探一下财主的心。财主老是嘀咕:"养这个东西白吃了我的饭,荒野都没出去走一下,哪有茔地自己跑进家里来呢?"洪定康知道他无心,就说:"我先回家去一下,咱把伙食费算了我才回去,我已经来得太久了,恐怕我的钱不够了。"于是就付给他一半钱,剩一半(以后再还)。财主说:"不行,伙食费还能欠吗?你是一个堂堂的名师,要一次付清。"张范在旁边劝他,说:"算了,先生要是没钱,下次要给才给嘛,你怎么这么逼人家!"财主也气了,说:"你要是有钱你就(帮他)付吧!"张范说:"我付我就付嘛,他要是没付足钱,剩下多少我才付。你还欠我一点米钱,(咱一起)算去!"于是就结起帐来,张范也替先生付完了钱。洪定康知道他人好,问他:"你是哪里人?家住在哪里?"他说:"我在临高。"洪定康又问:"你在临高是乡下呢还是在城里?"张范说:"我在乡下,在罗文村。""如果这样,我跟你到你家一下。"于是就跟着他到了罗万村。

洪定康来到罗万村后,仍然像在财主家那样,天天还是吃还是睡,每天吃三顿。吃饭的时候他还装着不注意失手摔破了碗,每顿摔破一个,全部是江西的,他是在试探你心地好不好。他住久了,(大概)住了一个月,就说:"我要回去了,我来久了,没有钱了。你要是有钱,你先借点钱给我,下次我回来时才还给你。"张范心地好,说:"好吧,拿去吧,你要拿多少就拿去!"于是先生拿钱走了,张范如此,他女人如此,张岳崧也如此,没有谁嘀咕半句话。三个送他上了船,一直到船消失,张岳崧还爬上高处跪下。洪定康心里想:"真是,人家母子三人这么有良心。"他突然把船夫叫过来,叫他掉过船头开回去。船夫说:"你让我驶出这么远了,我得跟你要船费。"他说:"你想要钱我都给你,多少钱我都给你,你开回去!"母子三人看到船掉头回来,远远就问:"你不回去了吗?"他拉长声音回答:"我不回去了。"张岳崧一下子就跪了下去。洪定康刚一上岸,就去把他扶起来,说:"好了孩子,先生不回去了,要在这里住下去了!"于是就回他们家住下了。

洪定康这次回来,还没有过第二天就急着去勘探茔地。张范有个小园子,原来是三级村禄王的,财主不是地多着吗,就让这块地给他种瓜。这块地刚好是一座茔地,是探花才的一块茔地,洪定康知道这样的茔地很少有,就问张范:"这丁点地是不是你的?"他说是三级村的禄王的。"他跟你好不好?""好。我要买稻谷,都是跟他要,没有钱也跟他赊钱去做生意。""如果这样那就很好,你去跟他把这块地买下来。"张范就去问禄王:"你让我种瓜的那丁点地你就给我吧,你要这一丁点地有啥用?这丁点地又倾又斜,(种东西)哪有收成呢?干脆你就卖给我,我(在上面)搭个草棚住下吧。""给你就给你吧,要什么钱?(咱是)朋友呢,我给你!"张范直通通地就回来,洪定康问:"他肯不肯给?""肯,可他不肯要钱,他说馈赠给我的。""馈赠就馈赠,你回去叫他写张地契来,不然以后话难讲。"张范又回去跟他说:"我回去以后慢慢想了一下,你给我是给我了,可是不写张地契下来,咱有眼在咱是朋友,以后我要是(在上面)盖了房子,子女们长大后相处起来不像咱俩了呢?恐怕会反悔。要是反悔起来,叫我把房子拆掉了呢?房子盖上去不难,要拆掉可难啰。""这么说,我就给你写张地契吧!"于是写了张地契给他拿回去。

回家后,洪定康又替他设计,他对张范说:"你跟他这么好,现在你每天都出去做生意,你看他喜欢吃什么你就买什么回来给他吃。""他喜欢吃槟榔"。"既然如此,你每次出去做生意,就买几个槟榔回来给他吃。"以后出去做生意,张范总是想法买些槟榔回来。

地契到手之后,张范做了一席酒请三级村的禄王,酒做好了,让张岳崧去请禄王。这时天还没亮,张岳崧要进禄王的院子时,他的几只狗汪汪地叫起来,要咬张岳崧。张岳崧一下子就跑(过去),爬到(院子里)的桃树上。禄王这时候还在睡梦之中,他梦见有四只狮子围着一只老虎,老虎爬上了桃树,(这时候)几只狗在叫,张岳崧不敢下来。禄王醒过来,开门一看,喔,原来是张岳崧!"岳崧啊岳崧,你来干什么?""爸叫我请你过去喝酒。""叫我过去喝酒?"禄王吆喝几只狗跑开了,跟着张岳崧出来。(这时候)天还灰蒙蒙一片,他看着前面,很像有一把伞撑在孩子的上头。他心里想,恐怕咱已弄错了吧，可能张岳崧是一只老虎，咱孩子是只狗吧，四只狮子围住桃树上面的老虎，（老虎）不就是张岳崧！可能就是张岳崧了，咱孩子是狗了。快到张范家了，他还在想着（这事）。喝完了酒，禄王就说："张范啊张范，咱俩相处这么久了，咱俩作朋友这么好，干脆咱就做个亲家吧。"张范说："怎么？我家这么穷，我做得像个乞丐，我怎么对得住你？（再说，）你愿意嫂子怎么愿意？""我叫她她会愿意的，你愿意她也会愿意的。"结果回家告诉了女人。女人居然不愿意，说："你就生这么一个闺女，你无路可走了吗？你居然把孩子许给张范家！张范这么穷，孩子去挨饿吗？"丈夫说："你不愿意我愿意。"他又去跟张范商量，说："明天你牵几头水牛到我村前面放养，你假装睡着了，让水牛去吃我的水稻。"张范说："我哪敢呢？""别怕，我叫你怎么做你就怎么做。你让水牛去吃了我的水稻，我就罚你，我就拿钱给你买头乳猪回来，把它蒸熟。我就把我（女儿的）生辰八字给你，你就把它放在小柜子里，叫上两个人挑着饼干去我家，说是我罚水牛吃水稻的。一到了我家，你就拿出鞭炮来放，我住在屋子后头，（听到鞭炮响后）我就下来看发生了什么事。"

第二天，张范按他的话叫人抬着柜子把礼物送过去，禄王拄着拐杖假装问："今天干嘛打鞭炮？"女人说："张范放水牛吃（咱家）水稻，不是罚人家么？"禄王说："罚牛吃水稻哪有拿来乳猪啊，送来礼银啊，还挑来两筐饼干的？真是，你这个女人，我早已经看到你跟张范两个不阴不阳的，原来你已把孩子许配给人家了，还要装着来试探我！这些事不是你做的吗？你还要想骗我！算了，什么都做定了，想改也改不了了，我也不跟你多讲了。这样也罢了，张范也是个好人。"就这样两个就成了亲家，禄王的闺女就许配给张岳崧了。

到这时候，洪定康又来找张范，问他："以前我吃饭摔破了的碗还在吗？""在，我还收拾着。我女人很有心，摔坏了一个就捡起一个，放进竹筐里，你吃了一个月，一共捡了九十个破碗。"洪定康叮嘱他说："你把你父亲的坟墓移过来，把骨灰放进匣子里，把这些碗捣得烂烂的，涂抹在四周，竖个墓碑，在上面盖间房子，等你儿子富贵了你才把房子（拆了）迁走，儿子未富贵时别迁。如果你早迁了，人家发现里面有坟墓，就会把你的坟墓撬开拿去。"他照人家说的移来父亲的坟墓,(把骨灰)放进匣子里,把碗捣得烂烂的和石灰搅拌在一起,(把匣子)涂得牢牢的,在上面盖了间房子。

从这以后,张岳崧越读书越聪明。那年,皇上吃寿诞,分给海南一个恩进士的名额,结果上科场的时候呢,张岳崧考中了。考中恩进士以后,他又去京城考,临走时洪定康嘱咐他:"那块茔地要中五代,它有五个墓向,每一面中一代。你中的是状元,但做错了事落到探花,你是讲错了一句话。我那儿子也考中了,可是犯了朝,我儿子是逛妓女馆犯的朝,你要救我儿子,谁都救不了他,只有你能救他。"张岳崧边听边点头:"我一定会救的。"

发榜的那天,张岳崧真的考中了,他中的是状元,可是他看到武状元才"吭唷吭唷"打了几下子就中了武状元,就说:"咱中文状元得把屁股坐烂了,人家武状元呢,只打了几下子就把个武状元拿走了,还被召去当了驸马,多合算啊。"皇上听到了说:"他竟然看不起武状元,让他跟武状元打一下!"就搭了个擂台两人对打。他跟人家打了三天三夜,不分输赢,可人家刚打累了,就有人请去拿补品来吃,他打累了只回到房东家喝碗稀饭。房东问:"(情况)怎么啦?"他说:"只因咱讲了一句话就连累了咱。咱说咱屁股都坐烂了,读书嘴巴都起泡了才得了文状元,人家打了几下子就把武状元拿走了,咱说要是这样咱也会做。咱讲这句话皇上就叫咱定下输赢(跟人家)打,打死不偿命。"房东说:"你别怕,你们琼南人神明很灵。明天一早你吃完饭要去打的时候呢,你去烧支香,香气熏上天了自己会有神明来救你,你别怕。"第二天,他真的烧了香再去打,打到天大亮的时候,居然有一双皮靴从天上下来,把武状元踹了个额头裂开,一直裂到眼睛。他把人家打倒了,正要往死里打呢,皇上取出一条棍棒拦在中间,大声喝道:"你如此大胆,敢打我女婿!"一下子就把他拦住了,后来把他降为探花。从此以后,也就不再招武状元了。

张岳崧虽然被降为探花,可太子看到他文武双全,就跟他交朋友,两人认作同年,经常一起出出入入。到后来呢,洪定康的儿子也考中了,但他逛妓女馆被人家抓住了,谁也救不了。张岳崧说:"先生叫咱去救人家的儿子,咱得去救。"他正准备去救呢,他女人把他拦住了:"你还要去救人家吗?你讲了一句话已经从状元降为探花,你再讲一次你就死定了。你认为人家跟你好是不?皇上这人(有时)好好就坏,坏坏就好。"女人这么阻拦,他就不敢去救了,后来朝廷就把洪定康的儿子拿去杀了。洪定康说:"张岳崧啊,我讲的话你记得吗?"他说:"记得。""你记得,那你为什么不救我儿子?""唉,我正要去救呢,我女人在中间拦住了,我就吓着了。"洪定康说:"那时候我已经和你说过你状元要降为探花,你不知道吗?你不救我儿子是你只一代人享受。"于是把图摆开给他看,当着他的面点起火把图烧掉了,结果他只享受了一世(后代再也没有人考中了)。

讲述人:许良
流传地区:临高县

vɔŋ¹ huŋ¹ hiaŋ³ kən³ hen⁴ kɔu³ tɔŋ⁴
王 桐 乡 上 殿 告 状

tsuan² nə⁴ mɔ⁸ hə³ fat⁷ teŋ¹ jɔu³ miŋ¹ siau¹ kiŋ⁴ hai² vɔŋ² dɔi³
故事 这 个 一 发生 在 明 朝 景泰 皇帝
nə⁴ ti² hɔu⁴。lai³ vən² hə³,xiŋ¹ tsiu² dɔu² hai¹ hu¹ ji² siŋ¹ lɔŋ² dɔŋ¹
那 时候。有 天 一,琼州 道台 胡玉清 下 到
dau² hian² vɔi³ si² sat⁸,da³ sun¹ am² hək⁸ ləm² lək⁸ hu² hə³
下面 县 了 视察,中间 路 遇到 姑娘 个 一
luaŋ³ tsiŋ³ fət⁸ hə³,kə² da¹ du² ka³ vɔk⁷ it⁷ vɔ³,haŋ⁴ vɔk⁷
漂亮 像 佛 (助词),他 眼睛 都 已经 看 一 了,越 看
haŋ⁴ ləi¹ nam⁴ məi²,nə⁴ kɔm⁴ hə³ kə² di³ ləu² suan¹ tsuŋ³ m̥² suan¹
越 流 口 水,那 晚 一 他 怎么 睡 总 不 睡
lai³ lɔŋ²,na⁴ ku² tiaŋ³ ɔu¹ kə² huk⁷ mai⁴ nɔk⁷。hai⁴ ŋəi⁴ vən² tsau²
得 下,非常 想 娶 她 做 老婆 小。第 二 天 早
tsau³ fai³ leŋ¹ hun⁴ bɔi¹ sa² le³,na⁴ hu⁴ ləm² lək⁸ nə⁴ hu² hə³ jam³
早 派 人 去 查 呢,才 知道 姑娘 这 个 一 叫
sai² məu¹ dan³ hə³,ka³ ə² kua³ lan² van⁴ vɔi³。hu¹ dɔu² hai¹
蔡 牡 丹 (助词),已经 许 过 家 人家 了。胡 道 台
dai¹ tim¹ m̥² kam¹,i⁴ si² xin¹ jɔu³ da³ mɔ² kə²,ŋe³ ŋe³ di² ɔu¹
死 心 不 甘,仗着 权 在 中间 手 他,硬 硬 要 娶
kə² huk⁷ mai⁴ nɔk⁷,fai³ lək⁸ ŋi⁴ mɔ² ki² hu² ham¹ ləi³ to³ ki³ hap⁷
她 为 老婆 小,派 子 二 手 几 个 抬 礼数 几 担
kən³ lan² van⁴ vɔi³ xiu¹ hun³,mai⁴ lau⁴ van⁴ m̥² xeŋ³ tsip⁷ ləi³ to³
上 家 人家 了 求婚,母亲 人家 不 肯 接 礼数
kə³ lɔŋ²。ŋi⁴ mɔ² kə³ leŋ¹ mia² hɔi⁴ bɔu³ hɔu⁴ ləi²,hu¹ dɔu²
的 下来。二 手 (助词) 回来 汇报 后来,胡 道
hai¹ na⁴ ku² xəi³ xi²,ma³ siaŋ² fai³ dɔu² vui² hem¹ vɔŋ¹ juan¹ ŋuai²
台 非常 生气,马 上 派 道卫 和 王 员 外
bɔi¹ lan² sai² məu¹ dan³ vɔi³ kəp³ leŋ¹ hun²,bik⁷ kə² bai³ hɔŋ² kiat⁸
去 家 蔡 牡 丹 了 劫 人,逼 她 拜 堂 结

hun³。
婚。

　　　　kiat⁸ hun³ nə⁴ kɔm⁴ hə³, hu¹ ji² siŋ³ diŋ³ xo³ jua³ kə³ tai⁴
　　　　结　婚　那　晚　一，胡 玉 清　空　裤　衣（助词）齐
tai⁴ ta¹ ta¹ ən¹ nə³, tsək⁷ ti⁴ sai² məu¹ dan³ it⁷ tsiʔ⁸ du² m̩² dap⁷ li³
齐 整 整 这样，可 是 蔡 牡 丹 一 点 都 不 搭 理
kə², vɔk⁷ vɔk⁷ tsu⁴ di² dɔŋ¹ da³ xən² vɔi³, sai² məu¹ dan³ en³ m̩²
他，看　看　就　要　到　半 夜 了，蔡 牡 丹 还 不
xəŋ³ kən³ taŋ² jou³, hu¹ ji² siŋ³ du² ka³ ləi¹ nam⁴ məi² vɔi³, ki³
肯　上　床　在，胡 玉 清　都　已 经　流 口 水 了，什
kai³ du² m̩² ko³ vɔi³, tsiŋ³ mai⁴ jiu⁴ tiau² lək⁸ kai ən¹ nən³ lok⁸
么 都 不 顾 了，像 老 鹰　叼　小 鸡 这样 从
ləi² kut⁷ sai² məu¹ dan³ lit⁸ lit⁸ ləu⁴, fe⁴ kə² kən³ taŋ² vɔi³。
后面 搂 蔡 牡 丹 紧 紧 住，抱 她 上 床 了。

　　　　"suk⁷ teŋ¹ mə² nə⁴ hu² hə³, vəi⁴ ki³ kai³ kəp⁷ liaŋ³ kia³ fu²
　　　　"畜　牲　你　这个　一，为 什 么 劫 良 家 妇
ni⁴? fa³ hu⁴ vɔi³ fa³ di² tu¹ mə² bɔi¹!" sai² məu¹ dan³ it⁷ min³
女？天 看见 了 天 要 收 你 去！" 蔡 牡 丹 一 面
hɔn³ it⁷ min³ tsua¹ na³ kə², tsua¹ na³ m̩ʔ⁸ ləi² baʔ⁷ vɔi³。 hu¹ dou²
骂 一 面　抓　脸　他，抓　脸　个　流　血 了。 胡 道
hai¹ sit⁸ baʔ⁷ liaŋ³ vɔi³, tu⁴ xəi³ ləu⁴ təu¹ kə²: "sai² məu¹ dan³ ha³
台 擦 血 干 了，受 气 住 诱 她：蔡 牡 丹 啊
sai² məu¹ dan³, di² lai³ ləu² na³ lai³ fok⁷ m̩² tək⁷ hiaŋ², sin² ŋin⁴
蔡 牡 丹，哪 有 哪 个 有 福 不 会　享，情 愿
tu⁴ xo³ ha²? mə² tsək⁸ xəŋ³ ha³ jou³ hau², hau² bou⁴ tsiŋ² mə² siu²
受 苦 的？你 若 肯 嫁 给 我，我 保 证 你 朝
siu² təi³ təi³ kɔn¹ m̩² in¹ juŋ⁴ m̩² hɔu³。"
朝　世 世　吃　不　完　用　不　透。"

　　　　"m̩² ti⁴ fok⁷ hau² kə³ hau² mən² hiaŋ², mai⁴ suk⁷ teŋ¹ kə³
　　　　"不 是 福 我 的 我 不　享，老 婆 畜 牡 的
hau² mən² huk⁷!" sai² məu¹ dan³ me² tan¹ me² ŋe³。
我　不　做！" 蔡 牡 丹 越 回 答 越 硬。

"nɔ¹ lai³, tsək⁸ ən¹ nən³ ma² nou⁴ m̥² kɔn¹ luŋ³ tsup⁸ tsup⁸。"
"行， 若 这样 山 薯 不 吃 捣 烂 烂。"
hu¹ ji² siŋ³ hu⁴ sai² məu¹ dan³ tit⁸ tit⁸ mən² xəŋ³, xi³ tsiŋ³ ma¹
胡 玉 清 看到 蔡 牡 丹 实 实 不 肯， 气 像 狗
xuaŋ², hə³, jam³ lək⁸ ŋi⁴ mɔ² ki³ na³ lou⁴ mia²:"mə² lo⁴ hem¹
狂 （助词）， 叫 仔 二 手 几 个 进 来："你们 跟
hau² ɔu¹ xiam² mia² o³ hoŋ² hoŋ² kə², hau² di² juŋ⁴!" kə² ɔu¹ dak⁸
我 拿 钳子 来 烧 红 红 的， 我 要 用！" 他 拿 绳子
kat⁸ sai² məu¹ dan³ lit⁸ lit⁸ lou⁴, ɔu¹ bin¹ mia² vuat⁷ kə², dek⁸ sai²
绑 蔡 牡 丹 紧 紧 住， 拿 鞭子 来 抽 她， 看 蔡
məu¹ dan³ bak⁷ e² luaʔ⁷ jou³, jam³ ŋi⁴ mɔ² ɔu¹ xiam² o³ hoŋ² hoŋ²
牡 丹 嘴巴 还 硬 在， 叫 二 手 拿 钳子 烧 红 红
nə⁴ mɔʔ⁸ hə³ lo² lou⁴ sɔŋ⁴ se² vɔi³, m̥² kiau⁴ fɔŋ³ sai² məu¹ dan³
那 个 一 戳 进 洞口 女阴 了， 没 多 久 蔡 牡 丹
ka³ hun⁴ xəi³ vɔi³。
已经 断 气 了。

sai² məu¹ dan³ dai¹ hou⁴ lɔi², hu¹ ji² siŋ³ sa² hək⁸ kə² lai³ eŋ¹
蔡 牡 丹 死 后来， 胡 玉 清 查 到 她 有 兄
ŋin⁴ hu² hə³ jam³ vɔŋ¹ huŋ¹ hiaŋ³ hə³, ti⁴ kuk⁸ tsə⁴ kam² kam³
认 个 一 叫 王 桐 乡 的， 是 国 子 监 监
teŋ¹, nə⁴ ti² hou⁴ tsuk⁸ tsuk⁸ di² ləŋ¹ lan² tun² mai⁴ lai³, kə² maŋ²
生， 这时候 足 足 要 回家 巡看 母亲， 他 怕
vɔŋ¹ huŋ¹ hiaŋ³ di² kou³ kə², meŋ³ meŋ³ fai³ leŋ¹ hun² bɔi¹ hɔ², di²
王 桐 乡 要 告 他， 快 快 派 人 去 抓， 要
tiaŋ³ siŋ² ki³ miat⁸ kə² bɔi¹。
想 乘机 灭 他 掉。

vɔŋ¹ huŋ¹ hiaŋ³ tsiŋ³ jou³ lim² kou¹ heŋ³ hou⁴ mai⁴ lai³ ne⁴,
王 桐 乡 正在 临高 伺候 母亲 呢，
hiŋ² dɔŋ¹ hu¹ dou⁴ hai¹ si⁴ ko¹ kə² hu² dai¹ vɔ³, ja³ di² mia² hə²
听到 胡 道台 折磨 姑 他 个 死 了， 也要 来 抓
kə² jou³, du² ka³ xi² nan³ vɔ³, kiat⁸ diŋ³ kən³ kiŋ³ kən³ kuaŋ³
他 在， 都 已经 气 发抖 了， 决 定 上 京 上 广
vɔi³ kou³, fiŋ⁴ mai⁴ lai³ kə² lo⁴ kə³ kiaŋ² kiaŋ² xɔ³ tsiʔ⁸ vɔi³, kə²
了 告， 病 母亲 他们 的 刚 刚 轻 一点 了， 他

tsu⁴ kən³ fu¹ tiŋ³ vɔi³。bek⁷ tiŋ³ fu³ tiŋ² kə³ ka³ tsɔk⁸ hu¹ dɔu²
就 上 府 城 了。百 姓 府 城 的 已经 恨 胡 道
hai¹ dɔŋ¹ da³ uaʔ⁸ vɔi³, hem¹ kən² sɔu³ sin² vɔŋ¹ huŋ¹ hiaŋ³ kən³
台 到 中间 骨头 了, 大家 凑 钱 王 桐 乡 上
kiŋ¹ kən³ kuaŋ³ vɔi³ kɔu³。be² fu⁴ lua² kə³ maŋ² hu¹ dɔu² hai¹ di²
京 上 广 了 告。艄 公 的 怕 胡 道 台 要
fat⁸ xiak⁸, tiaŋ³ kɔi³ ɔu¹ vɔŋ¹ huŋ¹ hiaŋ³ met⁷ lɔu¹ da³ lua² ma²
发 觉, 想 计 将 王 桐 乡 躲 入 里面 船 槟
laŋ² vɔi³, biaŋ³ kə² sun² li² kua³ hai³。
榔 了, 放 他 顺 利 过 海。

   hai⁴ it⁷ fɔi² kɔu³ dɔŋ¹ kuaŋ³ dɔŋ¹, an² sat⁸ sə⁴ it⁷ dek⁸ hək⁸ ti⁴
第 一 次 告 到 广 东, 按 察 使 一 看 到 是
kɔu³ xiŋ¹ tsiu³ dɔu² hai¹ hu¹ ji² siŋ³, ka³ tim² fɔn² mɔ² mɔ⁴ vɔi³。
告 琼 州 道 台 胡 玉 清, 已经 心 凉 手 软 了。
"vɔŋ¹ huŋ¹ hiaŋ³ ha² vɔŋ¹ huŋ¹ hiaŋ³, hu¹ ji² siŋ³ ti⁴ lək⁸ hai² sə³
"王 桐 乡 啊 王 桐 乡, 胡 玉 清 是 儿子 太 师
hu² hə³, van⁴ e² luaʔ⁷ kua³ din² vɔi³, lək⁸ ɲum¹ tsiak⁸ lɔi³ mə²
个 一, 人家 还 硬 过 石头 了, 小 蛋 麻 雀 你
nə⁴ mɔʔ⁸ hə³ di² xɔʔ⁷ lai³ kua³ din² ha²?" an² sat⁸ sə⁴ maŋ² m̥²
这 个 一 要 磕 得 过 石头 吗?" 按 察 使 怕 不
dɔu³ lai³ kua³ hu¹ ji² siŋ³, m̥² xəŋ³ tsip² ɔn³ nə⁴ mɔʔ⁸ lɔŋ²。
斗 得 过 胡 玉 清, 不 肯 接 案 这 个 下。

   hai⁴ it⁷ fɔi² kɔu³ mən² tiŋ² kɔŋ¹, vɔŋ¹ huŋ¹ hiaŋ³ tim¹ m̥²
第 一 次 告 不 成 功, 王 桐 乡 心 不
kam¹, kə² mən² siaŋ³ sin² leŋ¹ huŋ² ɔk⁸ kə³ di² hiau³ tsiaŋ³ ən¹
甘, 他 不 相 信 人 恶 的 要 嚣 张 这样
lɔŋ² bɔi¹, kə² fat³ tɔi⁴ kɔu³ dɔŋ¹ dɔi³。kiŋ¹ kua² hai⁴ liau⁴ xɔ³ sɔ³
下 去, 他 发 誓 告 到 底。经 过 很 多 苦 楚
kə² bɔi¹ dɔŋ¹ kiŋ¹ tiŋ³ vɔi³ di¹ han² lim¹ juan² da² hiak⁸ sə² xiu³
他 去 到 京 城 了 找 翰 林 院 大 学 士 丘
tsun² ham² liaŋ², kə² nɔk⁸ nɔk⁷ nə⁴ ti² hɔu⁴ xiu³ tsun² kau³ kə²
浚 商 量, 他 小 小 那 时 候 丘 浚 教他
kua³。kə² ɔu¹ tə⁴ hɔi³ kə³ lɔk⁸ hau³ dɔŋ¹ tuʔ⁷ it⁷ ŋɔ⁴ it⁷ təp⁸ səŋ¹
过。他 将 事 情 的 从 头 到 尾 一 五 一 十 告诉

jou³ lou⁴ sə³ hem¹ sə³ mu⁴, siŋ³ kə² lo⁴ bəŋ¹ tə⁴, tsi³ si¹ kə² bəi¹
给 老 师 和 师 母，请 他 们 帮 助，支 持 他 到
niŋ² vəŋ² dəi³ vəi³ kəu³ təŋ⁴。xiu³ tsun² təi³ kə²："mə² di¹ bəi¹ dau³
旁 边 皇 帝 了 告 状。丘 浚 问 他："你 要 去 面
na³ vəŋ² dəi³ kəu³ təŋ⁴ le⁴, mə² lai³ jin¹ tsiŋ² vət⁸ tsiŋ² mə²?"
前 皇 帝 告 状 呢，你 有 人 证 物 证 不？"

"jin¹ tsiŋ² vət⁸ tsiŋ² tsuŋ³ sai² suan², təŋ⁴ mə⁸ hə³ jou³ nəi⁴
"人 证 物 证 总 齐 全，状 子 个 一 在 这
no⁴, siŋ³ ləu⁴ sə³ kua³ da¹ fəi²." vəŋ¹ huŋ¹ hiaŋ³ it⁷ min⁴ kaŋ³ it⁷
呢，请 老 师 过 目 次。" 王 桐 乡 一 面 讲 一
min⁴ əu¹ jua³ sai² məu¹ dan³ luak⁷ ba?⁴ nə⁴ hiu² hə³ hem¹ təŋ⁴
面 拿 衣 蔡 牡 丹 脏 血 那 条 一 和 状 子
mə⁸ hə³ beu¹ jəu³ ləu⁴ sə³ dek⁸。kuŋ¹ xu¹ hem¹ fə² xu¹ it⁷ dek⁸
个 一 递 给 老 师 看。公 丘 和 婆 丘 一 看
hək⁸ jua³ luak⁷ ba?⁴ nə⁴ hiu² hə³, it⁷ tsiu³ ka³ xi² ŋop⁷ vɔ³, kiat⁸
到 衣 脏 血 那 条 一，一 下 子 已 经 气 哑 了，决
sim³ bəu⁴ tsəu² vəŋ¹ huŋ¹ hiaŋ³ kən³ hen⁴ dəŋ¹ dau³ na³ vəŋ² dəi³
心 保 奏 王 桐 乡 上 殿 到 面 前 皇 帝
kəu³ təŋ⁴。tsək⁷ ti⁴ di³ ləu² kəu³ na⁴ kəu³ lai³ jiŋ² ni²? tam¹ na³
告 状。可 是 怎 么 告 才 告 得 赢 呢？三 个
huŋ² kən² ham² liaŋ² tiaŋ³ kəi³, tu?⁸ tu?⁷ fai² kəi³ mə⁸ hə³ uk⁷
一 起 商 量 想 计，最 后 排 计 个 一 出
mia²。
来。

nə⁴ ti² hou⁴ tsiŋ³ ti⁴ fa³ lun³, lai³ vən² hə³, duŋ³ kuŋ³ niaŋ⁴
那 时 候 正 是 天 热，有 天 一，东 宫 娘
niaŋ⁴ jou³ da³ vən³ hua¹ laŋ⁴ liaŋ² nen⁴, xiu³ fu³ jin¹ it⁷ tsiu³ mia²
娘 在 里 面 园 花 纳 凉 呢，丘 夫 人 一 下 子 来
dəŋ¹。vəŋ³ na³ təi³ kən² mai² hou⁴ ləi³, kuŋ³ ni⁴ hu² hə³ əu¹ fan¹
到。两 个 问 互 相 好 后 来，宫 女 个 一 拿 盘
xi² mə⁸ hə³ fə¹ ləŋ³, kak⁸ na³ əu¹ xi² kə² fai² ləu⁴, siŋ³ niaŋ⁴
棋 个 一 铺 下，别 个 拿 棋 的 排 进 去，请 娘
niaŋ⁴ hem¹ xiu³ fu³ jin¹ vəŋ³ na³ deu² xi²。xiu³ fu³ jin¹ deu² xi² ti⁴
娘 跟 丘 夫 人 两 个 走 棋。丘 夫 人 走 棋 是

deu² xi² te², tsək⁷ ti⁴ tim¹ mɔʔ⁸ hə³ tsuŋ³ ti⁴ tiaŋ³ ɔn³ sai² məu¹
走　棋　呢， 可　是　心 个　一　总　是　想　案　蔡　牡
dan³ nə⁴ mɔʔ⁸ hə³, mən² n̪et⁹ fɔi² hə³ kə¹ kə² hu² hə³ ka³ bi² maʔ⁸
丹　那 个　一， 不 会　儿 一 车　她 个　一 已 被 马
niaŋ⁴ niaŋ⁴ hu² hə³ kɔn¹ vɔ³。niaŋ⁴ niaŋ⁴ hu⁴ kə² deu² xi² m² ləu⁴
娘　娘　个　一　吃 了。 娘　娘　见 她 走　棋 不 入
tim¹, tɔi³ kə² vei⁴ tin³ kai³, kə² ma³ siaŋ² nam⁴ da¹ san⁴ san⁴ ən¹
心， 问 她 为 什　么， 她 马　上　水　眼 潸　潸 这
nən³ ləi¹ lɔŋ² mia²。
样 流 下 来。

"mə² lai³ ki³ kai³ tə⁴ hɔi³ kə³ tiaŋ¹ tim¹ ən¹ nə³? dɔu² vɔn³ na³
"你　有 什　么　事　情　的 伤　心 这　样？ 咱 两 个
sin¹ tsiŋ³ bɔi³ mei⁴ hən³, lai³ ki³ kai³ mə² tsu⁴ kaŋ⁷ uk⁷ mia²。"
亲　如 姐 妹　呢， 有 什　么 你 就 讲　出　来。"

"hau² tiaŋ³ hək⁸ miŋ⁴ mai⁴ lək⁸ kə³ hai³ xo³ vɔi³, lai³ ti² hɔu²
"我　想　到 命 女 人　的 太 苦 了， 有 时 候
sai⁴ tə⁴ van⁴ tsam³ sai⁴ tə⁴ van⁴ ka³, en³ mən² dim³ lək⁸ tsot⁷ hu²
任 随 人　家 斩 任 随 人　家 杀， 还 不 如 小 卒 个
hə³, tə³ ji³……"
一， 所 以……"

kɔ³ kə² kə³ en³ mən² kaŋ³ in¹ jɔu³, niaŋ⁴ niaŋ⁴ tsu⁴ tɔi³: "kɔ³
话 她 的 还 没 讲 完 在， 娘　娘 就 问: "话
nə⁴ kə³ di³ ləu² jiaŋ⁴ kaŋ³?"
这 些 怎 么 样 讲?"

"xiu³ hiak⁸ sə² lai³ hək⁸ teŋ¹ hu² jam³ vɔŋ¹ huŋ¹ hiaŋ³ hən³,
"丘 学 士 有 学 生 个 叫 王 桐 乡 的,
ləŋ¹ xiŋ² tsu¹ vɔi³ tun² mai⁴ lai³, vən² va² ləŋ¹ mia² hoi⁴ bəu³……"
回 琼 州 了 巡 看 母 亲, 昨 天 回 来 汇 报……"

"hoi⁴ bəu³ ki³ kai³?"
回 报 什 么?"

"vɔŋ¹ huŋ¹ hiaŋ³ lai³ kɔ¹ ŋin⁴ hu² hə³ jam³ sai² məu¹ dan³
王 桐 乡 有 姑 认 个 一 叫 蔡 牡 丹
hən³, teŋ¹ tiaŋ³ mɔʔ⁸ na⁴ ku² luaŋ³, ən¹ vei² be² lai³ dai¹ meŋ³,
的, 生 相 貌 个 十 分 漂亮, 因 为 父 亲 死 早,

mai⁴ lai³ ka³ ə² kə² jou³ van² vɔi³。xin¹ tsiu³ dou² hai¹ hu¹ ji² sin³
母　亲　已 经 许 她　给 人 家 了。琼　州　道　台 胡　玉　清

hu⁴ kə² luaŋ³, di² tiaŋ³ ou¹ kə² huk⁷ mai⁴ nɔk⁷, sai² məu¹ dan³ m̥²
见　她　漂亮，　要 想 娶 她　为 老 婆 小，蔡　牡　丹　不

xəŋ³, hu¹ dou² hai¹ tsu⁴ fai³ leŋ¹ hun² lou⁴ lan² van⁴ vɔi³ kəp⁷。
肯，胡　道 台 就 派　人　进 家 人 家 了 劫。

huk⁷ jan³ nə⁴ kɔm⁴ hə³, sai² məu¹ dan¹ sin¹ ŋin⁴ dai¹ ja³ m̥² xəŋ³
做 酒 那 晚　一，蔡　牡　丹　情 愿 死 也 不 肯

kən³ taŋ², hu¹ dou² hai¹ tsu⁴ ou¹ bin¹ mia² viat⁷, ou¹ xiam² mɔʔ⁸
上　床，胡　道 台　就 用　鞭子　来　抽，拿 钳子 个

o³ hoŋ² hoŋ² ən¹ nən³ lo² lou⁴ dau² va² van⁴ vɔi³, leŋ¹ hun² na³
烧 红 红 这 样　戳 进　下 面 大 腿 人 家 了，　人　个

mai² mai² ən¹ nən³ teŋ³ teŋ³ tsu⁴ bi² si⁴ dai¹ vɔi³。"
好　好　这　样 生 生 就 被 折 磨 死 了。"

"a²! di² lai³ tə⁴ hɔi³ nə⁴ kə³ ha²? vɔŋ¹ huŋ¹ hiaŋ³ ti⁴ m̥² ti⁴ tia³
"呵！要 有 事 情 这 个 吗？王　桐　乡 是 不 是 写

ti¹ ŋie² dəi³ ŋue² ŋən³, nɔi¹ lək⁷ kuk⁸ tsə⁴ kam² nə⁴ hu² hə³?"
诗 题 对 会 会，名 响 国 子 监 那 个 一?"

"tsu⁴ ti⁴ kə²。"
"就　是　他。"

"kо¹ kə² hu² hə³ bi² si¹ dai³ vɔi³, lai³ ki³ kai³ tsiŋ² ki²
"姑 他 个 一 就 折 磨 死 了，有 什 么 证 据

mə²?"
不?"

xiu³ fu³ jin¹ tiaŋ³ lək⁸ xɛi³ hə³, na⁴ ou¹ jua³ luak⁷ baʔ⁷ nə⁴
丘 夫 人 想　小 气 一，才　拿 衣 脏 血 那

hiu² hə³ beu² jou³ niaŋ⁴ niaŋ⁴。niaŋ⁴ niaŋ⁴ dek⁸ hək⁸ hou⁴ lɔi², in³
条 一 递 给 娘 娘。娘 娘 看 到 后 来，感

han³ hai⁴ fəŋ² na⁴ kaŋ³ lai³ ko³ uk⁷ mia²: "hu¹ ji² siŋ³ ha² hu¹ ji²
叹 很 久 才 讲 得 话 出 来：胡 玉 清 啊 胡 玉

siŋ³, mə² jou³ xin² tsu¹ li² kin¹ tiŋ² lɔi¹ vɔi³, tsu⁴ huk⁷ tə⁴ hɔi³ nə⁴
清，你 在 琼 州 离 京 城 远 了，就 做 事 情 这

kə³ uk⁷ mia², fai⁴ vɔŋ² dɔi³ ui³ sin², vɔŋ² dɔi³ tsək⁸ hu⁴ vɔi³,
些 出 来，败 皇 帝 威 信，皇 帝 若 知 道 了，

ŋian² nan⁴ mə² du² him² səi⁴ vɔi³。"
嚼 肉 你 都 嫌 迟 了。"

"siŋ³ niaŋ⁴ niaŋ⁴ huk⁷ tsu³!" xiu³ fu³ jin¹ xui⁴ loŋ² iaŋ¹ niaŋ⁴
"请 娘 娘 做 主!" 丘 夫 人 跑 下 央 娘
niaŋ⁴。
娘。

niaŋ⁴ niaŋ⁴ bo¹:"hau² lai³ ban³ fap⁷ si³ so³ kə³。"
娘 娘 说:"我 有 办 法 处 置 他。"

lai³ vən² hə³, dai² tsuŋ³ kən³ siu² si⁴ li⁴ tə⁴ hɔi³ kə³ in¹ vɔi³,
有 天 一, 代 宗 上 朝 处 理 事 情 的 完 了,
di² tsun⁴ bi² fa⁴ siu² le³, lut⁸ jian¹ fiak⁸ uk⁷ loŋ² mɔʔ⁸ hə³ lək⁷
要 准 备 罢 朝 呢, 突 然 外 面 鼓 个 一 响
tom⁴ tom⁴ ən¹ nən³ ui² mia², hiau² vui² lou⁴ mia² bou² kou²:"kuk⁸
咚 咚 咚 这 样 起 来, 校 卫 进 来 报 告:"国
tsə⁴ kam² kam² səŋ³ voŋ¹ huŋ¹ hiaŋ³ iau³ xiu¹ sam³ bai² voŋ¹
子 监 监 生 王 桐 乡 要 求 参 拜 皇
siaŋ²。"
上。"

"lai³ ki³ kai³ tə⁴ di² sam³ bai² hau²?"
"有 什 么 事 要 参 拜 我?"

"kə² bo¹ lai³ ian³ an² di² kən³ siu² mia² tsəu³ bun³ hən³。"
"他 说 有 冤 案 要 上 朝 来 奏 本 的。"

dai² tsuŋ³ la⁴ da¹ hem¹ kən² fɔi² hə³, bo¹:"biaŋ³ kə² lou⁴
代 宗 扫 眼 大 家 次 一, 说:"放 他 进
mia²!"
来!"

voŋ¹ huŋ¹ hiaŋ³ meŋ³ meŋ³ kən³ hen⁴, beu³ toŋ⁴ mɔʔ⁸ kən³
王 桐 乡 快 快 上 殿, 递 状 子 个 上
bɔi¹, dai² tsuŋ³ dek⁸ kua³ hou⁴ lɔi² tɔi³:"lai³ ki³ kai³ tsiŋ³ ki²
去, 代 宗 看 过 后 来 问:"有 什 么 证 据
mə²?"
不?"

"lai³!" voŋ¹ huŋ¹ hiaŋ³ ou¹ jua³ luak⁷ baʔ⁷ nə⁴ hiu² uk⁷ mia²
"有!" 王 桐 乡 拿 衣 脏 血 那 条 出 来

jou³ dai² tsuŋ³。
给 代 宗。

  dai² tsuŋ³ lai² lai⁴ ŋiam⁴ jua⁵ nə⁴ hiu² hə³，tsai² dek⁸ ɔn³ tɔŋ⁴
  代 宗 慢 慢 验 衣 那 条 一， 再 看 案 状
mɔ̃²⁸ fɔi² hem¹，xi² m̥² hu⁴ di³ ləu² hə³， dap⁷ hɔi² lou⁴ kaŋ³：
个 次 添，气 不 知 道 怎 么（助词），拍 台 子 进 去 讲：
"hu¹ ji² siŋ³ huk⁷ tə⁴ hɔi² nə⁴ kə² hai² tsuat⁸ vɔi³！"
"胡 玉 清 做 事 情 这 个 太 绝 了！"
  nə⁴ ti² hou⁴，lai³ da² sin¹ hu² hə³ n̩un¹ uk⁷ mia²，tsəu³ bo¹
  这 时 候， 有 大 臣 个 一 站 出 来， 奏 说
vɔŋ¹ huŋ¹ hiaŋ³ na⁴ ti⁴ it⁷ na³ kam² səŋ³，an² kui² kə³ kam² səŋ³
王 桐 乡 只 是 一 个 监 生， 按 规 矩 监 生
kən³ hen⁴ kou² tɔŋ⁴ xəm³ lai³ leŋ² hun² dam³ bou⁴，m̥² lai³ leŋ¹ hun²
上 殿 告 状 欠 有 人 担 保，没 有 人
dam³ bou⁴ vu¹ hiau²，fiŋ² ti² hem¹ hu¹ ji² siŋ³ mai³ kɔn² nə⁴ ki³
担 保 无 效，平 时 与 胡 玉 清 好 互 相 那 几
na³ ja³ huŋ² kɔn² ho² sau¹。
个 也 一 起 和 声。
  "hau² siŋ² ŋin⁴ ou¹ u³ sa³ məu² hem¹ bun³ tin¹ hau² mɔ̃²⁸ hə³
  "我 情 愿 拿 乌 纱 帽 和 身 体 我 个 一
vəi⁴ vɔŋ¹ huŋ¹ hiaŋ³ dam³ bou⁴。" da² hiak⁸ sə² xiu³ tsun² tam³ kok⁷
为 王 桐 乡 担 保。"大 学 士 丘 浚 迈 脚
uk⁷ mia² kaŋ³。
出 来 讲。
  dai² tsuŋ³ hu⁴ xiu³ tsun² n̩un¹ uk⁷ mia² dam³ bou⁴，tsu⁴ tɔi³：
  代 宗 看 到 丘 浚 站 出 来 担 保， 就 问：
"xiu³ ai² xiŋ³，ko¹ vɔŋ¹ huŋ¹ hiaŋ³ hu² hə³ mə² tək⁷ mə²？"
"丘 爱 卿， 姑 王 桐 乡 个 一 你 认 识 不？"
  "tək⁷，kə² hem¹ hau² niŋ² lan² kɔn²。"
  "认 识，她 跟 我 旁 边 家 互 相。"
  "sai² məu¹ dan³ tiŋ² xəi³ mɔ̃²⁸ di³ ləu² hə³？"
  "蔡 牡 丹 性 气 个 怎 么 样（助词）？"
  "tiŋ² xəi³ kə² mɔ̃²⁸ təm² təm⁴，tək⁷ kui² kə³，niŋ² lan² kə³
  "性 气 她 个 斯 文 斯 文，懂 规 矩，旁 边 家 的

ləu² na³ du² ŋen¹
哪 个 都 称赞。"

"tsək⁸ ən¹ nən³ voŋ¹ huŋ² hiaŋ³ kaŋ³ kə³ ti⁴ tit⁸, hu¹ ji² siŋ³
"若 这 样 王 桐 乡 讲 的 是 实, 胡 玉 清
fam⁴ sɔi⁴ m̥² ke¹。
犯 罪 不 假。"

"ti⁴, hu¹ dou² hai¹ tit⁸ tit⁸ səu³ tsuat⁸ vɔi³, bek⁷ tiŋ³ ka³ tsək⁸
"是, 胡 道 台 实 实 坏 绝 了, 百 姓 已 恨
kə² dɔŋ¹ ua⁸ vɔi³。" xiu³ hiak⁸ sə² kaŋ³。
他 到 骨 头 了。" 丘 学 士 讲。

nə⁴ ti² hou⁴, voŋ¹ dɔi³ fat⁷ bak⁷ kaŋ³: "xiŋ¹ tsiu³ dou² hai¹ hu¹
这 时 候, 皇 帝 发 口 讲:"琼 州 道 台 胡
ji² siŋ³ kəp⁷ min¹ ni⁴ sai² məu¹ dan³ huk⁷ mai¹ nɔk⁷, sai² məu¹
玉 清 劫 民 女 蔡 牡 丹 做 老 婆 小, 蔡 牡
dan³ mən² xəŋ³ tsu⁴ ou¹ bin¹ vuat⁷, ou¹ xiam² lo², ou¹ jin² miŋ⁴
丹 不 肯 就 拿 鞭 子 抽, 拿 钳 子 捅, 拿 人 命
mia² ȵam¹ hau³ lak⁸。 hu¹ ji² siŋ³ kai³ lai³ dai¹, bən⁴ voŋ¹ tik⁸ fai³
来 玩 开 心。 胡 玉 清 该 死, 本 皇 特 派
voŋ¹ huŋ² hiaŋ² ləŋ¹ xiŋ² tsu¹ sa⁴ ban²。"
王 桐 乡 返 琼 州 查 办。"

voŋ¹ huŋ² hiaŋ² it⁷ tsip⁷ hək⁸ siŋ² tsi⁴, ma³ siaŋ² ləŋ¹ xiŋ²
王 桐 乡 一 接 到 圣 旨, 马 上 回 琼
tsu¹, kiaŋ² kiaŋ² dɔŋ¹ hai⁴ an³ ma³ hau⁴, tsu⁴ tsiaŋ¹ lua² kə³ tso¹
州, 刚 刚 到 海 安 码 头, 就 将 船 的 租
in² in¹ lɔŋ² mia²。 be² fu⁴ lua² kə³ m̥² miŋ² fek⁸ kə² vəi⁴ ki³ kai³
完 完 下 来。 艄 公 （助词）不 明 白 他 为 什 么
tso¹ lua² ən¹ liau⁴, tɔi³ kə²: "hau² lo⁴ kɔm⁴ nɔi⁴ fu² tsək⁸ hoŋ³
租 船 这 么 多, 问 他:"我 们 今 晚 负 责 送
mə² kua³ hai³ tsu⁴ mai² vɔi³ ti⁵, mə² fai¹ sin² kə³ liau⁴ ən¹ nən³
你 过 海 就 好 了 呢, 你 败 钱 的 多 这 么
huk⁷ ki³ kai³?" voŋ¹ huŋ² hiaŋ² m̥² lai³ huan¹ kai⁴ sik⁸, meŋ³ meŋ³
做 什 么?" 王 桐 乡 没 有 空 闲 解 释, 快 快
ŋo¹ lua² kua³ hai³。
坐 船 过 海。

hiŋ² hək⁸ vɔŋ¹ huŋ¹ hiaŋ³ tsip⁷ siŋ² tsi⁴ fan¹ ləŋ¹ xiŋ² tsu¹, hu¹
听 到 王 桐 乡 接 圣 旨 返 回 琼 州, 胡
hai² sə³ du² ka³ maŋ⁴ xuaŋ² vɔi³, kə² meŋ³ meŋ³ bɔi¹ di¹ si³ kuŋ³
太 师 都 已 经 怕 狂 了, 他 快 快 去 找 西 宫
niaŋ⁴ niaŋ⁴, siŋ³ niaŋ⁴ niaŋ⁴ hem¹ kə² bɔi¹ di¹ vɔŋ² ɔi³. si³ kuŋ³
娘 娘, 请 娘 娘 跟 他 去 找 皇 帝。西 宫
niaŋ⁴ niaŋ⁴ ŋai³ tam¹ hiu² muk⁸ ti³ hiu² məi², siŋ³ vɔŋ² ɔi³ su¹ siŋ³
娘 娘 哭 三 道 鼻 涕 四 条 口 水,请 皇 帝 收 圣
tsi⁴ mɔʔ⁸ ləŋ¹, vɔŋ² ɔi³ m̩² lai³ ban³ fap⁷, ju¹ lɔŋ³ hai⁴ ŋəi⁴ mɔʔ⁸
旨 个 回 来, 皇 帝 没 有 办 法, 又 下 第 二 个
siŋ² tsi⁴, min³ hu¹ ji² siŋ³ sə⁴ hiŋ¹。
圣 旨, 免 胡 玉 清 死 刑。

tsək⁷ ti⁴ vɔŋ¹ huŋ¹ hiaŋ³ ka³ meŋ³ kə² lo⁴ fu⁴ hə³ vɔi³, kə² it⁷
可 是 王 桐 乡 已 经 快 他 们 步 一 了, 他 一
kua³ hai³ ləŋ¹ dɔŋ¹ hai³ nɔm², tsu⁴ ma³ siaŋ² tsiap⁸ hiŋ¹ siŋ³ tsi⁴,
过 海 回 到 海 南, 就 马 上 执 行 圣 旨,
hɔ² hu¹ ji² siŋ³ mia² tsam³ hau³。bek⁷ tiŋ³ fu³ tiŋ³ kə² ka³ vi² dik⁷
捉 胡 玉 清 来 斩 首。百 姓 府 城 的 已 经 围 满
mɔn³ vɔi³, kit⁷ suŋ³ fau³ mia² xiŋ³ tsuk⁸, da² tsiŋ³ kua³ nen²
满 了, 打 鞭 炮 来 庆 祝, 很 像 过 年
hən³。
(助词)。

hai⁴ ŋəi⁴ mɔʔ⁸ siŋ² tsi⁴ tsui¹ dɔŋ¹ hai³ an³ ma³ hau⁴ kə³ ti²
第 二 个 圣 旨 追 到 海 安 码 头 的 时
hou⁴, lua² kə³ ka³ bi² vɔŋ¹ huŋ¹ hiaŋ³ tso¹ in¹ vɔi³, fɔu³ tso¹ hək⁸
候, 船 的 已 经 被 王 桐 乡 租 完 了, 等 租 到
lua² kua³ hai³ dɔŋ¹ hai³ nɔm², hu¹ ji² siŋ³ ka³ bi² tsam³ hau³ vɔi³。
船 过 海 到 海 南, 胡 玉 清 已 被 斩 首 了。

王桐乡告御状

这个故事发生在明朝。

明朝景泰帝时,有一天,琼州道台胡玉清到下面各县观察,路上遇到一个如花似玉的姑娘。他目不转睛地盯着,越看越流口水,

晚上怎么睡都睡不下，很想娶她为妾。第二天一大早，派人去查，才知道这个姑娘叫蔡牡丹，已许配给人家了。可是胡道台死不甘心，仗着大权在手，硬要娶她为妾，派几个手下人员抬着几担礼物上门求婚，人家母亲不肯收下礼物。手下人员回来汇报后，胡道台十分生气，马上派道卫和王员外去蔡牡丹家抢人，迫她拜堂结婚。结婚摆酒席那天晚上，胡道台衣服穿得整整齐齐的，可是蔡牡丹一点也不搭理他。眼看就要到半夜了，蔡牡丹还不肯上床，胡玉清什么都顾不上了，像老鹰叼小鸡那样从背后紧紧搂住蔡牡丹，硬把她抱上床。

"你这个畜生，为什么抢劫良家妇女？天若看见了也要收你去！"蔡牡丹一边骂，一边抓他的脸，抓得他脸上流出血来。

胡道台抹干血，耐着性子诱她："蔡牡丹啊蔡牡丹，哪有人有福不享宁愿受苦的？你如果肯嫁给我，我保证你世世代代吃不完，用不尽。"

"不是我的福我不享，畜生的小妾我不当！"蔡牡丹越回答口气越硬。

"行，若是这样，山薯不吃捣烂烂。"胡玉清看到蔡牡丹实在不肯，气得像只疯狗，叫来几个手下人员："你们跟我拿来一把火钳，烧得红红的，我要用！"他拿绳子把蔡牡丹绑得紧紧的，用鞭子来抽打她。看到她嘴还硬，叫手下人把那把烧得红红的火钳拿过来，戳入阴部，没多久，蔡牡丹已经断气了。

蔡牡丹死了之后，胡玉清打听到她有个义兄叫王桐乡的，是国子监生，此时正好回家探望母亲。他害怕王桐乡要告他，急忙派人去抓，企图乘机把他灭掉。

王桐乡正回临高伺候母亲，听到胡道台把他义妹折磨死了，还要来抓他，气得直发抖，决定上广州和京城去告胡道台。母亲的病情刚刚有所好，他就来到府城，府城的老百姓对胡道台早已恨之入骨，纷纷筹款支持王桐乡上广州京城告状。艄公怕胡道台发现，设法安排王桐乡躲在槟榔船里，让他顺利过了海。

第一次告到广东，按察使看到是告琼州道台胡玉清的，已经心凉手软了，说："王桐乡啊王桐乡，胡玉清是胡太师的公子，人家比石头还硬,你这个小小的麻雀蛋能碰得过石头吗?"按察使怕斗不过胡玉清,不肯接下这个案子。

第一次告不成功,王桐乡不死心,他不相信恶人会这样嚣张下去,发誓告到底。

历尽千辛万苦,王桐乡来到京城,他去找翰林院学士丘浚商量,小时候丘浚教过他。他将事情自始至终一五一十地告诉老师和师母,请求他们帮忙,支持他到皇帝旁边告状。丘浚问:"你要到皇帝面前告状,你有人证物证吗?你把状子给我看看。""人证物证俱在,状子就在这里,请老师过目。"王桐乡一边讲,一边拿出蔡牡丹沾满血迹的那件衣服和状子,递给老师。丘公和丘婆一看到那件血衣,气得说不出话来,决心保奏王桐乡上殿到皇帝面前告状。可是,如何才能告赢呢?三人一起商量设计,最终想出一个计策来。

那时正是夏天,一天,东宫娘娘正在花园里纳凉,丘夫人忽然来到。两人互相问好后,一个宫女拿出棋盘铺开,另一个把棋子摆好,请娘娘和丘夫人对弈。丘夫人虽然在下棋,可是心里总是想蔡牡丹那个案子,不一会儿,她的车已被娘娘的马吃掉了。娘娘见她下棋心神不一,问她原因,她马上泪水簌簌地流下来。

"你有啥事这么伤心,咱俩亲如姐妹,有什么事就讲出来。"

"我想到女人的命太苦了,有时任人捏任人宰,还不如一个小卒子,所以……"

她的话还没说完,娘娘就问:"这话怎讲?"

"丘学士有个学生叫王桐乡的,返琼探望母亲,昨天回来汇报……"

"汇报什么?"

"王桐乡有个义妹叫蔡牡丹,长相出格漂亮,因为父亲死得早,母亲早已把她许配给人家了。琼州道台胡玉清看到她长得漂亮,想纳她为妾,蔡牡丹不肯,胡道台就派人上门劫走。摆酒席那天晚上,蔡牡丹宁死也不肯上床,胡道台就用鞭子抽打,用烧得红红的火钳戳入阴道,一个好好的人就这样被活活地折磨死了。"

"呵,有这样的事?王桐乡是不是写诗写得很漂亮,名闻国子监的那个?"

"正是他。"

"他义妹被折磨死有何证据?"

丘夫人沉吟片刻,才取出那件血衣,呈给娘娘。

娘娘看后,感慨半晌,才说出话来:"胡玉清啊胡玉清,你到琼州离京城远了,就干出这些事了,败坏皇上威信,皇上若知道了吃你的肉都嫌迟。"

"请娘娘作主!"丘夫人趁机恳求娘娘。

"我有办法处置他。"娘娘显得很有把握地说。

一天,代宗上朝,处理政事完毕,正准备散朝,忽然外面鼓声咚咚地响起来,校卫进来报告:"国子监生王桐乡要求参拜皇上。"

"有何事参拜我?"

"他说有冤案要上朝来奏本。"

代宗扫了文武官员一眼,说:"让他进来!"

王桐乡快步走入宫殿,呈上状子,代宗看后问:"有什么证据吗?"

"有!"王桐乡把那件血衣拿出来。

代宗仔细验了血衣,再看看状子,气得不得了,拍桌子道:"胡玉清这件事做得太绝了。"

这时候,一个大臣站出来上奏:"王桐乡只是一个国子监生,来告御状,按照规矩,无人保奏无效!"几个平时与胡玉清要好的人也一齐附和。

"微臣愿以乌纱帽和血肉之躯保奏!"大学士丘浚大步上前说。

"丘爱卿,王桐乡义妹你认识吗?"

"认识,她跟我是邻居。"

"蔡牡丹生性如何?"

"她性格斯文,懂规矩,邻居无人不称赞。"

"这么说,王桐乡所讲是实,胡玉清犯罪不假。"

"是,胡玉清太坏了,百姓对他已恨之入骨。"丘学士说。

这时候,皇上开口了:"琼州道台胡玉清劫民女蔡牡丹为妾,蔡牡丹不从就用鞭子抽,用火钳戳,拿人命作儿戏。胡玉清该死,本皇特着王桐乡回琼查办!"

王桐乡一接到圣旨,立即启程返琼。刚到海安码头,就把船全部租下来,艄公不明白他为什么租这么多船,问他:"我们今晚负责把你送过海就是了,你费这么多钱干嘛?"王桐乡无暇解释,赶快坐船过海。

　　听到王桐乡接圣旨返琼,胡太师已吓蒙了,赶快去找西宫娘娘,请娘娘跟他去找皇上。西宫娘娘哭得鼻涕直流,哀求皇上收回圣旨,皇上无奈,又下了第二道圣旨,免胡玉清死刑。

　　可是,王桐乡已经比他们早了一步,他一过海回到琼州,就立即执行圣旨,把胡玉清抓来,处以斩首。府城一带的老百姓都围得水泄不通,纷纷放鞭炮来庆祝,像过年一样。

　　第二道圣旨追到海安时,船已经被王桐乡租完了,待租到船渡海抵琼,胡玉清已经被处决了。

讲述人:陈三逢
流传地区:临高县

liu¹ da² lim¹ sen¹ li³ xiu¹ miŋ¹ sə³
刘 大 霖 千 里 求 名 师

    liu¹ da² lim¹ ti⁴ lim² kəu¹ hin⁴ vui⁴ it⁸ kə³ it⁷ na³ tsin³ tə⁴, kə²
    刘 大 霖 是 临 高 县 唯 一 的 一 个 进 士，他
xau³ lai³ kən³ tsin³ tə⁴, it⁷ fəŋ² min⁴ ti⁴ lok⁸ i³ kə² kən⁴ hək⁸, it⁷
考 得 上 进 士，一 方 面 是 由 于 他 勤 学，一
fəŋ² min⁴ ti⁴ lok⁸ i³ kə² di¹ hək⁸ miŋ¹ sə³ vɔi³。
方 面 是 由 于 他 找 到 名 师 了。

    liu¹ da² lim¹ ti⁴ miŋ¹ siau leŋ¹ hun², kə² xau³ tsoŋ³ kə³ jin²
    刘 大 霖 是 明 朝 人，他 考 中 举 人
həu⁴ lɔi², vəi⁴ leu⁴ xau³ kən³ tsin³ tə⁴, xək⁸ sə³ tiaŋ³ di¹ tin² teŋ¹
后 来，为 了 考 上 进 士，非 常 想 找 先 生
mai² hu² hə³ mia² kau³ kə²。kə² dəŋ¹ leŋ¹ tsuŋ³ di¹, tsək⁷ ti⁴ di¹
好 个 一 来 教 他。他 到 处 总 找，可 是 找
hai⁴ fəŋ³ vɔi³ tsuŋ³ mən² di¹ lai³ hək⁸。lai³ vən² hə³, lai³ leŋ¹ hun²
很 久 了 总 不 找 得 到。有 天 一，有 人
səŋ¹ kə², bo¹ kiaŋ¹ si³ lai³ tin² teŋ¹ lau⁴ hu² hə³, jam³ haŋ¹ miŋ¹
告 诉 他，说 江 西 有 先 生 老 个 一，叫 汤 明
jun² hə³, juan¹ lai¹ jəu³ kiŋ¹ huk⁷ hak⁷, ən¹ vəi⁴ ŋek⁸ hau³ nɔ³
允 的，原 来 在 京 当 官，因 为 逆 头 大
kə³, bi² van⁴ siak⁸ tsik⁸ ləŋ¹ lan² huk⁷ bek⁷ tiŋ²。kə² ləŋ¹ lan² həu⁴
的，被 人 家 撤 职 回 家 做 百 姓。他 回 家 后
lɔi², tə² tə² huk⁷ hək⁸ hun¹ hək⁸ teŋ¹, hək⁸ teŋ¹ kə² kə³ hai⁴ liau⁴
来，自 己 办 学 训 学 生，学 生 他 的 很 多
həu⁴ lɔi² du² xau³ tsoŋ³ tsin³ tə⁴ vɔi³。liu¹ da² lim¹ hiŋ² hək⁸ nə⁴
后 来 都 考 中 进 士 了。刘 大 霖 听 到 这
mɔ⁸ siau⁸ sik⁸ həu⁴ lɔi², na⁴ ku² əŋ¹ lo³, meŋ³ meŋ³ ləŋ¹ lan²
个 消 息 后 来，非 常 高 兴 啰，快 快 回 家
səŋ¹ jəu³ be² mai⁴, jam³ kə² lo⁴ tiaŋ³ ban² fap⁷ tsui¹ sin¹ tsi⁸ kə²
告 诉 给 父 母，叫 他 们 想 办 法 追 钱 点 他

bɔi¹ kiaŋ³ si³ di¹ tin² teŋ¹, ŋam² ŋam² hem¹ kə² huŋ² xua¹ xau³
去　江　西　找　先　生，　恰　　恰　跟　他　同　科　考
kən³ kə³ jin² lan² ŋɔ² nə⁴ hu² hə³ ja³ di² tiaŋ³ bɔi¹, vɔn³ na³ tsu⁴
上　举　人　姓　吴　那　个　一　也　要　想　去，两　人　就
iau² kən² kən³ sun¹ vɔi³。
约　互相　上　路　了。

　　kə² lo⁴ vɔn³ na³ kua³ saŋ³ kua³ nam⁴, fian² tia⁴ fian² liŋ³,
　　他　们　两　个　过　山林　过　水，　攀　山　爬　岭，
mən² hu⁴ tu⁴ kua³ ki³ liau⁴ xo³ so³, bɔi¹ keu² leŋ² vɔi³, na⁴ di¹
不　知　道　受　过　儿　多　苦　楚，去　月　零　了，才　找
dɔŋ¹ vɔ³ tin² teŋ² mɔ?⁸ hə³。kiaŋ³ kiaŋ³ tam³ lou⁴ bak⁷ vɔ³, di² tiaŋ³
到　村　先　生　个　一。刚　　刚　迈　进　口　村，要　想
tɔi³ sun¹ lou⁴ lan² hən³, tsuk⁸ tsuk⁸ am³ hək⁷ be² lau⁴ ŋo⁴ lok⁸ təp⁸
问　路　进　家　呢，　足　足　遇　到　老　汉　五　六　十
tui³ hu² hə³ ŋan¹ həŋ⁴ hiu² hə³ hoŋ⁴ bit⁷ bɔi¹ tiaŋ⁴ ne⁴, kə² lo⁴
岁　个　一　拿　梃　条　一　赶　鸭　子　放　养　呢，他　们
meŋ³ meŋ³ bɔi¹ dau³ na³ be² lau⁴ nə⁴ hu² vɔi³ tɔi³ sun¹。be² lau⁴
快　快　去　面　前　老　汉　这　个　了　问　路。老　汉
nə⁴ hu² hə³ lai² lai⁴ fan³ kə² lo⁴ fɔi² hə³ na⁴ tɔi³ kə² lo⁴ :"mə² lo⁴
这　个　一　慢　慢　打量　他　们　次　一　才　问　他　们："你　们
di¹ kə² lai³ ki³ kai³ tə⁴?" liu¹ da² lim¹ tsian¹ sin¹ xuaŋ² kə² səŋ¹
找　他　有　什　么　事？"　刘　大　霖　将　情　　况　的　告　诉
jou³ kə² hou⁴ lɔi², be² lau⁴ nə⁴ hu² kaŋ³:"mə² lo⁴ di² tiaŋ³ di¹ tin²
给　他　后　来，老　汉　这　个　讲："你　们　要　想　找　先
teŋ¹ nə⁴ hu² ha², kə² doi³ hɔk⁸ teŋ¹ kə³ na⁴ ku³ ŋiam² lo³, hɔk⁸
生　这　个　吗，他　对　学　生　的　非　常　严　啰，学
teŋ¹ tsək⁸ mən² juŋ⁴ koŋ¹, kə² tsu⁴ hən³ mə² tsiŋ³ lək⁸ nɔk⁷ hə³,
生　若　不　用　功，　他　就　训斥　你　像　小　孩（助），
siaŋ² siaŋ² ŋan¹ həŋ⁴ hiu² da³ mɔ², xəi³ xi² vɔi³ tsu⁴ vuat⁷ loŋ²
常　　常　拿　梃　条　里　手，生　气　了　就　抽　下
bɔi¹。lai³ ki³ na³ hɔk⁸ teŋ¹ mia² di¹ kə² kua³, ən¹ vəi⁴ mən² tu⁴ lai³
去。有　几　个　学　生　来　找　他　过，　因　为　不　受　得
xəi³ kə², tsuŋ³ di³ hu² dɔŋ¹ di³ hu² deu² ləŋ² bɔi¹ vɔi³, mə² lo⁴ di²
气　他，　总　一　个　到　一　个　逃　回　去　了，你　们　要

tiaŋ³ huk⁷ hək⁸ teŋ¹ kə² tsu⁴ m̩² ŋa⁴ in³ ho³." liu¹ da² lim¹ ma³
想 做 学 生 他 就 不 要 后 悔 啰。" 刘 大 霖 马
siaŋ² tan¹: "tin² teŋ¹ tsək⁸ tək⁷ kau³, ŋiam² tsi⁷⁸ lai³ ki³ kai³ hau³
上 回答："先 生 如 果 会 教, 严 点 有 什 么 可
maŋ²? hau² lo⁴ tsək⁸ maŋ² ja³ mən² bəi¹ sun¹ ləi¹ ən¹ nən³ mia²
怕? 我 们 若 怕 也 不 走 路 远 这 样 来
dɔŋ¹ nɔi⁴ vɔi³ le⁴。" be² lau⁴ nə⁴ hu² hə³ hu⁴ kə² lo⁴ ən¹ nə³ ŋin⁴
到 这 里 了 呢。" 老 汉 这 个 一 看 他 们 这 么 认
tsin¹, kau⁴ hau⁴ kau⁴ hau³ ki³ fɔi² na⁴ n̩i³ sun¹ jɔu³ kə² lo⁴。
真, 点 头 点 头 几 下 才 指 路 给 他 们。
kə² lo⁴ kiaŋ¹ kiaŋ³ tam³ kok⁷ ləu⁴ da³ baŋ³ tin² teŋ¹ le³, be²
他 们 刚 刚 迈 脚 进 院 子 先 生 呢, 老
lau⁴ tiaŋ⁴ bit⁷ nə⁴ hu² hə³ ja⁴ hem³ mo⁴ ləu⁴ mia², nə⁴ ti² hɔu⁴ kə²
汉 养 鸭 子 那 个 一 也 跟 尾 进 来, 这 时 候 他
lo⁴ na³ hu⁴, be² lau⁴ tiaŋ⁴ bit⁷ nə⁴ hu² hə³ ɔm³ ɔm³ tsu³ ti⁴ tin²
们 才 知 道, 老 汉 养 鸭 子 那 个 一 原 来 就 是 先
teŋ¹ kə² lo⁴ di² di¹ nə⁴ hu² hə³。 kə² lo⁴ vɔn³ na³ meŋ³ meŋ³ hiaŋ³
生 他 们 要 找 那 个 一。 他 们 两 个 快 快 向
tin² teŋ¹ huk⁷ ləi³, siŋ³ tin² teŋ¹ siu³ kə² lo⁴ lɔŋ³ mia²。 tin² teŋ¹
先 生 行 礼, 请 先 生 收 他 们 下 来。 先 生
tiaŋ³ hai⁴ fɔŋ³ vɔi³, vi⁷⁸ hau³ vi⁷⁸ hau³ dɔi³ kə² lo⁴ kaŋ³: "mə² lo⁴
想 很 久 了, 摇 头 摇 头 对 他 们 讲："你 们
vɔn³ na³ du² ka³ xau³ kən³ kə³ jin² vɔi³, hau² kua² nɔi¹ mə⁷⁸ tə²
两 个 都 已 经 考 上 举 人 了, 我 挂 名 个 自
tə³ te², mən² tək⁷ kiau⁴ kəu⁴, nen² tui³ ja³ lau⁴ vɔi³, hai¹ fɔŋ³
己（助）, 不 懂 多 少 东 西, 年 岁 也 老 了, 很 久
du² mən² dai³ hək⁸ teŋ¹ vɔi³, dai³ di³ fɔi² ni² xəi³ mə⁷⁸ ju⁴ səu³,
都 没 带 学 生 了, 带 一 次 呢 气 个 又 坏,
tsuŋ³ di² tiaŋ³ kə² lo⁴ tiŋ² jin² meŋ² tsi⁷⁸ hə³, hɔn³ kə² lo⁴ siaŋ³
总 要 想 他 们 成 人 快 点 一, 骂 他 们 常
siaŋ² ən¹ nə³, mə² lo⁴ tsui² mai² en³ ti⁴ suŋ² suŋ² bəi¹ di¹ tin² teŋ¹
常 这 样, 你 们 最 好 还 是 重 重 去 找 先 生
na³ mai² tsi⁷⁸ kə³。" liu¹ da² lim¹ xuaŋ³ vɔi³, fo⁴ lop⁹ fɔi² hə³ tsu³
个 好 些 的。" 刘 大 霖 狂 了, 扑 通 下 一 就

xui⁴ loŋ² mia² iaŋ¹ tin² teŋ¹："hau² lo⁴ sun¹ lɔi¹ ən¹ nə³ mia² dɔŋ¹
跪　下　来　央　先　生："我　们　路　远　这　样　来　到
nɔi⁴，tsu⁴ ti⁴ hu⁴ mə² tsui² tək⁷ kau³ hɔk⁸ teŋ¹，hau² lo⁴ ju⁴
这里，　就　是　知　道　你　最　会　教　学　生，　我　们　又
mən² ti⁴ lək⁸ nɔk⁷ vɔi³，mə² tsək⁸ xəŋ³ siu³ hau² lo⁴ loŋ² mia²，
不　是　小　孩　了，你　若　肯　收　我　们　下　来，
hau² lo⁴ bou⁴ tsiŋ² hiŋ² ko³ mə² kə³."kaŋ² in¹ vɔi³ en³ xui⁴ dau²
我　们　保　证　听　话　你　的。"讲　完　了　还　跪　下　面
mat⁸ m̥² xəŋ³ ui² jou³。tin² teŋ¹ lai³ tsiʔ⁸ mən² hau² i³ sə³，om²
地　不　肯　起　来　在。先　生　有　点　不　好　意　思，弯
lou³ diu² kə² ui²，tsək⁷ ti⁴ lan² ŋo² nə⁴ hu² hə³ it⁷ ko³ kə³ du² m̥²
腰　扶　他　起来，可　是　姓　吴　那　个　一　一　句　话　都　不
kaŋ³。
讲。

　　nə⁴ ti² hou⁴，ka³ di² dɔŋ¹ fa³ nit⁷ vɔi³，tin² teŋ¹ di² tiaŋ³ xau⁴
　　那　时　候，　已　快　到　天　冷　了，先　生　要　想　考
ŋiam² kə² lo⁴ fɔi² hem¹，ȵi³ hɔm² niŋ² lan² nə⁴ moʔ⁸ hə³ doi³ kə²
验　他　们　次　添，指　池　塘　旁　边　屋　子　那　个　一　对　他
lo⁴ kaŋ³："mə² lo⁴ tsək⁸ tsin² tsin¹ lai³ kiat⁸ sim³，en³ təi² tsu⁴ loŋ²
们　讲："你　们　若　真　真　有　决　心，现　在　就　下
hɔm² vɔi³ ap⁷ nam⁴ biaŋ³ hau² dek⁸ fɔi²."liu¹ da² lim¹ it⁷ tsiu³ tsu⁴
池　塘　了　游　水　放　我　看　次。"刘　大　霖　一　下　就
keʔ⁷ xo³ keʔ⁷ jua³ vɔi³，fo⁴ lop⁹ fɔi² hə³ du² ka³ taʔ⁷ dau² hɔm²
解　裙　解　衣　了，扑　通　下　一　都　已　跳　下　面　池　塘
vɔi³。tsək⁷ ti⁴ lan² ŋo² nə⁴ hu² hə³ en³ ȵun¹ on² on³ ən¹ nən³ jou³，
了，　可　是　姓　吴　那　个　一　还　站　稳　稳　这　样　在，
kə² dek⁸ tin² teŋ¹ nə⁴ hu² hə³ kui² kə² kə² hai² liau⁴ vɔi³，in³ sɔk⁷
他　看　先　生　这　个　一　规　矩　的　太　多　了，怨　错
m̥² iŋ³ kai³ hem² mo⁴ mia²，ko³ kə² du² m̥² kaŋ³ len² lɔi² ləŋ¹ bɔi¹
不　应　该　跟　尾　来，话　句　都　没　讲　转　后　回　去
kou⁴ kə² vɔi³。nə⁴ ti² hou⁴，tin² teŋ¹ na⁴ liau⁴ mət¹ liau⁴ mət⁷ ən¹
东　西　他　了。这　时　候，先　生　才　微　笑　微　笑　这
nən³ siu³ liu¹ da² lim¹ loŋ² mia²。
样　收　刘　大　霖　下　来。

kiaŋ² kiaŋ³ tsi⁴ loŋ² m̥² lai³ kiau⁴ fɔŋ³, tin² teŋ¹ tsu⁴ hun¹ liu¹
刚　 刚　 住　下　 没 有　 多　 久，先　 生　 就　 教　 刘

da² lim¹ tia³ vun² tsiaŋ¹。tin² teŋ¹ nə⁴ hu² hə³ tɔk⁷ kɔu⁴ kə³ na⁴
大　 霖　 写　 文　 章。 先　 生　 这　个　一　 懂 东 西 的　特

ku² liau⁴, da² tsiŋ³ nam⁴ ma² do² ən¹ nən³ hɔk⁸ m̥² in¹, juŋ⁴ m̥²
别　 多， 很　 像　 水　 泉　 眼　 这　 样　 学　 不　 完，用　 不

hɔu³, kaŋ³ xua² ja³ kaŋ³ lai³ na⁴ ku² baŋ¹, fən³ sik⁸ mai⁴ həi² kə³
透， 讲　 课 也 讲　得　 特　 别　 亮， 分　 析　 问　 题　 的

na⁴ ku² dəŋ¹ kɔŋ¹。kə² na⁴ ku² kiŋ² ŋiaŋ³ tin² teŋ¹ nə⁴ hu² hə³,
特　 别　 到　 功。 他　 十　 分　 敬　 仰　 先　 生　 这　个　一，

hɔk⁸ tsip⁸ na⁴ ku² ləu⁴ tim¹。kə² doi³ tin² teŋ¹ tsiŋ³ be² mai⁴ ən¹
学　 习　 十　 分　 入　 心。 他　 对　 先　 生　 像　父　母　 这

nə³, tin² teŋ¹ ja³ dək⁸ kə², tsiŋ³ doi³ lək⁸ bɔʔ⁸ lai³ ən¹ nə³。
样， 先　 生　 也　 疼　 他， 像　 对　 孩　子　 肚　 生　 这　 样。

ti² kan¹ kua³ na⁴ ku² meŋ³, mən³ ŋiap⁷ mak⁸ da¹ fɔi² hə³ ka³
时　 间　 过　非　 常　 快，　没 眨　 肉　 眼　 次　 一 已经

kua³ tam¹ vəi² vɔi³, liu¹ da² lim¹ hu⁴ tin² teŋ¹ doi³ kə² mai²,
过　 三　 年　 了， 刘　大　霖　 知 道　 先　 生　 对　 他　 好，

tsək⁷ ti⁴ lai³ tə⁴ xin⁴ hə³ kə² tsuŋ³ mən² tiaŋ³ lai³ hoŋ¹, kə² hem¹
可　是　有　事　件　一　他　 总　 不　 想　 得　 通， 他　跟

mo⁴ tin² teŋ¹ hɔk⁸ tam¹ vəi² vɔi³, tia³ tsək⁸ vən¹ kə³ du² m̥² tsi¹
尾　先　生　学　 三　 年　 了， 写　作　文　的　都　不　止

ŋo⁴ təp⁸ fin¹ vɔi³, tsək⁷ ti⁴ tin² teŋ¹ fi³ kai⁴ di³ fin¹ in¹ vɔi³ tsu⁴
五　十　 篇　了， 可　是　先　 生　 批　改　一　 篇　完 了　 就

laŋ¹ di³ fin¹ ləu⁴ da³ tiaŋ¹ kə² mɔ⁸ vɔi³, ləu² na³ du² m̥² se¹
锁　一　 篇　 进　里　 面　 箱　 他　个 了， 哪 个　都　不　给

dek⁸, xəi³ kə² mɔ⁸ hə³ ləu² na³ du² tɔk⁷, maŋ² kə² di² hɔn³, m̥²
看， 气　他　个　一　哪　个　都 知 道， 怕　他　要　 骂， 没

lai³ leŋ¹ hun² kɔm³ tɔi³ kə² kua³。
有　 人　　敢　 问　他　过。

lai³ vən² hə³, tin² teŋ¹ bɔi¹ lan² fəŋ³ ju³ vɔi³ kɔn¹ jan³, kau¹
有　天　一，先　 生　 去　家　朋　 友　了　 喝　酒， 交

jiak⁸ ti² jou³ mai⁴ lək⁷ kə², liu¹ da² lim¹ hu⁴ sə³ mu⁴ hau³ kaŋ³
钥　匙　给　妻　子　他，刘　大　霖　知　道　师　母　好　讲
ko³, xu² sə³ mu⁴ lək⁸ lək⁸ xɛi² tiaŋ¹ kə² dek⁸ fɔi²。hɔŋ³ hau³ sə³
话，求　师　母　偷　偷　开　箱　他　看　次。开　始　师
mu⁴ m̥² xəŋ³, tsək⁷ ti⁴ liu¹ da² lim¹ iaŋ¹ fɔŋ³ vɔi³, tim¹ mɔ²⁸ ja³
母　不　肯，可　是　刘　大　霖　央　久　了，心　个　也
mɔ⁴ vɔi³, in³ be² hu² hə³ ui³："be² lau⁴ nə⁴ hu² hə³ ja³ ti⁴ hai²
软　了，怨　丈　夫　个　一　起　来："父　老　这　个　一　也　是　太
dai¹ ban¹ vɔi³, lək⁸ van⁴ hu² hə³ lok⁸ hai³ nəm² mia² lɔi¹ ən¹
死　板　了，孩　子　人　家　个　一　从　海　南　来　远　这
nən³, du² ka³ tam¹ vɔi² vɔi³, siŋ¹ tsik⁸ mai² səu³ du² mən² hu⁴ fɔi²
样，都　已　三　年　了，成　绩　好　坏　都　没　见　次
fɔi² kua³, mə² jam³ lək⁸ van⁴ hu² hə³ di³ ləu² biaŋ³ tim¹?" tu² tu²⁷
次　过，你　叫　孩　子　人　家　个　一　怎　么　放　心？"最　后
xɛi² tiaŋ¹ biaŋ³ liu¹ da² lim¹ fən² dek⁸。liu¹ da² lim¹ da² tsiŋ³ am³
开　箱　放　刘　大　霖　翻　看。刘　大　霖　大　像　捡
hək⁸ bou¹ bəi² ən¹ nə³, m̥² tək⁷ kiau⁴ əŋ¹, tiaŋ³ it⁷ tsiu² tsu⁴ ou¹
到　宝　贝　那　样，不　知　多　高　兴，想　一　下　子　就　把
fi³ ji⁴ nə⁴ ki³ təp⁸ fin¹ dek⁸ in² in¹ bɔi¹, tsək⁷ ti⁴ maŋ² tin² teŋ¹
批　语　那　几　十　篇　看　完　完　去，可　是　怕　先　生
ləŋ¹ mia² am³ hək⁸, kan³ kan³ xuaŋ² xuaŋ² jit⁸ ki³ fin¹ uk⁷ mia²
回　来　碰　到，赶　赶　狂　狂　抽　几　篇　出　来
dek⁸, kiaŋ² kiaŋ³ dek⁸ dɔŋ¹ fi³ ji⁴ tu² tu²⁷ nə⁴ fin¹ hə³ "tam¹ vəi²
看，刚　刚　看　到　批　语　最　后　那　篇　一　"三　年
vɔn¹ mɔ² xu⁴ sim³ tsi³, vən² nɔi⁴ tsiaŋ³ dəŋ³ tsin² sə² lim¹", tim¹
磨　砺　苦　心　志，今　年　将　登　进　士　林"，心
mɔ²⁸ ka³ əŋ¹ ta²⁷ vɔ³, tsai³ m̥² lai³ tim¹ dek⁸ lɔŋ² bɔi¹ vɔi³, jam³
个　已　经　高　兴　跳　了，再　没　有　心　看　下　去　了，叫
sə³ mu⁴ laŋ¹ tiaŋ¹ mɔ²⁸ hə³ ləŋ¹ bɔi¹。
师　母　关　箱　上　一　回　去。
　　　mən² kua³ kiau⁴ fɔŋ³, tin² teŋ¹ fat⁸ hian² liu¹ da² lim¹ hək⁸ tə¹
　　　没　过　多　久，先　生　发　现　刘　大　霖　读　书
m̥² xɔ³ juŋ⁴ kɔŋ¹ vɔ³, tsək⁸ vən¹ ja³ m̥² lai³ tsin² bu² vɔ³, lai³ tsi²⁸
不　太　用　功　了，作　文　也　没　有　进　步　了，有　点

xi¹ kuai², tsu⁴ di¹ mai⁴ lək⁸ mia² tɔi³。 mai⁴ lək⁸ kə² hu⁴ mən²
奇 怪， 就 找 妻 子 来 问。 妻 子 他 知 道 不
met⁷ lai³ on³, na⁴ tsiaŋ¹ tə⁴ hɔi³ kə³ it⁷ ŋo⁴ it⁷ təp⁸ kə³ kaŋ³ uk⁷
藏 得 稳， 才 将 事 情（助）一 五 一 十 地 讲 出
mia²。 tin² teŋ¹ hiŋ² hək⁸ hou⁴ lɔi² in³ han³ tsiu³ hə³："ə², mə² ŋo⁴
来。 先 生 听 到 后 来 怨 叹 下 子 一："哎， 你 误
lək⁸ van⁴ hu² hə³ m̥² tuan³ to³, ja³ fai⁴ koŋ¹ hau² dun² hə³ vɔi³。"
孩 子 人 家 个 一 不 算 数， 也 败 功 我 很 多 一 了。"
mai⁴ lək⁸ kə² hiŋ² kə² ən¹ kaŋ³, it⁷ tsiʔ⁸ du² m̥² miŋ³ fek⁸, tɔi³
妻 子 他 听 他 这 么 讲， 一 点 都 不 明 白， 问
kə² vəi⁴ ki³ kai³, kə² kaŋ³："mə² m̥² tək⁷, hau² dek⁸ lək⁸ liu¹ da²
他 为 什 么， 他 讲："你 不 知 道， 我 看 孩 子 刘 大
lim¹ nə⁴ hu² hə³ tsin² bu² na⁴ku² meŋ³, hək⁸ tam¹ vəi² in¹ du²
霖 这 个 一 进 步 很 快， 学 三 年 完 都
ka³ dɔŋ² tsin³ tə⁴ sai² vɔi³, di² tiaŋ³ lu² kə² loŋ² mia² ki² tsuk⁸
已 经 到 进 士 才 了， 要 想 留 他 下 来 继 续
hək⁸ vəi² hem¹, tsəŋ³ si⁴ vəi² na³ dian² si² kə³ ti² hou⁴, nɔi¹ mɔʔ⁸
学 年 添， 争 取 明 年 殿 试 的 时 候， 名 个
kən³ hai⁴ it⁷ bəŋ³。 tsək⁷ ti⁴ en³ təi² tə⁴ hɔi³ ka³ lau⁴ fai⁴ vɔi³ lək⁸
上 第 一 榜。 可 是 现 在 事 情 已 搞 败 了， 孩 子
nə⁴ hu² hə³ dek⁸ hək⁸ fi³ ji⁴ hau² kə³ ka³ tim¹ fəu² kiau³ ŋou²
这 个 一 看 到 批 语 我 的 已 经 心 浮 骄 傲
vɔi³, m̥² tiaŋ³ tsai² juŋ⁴ koŋ¹ vɔi³, tit⁸ tit⁸ hai² xɔ⁴ sit⁸ vɔi³!" mai⁴
了， 不 想 再 用 功 了， 实 实 太 可 惜 了!" 妻
lək⁸ kə² na⁴ hu² kə² mai² tim¹ huk⁷ leu⁴ səu³ tə⁴, tsək⁷ ti⁴ in³
子 他 才 知 道 她 好 心 做 了 坏 事， 可 是 怨
sɔk⁷ ja³ tau² səi² vɔi³。
错 也 知 迟 了。

hai⁴ ŋəi⁴ vən² tsau² tsau³, tin² teŋ³ jam³ liu¹ da² lim¹ bɔi¹ su³
第 二 天 早 早， 先 生 叫 刘 大 霖 去 书
fɔŋ¹ kə² vɔi³, dɔi³ kə² kaŋ³："dou² vən³ na³ kəp⁷ kɔn² tam¹ vəi²
房 他 了， 对 他 讲："咱 两 个 合 互 相 三 年
vɔ³, bun³ mia² hau² tiaŋ³ lu² mə² loŋ² mia² tsai² hək⁸ vəi² hem¹,
了， 本 来 我 想 留 你 下 来 再 学 年 添，

hau³ tui¹ tim¹ hau², en³ təi² tə⁴ hɔi³ ka³ ən¹ nən³ vɔi³, hem¹ hau²
好 遂 心 我， 现 在 事 情 已经 这 样 了， 跟 我
juan¹ lai¹ tiaŋ³ kə³ lai³ tsiʔ⁸ mən² huŋ² kən² ᴵᴄv³, vən² nɔi⁴ dou²
原 来 想 的 有 点 不 同 互相 了， 今 天 咱
tsu⁴ fən¹ kən² vɔi³ lo³。 mə² ləŋ¹ lan² hou⁴ lɔi², xəm³ siaŋ² siaŋ²
就 分 互相 了 啰。 你 回 家 后 来， 欠 常 常
fuk⁸ tsip⁸, tsun⁴ bi² mai² mai² kə², vəi² na³ kən³ kiŋ¹ vɔi³ xau³,
复 习， 准 备 好 好 的， 明 年 上 京 了 考,
mə² xəm³ ɔ¹ lɔt⁸ lɔt⁸ kə² lou⁴!" ko³ du² m̩² kaŋ³ in¹ jou³, niŋ¹
你 欠 记 牢 牢 地 进去!" 话 都 没 讲 完 在， 旁边
da¹ du² ka³ hoŋ² vɔi³。 liu¹ da² lim¹ ja³ nam⁴ da¹ san⁴ san⁴ ən¹
眼睛 都 已经 红 了。 刘 大 霖 也 水 眼 潜 潜 这
nə³ li² xɔi¹ tin² teŋ¹ ləŋ¹ lan² ᴵᴄv³。
样 离 开 先 生 回 家 了。

hai⁴ ŋəi⁴ vəi² kiaŋ² kiaŋ³ xɔi¹ sun¹ mən² fəŋ³, liu¹ da² lim¹
第 二 年 刚 刚 开 春 不 久, 刘 大 霖
kən³ kiŋ¹ sam¹ ka¹ xau⁴ si², tsin² tsin¹ it⁷ fɔi² tsu⁴ tsoŋ³ tsin³ tə¹
上 京 参 加 考试， 真 真 一下子 就 中 进士
vɔ³, tsək⁷ ti⁴ na⁴ kən³ hai⁴ tam¹ bɔŋ³。 kia³ sə³ tim¹ kə² mə²⁸ mən¹
了， 可 是 才 上 第 三 榜。 假使 心 他 个 不
kip⁷ ən¹ nən³, mən² lək⁸ fi² ji⁴ tin² teŋ¹ kə³ mia² dek⁸, tim¹ fən²
急 这 样， 不 偷 批语 先 生 的 来 看， 心 凉
fən² kə² hem² mo⁴ tin² teŋ¹ hɔk⁸ vəi² hem¹ ka¹, xɔ³ nəŋ² di² xau³
凉 地 跟 尾 先 生 学生 添 加， 可 能 将 考
mai² tsiʔ⁸ hem¹, xɔ³ nəŋ² di² kən³ lai³ hai⁴ it⁷ bɔŋ³。
好 些 添， 可 能 将 上 得 第 一 榜。

刘大霖千里求名师

刘大霖是临高县唯一的一个进士，他能考中进士，一方面是因为他勤学，一方面是由于他找到了名师。

刘大霖是明朝人，他考中举人以后，为了能考取进士，很想找一位好老师来教他。他到处都去找，可是找了很久都找不到。有一天，有人告诉他，江西有个老先生叫汤明允的，原来在京城当官，

因为违逆大官被人罢官回家务农。他回家以后,自己办学教学生,他的学生很多后来都考中了进士。刘大霖听到了这个消息之后,非常高兴,赶快回家告诉父母亲,叫他们想法筹些钱让他到江西去找老师。恰好跟他同科考上举人的那个姓吴的同学也要想去,两人就一起上路了。

他们两个爬坡过河,攀山越岭,不知受了多少辛苦,走了一个多月才找到了老师的家乡。刚刚进了村口,正想问路到老师的家,刚好碰上一位五六十岁的老人,手里拿着一根木棍赶着鸭子去放养,他们赶忙走到这位老人面前问路。老人慢慢把他们打量了一番,问道:"你们找他有什么事?"刘大霖把情况告诉给他后,老人说:"你们要想找这位老师吗?他对学生非常之严,学生如果不用功,他就会像训斥孩子那样训斥你,手里常常拿着一根棍子,生气了就抽下去。曾经有几个学生来找过他,因为受不了他的气,都一个个地走回头路了,你们要想做他的学生就不要后悔啊。"刘大霖马上回答:"老师如果很会教学生,严一点有什么可怕?我们要是害怕,也不会跑这么老远的路到这儿来了。"老人看到他们这么认真,点了点头才给他们指路。

他们刚刚迈进老师的院子呢,养鸭的那位老人也跟着来到,这时候他们才知道,那位养鸭的老人原来就是他们要找的那位老师。他们两个连忙向老师行礼,请老师将他们收下来。老师想了很久,才摇摇头对他们说:"你们两个都已经考上举人了,我只是挂个虚名而已,不懂得多少东西,年纪也大了,很久以来都没带学生了,带一次呢脾气又坏,总想他们快点成才,经常骂他们,你们还是另请好一点的老师吧。"刘大霖急了,扑通一下跪下来,央求老师:"我们这么远路来到这里,就是知道你是最会教学生的,我们又不是小孩子,你如果肯把我们收下,我们保证听你的话。"讲完了还跪在地下不肯起来。先生有点不好意思,弯腰把他扶起来,可是那个姓吴的同学却一声不吭。

这时已近冬天了,老师想再次考验他们,指着屋子旁边那个池塘对他们说:"你们如果真的有决心,现在就下池塘游泳给我看看。"刘大霖一下子就脱下衣服,扑通一下跳到池塘里。可是姓吴的那个同学仍呆呆得站在那里，他觉得这位老师规矩太多，后悔不应该跟着来，一句话都没说，转身就走回头路了。这时候，老师才微笑着把刘大霖收下来。

住下来没多久，老师就教刘大霖写文章。这位先生懂得多，像一口喷泉，取之不尽，用之不竭，讲起课来也特别清楚明白，分析问题特别到家。他十分钦佩先生，学习起来特别入神。他对待先生如同对待父亲一样，先生也疼爱他，待他如同亲儿子一样。

时间过得很快，眨眼间已过了三年。刘大霖觉得先生对他好是好，可是有一件事他总是想不通，他跟着先生学了三年了，他写的文章都不止五十篇了，可是先生批完一篇就把一篇锁到他的箱子里，谁都不给看。先生脾气谁都知道，怕被他骂，没人敢问过。

有一天，先生去朋友家喝酒，把钥匙交给老伴，刘大霖知道师母好讲话，求师母打开箱子让他看看。开始师母不同意，可是刘大霖求她久了，心也软了，还怨起丈夫来："人家孩子从海南这么远的地方来，都已经三年了，成绩好坏都没见过，你叫人家孩子如何放下心来？"最后打开箱子让刘大霖翻看。刘大霖如获至宝，不知多高兴，很想一下子把那几十篇批语全部看完，可是怕先生回来碰见，匆匆忙忙抽出几篇来看，刚看到最后一篇的批语"三年磨砺苦心志，今年将登进士林"时，心高兴得直跳，无心再看下去，叫师母把箱子关上。

没过多久，先生发现刘大霖读书不太用功了，作文也没有进步了，有点奇怪，就把老伴找来问。老伴知道隐藏不住，才把事情一五一十地讲了出来。先生听到后，长叹一声说："哎，你误了人家孩子不算，也毁了我多年的苦功了。"老伴听他这一讲，一点也不明其意，问他何故。他说："你不知道，我看刘大霖这孩子进步很快，学习三年已达进士才了，本来想留他下来再学一年，争取明年殿试时名列第一榜，可是现在事情已经弄糟了，这孩子看到我的批语就心浮自满了，不想再用功了，实在太可惜了！"师母这才知道她好心做了坏事，可后悔也迟了。

第二天早晨，先生把刘大霖叫到他书房里，对他说："咱们俩如今已经相处三年了，本来我想把你留下来再学一年，以遂我心愿，可是如今事情已如此，与我原来想法相违，今日咱就分手吧。你回家后要经常复习功课，做好准备，明年上京应考，你要把我的话牢牢记在心里！"话没说完眼圈儿已红了，刘大霖也潸然泪下，告别先生返归乡里。

次年开春不久，刘大霖上京参加考试，果然一下子即中了进士，可是才名列第三榜。假如他心里不如此之急，不偷看先生的批语，潜下心跟着先生再学一年，可能会考得更好些，说不定会名列第一榜。

讲述人：刘尚德
流传地区：临高全县

tsuan² kuŋ¹ xu¹
故事 公 丘

(一)

kuŋ¹ xu¹ nɔk⁸ nɔk⁷ nə⁴ ti² hou⁴ ni², hək⁸ tə¹ na⁴ ku² ŋai² lo³,
公 丘 小 小 那 时 候 呢， 读 书 十 分 聪 明 喽，
kə² ja³ ɔi³ bəŋ¹ tə⁴ leŋ¹ hun². lai³ sai² tsu³ hu² hə³ tiaŋ⁴ tuaŋ² hu²
他 也 爱 帮 助 人。 有 财 主 个 一 养 羊 个
hə³, kə² liŋ³ fai² lou⁴ da³ kɔ² tuaŋ² vɔi³, bo¹: "ləu² na³ huk⁷
一， 他 挂 牌 入 中 间 脖 子 羊 了， 说："哪 个 做
tuaŋ² hu² dai¹ vɔi³, fui² it⁷ sen¹ liaŋ⁴ ŋɔn². "lai³ be² lau⁴ hu² hə³
羊 个 死 了， 赔 一 千 两 银。" 有 老 汉 个 一
tiaŋ⁴ ma¹ hu² hə³, vɔn³ na³ lək⁸ be² hai⁴ məŋ⁴ ma¹ nə⁴ hu² hə³
养 狗 只 一， 两 个 子 父 依 靠 狗 这 只 一
diat⁸ saŋ¹ kua⁸ səŋ³ huat⁸. lai³ vən² hə³ sai² tsu³ biaŋ³ tuaŋ² hu²
驱 山 林 过 生 活。 有 天 一 财 主 放 羊 个
uk² mia², ma¹ hu² da² kap⁸ lou⁴ tuaŋ² vɔ³ tsuŋ³ m̩² tek⁷ bak⁷,
出 来， 狗 只 居 然 咬 入 羊 了 总 不 松 口，
huk⁷ tuaŋ² hu² dai¹ vɔi³. sai² tsu³ nə⁴ hu² hə³ sa² hu⁴ ti⁴ ma¹ be²
作 羊 个 死 了。 财 主 那 个 一 查 知 道 是 狗 老
lau⁴ nə⁴ hu² kap⁸ vɔi³, tsu⁴ jam³ van⁴ fui² tuaŋ² hu² ləŋ¹ kə², fui²
汉 那 只 咬 了， 就 叫 人 家 赔 羊 个 回 他， 赔
it⁷ sen¹ liaŋ⁴ ŋɔn² fiak⁸, tɔ³ ji³ be² lau⁴ nə⁴ hu² ni² lai³ uaŋ³ xut⁷,
一 千 两 银 白， 所 以 老 汉 这 个 呢 有 枉 屈，
bo¹: "fia⁴ dɔu² du² m̩² lai³ hau³ kɔn¹ le⁴, dɔu² ləu² ɔu¹ it⁷ sen¹
说： "饭 咱 都 没 有 好 吃 呢， 咱 哪 要 一 千
liaŋ⁴ ŋɔn² mia² fui² van⁴? dɔu² tsu⁴ dai¹ heŋ⁴ tiŋ² vɔi¹ ti³, dɔu²
两 银 来 赔 人 家？ 咱 就 死 定 成 了（助）， 咱
haŋ⁴ jou³ ki³ kai³ jou³?" kə² tsu⁴ lou⁴ da³ saŋ¹ vɔi³ ŋai³, ŋai³ kə²
还 活 什 么 在？" 他 就 进 里 面 山 林 了 哭， 哭 的
ti² hou⁴ ni² kuŋ¹ xu¹ lok⁸ lan² hək⁸ di² ləŋ¹ lan² kɔn¹ fia⁴, da³
时 候 呢 公 丘 从 学 校 要 回 家 吃 饭， 中 间

sun¹ am³ kə² ŋai³ nen⁴, tsu⁴ tɔi³ kə²: "beʔ⁷ ha² beʔ⁷, vəi⁴ ki³ kai³
路　碰上　他　哭　(助),　就　问　他：伯　啊伯,　为　什么
mə² ŋai³ lam² lə³ tən² nɔ⁴?" kə² bo¹: "lək⁸ ha² lək⁸, mə² nɔk⁷
你　哭　悲　惨　这样　呢?"　他　说："孩子　阿　孩子,　你　小
nen⁴ jou³, mə² m̥² hu⁴ te², tɔi³ kan¹ nə⁴ mɔʔ⁸ fuk⁸ tsap⁸, hau²
年　在,　你　不　知道　的,　世　间　这　个别　复　杂,　我
lai³ uaŋ³ xut⁷ hau² na⁴ ŋai³ ti³。" kuŋ¹ xu¹ kaŋ³: "mə² dəŋ² dəi³ lai³
有　枉　屈　我　才　哭的。"　公　丘　讲："你　到　底　有
ki³ kai³ uaŋ³ xut⁷, mə² səŋ¹ hau² lo²。" be² lau⁴ hu² bo¹: "e²,
什么　枉　屈,　你　告诉　我　吧。"　老　汉　人　说："(助),
mə² lək⁸ nɔk⁸ na³ le⁴, hau² səŋ¹ mə² ja³ ti⁴ ən¹ ti³, di² lai³ juŋ¹
你　小　孩　个　呢,　我　告诉　你　也　是　这样的,　哪　有　用
la², səŋ¹ mə² ja³ mən² lai³ juŋ⁴ ten²。" "i³ sək⁷ mə² səŋ¹ hau² tsu⁴
呢,　告诉　你　也　没　有　用的。"　"如果　你　告诉　我　就
lai³ juŋ⁴ ni², i³ sək⁷ mə² səŋ¹ hau² lai³ juŋ⁴ ja³ mən² kaŋ³ lai³
有　用　呢,　如果　你　告诉　我　有　用　也　不　讲　得
in¹。" be² lau⁴ hu² bo¹: "hau² səŋ¹ mə² hau² tsu⁴ tsiu² daʔ⁸ səŋ¹
完。"　老　汉　个　说："我　告诉　你　我　就　照　直　告诉
mə² ti³。" i³ fɔi² tsu⁴ it⁷ ŋo⁴ it⁷ təp⁸ kə³ tsiaŋ¹ siŋ¹ xuan² kə² səŋ¹
你　吧。"　一　下　了　就　一　五　一　十　地　将　情　况　的　告诉
in² in¹ uk⁷ mia², haŋ⁴ kaŋ³ haŋ⁴ ləi¹ nam⁴ da¹。 kuŋ¹ xu¹ bo¹:
完　完　出　来,　边　讲　边　流　水　眼。　公　丘　说：
"tsək⁸ ən¹ m̥² maŋ³, hau² həi³ mə² tia³ ən³ tɔŋ⁴ mɔʔ⁸ bɔi¹, mə²
"若　这样　别　怕,　我　替　你　写　案　状　个　去,　你
ou¹ bɔi¹ hai³ jia², hai³ jia² tə² tə³ di² kai⁴ kiat⁸ ten², m² juŋ⁴
拿　去　太　爷,　太　爷　自　己　会　解　决　的,　不　用
maŋ²。" tsu⁴ ŋan¹ bit⁷ həi³ kə² tia⁴ ən³ tɔŋ⁴ mɔʔ⁸ hə³, bo¹: "tuaŋ²
怕。"　就　拿　笔　替　他　写　案　状　个　一, 说："羊
tui² jian² liŋ³ fai², ma¹ mən² tək⁷ tə¹, suk⁸ vət⁸ tiaŋ¹ dai¹, hɔ¹
虽　然　挂　牌,　狗　不　识　字,　畜　物　伤　死,　何
kuan³ jin¹ sə²?"
关　人　事?"

　　hai⁴ ŋəi⁴ vən² hə³, be² lau⁴ hu² hə³ tsu⁴ ou¹ ən³ tɔŋ⁴ kə³ jou³
第　二　天　一,　老　汉　个　一　就　拿　案　状　的　给

hai³ jia², hai³ jia² tsu⁴ diau² sai² tsu³ nə⁴ hu² bɔi¹。sai² tsu³ hu²
太　爷，太　爷　就　调　财　主　那　个　去。财　主　个
bo¹: "da² jin¹ vəi⁴ ki³ kai³ vən² nɔi⁴ tsu⁴ jam³ hau² mia²?" hai³ jia²
说："大　人　为　什　么　今　天　就　叫　我　来?" 太　爷
bo¹: "jam³ mə² mia² ti⁴ lai³ tə⁴ hɔi³ ti³, m̥² lai³ tə⁴ hɔi³ di² jam³
说："叫　你　来　是　有　事　情　的，没　有　事　情　怎　么　叫
mə² mia² la²? mə² tiaŋ⁴ tuaŋ⁴ nə⁴ hu² hə³ mə² liŋ³ fai² mɔ⁷⁸ ləu⁴
你　来　呢？你　养　羊　那　只　一　你　挂　牌　个　进　去
vɔi³, bo¹ ləu² na³ tsək⁷ huk⁷ tuaŋ² mə² nə⁴ hu² dai² xəm³ fui² it⁷
了，说　哪　个　如　果　做　羊　你　那　只　死　欠　赔　一
sən¹ ŋən²。tuaŋ² mə² hu² hə³ fai² mɔ⁷⁸ hau³ liŋ³ kən³ bɔi¹ ti³,
千　银。羊　你　只　一　牌　子　个　好　挂　上　去（助），
ma¹ hu² hə³ tək⁷ tə¹ ne⁴la²? mə² mən² həp⁷ tuaŋ² mə² hu² hə³ mai²
狗　只　一　识　字　吗？你　不　关　羊　你　个　一　好
mai² kə³, mə² ja³ di² jam³ van⁴ fui² it⁷ sen¹ ŋən²! suk⁸ vət⁸ kə³
好　的，你　也　要　叫　人　家　赔　一　千　银！畜　物（助）
tiaŋ¹ dai¹ vɔi³, di³ ləu² hə³ kuan³ hi² dɔŋ¹ jin¹ sə² mia²? m̥²
伤　死　了，怎　么（助）关　系　到　人　事　来？不
nɔ¹lai³ ho³, mə² m̥² ŋa⁴ xut⁸ juk⁸ van⁴ vən³ na³ lək⁸ be² ho³,
行　的，你　不　用　屈　辱　人　家　两　个　子　父（助），
van⁴ vən³ na³ lək⁸ be² tsək⁸ di³ ləu² vɔi³, mə² xəm³ fu² tsək⁸ ho³."
人　家　两　个　子　父　若　怎　么　了，你　欠　负　责　的。"
sai² tsu³ hu² hə³ hu⁴ kə² m̥² lai³ hɔu⁴ li³, ŋop⁸ ŋop⁸ ən¹ nən³ tsu⁴
财　主　个　一　知　道　他　没　有　道　理，一　声　不　吭　这　样　就
ləŋ¹ bɔi¹ kəu⁴ kə² vɔi¹。
回　去　东　西　他　了。

丘公的故事

（一）

　　丘公小时候读书很聪明，也喜欢帮助别人。有个财主养了一只羊，他在羊脖子上挂了一个牌子，写道："打死吾羊者赔银一千两。"有个老汉养了一条狗，父子俩就靠这只狗打猎为生。有一天，财主把羊放出来，狗把羊咬住了不松口，（结果）羊死掉了。财主一查，

知道是老汉的狗咬的，就叫人家赔一只羊给他，要赔一千两白银。老汉呢很委屈，说："咱饭都没得吃，哪里要一千两银子赔还给人家？咱是死定了，咱还活着干什么。"于是他走到山林里哭，正哭时丘公从学校回来，要回家吃饭，途中遇到他哭，就问："大伯，你为什么哭得如此凄惨？"他回答说："孩子啊，你年纪还小，这些事你是不会懂的，这个世道很复杂，我有委屈冤枉我才哭的。"丘公说："你有什么冤枉呢？请你告诉我。"老汉说："你还是个小孩子，我告诉你也是这样，哪有（什么）用呢？告诉你也没有用的。"丘公说："要是你告诉我有用呢，你告诉我说不准会有用的。"老汉道："告诉你就告诉你吧，我就如实地告诉你吧。"于是一下子把情况一五一十地全部说出来，边说边流眼泪。丘公说："要是这样别怕，我替你写张状子，你拿去给县太爷，县太爷自己会解决的，别怕。"于是就拿起笔来写了一张申诉状，状子写道："羊虽挂牌，狗不识字。畜物伤死，何关人事？"

第二天，老汉拿着状子给县太爷，县太爷调令财主上来。财主说："大人今天为何传我来？"县太爷："叫你来是有事的嘛，没有事传你来干嘛？你养的那只羊你挂个牌子（在上面），说谁要是弄死了你那只羊，要赔一千大银。你的羊挂个牌子好挂，可狗识字吗？你不把你的羊好好关住，你还要叫人家赔一千大银！畜物受伤而死，跟人家有什么关系？不行，你不能屈辱人家父子俩，人家父子俩要是有个三长两短，你必须负责！"财主知道自己没有道理，一声不响地回家去了。

讲授人：许良
流传地区：临高县

（二）

lai³ fəi² hə³, kuŋ¹ xu¹ bəi¹ lan² hɔk⁸ kə³ ti² həu⁴ ni², hu⁴ lai³
有　次　一，公　丘　去　学　校　的　时候　呢，看到　有

mai⁴ lək⁶ hu² hə³ ŋai³ jɔu³ niŋ⁵ sun¹ nen⁴; kə² ŋai³ ti⁴ vəi⁴ ləu²
女　人　个　一　哭　在　旁边　路　呢，她　哭　是　为　哪

tsuaŋ¹ ni²? kə² ŋai³ ti⁴ kə² ha³ da³ xian⁴ nə³ na³ da¹ mai² ti⁴ mai²,
桩　呢？她　哭　是　她　嫁　男　人　个　容貌　好　是　好，

tsək⁷ ti⁴ kə² hia² hi⁴ bə² suan¹, lap⁷ niŋ¹ kɔn² ki³ vəi¹ e² tsiŋ³ bɔi³
可 是 他 下 体 不 全， 睡 旁边 互相 几 年 还 像 姐

məi⁴ jɔu³, juŋ⁴ dɔu² lo⁴ ko³ lim² kəu¹ mia² kaŋ³, ti⁴ bo¹ m̩² lai³ tɔi³
妹 在， 用 咱 们 话 临 高 来 讲， 是 说 没 有 世

kan¹ hən³, tɔ³ ji² ni² mai⁴ lək⁸ nə³ haŋ⁴ ŋai³, bo¹: "tən² lɔŋ² bɔi¹
间 （助)，所以 呢 女 人 个 就 哭， 说："这样 下 去

dɔu² tsu⁴ nan² vi² vɔi³ ti³, di² huk⁷ ki³ kai³ lai³ jɔu³?" kuŋ¹ xu¹
咱 就 难 为 了 了，会 做 什 么 得 在?" 公 丘

vɔk⁷ kə² ŋai³ hai⁴ lam² lə³, tsu⁴ tɔi³ kə²: "nə² mu³ ha², mə² lai³
见 她 哭 很 悲 惨， 就 问 她："阿 婶 啊， 你 有

ki³ kai³ uaŋ³ xut³ ən¹ nən³, tsu⁴ ŋai³ da³ sun¹ tən² nan² vi²?" kə²
什 么 冤 枉 这 样， 就 哭 中 途 这么 悲 惨?" 她

bo¹: "e², hau² nan² vi² kə² mə² di² tək⁷ la²?" kuŋ¹ xu¹ bo¹: "mə²
说："哎， 我 悲 惨 的 你 咋 知道 呢?" 公 丘 说："你

səŋ¹ hau² lo²。 mai⁴ lək⁸ hu² bo¹: "hau¹ səŋ¹ mə² ka³? mə² lək⁸
告诉 我 吧。" 女 人 个 说："我 告诉 你 干嘛? 你 孩

nɔk⁷ lan² hɔk⁸ nə³, mə² di² hɔi³ lai³ hau² kai⁴ kiat⁸ la²?" "i³ sɔk⁷
子 学 校 个， 你 要 替 得 我 解 决 吗?" "也 许

hau² tsu⁴ hɔi³ lai³ mə² kai⁴ kiat⁸ ni²?" "mə² di³ ləu² hɔi³ hau² kai⁴
我 就 替 得 你 解 决 呢?" "你 怎么 替 我 解

kiat⁸?" "hau² tsu⁴ hem¹ mə² tia³ tə¹ ki³ tə¹ bɔi¹ hai³ jia² vɔi³, van⁴
决?" "我 就 跟 你 写 字 几 字 去 太 爷 了, 人家

di² hɔi³ mə² kai⁴ kiat⁸ ti³。" mai⁴ lək⁸ hu² hə³ hiŋ¹ bo¹ di² tia³ tə¹
要 替 你 解 决 的。" 女 人 个 一 听 说 要 写 字

jɔu³ hai³ jia² hən³, na⁴ səŋ¹ siŋ¹ xuaŋ² in² in¹ jɔu³ kə²。 kuŋ¹ xu¹
给 太 爷 （助)， 才 告诉 情 况 完完 给 他。 公 丘

tsu⁴ fə¹ tsi³ lɔŋ² tia³ bo¹: "suan¹ mɔu² suan¹ sai¹, ləu² hu⁴ hia² hi²
就 铺 纸 下 写 说："全 貌 全 才， 哪 知 下 体

bə² suan¹? lən² fu² lən² xɔŋ¹, nan¹ lən² jin¹ səŋ³ jəu⁴ xiat⁸。"
不 全? 论 富 论 穷， 难 论 人 生 有 缺。"

hɔu⁴ lɔi² ni², mai⁴ lək⁸ nə⁴ hu² hə³ tsu⁴ bɔi¹ di¹ hai³ jia², ɔu¹
后 来 呢， 女 人 那个 一 就 去 找 太 爷， 拿

tɔŋ⁴ mɔʔ⁸ hə³ kau¹ jɔu³ hai³ jia², hai³ jia² tsu⁴ diau⁴ lək⁸ lɔ¹ nə³
状子 个 一 交 给 太 爷， 太 爷 就 调 丈 夫 个

bəi¹, bo¹: "mə² huk⁷ tɔi¹ kan¹ mə²⁸ hə³, van⁴ ha³ jou³ mə² ti⁴
去， 说："你 做 世 间 个 一，人家 嫁 给 你 是
hu⁴ mə² na³ da¹ te² le³, ləu² na³ hu⁴ mə² jin¹ səŋ² lai³ kiat⁷? mə²
看到 你 容 貌 罢了，哪 个 知道 你 人 生 有 缺？ 你
ən¹ nən³ lui⁴ mə² ja³ lui⁴ lək⁸ van⁴ hu² hə³, lok⁸ nɔi⁴ ni² mə²
这 样 连累 你 也 连累 孩子 人家 个 一， 从 此 呢 你
tsu⁴ hem¹ van⁴ bui¹ hun¹ vɔi³, huat⁸ li¹ bəi¹, mə² m̥² lai³ te² van⁴
就 跟 人家 割 断 了， 脱 离 去， 你 没有 呢 人家
di² lai³。" tsu⁴ fuan² kə² vɔn² na³ huat⁸ li¹ vɔi³。hou⁴ lɔi² mai⁴ lək⁸
要 有。" 就 判 他 两 个 脱 离 了。 后 来 女 人
hu² hə³ suŋ² ha³, ja³ teŋ¹ lək⁸ lai³ ŋi² vɔi³。
个 一 重嫁， 也 生 子 育 儿 了。

(二)

　　有一次，丘公去学校的时候呢，看到有个妇女在路边哭着，她是为哪桩事哭呢？她哭是因为她嫁的男人容貌虽好，但下体不全，两人已经同床睡了好几年了，可还是像姐妹俩一样，用我们临高话来说，是无法过日子了，所以这个女人才哭，她说："这样下去咱就惨了，咱还能做什么呢？"丘公看到她哭得很伤心，就问："阿婶啊，你有什么冤枉，在路边哭得如此凄惨？"她说："哎，我的悲惨你怎会懂呢？"丘公说："那你告诉我（一下）吧。"那位少妇说："我告诉你干嘛？你只是学校的一个小孩子，你能替我解决吗？""说不准我会替你解决呢。""你怎么替我解决呢？""我给你写状子给县太爷，人家会跟你解决的。"那位少妇听说要写状子给县太爷，才把情况全部告诉了他。丘公于是把纸铺开，（在上面）写道："全貌全才，哪知下体不全？论富论穷，难论人生有缺。"

　　后来呢，少妇就去找县太爷，把状子交给他。县太爷把她丈夫传去，说："你过日子，人家嫁给你只看到你容貌，谁会知道你人生有缺？这样（下去）连累了你也连累了人家，从今以后，你就跟人家割断（关系）了，两个人离婚，你没有孩子可人家也许会有。"于是就判他们两人离婚了。到了后来，那个女人改了嫁，也生儿育女了。

讲述人：许良
流传地区：临高县

（三）

kuŋ¹ xu¹ jəu³ siu² nə⁴ ti² həu⁴ ni², lok⁸ i³ kə² doi³ kun³ vəŋ¹
公　丘　在　朝　那　时　候　呢，由　于　他　对　君　王

ti⁴ heŋ² tsuŋ³, doi³ bek⁷ tiŋ³ ti⁴ heŋ² mai⁴, tə³ ji³ kan³ sin¹ da³ siu²
是　行　忠，　对　百　姓　是　行　好，所　以　奸　臣　里　朝

nə⁴ kə³ na⁴ ku² tsok⁸ kə², tsuŋ³ ti⁴ tiaŋ³ kɔi³ mia² ham¹ hai⁴ kə²,
那　些　非　常　恨　他，总　是　想　计　来　陷　害　他，

dik⁸ biat⁸ ti⁴ tok⁷ hu¹ dou² hai¹ hu¹ hə³, lok⁸ kuŋ¹ xu¹ bəŋ¹ vəŋ¹
特　别　是　弟　胡　道　台　个　一，从　公　丘　帮　王

tsɔ² si¹ dai¹ hu¹ dou² hai¹ hou⁴ lɔi², kə² tsuŋ³ tsok⁸ kuŋ¹ xu¹ hət⁹
佐　处　死　胡　道　台　后　来，他　总　恨　公　丘　"咯

hət⁹ ən¹ nən³, kə² tək⁷ mia¹ mo⁴ vəŋ² dɔi³, vəŋ² dɔi³ da² fuŋ¹
咯"这　样，他　会　摸　屁　股　皇　帝，皇　帝　居　然　封

hak⁷ mɔʔ⁸ n̩ɔ² n̩ɔ³ lou⁴ kə². lai³ kəm⁴ hə³, kə² tiaŋ³ ban³ fap⁷ vian¹
官　个　大　大　给　他。有　晚　一，他　想　办　法　买

kou⁴ diu³ mai¹ mai¹ kə² siŋ³ kuŋ¹ xu¹ bɔi¹ kən¹ jan³, lɔŋ² jia¹ lou⁴
菜　肴　好　好　的　请　公　丘　去　吃　酒，下　药　进

da³ jan³ vəi³ di² tiaŋ³ hai⁴ van⁴ dai¹. kuŋ¹ xu¹ di² bɔi¹ kən¹ jan³
里　面　酒　了　要　想　害　人　家　死。公　丘　要　去　吃　酒

kə³ ti² həu⁴ ni² tim¹ mɔʔ⁸ na⁴ ku² ŋai¹ tu⁴ lo³, kə² tim¹ mɔʔ⁸ tiaŋ³:
的　时　候　呢　心　个　十　分　难　受　咯，他　心　个　想：

"dou² hem¹ kə² ju⁴ m̩² ti⁴ fəŋ² ju³ le⁴, jəu³ siu² nui² lok⁸ hau³
"咱　跟　他　又　不　是　朋　友（助），在　朝　内　从　头

kə² ti⁴ tsiam³ dəi² dou² kə³, nə⁴ fəi² hə³ tsu⁴ lai³ tim¹ siŋ³ dou² bɔi¹
他　是　针　对　咱　的，这　次　一　就　有　心　请　咱　去

ni², maŋ² ti⁴ lai³ hua⁴ mən² fok⁷ kə². tə³ ji³ kə² tsu⁴ tsuk⁷ lək⁸
呢，怕　是　有　祸　无　福（助）。所　以　他　就　嘱　子

mai⁴ kə²: "tok⁷ hu¹ dou² hai¹ siŋ³ hau³ bɔi¹ kən¹ jan³ kəm⁴ nɔi⁴
母　他："弟　胡　道　台　请　我　去　吃　酒　今　晚

ni², maŋ² di² lai³ tə⁴ hɔi³ dok⁷ kən³ hau³ dou² vɔi³, təp⁸ du² ka²
呢，怕　会　有　事　情　落　上　头　咱　了，十　都　已　经

lai³ ku³ ti⁴ dai¹ vəi³. tsək⁷ ti⁴ mə² lo⁴ lək⁸ mai⁴ ni² m̩² juŋ⁴ ŋai³,
有　九　是　死　了。可　是　你　们　子　母　呢　不　用　哭，

mə² lo⁴ mən² mən³ kə², hau² tsək⁸ ləŋ¹ lan² vɔi³, mə² lo⁴ hu⁴ hau²
你　们　静　　 静　的，我　若　回　家　了，你　们　见　我
ŋai² tu⁴ vɔi³ ni², mə² lo⁴ tsu⁴ tsok⁷ hau² lɔu⁴ bai¹ i³ vɔi³, ɔu¹
难　受　了　呢，你　们　就　筑　我　进　上面　椅　了，拿
kou⁴ mia² hem⁴ deŋ³ lit⁸ lit⁸ lɔu⁴, biaŋ³ sek⁸ bun³ hə³ lɔu⁴ da³ mə²
东　西　来　垫　顶　紧　紧　住，放　册　本　一　进　里　手
hau² vɔi¹, hɔ² miŋ² vu³ ni² kat⁸ lɔu¹ i³ vɔi³, mə² lo⁴ en³ təi² tsu⁴
我　了，捉（虫 名）呢 绑　入　椅　了，你　们　现　在　就
bɔi¹ hɔ² miŋ² vu³." lək⁸ mai² kə³ m̩² hu⁴ tə⁴ hou², tsu⁴ uk⁷ bɔi¹
去 捉（虫 名）。" 子　母　的　不　知　底　细， 就　出　去
hɔ² miŋ² vu³ vɔi³.
捉（虫 名）了。

　　doŋ¹ kə² kɔn¹ jan³ ləŋ¹ mia² kə³ ti² hou⁴ ni², hu⁴ bun³ tin¹
　　到　 他　吃　酒　回　来　的　时　候　呢，发现　身　体
mɔʔ⁸ hai² ŋai² tu⁴ vɔi³, mən² tu⁴ lai² on³ vɔi³, jam³ lək⁸ mai² kə³
个　太　难　受　了，不　受　得　稳　了，叫　子　母　的
tsok⁷ lɔu⁴ i³ vɔi³, ɔu¹ sek⁷ bun³ lɔu⁴ mɔ² vɔi³ hɔk⁸ tə¹, kat⁸ miŋ²
筑　入　椅　了，拿　册　本　进　手　了　读　书，绑（虫
vu³ lɔu⁴ i³ vɔi³. tok⁷ hu¹ dɔu² hai¹ nə⁴ hu² ni² tsu⁴ mia² həi³,
名）入　椅　了。弟　胡　道　台　那　个　呢　就　来　窥视,
dek⁸ kə² dai¹ ha³ ti⁴ m̩² dai¹ jɔu³. kə² mia² niŋ² lan² həi³ kə³ ti²
看　他　死　还　是　不　死　在。他　来　旁边　屋子　窥视　的 时
hou⁴ ni², kuŋ¹ xu¹ ti⁴ tsok⁷ jɔu³ da³ i³ nen⁴, miŋ² vu³ nə⁴ hu² hə³
候　呢，公　丘　是　筑　在　里　椅　呢，（虫 名）那　个　一
haŋ⁴ van² vu³ vu³ nen⁴, kə² xi² bo¹ kuŋ¹ xu¹ hɔk⁸ tə¹ nen⁴, tim¹
还　叫　"呜　呜"　呢，他　以　为　公　丘　读　书　呢，心
mɔʔ⁸ tiaŋ³: "maŋ² dɔu² lɔŋ² jia¹ kə³ m̩² hok⁸ te², ha³ ti⁴ jia¹ kə³ m̩²
个　想："怕　咱　下　药　的　不　毒　吧，还 是　药　的　没
lai³ hiau² vɔ³, kə² kɔn¹ lɔŋ² bɔi¹ en³ mən² dai¹ jɔu³, dɔu² ləŋ² bɔi¹
有　效　了，他　吃　下　去　还　不　死　在，咱　回　去
lo³." kə² ləŋ² bɔi¹ le³ tsu⁴ ɔu¹ jan³ kə³ mia² tə³, kiat⁸ kua⁴ kɔn¹
吧。"他　回　去　了　就　拿　酒　的　来　试，结　果　吃
dai¹ vɔi³, kuŋ¹ xu¹ dai¹ kə² ja³ dai¹. nə⁴ kə³ jam³ bo¹ sian² jəu⁴
死　了，公　丘　死　他　也　死。这　个　叫　做　善　有

sian² bəu², ɔk⁸ jəu⁴ ɔk⁸ bəu² hən³；kə² hai⁴ tsuŋ³ sin¹ dai³, hɔu⁴
善　报，恶　有　恶　报（助），他　害　忠　臣　死，后
lɔi² kə² tə² tə³ ja³ dai¹ vɔi³。
来　他　自　己　也　死　了。

（三）

丘公在朝内的时候，由于他对君王忠，对百姓好，所以朝中奸臣很恨他，总是千方百计设计来陷害他。特别是胡道台的弟弟，自从丘公帮助王佐处死胡道台以后，他对丘公恨之入骨。他会拍皇帝的马屁，皇帝竟然封给他一个大官。有一天晚上，他设法买来好吃的菜肴，请丘公去喝酒，（暗中）在酒里下了药，想把人家害死。丘公要去喝酒的时候，心里十分不舒服，他想："咱跟他又不是朋友，在朝内从来他都是针对咱的，这次他怎么有心请咱去呢，恐怕有祸无福。"所以他就叮嘱他的老婆孩子说："胡道台的弟弟今晚请我去喝酒，恐怕不详之事要落在我头上，十有九咱是死定了。可是你们不用哭，你们（装作）若无其事的，我回来后你们要是看到我难受，就把我扶到椅子上坐定，用东西把我的头垫得稳稳的，把一本书放入我手中，捉只会发声的虫子系在椅子上，你们现在就给我出去捉虫子。"

他喝酒回来后，发现身上特别难受，（已经）受不住了，叫夫人和孩子把他扶上椅子坐定，手里拿本书（装作）读书的样子，椅子上系了一个会发声的虫子。胡道台的弟弟来窥视他，看他死了没有。他走到旁边窥视的时候，看到丘公稳坐在椅子上，那只虫子正发出"呜呜"的声音，他以为是丘公正在读书呢，心里想："恐怕咱下的药不够毒吧，还是药失效了呢，他怎么喝下去还不死呢？咱还是回去吧。"回去之后，他就拿那些酒试喝下去，结果喝死了，丘公死他也死。这就叫做"善有善报，恶有恶报"，他把忠臣害死了，他自己也死了。

讲述人：许良
流传地区：临高县

tsuan² kuŋ¹ han²
故事　公　汉

kuŋ¹ han² nɔi¹ mɔ²⁸ jam³ lim¹ tsun² hən³， kə² ti⁴ siŋ³ siau¹
公　汉　名　个　叫　林　浚　(助词)，他 是 清　朝

leŋ¹ hun²， kə² xau³ tsoŋ³ hɔu⁴ lɔi²， bɔi¹ hai⁴ liau⁴ leŋ¹ huk⁷ tin¹
人，　他　考　中　后　来，去　很　多　地方　做　先

teŋ¹ kua³。kə² leŋ¹ hun² nə³ ju⁴ ȵai¹ ju⁴ iau³ dau³，tsuan² kə² kə³
生　过。他　人　个　又　聪明　又　滑稽，故事　他　的

na⁴ ku² liau⁴， suan² lim² kɔu¹ nə² lau⁴ nə² un³ ləu² na³ du² tək⁷.
非　常　多，全　临　高　老　人　年轻人　哪　个　都　知道。

ən¹ vəi⁴ kə² ti⁴ nia² lo¹ leŋ¹ hun²，hem¹ kən² du² jam³ kə² kuŋ¹
因　为　他　是　和　罗　(村)　人，大　家　都　叫　他　汉

han² nia² lɔ¹　hən³
公　和　罗 (助词)。

汉公的故事

　　汉公名叫林浚，清朝人。他考中以后到几个地方当过老师。他人又聪明又滑稽，他的故事很多，全临高无论是老人还是年轻人都知道。因为他是和罗村人，大家都称他为"和罗汉公"。

智谋饭吃

lai³ fɔi² hə³， kuŋ¹ han² bɔi¹ dəŋ¹ həi² ləu² iəu³ ŋəu³， tsuk⁸ tsuk⁸
有　一　次，公　汉　去　到　碉　楼　(助)　游玩，足　足

am³ hək⁸ həi² ləu² huk⁷ luan¹，suan² vɔ³ tsuŋ³ hau³ hau³ lak⁸ lak⁸ huŋ¹
碰　着　碉　楼　迎神赛会，全　村　总　高　高　兴　兴　煮

ȵai¹ ka³ kai¹ nen⁴。nə⁴ ti² hɔu⁴ bɔ²⁸ kuŋ¹ han² mɔ²⁸ hə³ da¹ lai³ tsi²⁸
干饭　杀　鸡　(助)。这　时　侯　肚子　公　汉　个　一　很　有　点

jiak⁷ vɔ³， kə² na⁴ ku² tiaŋ¹ di¹ lək⁵ bak⁸ dɔn³ kən¹ lo³， kə² hok⁸ i³
饿　了，他　很　想　找　小　中　午　顿　饭　(助)，他　故意

ŋəu³ bəi¹ ŋəu³ leŋ¹, dek⁸ di² lai³ leŋ¹ hun² siŋ¹ kə² kɔn¹ fia⁴ mən². tsək⁷
逛 去 游 回， 看 将 有 人 请 他 吃 饭 不。 可
ti⁴ kə² sək⁷ bak⁸ hə³ du² sək⁷ nuai³ vɔi³, mən² hu⁴ lai³ leŋ¹ hun² siŋ¹
是 他 慢走 半天 一 都 慢走 累 了， 没 见 有 人 请
kə² kɔn¹ fia⁴, van⁴ li³ tə⁴ huk⁷ kɔŋ¹ van⁴ kə² nen⁴, mən² sa² tə² kə²
他 吃饭， 人家 只 顾 做 工 人家 的 (助)， 不 查 事 他
tsi⁰⁸ tsi⁰⁸。 kə² tim¹ mɔ⁰⁸ tiaŋ³: "mə² lɔ⁴ mən² siŋ¹ hau² kɔn¹ m̩² bɔ¹,
点 点。 他 心 个 想： "你们 不 请 我 吃 不 说,
hau² tiaŋ³ kɔi³ mɔ⁰⁸ mia² biaŋ³ mə² lɔ⁴ dai² dai¹ tim¹ ləu⁴ vɔi³ siŋ¹ hau²,
我 想 计 个 来 放 你们 死 死 心 进去 了 请 我,
mən² siŋ¹ du² mən² nɔ¹ lai³。" kə² hɔk⁸ i³ ŋəu³ dɔŋ¹ lək⁸ hou⁴ teŋ¹ liau²
不 请 都 不 行。" 他 故意 走 到 仔 后 生 多
liau⁴ nə⁴ xat⁸ vɔi³, sau¹ mɔ⁰⁸ lək⁸ lək⁷ ən¹ nen² ŋim² ti¹ ui² mia²: "lək⁸
多 那里 了， 声音 个 响 响 这样 吟 诗 起 来: "仔
han⁴ mə² lɔ⁴ niŋ² luŋ², en² ti⁴ fai⁴ tuaŋ¹ deŋ³, hei² ləu² mə² lɔ⁴ huk⁷
蛋家 你们 赛 龙舟， 还是 败 双 碰， 调 楼 你们 迎
luan⁴, en² ti⁴ fai⁴ ha² tuaŋ¹ lua²。 lək⁸ mai⁴ mə² lɔ⁴ jou³ lan², du² ti⁴ ŋai³
神 还是 败 呀 双 舟。 子 母 你们 在 家， 都 是 哭
hei⁴ hei¹, lək⁸ be² mə² lɔ⁴ bɔi¹ hai³, du² ti⁴ daŋ¹ tiŋ¹ tɔm²。" kə² kiaŋ²
(哭 声)， 子 父 你们 去 海， 都 是 栽倒 (响 声)。" 他 刚
kiaŋ¹ siaŋ³ uk⁷ bak⁷, leŋ¹ hun² jou³ niŋ¹ kə² hiŋ¹ sa¹ vɔi³ na⁴ ku² xi² lɔ³,
刚 唱 出 口。 人 在 旁边 的 听 了 十分 气 啰,
hem¹ kɔn² luan⁴ ui² mia²: "ai⁴ ja², dou⁴ lɔ⁴ da² fai³ ki³ sen¹ ŋən² mia²
大 家 乱 起来: "哎哟, 咱们 居然 败 几 千 银 来
huk⁷ luan⁴ nə⁴ mɔ⁰⁸ hə³, tsu⁴ biaŋ³ be² mei² nə⁴ hu² hə³ huk⁷ ti¹ kə²
做 迎神 这 个 一， 就 放 (词头) 醉 这 个 一 作 诗 的
səu³ ən¹ nen² ləu⁴ dou² ha²? hɔ² kə² bɔi¹, m̩² biaŋ³ mɔ² kə²!" lək² hou⁴
差 这样 进来 咱 吗? 抓 他 去, 别 放 手 他!" 仔 后
teŋ¹ ki³ hu² tɔŋ⁴ kə² bɔi¹ niŋ¹ hau³ be² eŋ¹ vɔi³, tsiaŋ¹ siŋ¹ xuaŋ³ kə²
生 几个 操 他 去 旁边 头 父兄 了， 将 情况 (助)
səŋ¹ jəu³ hau³ be² eŋ¹。 hau³ be² eŋ¹ ja² xi² vɔi³: "ai⁴ ja², ti⁴ mə² huk⁷
告诉 给 头 父兄。 头 父兄 也 气 了: 哎哟, 是 你 作
ti¹ kə² səu³ ən¹ nen² ləu⁴ hau² lɔ⁴ ha²?" tsu⁴ di² jam³ leŋ¹ hun² kat⁸
诗 (助) 差 这样 进来 我们 吗?" 就 要 叫 人 绑

kə² ui². kuŋ¹ han² it⁷ tsi²⁸ du² m̩² maŋ², kə² liau³ liau¹ fɔi² hə³:
他 起来。公 汉 一 点 都 不 怕，他 笑 笑 下 子 一:
"lə³, da² ti⁴ ən¹ la²? bə³ be²⁷ mən² ti⁴ siaŋ³ ən¹ nən³, mə² lo⁴
"哪里，怎么 是 这样 呢？阿 伯 不 是 唱 这样，你们
hiŋ² sa¹ sɔk⁷ vɔi³。" "mə² mən² siaŋ³ ən¹ nən³ siaŋ³ di³ ləu² hə³? mə² ja³
听 错 了。" "你 不 唱 这样 唱 怎么 样 呢？你 也
di² tiaŋ³ tuat⁷ hau² lo⁴ ha²?" lək⁸ hou⁴ teŋ² hou² hə³ ja³ luan⁴ ui² mia²。
要 想 骗 我 们 吗？" 仔 后 生 群 一 也 乱 起来。
kuŋ¹ han² en³ ti⁴ liau³ liau¹ ən¹ nən³ jou³: "bə³ be²⁷ mən² ti⁴ siaŋ³ ən¹
公 汉 还 是 笑 笑 这样 在: "阿 伯 不 是 唱 这
nən³, bə³ be²⁷ siaŋ³ fɔi² hem¹ mə² lo⁴ dek⁸。bə³ be²⁷ mən² ti⁴ siaŋ³ kou⁴
样，阿 伯 唱 次 添 你们 看。阿 伯 不 是 唱 东西
səu³ kə³, bə³ be²⁷ ti⁴ siaŋ³ kou⁴ mai² kə³ te²。mə² lo⁴ hem¹ kɔn²
差 的，阿 伯 是 唱 东西 好 的（助）。你们 大 家
hiŋ² sa¹ tsin² tsin¹ kə², biaŋ³ bə³ be²⁷ siaŋ³ fɔi² hem¹ mə² lo⁴ dek⁸。"
听 真 真 的，放 阿 伯 唱 次 添 你们 看。"
"biaŋ³ kə³ siaŋ³, biaŋ³ kə³ siaŋ³!" hem¹ kɔn² ja³ luan⁴ ui² mia²。nə⁴ ti²
"放 他 唱，放 他 唱！" 大 家 也 乱 起来。这时
hou⁴, kuŋ¹ han² liŋ² sau¹ fɔi² hə³: "mə² lo⁴ hem¹ kɔn² hiŋ² sa¹ tsin² tsin¹
候，公 汉 清理 声音 下 一: 你们 大 家 听 真 真
kə², bə³ be²⁷ en² nau⁴ ti⁴ siaŋ³ ən¹ nən³。" tsip⁷ hək⁸ xai³ si⁴ siaŋ³ ui² mia²:
的，阿 伯 刚 才 是 唱 这样。" 接 着 开 始 唱 起 来:
"lək⁸ han⁴ mə² lo⁴ ŋiŋ² luŋ², en² ti⁴ sou⁴ tuaŋ¹ deŋ³, həi² ləu² mə² lo⁴ huk⁷
"仔 蛋家 你们 赛龙 舟，还 是 造 双 碇，调 楼 你们 做
luan⁴, en² ti⁴ sou⁴ tuaŋ¹ lua²。lək⁸ mai⁴ mə² lo⁴ jou³ lan², tsuŋ³ liau¹ xi² xo¹
迎神，还 是 造 双 舟。子 母 你们 在 家，总 笑 嘻嘻
xi² xak⁷, lək⁸ be² mə² lo⁴ bɔi¹ hai³, tsuŋ³ ti⁴ hə² bou³ hɔ² kim¹。" "o²,
哈 哈，子 父 你们 去 海，总 是 爬 宝 抓 金。" "喔，
mai², mai², na⁴ ku² mai²! mə² lo⁴ tsu⁴ bo¹ be² van⁴ hu² hə³ huk⁷ kou⁴ səu³
好！好！非常 好！你们 就 说 父人家 个 一 做 东西 差
kə³? meŋ³ tsi²⁸ siŋ³ van⁴ kɔn¹ jan³! meŋ³ tsi²⁸ siŋ³ van⁴ kɔn¹ jan³!" hem¹
的？快 点 请 人家 喝 酒！快 点 请 人家 喝 酒！" 大
kɔn² tsu⁴ siŋ³ kə² bɔi¹ kɔn¹ jan³ vɔi³ ti³。
家 就 请 他 去 喝 酒 了 的。

智谋饭吃

有一次，汉公到碉楼去玩，碰巧遇到碉楼要赛龙舟，全村都热热闹闹地杀鸡做饭。这时汉公肚子有点饿了，很想找顿饭吃，他故意走来走去，看有没有人请他吃饭。他走了大半天，走累了，也没有看到有人请他吃饭，人家只顾干人家的工，一点也没有注意到他。他心里想："你们不请我吃就算了，我想个办法让你们死心塌地地请我，不请也不行。"他故意走到年轻人很多的地方，声音响亮地吟起诗来："你们蛋家人赛龙舟，还是要毁坏双碇；你们碉楼迎神，还是会毁坏两只船。你们母子在家里，都是哭得哀声一片；你们父子出海，都是要扑通落海。"他刚刚唱出口，旁边的人听到了十分生气，大家嚷起来："妈的，咱们花了好几千块钱来，就让这个醉鬼题这么不吉利的诗给咱们吗？把他抓走，别放了他。"几个后生仔都推搡着他到村里头儿旁边，把情况告诉给头儿。头儿听了也很生气，说："妈的，是你题这么不吉利的诗给我们吗？"说着就要叫人把他绑起来。汉公一点也不害怕，他笑了笑说："哪里是这样呢？阿伯不是这么唱的，你们听错了。""你不是这么唱怎么唱？你还想蒙我们吗？"那伙后生仔嚷起来了。汉公还是笑盈盈地说："阿伯不是这样唱的，阿伯再唱一次给你们听，阿伯不是唱不吉利的，阿伯是唱吉利的。你们大家认真听听，阿伯再唱一次给你们听！""让他唱，让他唱！"大家一齐嚷起来。这时汉公清一下喉咙："你们大家认真听着，阿伯刚才是这样唱的。"接着唱起来了："你们蛋家人赛龙舟，还要造双锭；你们调楼迎神，还要造两只船。你们母子在家，都是嘻嘻哈哈地笑，你们父子出海，总是捞金捞宝。""哦，好，好，非常好！你们怎么说人家阿伯唱不吉利的呢？快点请人家去喝酒！快点请人家去喝酒！"于是大家都争着请他去喝酒。

讲述人：刘廷炳
流传地区：临高县

三 闹 酒 筵

lai³ fɔi² hə³, kuŋ¹ han² kua³ vo³ van⁴ voi³ hɔm³ vɔ³。nə⁴ vən³
有　次　一，公　汉　过　村　人家　了　吃 酒席。那 天

hə³ mɔ¹ kə³ na⁴ ku² liau⁴, nə² heŋ³ hou⁴ kə³ sen¹ kua³ niŋ²
一　客人（助）非常　多，（词头）伺　候　的 绕 过 旁边

kua³ nak⁸ oŋ³ mia² oŋ³ bɔi¹ tsuŋ³ m̩² lai³ leŋ¹ hun² dɔŋ¹ hɔi² kə³
过（无义）闯　来　闯　去　总　没有　　人　到 桌子 他

tsiaŋ¹ hə³。kə² fou³ fou³ hai⁴ fəŋ³ voi³ en³ m̩² lai³ leŋ¹ hun² dem¹
张　一。他　等　等　很　久　了 还 没有　人　端

sak⁷ kən³ hɔi² jou³, kə² xi² voi³ am³ ui²："van⁴ ti⁴ mo¹ dou² m̩²
菜　上　桌子 在，他　气 了 嘀 咕 起来：人家 是 客 咱 不

ti⁴ mo¹ la²? di³ ləu² hə³ van⁴ lai³ sak⁷ dou² m̩² lai³ sak⁷?" tsai² fou³
是 客 吗? 怎 么（助）人家 有 菜 咱 没有 菜?" 再 等

fou³ hem¹ mən² fou³ lai³ loŋ² voi², tsu⁴ siaŋ³ ui² mia³："fa³ mo⁸
等　添　不　等　得　下去 了，就　唱　起来："天 个

hə³ tsu⁴ daŋ⁴ a³ xoŋ³ xoŋ¹, kuŋ¹ lɔi² hon³ hum⁴ hum⁴, mən² hu⁴
一　就　旱 啊 穷　穷，公　雷 恕 吼 殷 殷，不　知 道

mən² lai³ sin² ləu³ kek⁷ la² ha³ ti⁴ fa³ mən² fun¹。" lan² tsu³ hu² hə³
没　有　钱　进 竹 篓 呢 还 是 天 无 雨。" 屋 主 个 一

hiŋ² sa¹ hək⁸ voi³, meŋ³ meŋ³ jam³ nə² heŋ³ hou⁴ kə³ dem¹ sak⁷
听　到 了，快　快　叫（词头）伺候 的　端　菜

kua³ mia²。nə² heŋ³ hou⁴ kə³ do⁴ sak⁷ mia² doŋ¹, na⁴ lai³ lək⁸
过 来。（词头）伺 候 的 端 菜 来 到，只 有 小

sak⁷ hua³ ki³ hiu² fou⁴ nam⁴ jaŋ¹ siŋ² siŋ² ən¹ nə³。fou³ fou³ en³ m̩²
菜　酸　几　条 煮　水 井 清　清　这 样。等　等　还 没

lai³ sak⁷ kak⁸ kə³ mia² doŋ¹ jou³, vok⁷ vok⁷ niŋ² hɔi² kə³ ka³ lai³
有 菜 别 的 来 到 在，看　看　旁边 桌台 的 已 有

nan⁴ kən¹ voi³, kə² ju⁴ xɔi¹ bak⁷ siaŋ³ ui²："van⁴ ti⁴ it⁷ hu² lək⁸
肉　吃　了，他 又 开　口　唱　起来："人家 是 一 个 小

kɔp⁷ fiak⁸, tsu⁴ ou¹ lop⁸ mok⁸ mia² hə³, xi¹ man² hau² lo⁴ lək⁸ fun⁴,
鸽　白，就 要 米　谷子 来 喂，欺　负　我们 小　鹅，

tsu⁴ ou¹ vɔ¹ lau⁴ mia² sam¹." nə² heŋ³ hou⁴ kə³ hiŋ² sa¹ hu⁴ vɔi³,
就 拿 砻 糠 来 掺。"（词头）伺 候 的 听 见 了，
maŋ² lan² tsu³ di² bo¹, kan³ kan³ kau² nan⁴ kən³ hɔi². lək⁸ nan⁴
怕 屋 主 要 讲， 赶 赶 舀 肉 上 桌台。小 肉
hui⁴ hə³ mən² ɲet⁹ fɔi² hə³ hem¹ kən² ka³ me¹ baŋ² baŋ² vɔ³, en³
碗 一 不 会 儿 一 大 家 已 扫 光 光 了，还
mən² lai⁸ leŋ¹ hun² mia² hem¹ sak⁷ jou³, kuŋ¹ han² ju⁴ siaŋ³ ui²
没 有 人 来 添 菜 肴 在， 公 汉 又 唱 起
mia²: "lək⁸ kai¹ nə⁴ hu² jou³ ləu², tə³ mai⁴ ak⁸ ko² tsuat⁷; lək⁸
来: "小 鸡 那 只 在 哪， 使 乌 鸦 嘴 馋； 小
tsian¹ nə⁴ hu² taʔ⁷ xop⁷, tə³ mai⁴ bit⁷ dəŋ² ko²." lan² tsu³ lai³ tsiʔ⁸
青蛙 寻 只 跳 蹦， 使 母 鸭 仰 脖子。"屋 主 有 点
ŋai² vɔk⁷, lək⁸ lək⁸ sɔi¹ leŋ¹ hun² dem¹ nan⁴ kai¹ fan² hə³ kən³
难 看， 悄 悄 催 人 端 肉 鸡 盘 一 上
mia², mən² kiau⁴ fəŋ² ja³ hem¹ nan⁴ hui⁴ hə³ hem¹。
来， 没 多 久 也 添 肉 碗 一 添。

三 闹酒筵

有一次，汉公到外村吃酒席。那天客人特别多，伺候的人闯来闯去，绕左绕右，都没有人来到他那张酒桌一下。他等了很久还是没有人端菜上来，他气得嘀咕起来："难道人家是客人咱不是客人吗？怎么人家有菜上咱没有菜上？"再等一阵等不下去了，就唱起来："天上旱得冒火，雷公殷殷做响，不知是钱没进钱笼呢还是天无雨。"主人听见以后，赶快吩咐伺候的人快点把菜端过去。伺候的人端菜来到，却只有几根清水煮的酸菜，再等等还没别的菜来到，看旁边的桌子，已经有肉吃了，他又开口唱起来："人家是小白鸽，就拿稻谷来喂；欺负我们小鹅，拿糟糠来掺和。"伺候的人听见了，怕主人要怪罪，急忙盛肉送上桌台。不一会儿大家已经把一小碗肉扫得一干二净，还没有人来添菜，汉公又唱起来："那只小鸡在哪里，惹得乌鸦嘴馋；那只青蛙蹦来蹦去，招得母鸭仰起脖子。"主人觉得不太光彩，私下里催人端出一盘鸡肉，没多久又添上了一碗肉。

讲述人：刘廷炳
流传地区：临高县

诱人"抱蛋"

kuŋ¹ han² fiŋ³ ti² na⁴ ku² ɔi³ kɔn¹ ȵum¹, bun³ tin¹ tsək⁸ mən²
公　汉　平时　很　爱　吃　蛋，身　体　如果　不

sə⁴ sai⁴, tsuŋ³ ɔi³ vian¹ ȵum¹ mia² tsin¹ diu³ fia⁴. lai³ fɔi² hə³ kiat⁷
自在，总　爱　买　蛋　来　煎　下饭。有　次　一　结

hɔk⁸ vɔi³, kə² lok⁸ lan² hɔk⁸ leŋ¹ mia², bun³ tin¹ lai³ tsiʔ⁸ m̥² sə⁴
学　了，他　从　学　校　回来，身　体　有　点　不　自

sai⁴, di² tiaŋ³ vian¹ ȵum¹ ki³ mɔʔ⁸ mia² diu³ fia⁴. tsək⁷ ti⁴ vɔ³ kə²
在，要　想　买　蛋　几个　来　下饭。可是　村　他

lo⁴ mɔʔ⁸ hə³ nɔk⁸ nɔk⁷, m̥² lai³ kiau⁴ lan², da³ vɔ³ m̥² lai³ leŋ¹ hun²
们　个　一　小　小，没　有　几家，里村　没　有　人

tiaŋ⁴ bit⁷ e¹ ȵum¹, vɔ³ tsoŋ¹ lai³ leŋ¹ hun² tiaŋ⁴ kai¹ le⁴ tsu⁴ mən²
养　鸭　下蛋，村　中　有　人　养　鸡　呢　就　不

am³ hək⁸ kai¹ e¹ ȵum¹. nə⁴ vən² hə³ kə² kɔn¹ tsau³ vɔi³ di² tiaŋ³
遇到　鸡　下　蛋。那　天　一　他　吃　早饭　了　要　想

kən³ həu¹ hən³, da³ vɔ³ lai³ leŋ¹ hun² səŋ¹ kə², bo¹ nə⁴ heŋ² hə³
上　集市（助），里村　有　人　告诉　他，说　这　亭　一

lai³ be² teŋ¹ li³ hu² hə³ mui³ vən² du² hap⁷ ȵum¹ bit⁷ tsin³ hə³
有（词头）生　意　个　一　每　天　都　挑　蛋　鸭　担一

kua³ na³ vɔ³ bɔi¹ hin⁴ vɔi³ iŋ³, di² tiaŋ³ vian¹ tsau² tsau³ tsu⁴ xəm³
过　前村　去　县　了，卖，要　想　买　早　早　就　欠

uk⁷ na³ vɔ³ vɔi³ dɔŋ³. tsək⁷ ti⁴ be² teŋ¹ li³ nə⁴ hu² hə³ na⁴ ku²
出　前村　了　等。可是（词头）生　意　那　个　一　很

ham³, mə² di² vian¹ mə⁴ vian¹ liau² liau⁴, vian¹ liau⁴ vɔi³ tsu⁴ tsiu²
贪，你　要　买　必须　买　多　多，买　多　了　就　照

ka³ da³ həu¹ kə³ iŋ³, tsək⁸ vian¹ lək⁸ kəu⁴ ki³ mɔʔ⁸ ni², xəm³ ou¹
价里　集市　的　卖，若　买　小　东西　几　个　呢，欠　要

ka³ tuaŋ¹ fui⁴, ka³ sin² dɔm³ vɔi³ kə² mən² xəŋ³ iŋ³. kuŋ¹ han² tsui²
价　双　倍，价　钱　低　了　他　不　肯　卖。公　汉　最

tsək⁸ leŋ¹ hun² tim¹ ham³ nə⁴ kə³, hiŋ² sa¹ hək⁸ vɔi³, kə² tim¹ mɔʔ⁸
恨　人　心　贪　那些，听　到　了，他　心　个

tiaŋ³: hau² mən² kɔn¹ tsu⁴ fa⁴, mə² di² tiaŋ³ ham³ sin² van⁴ kə³ hau²
想：我　不　吃　就　罢，你　要　想　贪　钱　人家　的　我

第二编　民间故事　113

tsu⁴ tiaŋ³ ban³ fap⁷ dɔu³ xɔu³ mə² fɔi²。
就　想　办　法　挑　斗　你　次。
　　hai⁴ ŋəi⁴ vən² tsau² tsau³, kuŋ¹ han² uk⁷ na³ vɔ³ mia² fɔu³
　　第 二 天 早 早, 公 汉 出 前 村 来 等,
be² teŋ¹ li³ nə⁴ hu² hə³ kiaŋ³ kiaŋ³ hap⁷ ȵum¹ bit⁷ vən³ da³ la²
(词头) 生 意 那 个 一 刚 刚 挑 蛋 鸭 两 半 箩
mia² dɔŋ¹ na³ vɔ³, kə² tsu⁴ lan² van⁴ on³ vɔi³, bo¹ kə² di² vian¹
来 到 前 村, 他 就 拦 人 家 稳 了, 说 他 要 买
ȵum¹ hən³。van⁴ tɔi³ kə² di² vian¹ ki³ liau⁴, kə² bo¹ vian¹ ki³ təp⁸
蛋 (助)。人 家 问 他 要 买 几 多, 他 说 买 几 十
mɔʔ⁸。kə² hok⁸ i³ di¹ din³ sia³ ləi³ sia³ ləi³ mɔʔ⁸ hə³, jin³ van⁴
个。他 故 意 找 石 头 倾 斜 倾 斜 个 一, 引 人家
dɔŋ¹ dau³ na³ tsum⁴ lɔŋ², jam³ van⁴ xo¹ mə² dəi³ hə³ kən³ bai¹
到 前 面 蹲 下, 叫 人 家 圈 手 对 一 上 上面
din² vɔi³, bo¹ kə² di² dem³ ȵum¹。be² van⁴ hu² hə³ ja³ tsun³ kə²,
石 头 了, 说 他 要 点 蛋。男 子 人 家 个 一 也 相信他,
təʔ⁸ mɔʔ⁸ xo¹ kən³ bai¹ din² vɔi³。kuŋ¹ han² dem³ di³ mɔʔ⁸ tsu⁴
伸 手 圈 上 上 面 石 头 了。公 汉 点 一 个 就
biaŋ³ lɔu⁴ hoŋ³ jua³ kə² di³ mɔʔ⁸, vok⁷ vok⁷ ȵum¹ vən³ da³ la² tsu⁴
放 入 怀 衣 他 一 个, 看 看 蛋 两 半 箩 就
di² dem³ in¹ vɔi³, ȵum¹ kə³ jɔu³ da³ hoŋ³ jua³ kə², don⁴ tsiŋ³ lək⁸
要 点 完 了, 蛋 的 在 里 怀 衣 他, 堆 像 小
tia⁴ mɔʔ⁸ hən³。be² nə⁴ hu² hə³ maŋ² ȵum¹ kə³ di² hot⁸ lɔŋ² mia²,
山 个 (助)。男 人 这 个 一 怕 蛋 的 要 滑 落 下 来,
mə² dəi³ xo¹ lit⁸ lit⁸ ən¹ nən³, xəi³ du² mən² kɔm³ liaŋ⁴ ŋɔ³。kuŋ¹
手 双 圈 牢 牢 这 样, 气 都 不 敢 喘 大。公
han² liau² liau¹ dɔi³ kə² kaŋ³:"mə² kut⁷ lit⁸ lit⁸ kə², m̩² ŋa⁴ huk⁷
汉 笑 笑 对 他 讲: 你 抱 紧 紧 地, 别 做
dok⁷ fau³ vɔi³, fɔu³ hau² ləŋ¹ lan² ɔu¹ xiaŋ¹ mia² hum¹ na⁴ ɔu¹ sin²
掉 砸 坏 了, 等 我 回 家 拿 筐 来 捡 才 要
mə²。"du² mən² kaŋ³ in¹, ka³ len³ lɔi² bɔi¹ kɔu⁴ kə² vɔi³, tə³ be²
钱 你。"都 没 讲 完, 已 经 转 背 去 东西 他 了, 使男子
van⁴ hu² hə³ kut⁷ on² on³ ən¹ nən³, mən³ kɔm³ nɔ¹ tsiʔ⁸ tsiʔ⁸。kua²
人 家 个 一 抱 稳 稳 这 样, 不 敢 动 点 点。过
hai⁴ fɔŋ³ vɔi³ kuŋ¹ han² na⁴ uk⁷ mia², jiau² sau¹ lək⁸ lək⁷ lɔu⁴ jam³:
好 久 了 公 汉 才 出 来, 拉长 声音 响 响 进去 喊:

"oi², lai³ hau⁴ kai³ hu² hə³ um³ ȵum¹ no⁴ mə² lo⁴ ha²!"
喂，　有　公　鸡　个　一　孵　蛋　呢 你们（助）!"
　　dɔ³　vɔ³　kə³　mən²　hu⁴ ki³　kai³　tə⁴　hou²,　nə²　nok⁷　nə²　ȵɔ³
　　里　村　的　不　知　什么　事情,（词头）小（词头）大
nə². un²,　nə²　lau⁴ tsuŋ³　sim²　sau¹　uk⁷ mia²　dek⁸,　ɔm³　ɔm³　ti⁴　be²
（词头）年轻（词头）老总 寻　声　出　来　看，原来　是 男人
hu² hə³　kut⁷ ȵum¹, tə³　lək⁸　vɔ³　nə⁴ hou²　hə³ liau¹ kəm² vɔi³。 be²
个 一　抱　蛋，使子　村　这　群　一　笑　饱了。男人
van⁴ hu² hə³ na³ hoŋ² hoŋ² ən¹ nən³ ："be² dai² vɔ³ mə² lo⁴ nə⁴ hu²
人家个 一 脸 红 红 这 样 ："男人 死 村 你 们 这 个
hə³ bo¹ di² vian¹ ȵum¹ hə³, təu¹ hau² kut⁷ ȵum¹ kut⁷ lok⁸ bak⁸
一 说 要 买 蛋 的, 诱 使 我 抱 蛋 抱 从 刚
fən⁴ ən¹ nən³。" leŋ¹ hun² dɔ³ vɔ³ kə³ hem¹ kɔn² tsuŋ³ tso² kə³：
才 这 样。" 人 里 村 的 大 家 总 数落 他：
"kɔn¹ ne⁴, mə² di² kut⁷ mə² mə⁴ kut⁷ ti³, van⁴ di² vian¹ ki³ mə⁸
活 该，你 要 抱 你 就 抱 吧，人家 要 买 几 个，
ma¹ nə³ jam³ mə² ɔu¹ sin² xɔk⁸ ən¹ nə³？ mə² di² kut⁷ ən¹ nən³ loŋ²
狗 个 叫 你 要 钱 贵 这样？你 要 抱 这 样 下
bɔi¹ ha³ ti⁴ ko³ sin² ki³ mən² biaŋ³ hau² lo⁴ hem¹ mə² hum¹ ȵum¹
去 还 是 雇 钱 几 文 放 我 们 跟 你 捡 蛋
kə³ ləŋ¹ dɔ³ la² vɔi³ ti³？" "kiau⁴ sin² tsu² kiau⁴ sin² lo³, mə² lo⁴ meŋ³
的 回 里 箩 了 呢？" 多少 钱 就 多少 钱 吧，你们 快
tsiʔ⁸ hem¹ hau² hum¹ ȵum¹ ləŋ¹ dɔ³ la² vɔi³, mə² hau² dəi³ du²
点 跟 我 捡 蛋 回 里 箩 了，手 我 对 都
ka³ tsun² vɔi³ le⁴。" fɔu³ lək⁸ vɔ³ hou² hə³ hem¹ kə² hum¹ ȵum¹ in¹
已经 酸 疼 了" 等 子 村 群 一 跟 他 捡 蛋 完
vɔi³, kə² na⁴ liaŋ¹ xəi³ tsiu³ hə³ kua² mia², hap⁷ lək⁸ ȵum¹ kə² vɔn³
了，他 才 喘 气 次 一 过 来，挑 小 蛋 他 两
dɔ³ la² bɔi¹ hin⁴ iŋ³ vɔi³。
半 箩 去 县 卖 了。

诱人"抱蛋"

　　汉公平时很喜欢吃蛋，身体若不舒服，总喜欢买蛋来煎下饭。有一次放假后，他从学校回来，身体有点不舒服，想买几个蛋来下饭。可是，他们村很小，没几户人家，村里没有人养卵用鸭，养鸡倒是有人，却碰

不着下蛋时候。那天，他吃了早饭，想去赶集，村里有人告诉他，说这段时间有个商人每天都挑着一担鸭蛋从村子前面经过，到县城里卖，如果想买，早晨就必须来到村子前面等。可是，那个商人很贪，要买必须买多些，买多了他就按市场价格给你，如果才买几个，得要双倍价钱，价低了他不肯卖。汉公最恨那些贪心鬼，听到这个消息后，心里想，我不吃也就算了，你想贪人家的钱，我就想法子作弄你一下。

第二天一大早，汉公走到村前等候。那个商人刚挑着两半箩鸭蛋来到村前，他就把人家拦住了，说是想买鸭蛋。人家问他要买多少，他说要买好几十个。他故意找到一块石面很倾斜的石头，把人家带到石头前面蹲下，叫人家把一双手围成一个圈圈，放在石面上，说他要点蛋，人家一个大男人也相信了他，伸出手来在石面上围成一个圆圈。汉公每点一个就把一个放进他怀里，眼看两半箩鸭蛋就要点完了，鸭蛋在他怀里堆成一座小山。蛋商怕鸭蛋要滑落下来，一双手紧紧地围住，连大气都不敢喘。汉公笑盈盈地对他说："你要抱得紧紧的，别让它们掉落下来砸坏了，等我回家拿竹筐来捡走才付钱给你。"话没说完，转身就走他的去了，害得人家在那里稳稳地抱着蛋，一动也不敢动。过了半晌汉公才出来，拉长声音喊道："喂，父老乡亲们，有个公鸡在那里孵蛋呢！"

村里的人不知道发生了什么事，大人小孩老老幼幼都寻声出来看，喔，原来是一个男子在抱蛋，让这一大群人都笑饱了。蛋商脸上涨得红红的，说："你们村这个死老头，说是要买蛋，骗得我从刚才一直抱蛋到现在。"村里人一起数落他："活该，你要抱就抱吧！人家要买几个蛋，谁叫你索价这么贵？你是想这样抱下去呢，还是雇几个小钱让我们跟你把蛋捡回箩筐里？""多少钱就多少钱吧，你们快点跟我把鸭蛋捡回箩筐里，我双手都已酸痛了！"等到村子里这群人把蛋捡完了，他才喘过一口气来，挑着他那两半箩鸭蛋，往县城里卖去了。

讲述人：刘定中
流传地区：临高县

移 栽 芝 麻

lai³ vən² hə³, kuŋ¹ han² dek⁸ sek⁷ jou³ da³ lan² ne⁴, fa³ mo⁸
有　天　一，　公　汉　看　书　在　里　屋　呢，天　个

hə³ it⁷ tsiu⁴ tsu⁴ xi³ ba⁴ dok⁷ fun¹ loŋ² mia², mai⁴ kə² hu² hə³ jam³
一 一 下子 就 起 云 落 雨 下 来，女人 他 个 一 叫
kə² bəi¹ vən³ ma² vɔŋ² vɔi³ kam³ ma² vɔŋ² mia² sa¹。fun¹ nə⁴ sin⁴
他 去 园 芝 麻 了 间 芝 麻 来 种。雨 这 阵
na⁴ ku² ŋ³ lo³, du² m̩² dɔŋ¹ vən³ ka³ dok⁷ hou³ mat⁸ vɔ³, diʔ⁸ kə²
特别 大 啰， 都 没 到 园子 已 下 透 土 了，淋 他
lo⁴ vən³ na³ suan² hu² tsak⁸ top⁹ top⁹ ən¹ nən³。kə² lo⁴ vən³ na³ it⁷
们 两 个 全 身 湿 漉 漉 这样。他们 两 个 一
tsiʔ⁸ du² mən² sa² tə⁴, kuʔ⁸ hau³ ləu⁴ vɔi³ li³ tə⁴ vok⁸ li³ tə⁴ sa¹, di²
点 都 不 查事，理 头 进 了 只顾 拔 只顾 种，要
tiaŋ³ tsəŋ² si⁴ jou³ fa³ daŋ⁴ ji⁴ sian¹ sa¹ in¹。nə⁴ ti² hou⁴, lai³ sai² tsu³
想 争 取 在 天 放晴 以 前 种 完。这时候，有 财主
hu² hə³ xəi² maʔ⁸ lok⁸ hin⁴ ləŋ¹ mia² kua³ niŋ² kə² lo⁴, hu⁴ kə² lo⁴
个 一 骑 马 从 县 回 来 过 旁边 他 们，看见 他 们
nua⁴ fun¹ sa¹ ma² vɔŋ², heŋ² on³ vɔi³ təi³: "van⁴ ma² vɔŋ² ti⁴ ou¹
冒 雨 种 芝 麻， 停 稳 了 问："人家 芝 麻 是 用
mia² kap⁷ ti³, mə² lo⁴ di³ ləu² hə³ tsu⁴ vok⁸ mia² sa¹?" kuŋ¹ han²
来 点播 的， 你们 怎 么 的 就 拔 来 种?" 公 汉
hu⁴ lai³ leŋ¹ hun¹ təi³, du² m̩² lai³ huan¹ daʔ⁸ ləu³ ui², haŋ⁴ sa¹
看到 有 人 问，都 没 有 工夫 直 腰 起 来，边 种
haŋ⁴ tan¹: "mə² mən² hu⁴ van⁴ kaŋ² kua³ ha², ma² vɔŋ² kap⁷ mən²
边 回答："你 没 听见 人家 讲 过 吗，芝 麻 点播 不
dim³ ma² vɔŋ² tsai¹, teŋ¹ mak⁸ lok⁸ hau³ tsi³ dəŋ¹ bai¹; ma² vɔŋ²
如 芝 麻 栽， 生 果 从 头 至 到 稍；芝 麻
kap⁷ mən² dim³ ma² vɔŋ² sa¹, teŋ¹ mak⁸ lok⁸ kok⁸ tsi³ dəŋ¹ sa¹?"
点播 不 如 芝 麻 种， 生 果 从 脚 至 到 耳朵?"

sai² tsu³ hu² hə³ hiŋ² hək⁸ ko³ vɔi³, da² tsiŋ³ am³ hək⁸ bou³
财 主 个 一 听 到 话 了，很 像 遇 到 宝
hə³, meŋ³ meŋ³ vou² maʔ⁸ ləŋ¹ lan², jam³ lək⁸ koŋ¹ kə³ bəi¹ vən³
的， 快 快 赶 马 回家， 叫 小 工（助）去 园
ma² vɔŋ² kə² vɔi³, vok⁸ ma² vɔŋ² kap⁷ kə³ in² in¹ kən¹ mia², ji²
芝 麻 他 了， 拔 芝 麻 点播 的 完 完 上 来，移
bəi¹ leŋ¹ kak⁸ xat⁸ sa¹。ma² vɔŋ² kə² kə² liau⁴, lək⁸ koŋ¹ vən³ na⁴
去 地方 别 块 种。芝 麻 他 的 多， 小 工 两 个

sa¹ tiŋ² vən² na⁴ sa¹ lai³ in¹, tsək⁷ ti⁴ m̥² fəu³ kua³ kɔm⁴ ma² vɔŋ²
种 成 天 才 种 得 完， 可 是 没 等 过 晚上 芝 麻
kə² kə³ ka³ n̥eu³ vɔ³, da³ vən² kiaŋ² kiaŋ² uk⁷ lai³ fən⁴ hə³ ka³
他 的 已 蔫 了， 太 阳 刚 刚 出 有 部分 一 已经
dai¹ vɔ³。
死 了。

    sai² tsu³ da¹ kuak⁸ kuak⁸ vɔk⁷ ma² vɔŋ² kə² kə³ tsu⁴ di² dai¹ in¹
    财 主 眼 睁 睁 看着 芝 麻 他 的 就 要 死 完
vɔi³, du² ka³ xi² ŋɔp⁷ vɔi³, fiŋ⁴ lap⁷ jəu³ bai¹ taŋ² ki³ vən²。fiŋ⁴
了， 都 已经 气 哑 了， 病 躺 在 上面 床 几 天。 病
kiaŋ² kiaŋ³ mai², kə² tsu⁴ bəi¹ di² kuŋ¹ han², bo¹ kuŋ¹ han² təu¹
刚 刚 好， 他 就 去 找 公 汉， 说 公 汉 诱骗
kə², di² jam³ kuŋ¹ han² fui² sin² ma² vɔŋ² kə³ ki³ vən³ ləŋ¹。kuŋ¹
他， 要 叫 公 汉 赔 钱 芝 麻 他 几 园子 回来。 公
han² it⁷ tsi²⁸ du² mən² hit⁷："mə² bo¹ hau² təu¹ mə² ha²? mə²
汉 一 点 都 不 惊： "你 说 我 诱骗 你 吗？ 你
hem² mo⁴ hau² bəi¹ vən³ hau² vɔi³ dek⁸ dek⁸, ma² vɔŋ² hau² kə³ ti⁴
跟 尾 我 去 园 我 了 看 看， 芝 麻 我 的 是
nua⁴ fun¹ ji² bəi¹ sa¹ kə³, en³ təi² ka³ di² teŋ¹ hua² vɔi³ lo³, kua³
冒 雨 移 去 种 的， 现 在 已经 要 生 花 了 啰， 过
lək⁸ keu² hem¹ tsu⁴ di² teŋ¹ mak⁸ lok⁸ hau³ tsi³ dɔŋ¹ bai¹ vɔi³ lo³,
小 月 添 就 要 生 果 从 头 至 到 稍 了 啰，
maŋ² ma² vɔŋ² mə² kə³ ti⁴ fun¹ daŋ⁴ vɔi³ na⁴ ji² mia² sa¹ ne⁴, ma²
怕 芝 麻 你 的 是 雨 停 了 才 移 来 种 呢， 芝
vɔŋ² kə³ vok⁸ vɔi³ ŋai² tiŋ², tsək⁷ fa³ daŋ⁴ vɔi³ na⁴ sa¹, di² lai³
麻 （助）拔 了 难 成， 如果 天 放晴 了 才 种， 哪 有
mən² dai¹ ha²?"
不 死 呢？"

    sai² tsu³ hu⁴ kuŋ¹ han² kaŋ³ ən¹ nən³, tiaŋ² hək⁸ kə² ti⁴ dok⁷
    财 主 见 公 汉 讲 这样， 想 到 他 是 下
fun¹ daŋ⁴ kua³ həu⁴ ləi² na⁴ sa¹, kə² xi² kui¹ xi² te², dai¹ vɔi³ mən²
雨 停 过 后 来 才 种， 他 气 归 气（助），死 了 不
kuai³ lai³ van⁴, mən³ mən³ ləŋ¹ lan² kəu⁴ kə² vɔi³。
怪 得 人家， 静 静 回 家 东西 他 了。

移栽芝麻

有一天,汉公正在家里看书,忽然天上起了乌云,下起雨来,妻子叫他去芝麻地间苗,把多余的芝麻苗移到空地上种。这场雨真大,他们还没到芝麻地雨水已经透土了,他俩也被淋得全身湿漉漉的,可是他俩一点也不在乎,低下头只顾拔只顾种,想争取在雨停之前种完。这时候,有个财主骑着马从城里回来,路过他们这里,看到他们冒雨移栽芝麻,停住问道:"人家芝麻都是点播的,你们怎么拔出来种?"汉公听到有人问,连直起腰的功夫也没有,一边种一边回答:"你没听见人家说过么,点播的芝麻不如移栽的好,移栽的芝麻结果从头到梢。"

财主听到这些话后,如同捡到了宝贝,快马加鞭赶回家,吩咐工仔到他家的芝麻地里,把点播的芝麻苗全部拔出来,移栽到别的地里。他家的芝麻多,两个工仔差不多一天才种完。可是,还没有过一个晚上,他的芝麻已经蔫了,太阳刚一出,有些已经死了。

财主眼睁睁地看着他的芝麻就要死光了,气得说不出话来,病倒躺在床上,一连几天。病一好,他就去找汉公,说汉公诱骗他,叫汉公把他几块地上的芝麻赔回来。汉公一点也不惊慌,说道:"你说我诱骗你吗?你跟我到我芝麻地看看,我的芝麻是冒雨移去栽种的,现在已经要开花了,再过一个月就要结果从头到梢了;恐怕你的芝麻是雨停之后才移种的,芝麻拔出来后很难成活,如果天晴后才栽种,哪有不死的呢?"

财主听汉公这么一说,想起他自己是雨停之后才种的,他生气归生气,可怪不了人家,于是默不作声地回家去了。

讲述人:刘廷炳
流传地区:临高县

计吻靓女

lai³ vən² hə³ tsau² tsau³, kuŋ¹ han² hem¹ lək⁸ vɔ³ hu² hə³
有 天 一 早 早, 公 汉 跟 男子 村 个 一
ŋəu³ lok⁸ da³ vɔ³ uk⁷ mia², hu⁴ ləm² lək⁸ hou² hə³ diŋ¹ bau² bau²
信步 从 里 村 出 来, 看见 姑 娘 群 一 穿戴 漂漂 亮亮

ən¹ nən³ kua³ na³ vɔ³ kə² lo⁴ di² bɔi¹ həm³ vɔ³。lək⁸ vɔ³ nə⁴ hu² hə³
这 样 过 前 村 他们 要 去 赴 宴。男子村 这个 一

nou² kuŋ¹ han²："mə² tsək⁸ həm¹ lai³ bak⁷ ləm² lək⁸ nə⁴ hou² hou³
逗 公 汉："你 若 吻 得 嘴巴 姑 娘 这群 透

vɔi³，hau² tsu⁴ tu¹ it⁷ bek⁷ ŋən² mə²。" kuŋ¹ han² hu⁴ kə² da³ hɔi⁴
了，我 就 输 一 百 银 你。" 公 汉 知道 他里袋

m̥² lai³ sin²，ja³ tsɔŋ¹ tə³ kə²："mə² en³ təi² tsək⁸ ou¹ lai³ ŋən² bek⁷
没 有 钱，也 装 试 他："你 现 在 如果 拿 得 银 百

hə³ uk⁷ mia²，hau² en³ təi² tsu⁴ həm¹ jou³ mə² dek⁸。" lək⁸ vɔ³ hu²
一 出 来，我 现 在 就 吻 给 你 看。" 男子村 个

hə³ hok⁸ i³ kik⁸ kə²："hau² en³ təi² mən² lai³ sin² jou³ hɔi⁴，tsək⁷
一 故 意 激 他："我 现 在 没 有 钱 在 袋，可

ti⁴ hau² liaŋ⁴ mə² ja³ m̥² kɔm³ həm¹ van⁴，tit⁸ tit⁸ mə² tsək⁸ həm¹
是 我 量 你 也 不 敢 吻 人家，实实 你 若 吻

lai³ ləm² lək⁸ nə⁴ hou² hou² vɔi³，hau² ləŋ² lan² iŋ³ mo¹ du² xəm³
得 姑 娘 那 群 透 了，我 回 家 卖 猪 都 欠

ou¹ sin² jou³ mə²。" kuŋ¹ han² xi² vɔi³："sin² kə³ mən² ou¹ mən²
拿 钱 给 你。" 公 汉 气 了："钱（助）不 要 不

tiaŋ² kan¹，hau² en³ təi² tsu⁴ bɔi¹ həm¹ jou³ mə² dek⁸，da² kaŋ³
相 干，我 现 在 就 去 吻 给 你 看，居然 讲

kɔ³ tə³ xɛi³ xi² hɔ³。" vən³ na³ lun² kɔn² da³ mɔ² nen⁴，ləm² lək⁸
话 惹 生 气 呢。" 两 个 争吵 互相 里 手 呢，姑 娘

hou² hə³ ka³ liau¹ xi² xo¹ xi² xak⁵ hən⁴ mia² dəŋ¹ dau³ na³ kə²
群 一 已经 笑 嘻 嘻 哈哈 哈 这样 来 到 面 前 他

lo⁴ vɔi³。kuŋ¹ han² hua?⁸ sau¹ jam³ kə² lo⁴ on³，ləm² lək⁸ hou² hə³
们 了。公 汉 喊 声音 叫 他 们 稳，姑 娘 群 一

m̥² hu⁴ ki³ kai³ tə⁴ hou²，it⁷ tsiu³ tsu⁴ hit⁷ on³ vɔ³。kuŋ¹ han² lan²
不 知 什 么 事情， 一下子 就 惊 稳 了。公 汉 拦

lou⁴ da³ sun¹ vɔi³，tsɔŋ¹ kuai¹ da¹ lou⁴ kaŋ³："mə² lo⁴ on³ on³ kə³
入 中间 路 了，装 弄眉 挤眼 进去 讲："你们 稳 稳 的

m̥² ŋa⁴ nɔ¹，suŋ¹ hau² vən³ hə³ kɔm⁴ va² vau³ vɔi³，hau² dek⁸ mə²
不 要 动，葱 我 园 一 昨晚 不 见 了，我 看 你

lo⁴ lou² na³ lək⁸，lou² na³ bak⁷ tsək⁷ kɔ?⁸ suŋ¹ nə⁴ kə³ tsu⁴ ti⁴ kə² lək⁸
们 哪 个 偷，哪 个 嘴巴 如果 臭 葱 那些 就 是 她 偷

vɔi³ lo³, hau² hɔm¹ bak⁷ tsu⁴ hu⁴ vɔi³ lo³, mə² lo⁴ on² on³ kə²,
了 啰， 我   闻 嘴巴 就 知 道 了 啰， 你 们 稳 稳   的，
biaŋ³ hau² hɔm¹ di³ na³ dɔŋ³ di³ na³。" ləm² lək⁸ hou² hə³ m̩² hu⁴
 放   我 闻 一 个 到 一 个。" 姑 娘 群 一 不 知 道
ti⁴ kɔi³ kə² kə³, on² on³ ən¹ nən³ di³ na³ dɔŋ³ di³ na³ biaŋ³ kə²
是 计 他 的， 稳 稳 这 样 一 个 到 一 个 放 他
hɔm¹, hɔm¹ lai³ in¹ vɔi³, kə² tsɔŋ² kaŋ³: "o², m̩² ti⁴ mə² lo⁴ iɛ̆ɔ³,
 闻， 闻 得 完 了， 他 装   讲： "喔，不 是 你 们 了，
ti⁴ kak⁸ hu² vɔi³ te²。 ai⁴ ja², hau² di² sa² dek⁸ ti⁴ ləu² na³ lək⁸
是 别 个 了 的。他 妈 的， 我 要 查 看 是 哪 个 偷
suŋ¹ nə⁴ vən³ bɔi¹ vɔi³, suŋ¹ nə⁴ vən³ hə³ hau² xo³ xo³ so³ so³ heŋ²
葱 那 园 去 了， 葱 那 园 一 我 辛 辛 苦 苦 伺
hou⁴ ki³ keu² fɔŋ³, hau² di² biaŋ³ mə² kə² bɔi¹ ha²?" haŋ² ŋam³ haŋ⁴
候   几 月 久， 我   哪 放 手 他 去 呢？" 一边嘀咕一边
bɔi¹ kou⁴ kə² vɔi³.
去 东西 他 了。

计 吻 靓 女

有一天一大早，汉公跟村里的一个人从村里头信步出来，远远看见一群穿戴漂漂亮亮的姑娘往他们村前走过来，要去吃酒席。村里那个人逗他说："你如果能把这群姑娘的嘴巴吻个遍，我就输一百块钱给你。"汉公知道他衣兜里没有钱，也跟他开玩笑说："你现在如果能拿出一百块钱来，我现在就吻给你看。"村里那人故意讲话激他："我衣兜里现在没有钱，可我谅你也不敢去吻人家，如果你真的把这群姑娘的嘴巴吻遍了，我就是回家把猪卖了也要给你钱。"汉公也很生气："钱不要没关系，我现在就去吻给你看，居然讲这样的话来气人家。"两个正争着呢，姑娘们已经嘻嘻哈哈地来到他们的面前。汉公把她们喊住，姑娘们不知道什么事，一下子也呆住了。汉公拦在路中间，故意挤眉弄眼地说："你们站稳稳的，不要动。我整个园子的大葱昨晚不见了，我看是你们哪个偷去了，嘴巴臭臭有葱味的那个肯定是她偷了，我闻了嘴巴就知道了。你们站稳稳的，让我闻一个到一个。"姑娘们不知道是他设的计，站得稳稳的，一个一

个地让他闻。闻完之后，他装着说："喔，不是你们偷的，是别人偷的。妈的，我要查一下到底是谁把葱偷去了，那葱我辛辛苦苦伺候了好几个月之久，我哪能放手让他就这样走了呢？"他一边嘀咕一边走他的路去了。

讲述人：刘定中

流传地区：临高县

背人过河

lai³ vən² hə³, kuŋ¹ han² di² kua³ to³ fiaŋ² nin⁴ vɔi³ di¹ fəŋ² ju³
有　天　一，公　汉　要　过　河　边　那　了　找　朋　友

bən³。to³ nə⁴ hiu² hə³ fiŋ² ti² nam⁴ dən² dən³, du² mən² dɔŋ² lai³
玩。河　那　条　一　平　时　水　浅　浅，都　不　到　得

hau³ kau⁴, nə⁴ vən² hə³ fa³ dok⁷ lək⁸ fun¹ sin⁴ hə³ lɔŋ² mia², nam⁴
膝　盖，那　天　一　天　下　小　雨　阵　一　下　来，水

ka³ tsiaŋ³ di² dɔŋ¹ bak⁷ mo⁴ vɔi³。kuŋ¹ han² kiaŋ² kiaŋ³ lɔŋ² na³
已　经　涨　快　到　屁　股　了。公　汉　刚　刚　下　前

to³ le³, ka³ lai³ lək⁸ hɔu⁴ teŋ¹ ki³ hu² jɔu³ nin⁴ vɔi³。kuŋ¹ han²
河　呢，已　经　有　仔　后　生　几　个　在　那　里　了。公　汉

lən³ ken¹ xo³ di² kua³ to³ le³, na⁴ hu⁴ lai³ mai⁴ lək⁸ hɔu² hə³ nem²
卷　袖　裤子　要　过　河　呢，才　知道　有　女　人　群　一　跟

mo⁴ kə² lɔŋ² mia² ne⁴。lək⁸ hɔu⁴ teŋ¹ nə⁴ ki³ hu² hu² kuŋ¹ han² iau³
尾　他　下　来（助）。仔　后　生　那　几　个　知道　公　汉　滑

dau³, hok⁸ i³ təu¹ kə²："mai⁴ lək⁸ nə⁴ hɔu² hə³ di² kua³ to³ fiaŋ²
稽，故　意　逗　他："女　人　那　群　一　要　过　河　边

nin⁴ kɔn¹ təp⁸ tam¹ vən² ne⁴, mə² di² kam² lai³ bak⁷ mo⁴ mai⁴ lək⁸
那　吃　十　三　天　呢，你　将　摸　得　屁　股　女　人

nə⁴ hɔu² hɔu³ mə²? mə² tsək⁸ kam² lai³ hɔu³ vɔi³, hau⁴ lo⁴ kiau⁴ sin²
这　群　透　不？你　如果　摸　得　透　了，我　们　多　少　钱

du² tu¹ mə²。"
都　输　你。"

"tu¹ kiau⁴ sin² te³, tu¹ lək⁸ jan³ dɔn³ tsu⁴ mai² leu⁴ tə²。"
"输　多　少　钱　干　吗，输　小　酒　顿　就　好　了（助）。"

kuŋ¹ han² vɔk⁷ hək⁸ mai⁴ lək⁸ na⁴ hou² hə³, ka³ tiaŋ³ kɔi³ uk⁷ mia²
公　汉　看　到　女　人　这　群　一，已经　想　计　出　来
vɔi³。
了。

　　　mai⁴ lək⁸ hou² hə³ dəŋ¹ na³ to³, hu⁴ nam⁴ kə³ hai² ŋɔ³ vɔi³,
　　　女　人　群　一　到　前　河，看　到　水（助）太　大　了，
mən² hu⁴ di³ ləu² huk⁷ na⁴ mai², di² kua³ to³ ha² tsu⁴ maŋ² jua³ nau⁴
不　知　怎　么　做　才　好，要　过　河　吧　就　怕　衣　新
di² tsak⁸ di² tseʔ⁷, di² fan¹ ləŋ¹ ha² ju⁴ m̩² lai³ sun¹ hau³ kua³ vɔi³。
要　湿　要　脏，要　返　回　吧　又　没　有　路　可　过　了。
kuŋ¹ han² ləu⁴ niŋ² kə² lo⁴ vɔi³, hok⁸ i³ lən³ ken¹ xo³ haŋ² haŋ¹
公　汉　进　旁　边　她　们　了，特意　卷　袖　裤　了　高　高
ən¹ nə³："mə² lo⁴ tsək⁸ m̩² him² bə² beʔ⁷, tsu⁴ biaŋ² bə³ beʔ⁷ iaʔ⁷
这　样："你　们　如　果　不　嫌　阿　伯，就　放　阿　伯　背
mə² lo⁴ kua³ bɔi¹, bə³ beʔ⁷ bou⁴ tsiŋ² mə² lo⁴ m̩² tsak⁸ m̩² tseʔ⁷。"
你　们　过　去，阿　伯　保　证　你　们　不　湿　不　脏。"
niaŋ² un³ hou² hə³ mə² vɔk⁷ hau² hau² vɔk⁷ mə² ləu⁴ na³ du² m̩²
姑娘　年轻　群　一　你　看　我　我　看　你　哪　个　都　不
kɔm³ biaŋ² kə³ iaʔ⁷, kuŋ¹ han² tsu⁴ iaʔ⁷ mai⁴ lau⁴ hu² hə³ kua³ na³。
敢　放　他　背，公　汉　就　背　妇　人　老　个　一　过　前。
mai⁴ lau⁴ hu² hə³ kiaŋ² kiaŋ³ kua³ to³ tsu⁴ jiau² sau¹ kua³ mia²:
妇　人　老　个　一　刚　刚　过　河　就　丢　声　音　过　来：
"oi², mə² lo⁴ m̩² ŋa⁴ maŋ², beʔ⁷ nə⁴ hu² hə³ na⁴ ku² mai² lo³, mə² lo⁴
"喂，你　们　别　怕，伯　这　个　一　特别　好　啰，你　们
biaŋ³ kə² iaʔ⁷ kua³ mia², meŋ³ tsiʔ⁸ hə³, m̩² ŋa⁴ ŋo⁴ kua³ ti² kan¹
放　他　背　过　来，快　点　一，不　要　误　过　时　间
vɔi³。" niaŋ² un³ hou² hə³ hu⁴ mai⁴ lau⁴ nə⁴ hu² hə³ on² on³ kua³ bɔi¹
了。"娘　年轻　群　一　见　妇　人　老　那　个　一　稳　稳　过　去
vɔi³, na⁴ kɔm³ biaŋ³ kuŋ¹ han² iaʔ⁷. hai⁴ it⁷ na³ dəŋ¹ da³ to³ voi³
了，才　敢　放　公　汉　背。第　一　个　到　中　间　河　了
le³, kuŋ¹ han² tsu⁴ fan¹ mə² ləŋ¹ kam² bak⁷ mo⁴ kə², kə² tən¹ m̩²
呢，公　汉　就　反　手　回　摸　屁　股　她，她　痒　不

tu⁴ lai³, kiau⁴ hu² mɔʔ⁸ tsiŋ³ tən³ hə³. kuŋ¹ han² tsɔŋ² huaʔ⁸ kə²:
受 得， 动 身 子 个 像 蛆虫（助）。公 汉 装 吓唬 她：
"mə² mən² on² on² kə², mə² tsək⁸ kiau⁴ fɔi² hem¹ hau² tsu⁴ tek⁷
"你 不 稳 稳 的， 你 如果 动 次 添 我 就 放手
mə² dau² to³ vɔi³ lo³." mai⁴ lau⁴ fiaŋ² nin⁴ to³ nə⁴ hu² hə³ m̩² hu⁴ tə⁴
你 下面 河 了 啰。" 妇人 老 边 那 河 那 个 一 不 知 底
hou², ja³ jiau² sau¹ kua³ miaʔ: "nə² un³ mə² lo⁴ kə³ tsu⁴ iau³
细， 也 丢 声音 过 来： "（词头）年轻 你们 的 就 妖
niat⁸ ən¹ nə³? nə² lau⁴ iaʔ⁷ ti³, nə² un³ iaʔ⁷ ne⁴ la², on² on²
孽 这样？（词头） 老 背 的，（词头）年轻 背 的 吗？ 稳 稳
kə² biaŋ³ van⁴ iaʔ⁷ mə² kua³ meŋ² tsiʔ⁸ hə³!" niaŋ² un³ hu² hə³ di²
地 放 人家 背 你 过 快点 一！" 娘 年轻 个 一 要
kaŋ³ tsu⁴ mən² xɔi¹ lai³ bak⁷, kap⁸ bak⁷ lou⁴ tu⁴ biaŋ³ kə² iaʔ⁷.
讲 就 不 开 得 口， 咬 嘴巴 进去 受 放 他 背。
dau³ lɔi² nə⁴ kə³ ni² kuŋ¹ han² ja³ tiʔ⁴ iaʔ⁷ di³ hu² kam² bak⁷ mo⁴ di²
后 面 那 些 呢 公 汉 也 是 背 一个 摸 屁 股 一
hu², kə² lo⁴ hɔk⁸ ɳai² vɔi³, ja³ tiʔ⁴ dit⁸ dit⁸ lou⁴ tu⁴, biaŋ³ kuŋ¹
个， 她们 学 聪明 了， 也 是 默 默 地 受， 放 公
han² iaʔ⁷ kua³ to³ vɔi³.
汉 背 过 河 了。

背 人 过 河

　　有一天，汉公要过河对面找朋友玩。这条河平时水很浅，连膝盖都不到，那天下起一阵小雨，水已经涨到屁股深了。汉公刚刚下到河前面，已经有几个后生仔在那里了。汉公卷起裤腿正要过河呢，才发现有一帮妇女尾随他而来。那几个后生仔知道汉公很滑稽，故意逗他："那帮妇女婆要过河对面吃孩子出生十三天纪念的酒呢，你能把她们的屁股逐个摸遍不？你要是能把她们的屁股摸遍，我们多少钱都输给你。"

　　"输多少钱干吗，输给我一顿酒就行了。"汉公打量着这群妇女，已经有了主意。

　　这群妇女来到河水前面，看到水太大，不知道如何是好：要过去吧，就怕要把新衣裳弄湿弄脏，要返回去吧，又没有其他路可以过去。

汉公走近他们旁边，特意把裤腿卷得高高的，对她们说："你们如果不嫌弃老伯，老伯就把你们背过去，老伯保证你们不脏也不湿。"那群少妇你看着我我看着你，谁也不敢让他背，汉公就背其中的那位老妇人。老妇人刚一过河，就拉长声音传过话来："喂，你们别怕，这老伯特好，你们让他把你们背过来，快一点，不要耽误了时间。"

那群少妇看见老妇人安安稳稳地过去了，才敢让汉公背。第一个妇女到了河中央，汉公反过手来摸她的屁股，少妇痒得受不了，像粪便里的蛆虫那样不住地摇晃着身子。汉公佯嗔道："你怎么不坐稳一点？你再动一下，我就把你摔到河下面去。"河对面的老妇人不知道底细，也传过来话说："你们这些年轻媳妇怎就这样妖孽？是老伯背的，又不是青年仔，稳稳地坐在那里，让人家背你快一点过来！"这位少妇要说嘛，又开不了口，只好咬紧牙关默默地忍受着，让他背过去。后面的那些年轻媳妇呢，汉公也是背一个就摸一个，她们也学乖了，也是默默地忍受着，让汉公把他们背过去。

讲述人：刘廷炳

流传地区：临高县

书 信 调 情

lai³ fɔi² hə³, kuŋ¹ han² lok⁸ lan² hək⁸ leŋ¹ lan², kiaŋ² kiaŋ³
有 次 一, 公 汉 从 学 校 回 家, 刚   刚
dɔŋ¹ niŋ² lək⁸ maŋ¹ hiu² le³, hu⁴ lai³ ləm² lək⁸ hu² hə³ dak⁸ jua³
到 旁边 小 溪 条 呢, 看见 有 姑 娘 个 一 洗衣服
jou³ maŋ¹ dau² nin⁴ nen⁴。kə² haŋ⁴ dak⁸ jua³ haŋ⁴ siaŋ³ kɔ¹, lək⁸
在 溪 下面 那里 呢。 她 边 洗衣服 边 唱 歌, 小
sau¹ mɔʔ⁸ na⁴ ku² en³ ȵe³。kə² di² tiaŋ³ bɔi¹ di¹ ləm² lək⁸ nə⁴ hu²
声音 个 十分 甜脆。他 要 想 去 找 姑 娘 那 个
kaŋ³ xai⁴ fɔi², tsək⁷ ti⁴ daʔ⁸ daʔ⁸ bɔi¹ ha², tsu² lai³ tsiʔ⁸ m̥² hau³ i³
调 情 次, 可是 直 直 去 吧, 就 有 点 不 好 意
sə³, tiaŋ³ bɔi¹ tiaŋ³ leŋ¹, tiaŋ³ lək⁸ kɔi³ mɔʔ⁸ uk⁷ mia²。kə² vet⁷ tsi³
思, 想 去 想 回, 想 小 计 个 出 来。 他 掏 纸

uk⁷ mia² tia³ lək⁸ tə¹ fuŋ¹ hə³, tia³ mai² vɔi³ tsu⁴ ɔt⁷ lou⁴ daŋ⁴ tə¹
出 来 写 小 信 封 一， 写 好 了 就 塞 进 筒 信
feŋ² dau² nam⁴ vɔi³, biaŋ³ tə¹ fuŋ¹ hə³ sui² maŋ¹ nam⁴ kə³ ləi¹ loŋ²
扔 下 面 水 了， 放 信 封 一 随 溪 水 的 流 下
bɔi¹。tə¹ fuŋ¹ hə³ ləi¹ dɔŋ¹ bak⁷ do⁴ tsu⁴ on³ vɔ³, ləm² lək⁸ hu² hə³
去。信 封 一 流 到 口 汉 就 稳 了， 姑 娘 个 一
hum¹ ui² di² dek⁸ le³, kuŋ¹ han² ka² mia² dəŋ¹ dau³ na³ vɔi³, kə²
捡 起 要 看 呢， 公 汉 已 经 来 到 面 前 了， 他
tsɔŋ¹ tɔi³："ləm² lək⁸ ha², mə² dek⁸ ki³ kai³ ne⁴?"
装 问："姑 娘 啊， 你 看 什 么 呢"

"m̩² hu⁴ lan² ləu⁴ nə⁴ hu² hə³ biaŋ³ tə¹ fuŋ¹ hə³ dok⁷ dau²
"不 知 道 姓 哪 个 一 放 信 封 一 掉 落 下
nam⁴ vɔi³。"
水 了。"

"tə¹ fuŋ¹ hə³ kaŋ³ ki³ kai³ ne⁴?"
"信 封 一 讲 什 么 呢?"

"hau² mən² dok⁷ tə¹, mən² hu⁴ tə¹ fuŋ¹ hə³ kaŋ³ di³ ləu²
"我 不 知 字， 不 知 道 信 封 一 讲 怎 么 样
hə³, mə² hem¹ hau² dek⁸ dek⁸ be?⁷ ha², mə² dek⁸ kaŋ³ di³ ləu²
（助）, 你 跟 我 看 看 伯（助）, 你 看 讲 怎 么 样
hə³?"
的?"

kuŋ¹ han² tsɔŋ¹ tsip⁷ tə¹ fuŋ¹ hə³ kua³ mia², mi⁴ da¹ ma⁴
公 汉 装 接 信 封 一 过 来， 眯 眼 眯
la² ləu⁴ hɔk⁸：tə¹ fuŋ¹ kaŋ³ ən¹ nə³ no⁴：nam⁴ ləi¹ tə¹ ha² nam⁴
（无义）地 读："信 封 讲 这 样 喏： 水 流 信 啊 水
ləi¹ tə¹, nə² un³ mən² də¹ nə² lau⁴ də¹, nə² lau⁴ mən²
流 信，（词头）年 轻 不 骂（词头）老 骂，（词头）老 不
də¹ di² kɔn¹ sə¹, hou⁴ ləi² jam³ kuŋ¹ han² mia² də¹, kuŋ¹ han² it⁷
骂 要 吃 蛆 虫， 后 来 叫 公 汉 来 骂， 公 汉 一
də¹ ŋai³ hə¹ hə¹。"
骂 哭 呜 呜。"

ləm² lək⁸ nə⁴ hu² hə³ fan³ kə² tsiu³ hə³："tə² hən³ mə² ti⁴ kuŋ¹
姑 娘 这 个 一 打 量 他 下 子 一： 他 么 说 你 是 公

han² la², mə² tsək⁸ ti⁴ kuŋ¹ han² mə² di² də¹ fəi² ja³ də¹ fəi² lo³。"
汉 啰，你 如果 是 公 汉 你 要 骂 次 也 骂 次 吧。"
kuŋ¹ han² tsu³ hem¹ kə² kaŋ³ xai⁴ bak⁶ hə³ na⁴ bɔi¹ vɔi³ ti³。
公 汉 就 跟 她 调 情 半天 一 才 走 了 的。

书 信 调 情

  有一次，汉公从学校回家，刚走到小溪旁边，看见有个姑娘在小溪下游洗衣服，她一边洗一边唱着歌儿，声音十分清脆。他很想去找姑娘聊天调情，可直接就去吧，有点不好意思，想来想去，想出个妙计来。他掏出纸来写了一封信，写好后装进信封里，扔到水里头，让信随着溪水往下流。信流到小溪口停住了，姑娘把信封捡起来，正要看着呢，汉公已经来到面前，他装着不知道，问道："姑娘，你在看啥呢？"

  "不知道谁家把一封信给掉落在水里了。"

  "信上都讲些什么了？"

  "我不识字，不知道信上是怎么讲的，阿伯请你帮我看看，看信上是怎么讲的？"

  汉公装着把信接过来，微眯着眼睛读起来："信上是这么讲的：信儿飘在水里呀，水里漂着信，年轻人不骂老人要骂，老人骂起来要被蛆虫吃，后来叫汉公来骂，汉公一骂她就呜呜地哭。"

  姑娘打量了他一眼，说："这么说来你就是汉公了，你如果是汉公，你想骂一次就骂一次吧。"汉公于是跟她调情了大半天才走了。

讲述人：刘定中
流传地区：临高县

第三编 长篇故事

fu⁴ liang¹ səŋ³
符 良 生

fu⁴ liang¹ səŋ³ nə⁴ hu² hə³ m̥² hu⁴ ti⁴ ləu² mɔŋ⁸ vɔ³ leŋ¹ hun², kə² nɔk⁸
符 良 生 这 个 一 不 知 是 哪 个 村 人， 他 小
nɔk⁷ kə³ ti² hɔu⁴ ni², tsu⁴ siaŋ³ daŋ³ tseŋ¹ leŋ³, hɔk⁸ dɔŋ¹ ləu⁴ tɔk⁷ dɔŋ¹
小 的 时 候 呢， 就 相 当 精 灵， 学 到 哪 懂 到
ləu², ləu² na² tin² deŋ¹ du² dɔk⁸ kə². hɔu⁴ ləi² kə² bɔi¹ lan² kɔk⁸ hin⁴ vɔi³,
哪， 那 个 先 生 都 疼 他。 后 来 他 去 学 校 县 了，
m̥² hu⁴ hɔk⁸ tə¹ xo³ so³ ha³ ti⁴ di³ ləu² hə³, kə² da¹ lai³ fiŋ⁴ ləu⁴ vɔ³,
不 知 读 书 辛 苦 还 是 怎 么 啦， 他 居 然 有 病 进 去 了，
hu² mɔŋ⁸ tsuŋ³ tsun² tsun² ən¹ nə³ m̥² ɔi³ nɔ¹. nə⁴ vəi² hə³ nen² di² dɔŋ¹
身 体 个 总 酸 疼 酸 疼 这 样 不 爱 动。 那 年 一 年 快 到
vɔi³, huŋ² hɔk⁸ niŋ³ vɔ³ kə² nə⁴ kə³ tsuŋ³ ləŋ¹ lan² kua³ nen², kə² en³
了， 同 学 旁 边 村 他 那 些 总 回 家 过 年， 他 还
mən² ləŋ¹ jou³, be² mai² kə³ bɔi¹ sa² huŋ² hɔk⁸ kə² nə⁴ kə³ le³, na⁴ hu⁴
没 回 在， 父 母（助）去 查 同 学 他 那 些 呢， 才 知 道
kə² lai³ fiŋ⁴ ma³ fuŋ¹ tsuaŋ¹ ləu⁴ vɔ³. tin² teŋ¹ kə³ hu⁴ kə² lai³ fiŋ⁴ səu³
他 有 病 麻 风 种 进 去 了。 先 生（助）看 到 他 有 病 恶
kə³ ləu⁴ vɔi³, nen² ja³ di² dɔŋ¹ vɔi³, jam³ kə² ləŋ¹ lan², bo¹ fiŋ⁴ nə⁴ kə³
的 进 去 了， 年 也 快 到 了， 叫 他 回 家， 说 病 这 个
ua³ na⁴ ku² hiam¹, hɔk⁸ tə¹ lok⁸ ləu² mia² tsu⁴ ləŋ¹ ləu⁴ lo³, to³ ji³ kə²
传 染 很 厉 害， 读 书 从 哪 来 就 回 哪 啰， 所 以 他
na⁴ ləŋ¹ lan² vɔi³. ləŋ¹ lan² m̥² kiau⁴ fəŋ³ le³, na³ suan² təp⁸, təp⁸ suan²
才 回 家 了。 回 家 没 多 久 呢， 个 传 十， 十 传
bek⁷, du² hu⁴ fu⁴ liaŋ¹ səŋ³ kɔn¹ ma³ fuŋ¹. vɔ³ be² eŋ¹ kə³ maŋ⁴ di² ua³
百， 都 知 道 符 良 生 吃 麻 风。村 父 兄 的 怕 要 传
ləu⁴ suan² vɔ³, jam³ ou¹ kə² bɔi¹ dau² hai³ vɔi³ sui⁴, sə² mə² tsu⁴ xəm³
入 全 村， 叫 拿 他 去 下 面 海 了 弄 沉， 要 不 就 欠
ou¹ vəi² mia² lut⁷ bɔi¹. be² mai² kə² nə⁴ lai³ kə² tɔ² tɔ³, ka¹ lan² ju⁴
拿 火 来 烧 去。父 母 他 的 只 有 他 自 己， 家 庭 又

lai³ sin² tsi²⁸, hu⁴ di² ɔu¹ lək⁸ bɔi¹ sui⁴ bɔi¹ lut⁷, hai² san² jin² vɔi¹,
有　钱　点，看到要　拿　儿子　去　弄沉去　烧，太　残　忍　了，
hem¹ lək⁸ ham² liaŋ³ kə³ ti² hou⁴ ni², tsiaŋ¹ sin² da³ lan¹ nə⁴ kə³ in² in¹
跟　儿子　商　量　的　时　候　呢，将　钱　里家　那些　完完
ou¹ jou³ lək⁸ hu² hə³, ja³ ɔu¹ kim¹ xat⁸ hem¹ jou³ kə², jam³ kə² meŋ³
拿给儿子个　一，也　要　金　块　添给　他，叫　他　快
meŋ³ li² xɔi¹ ka¹ lan², təŋ⁴ tin² fu⁴ nə³ jou³ lan¹ ni². vɔk⁷ hək⁸ tin² fu⁴ tsu⁴
快　离开家　庭，剩媳妇个　在　家　呢。看　到　媳妇就
ɔ¹　lək² da³ xian⁴, vən³ na³ be² mai⁴ ŋai³ da³ vən² da³ kɔm⁴, jam³ tin² fu⁴
记起子　男，两　个　父　母　哭　白　天　黑　夜，叫　媳妇
nə³ ni² bɔi¹ leŋ¹ lɔi² lɔi¹ vɔi³ ha³。
个　呢　去　地方　远　远　了　嫁。

fu⁴ liaŋ¹ səŋ³ deu² luat⁷ vɔ³ hou⁴ lɔi², ŋeu³ lok⁸ xat⁸ kua³ xat⁸,
符良　生　逃　脱　村　后　来，逛荡　从　块　过　块，
naŋ⁴ lu² la⁴ ən¹ nən³, fəŋ³ vɔi³ sin² ki² mən¹ ja³ kɔn¹ in¹ vɔi³, na⁴
就　流浪　这样，　久　了　钱　几　文　也　吃　完　了，只
təŋ⁴ kim¹ xat⁸ hə³ tɔ² tɔ³, m̩² lai³ sun¹ hau³ bɔi¹ vɔi³, tsu⁴ bɔi¹ im¹
剩　金　块　一　自己，没　有　路　好　去　了，就　去　讨
kɔn¹. mai⁴ lək⁸ kə² ha³ bɔi¹ nə⁴ hu² ni², ka¹ lan² van⁴ mɔ²⁸ hə³
吃。　女　人　他　嫁　去　那　个　呢，家　庭　人家　个　一
lai³。 nə⁴ vən² hə³ van⁴ kɔn¹ siu² dan², fu⁴ liaŋ¹ səŋ³ lu² la⁴ dəŋ¹
富有。那　天　一　人家吃　寿　诞，符　良　生　流浪　到
nin⁴ huk⁷ kua² kau⁴ im¹, van⁴ se¹ kou⁴ jou³ kua² lan⁴ im¹ kɔn¹, kə²
那里　做　乞　　丐，人家给　东西给　　乞　丐　吃，他
ja³ bɔi¹ fai² dəi², kə² tsək⁸ fai² jou³ hau³ ni² van⁴ tsu⁴ se¹ lok⁸ tu²⁷,
也　去　排　队，他　如果　排　在　头　呢人家就　分从　尾,
kə² tsək⁸ fai² jou³ tu²⁷ ni² van⁴ tsu⁴ se¹ lok⁸ hau³, kiaŋ³ kiaŋ³ se¹
他　如果　排在　尾　呢人家就　分　从　头，刚　刚　分
dəŋ¹ niŋ² kə² ja³ in¹, tsuk⁸ tsuk⁸ təŋ⁴ kə² m̩² lai³。 hou⁴ lɔi² kə² fai²
到　旁边　他　也　完，足　足　剩他　没　有。后　来　他　排
lou⁴ da³ vɔi³, van⁴ tsu⁴ se¹ lok⁸ hau³ lok⁸ tu²⁷, kiaŋ³ kiaŋ³ se¹ dəŋ¹
进　中间　了，人家就　分　从　头　从　尾，刚　刚　分　到
niŋ² kə² ja³ in¹ vɔ³. mai⁴ lək⁸ nə³ tək⁷ ŋin⁴ kə², dek⁸ hək⁸ kə² lək⁸
旁边　他　也　完　了。女　人　个　会　认　他，看　到　他　偷

lək⁸ naŋ⁴ ŋai³ : "miŋ⁴ kə³ səu³ ən¹ nən³ , na⁴ ku² nan² vi² lo³ 。"
偷 地 哭： 命 （助） 不 好 这 样， 特 别 悲 惨 啰。"
tsuk⁸ tsuk⁸ van⁴ sa¹ kua¹ kə³ dap⁷ məu⁴ mɔʔ⁸ hə³ , kə³ tsu⁴ ləu⁴ nin⁴
足   足   人家 种   瓜 的 搭   草 棚 个 一， 他 就 进 那里
vɔi³ hou² hu² , da³ vən² da³ kɔm⁴ naŋ⁴ tsi⁴ jou³ nin⁴ 。tin² fu² nə⁴ lək⁸
了   投   身， 白 天   黑   夜   就   住   在 那里。 媳 妇 个 偷
lək⁸ uk⁷ mia² di¹ kə² : "mə² m̥² juŋ⁴ bɔi¹ di¹ kɔn¹ vɔi³ , hau² dek⁸
偷   出 来 找   他： 你 不   用   去   找   吃 了， 我   看
hək⁸ san² jin³ , miŋ⁴ mə² mɔʔ⁸ hai² səu³ vɔi³ , kɔu⁴ kə³ di² kɔn¹ ni²
到   残   忍， 命   你   个   太   不   好 了， 东 西 的 要 吃 呢
hau² na⁴ lək⁸ lək⁸ dai³ tsiʔ⁸ lou⁴ hoŋ³ nam⁴ vɔi³ , fɔu³ hau² hap⁷ nam⁴
我   才   偷   偷   带   些   入   桶   水   了， 等   我   挑   水
hau² na⁴ dai³ mia² se¹ mə² 。"
我   才   带   来   给   你。"

kə² tsi⁴ jou³ nin⁴ m̥² foŋ³ , van⁴ vɔ³ tsoŋ¹ di² huk⁷ lan² hək⁸ ,
他 住 在 那里 不 久， 人家 村   中   要   做   学 校，
jam³ vɔ³ tsoŋ³ kə³ kian³ sin² , di³ na³ kian³ di³ tsiʔ⁸ , nə² lai³
叫   村   中   的   捐   钱， 一 个   捐 一 点， （词头）富
kə³ tsu⁴ kian³ liau⁴ tsiʔ⁸ , nə² ŋa⁴ kə³ tsu⁴ kian³ tiu³ tsiʔ⁸ , hem¹
的   就   捐   多   些， （词头）穷 的   就   捐   少   些， 大
kɔn² sɔp⁸ lou⁴ kɔn² vɔi³ en³ m̥² kəu³ jou³ , sa¹ sin² ki³ təp⁸ mɔʔ⁸ ,
家   凑 集   进 互相 了   还   不   够 在， 差   钱 几 十   块，
kə² ŋam² ŋam² ou¹ kim¹ xat¹ hə³ dɔ⁴ mai⁴ lək⁸ bɔi¹ tsou³ , tsou³ ŋən²
他   恰   好   拿   金   块 一   让   女   人   去   兑，   兑   银
nə⁴ bek⁷ ki³ təp⁸ mɔʔ⁸ ni² vian¹ kɔu⁴ kə² kɔn¹ 。 nə⁴ vən² hə³ , mai⁴
那   百   几   十   块   呢   买   东   西 他 吃。 那 天 一， 女
lək⁸ nə³ səŋ¹ jou³ kə² , bo¹ da⁵ vɔ³ di³ lou⁴ di³ lou² sou³ sin² huk⁷
人   个   告   诉 给 他， 说 里 村 如   何   如 何   凑 钱   做
lan² hək⁸ , en³ sa¹ ki³ təp⁸ ŋən² jou³ , kə² fan¹ bak⁷ leŋ¹ mia² tɔi³ :
学   校， 还 差 几 十   银   在， 他   翻   嘴   回   来   问：
"mə² tsau³ kim¹ nə⁴ xat⁸ hə³ en³ təŋ⁴ kiau⁴ sin² jou³ ?" mai⁴ lək⁸ səŋ¹
"你   兑   金   那   块 一 还   剩   多   少   钱 在？" 女 人   告诉
kə² en³ təŋ⁴ ki³ təp⁸ ŋən² jou³ 。kə² bo¹ tsək⁸ ən¹ ni² mə² tsu⁴ ou¹
他 还   剩   几   十   银   在。 他 说 如果 这 样 呢 你   就 拿

ŋɔn² nə⁴ ki³ təp⁸ mɔʔ⁸ kian³ ləu⁴ bɔi¹。mai⁴ lək⁸ hu² ni² tsu⁴ fan¹ bak⁷
银 这 几 十 块 捐 进 去。 女 人 个 呢 就 翻 嘴
ləŋ¹ mia² tɔi³ kə²: "mə² miŋ² miŋ² nan² vi², mən² lai³ hau³ kɔn¹,
回 来 问 他:"你 明 明 困 难, 没 有 好 吃,
huk⁷ kua² lau⁴ im¹, ŋɔn² mə² ki³ təp⁸ mɔʔ⁸ mə² di² kɔn¹ fia⁴ le⁴,
做 乞 丐, 银 你 几 十 块 你 要 吃 饭 呢,
kɔn¹ fia⁴ du² m̩² lai³ le⁴, kian³ in¹ vɔi³ mə² di² ɔu¹ ki³ kai³ kɔn¹?"
吃 饭 都 没 有 呢。捐 完 了 你 将 要 什 么 吃?"
kə² kaŋ³: "fiŋ⁴ hau² nə⁴ mɔʔ⁸ hau² hu⁴, meŋ³ ja³ dai¹ fɔi² səi³ ja³
他 讲:"病 我 这 个 我 知 道,快 也 死 次 迟 也
dai¹ fɔi², tsək⁸ in¹ vɔi³ dəu² dɔi³ dai¹ dəu² ja³ dəi³, miŋ⁴ dəu²
死 次,如 果 完 了 咱 挨 饿 死 咱 也 挨 饿,命 咱
tsək⁸ mən² dai¹ ni², di² lai³ kui² jin¹ mia² kɔ³。" mai⁴ lək⁸ kə² tsu⁴
如 果 不 死 呢,将 有 贵 人 来 救。" 女 人 他 就
bɔi¹ səŋ¹ jəu³ be² eŋ¹ kə³, bo¹ kua² lau⁴ im¹ hu² hə³ di² kian³ ŋɔn²
去 告 诉 给 父 兄(助),说 乞 丐 个 一 要 捐 银
ki³ təp⁸ mɔʔ⁸。van⁴ hu⁴ kə² hai² san³ jin³ hai² nan² vi² vɔi³, hum¹
几 十 块。人 家 看 见 他 太 残 忍 太 悲 惨 了, 捡
xo³ hum¹ xən² hə³ na⁴ hum¹ ŋɔn² nə⁴ ki³ təp⁸ mɔʔ⁸, ja³ di² ɔu¹ sin² mia²
苦 捡 勤 这 样 才 捡 银 那 几 十 块,也 要 拿 钱 来
kian³, na⁴ ku² kam⁴ duŋ², ləŋ¹ sau¹ bo¹: "kə² huk⁷ kua² lau⁴ im¹ ja³ di²
捐, 非 常 感 动,回 声 说:他 做 乞 丐 也 要
kian³ sin² ha²? kə² bəi¹ ləu² ɔu¹ sin² mia² kian³? van⁴ nə⁴ hu² hə³ na⁴ ku² lai³
捐 钱 吗?他 去 哪 要 钱 来 捐? 人 家 这 个 一 很 有
liaŋ² tim¹ lo³, dəu² sin² m̩² kəu³, van⁴ tsək⁸ kian³ le⁴ dəu⁴ tsu⁴ ɔu¹。"
良 心 啰,唾 钱 不 够,人 家 如 果 捐 呢 咱 就 要。"
　　mən² ki³ fəŋ³, lan³ hək⁷ huk⁷ tiŋ² vɔi³。di² ləu⁴ lan² hək⁸ nə⁴ vən² hə³,
　　没 多 久, 学 校 做 成 了。要 进 学 校 那 天 一,
be² eŋ¹ kə³ siŋ² leŋ¹ hun⁴ mia² həi² ti¹ həi² dəi³, həi² kə² ti² həu⁴ ni² di³ na³
父 兄 的 请 人 来 题 诗 题 对, 题 的 时 候 呢 一 人
həi² kəu⁴ di³ na³, mən² həp⁸ i³ kɔn², hem¹ kɔn² tseŋ⁴ mia² tseŋ⁴ bəi¹ ka³
题 东 西 一 人, 不 合 意 互 相, 大 家 争 来 争 去 已 经
dəŋ² ti² kan¹ kɔn² bak⁸ vɔi³, hem¹ kɔn² tsu⁴ bəi¹ kɔn¹ bak⁸, tsi³ ka³ bui¹
到 时 间 吃 午 饭 了, 大 家 就 去 吃 午 饭,纸 已 经 割
fin² fin⁴ biaŋ³ kɔn³ həi² nen⁴。kə² lo⁴ bəi¹ kɔn¹ bak⁸ vɔi³, fu⁴ liaŋ¹ səŋ¹
便 便 放 上 桌 台 呢。他 们 去 吃 午 饭 了, 符 良 生

da² lai² lai⁴ tsu⁷ həŋ² hiu² ləu⁴ dek⁸, hu⁴ lai³ tsi³ fin² fin⁴ biaŋ³ bai¹
居然 慢 慢 拄 拐杖 条 进去 看， 见 有 纸 便 便 放 上面
hɔi² nen⁴, tsu⁴ di³ dəi³ tia³ di³ fiaŋ³ ləu⁴。 hem¹ kɔn² kɔn¹ bak⁸ kəm²
桌台 呢， 就 一 对 写 一 边 进去。 大家 吃 午饭 饱
vɔi³, hu⁴ dəi³ kə³ di³ dəi³ tia³ di³ fiaŋ³, maŋ² lai² tin² teŋ¹ mia² xau³ dɔu³
了，发现 对子 的 一 对 写 一 边，恐怕 有 先生 来 考 咱们
te² le², dəi³ nə⁴ kə³ tsu⁴ həi² mai² ən¹ nə³。kiu² kiŋ² ti⁴ ləu² na³ kə³ ni², sa²
吧， 对子 这 些 就 题 好 这样。 究竟 是 哪 个 的 呢， 查
mia² sa² bɔi¹ m̩² hu⁴ ləu² na³, kiat⁸ kua⁴ ɔu¹ tə¹ nə⁴ kə³ bɔi¹ laŋ² hək⁸ hin¹
来 查 去 不 知道 哪 个， 结果 拿 字 那 些 去 学校 县
vɔi³ jɔu³ tin² teŋ¹ dek⁸。 tin² teŋ¹ dek⁸ vɔi³ bo² tə¹ nə⁴ kə³ kok⁷ bit⁷ ti⁴ fu⁴
了 给 先生 看。 先生 看 了 说 字 那些 脚 笔 是 符
liaŋ¹ səŋ³ kə³ ne², ti⁴ fu⁴ liaŋ¹ səŋ³ nə⁴ hu² hə³ lai³ fiŋ² ləu⁴ vɔi³, ləu² hu⁴
良 生 的 呢，可是 符 良 生 那个 一 有 病 入 了， 哪 知
jɔu³ m̩² jɔu³ ne⁴, ki² tsuk⁸ naŋ³ sa², ləu² na³ du² bo¹ ti⁴ kok⁷ bit⁷
在 不 在 呢， 继续 还 查， 哪 个 都 说 是 脚 笔
fu⁴ liaŋ¹ səŋ³ kə³。 hem¹ kɔn² hu⁴ fu⁴ liaŋ¹ səŋ³ tia³ mai², tsu⁴ bɔi¹ di¹
符 良 生 的。 大家 看到 符 良 生 写 好， 就 去 找
fu⁴ liaŋ¹ səŋ³, jam³ kə³ tia³ dəi³ ki² dəi³ in¹ bɔi¹, tia³ in¹ vɔi³ tsu⁴ ne² ləu⁴
符 良 生， 叫 他 写 对子 几 对 完 去，写 完 了 就 贴 入
laŋ² hək⁸ vɔi³。 kiat³ kua⁴ kɔn¹ jaŋ³ kə³ ti² hɔu⁴ ni², lai³ leŋ¹ hun² həi² uk⁷
学校 了。 结果 喝 酒 的 时候 呢， 有 人 提 出
mia²："laŋ² hək⁸ nə⁴ mɔ⁷⁸ hə³ huk⁷ tiŋ² vɔi³, ja³ həi² ti¹ həi² dəi³ vɔi³,
来： 学校 这 个 一 做 成 了， 也 题 诗 题 对 了,
vən² nɔi⁴ dɔu² kɔn¹ jaŋ³, lək⁸ van⁴ hu² hə³ kian² sin¹ tən² liau⁴, həi²
今天 咱 喝 酒, 孩子 人家 个 一 捐 钱 这么 多， 题
dəi³ kə³ mai² ən¹ nən³, maŋ² dɔu² xəm³ jam³ van⁴ mia² kɔn¹ jaŋ³ feŋ²
对子 的 好 这样， 怕 咱 欠 叫 人家 来 喝 酒 壶
kɔ²。" be² eŋ¹ kə³ bo¹, nɔ¹ lai², jam³ kə³ mia²。 lai³ fən⁴ hə³ bo¹: "be²
吧。" 父兄 的 说， 行， 叫 他 来。 有 份 一 说："男人
nə⁴ hu² hə³ ləi¹ nuŋ¹ kə³ dəi³ tot⁹ ən¹ nən³, mə² jam³ kɔu⁴ hu² hə³ ləu⁴ niŋ²
这 个 一 流 浓 的 烂 兮兮 这样， 你 叫 东西 个 一 进 旁边
dɔu² vɔi³, dɔu² di³ ləu² kɔn¹ lai³ lɔŋ²? dɔu² kɔn¹ sə² si² hen¹ na⁴ jam³ kə³
咱 了， 咱 怎么 吃 得 下？ 咱 吃 结束 先 才 叫 他

ti³." hou⁴ləi² ni² leŋ¹ hun² kə³ kɔn¹ fa⁴ vɔi³, na⁴ də⁴ mai¹ lək⁸ kə² hu² hə³
吧。" 后来 呢 人 （助）吃 罢 了， 才让 女人 他 个 一
bəi¹ jam³ kə². kə² mia² dɔŋ¹ vɔi³ ni², na⁴ təŋ⁴ jam³ bəi¹ hə³ lam² lam¹ tə²
去 叫 他。 他 来 到 了 呢， 只 剩 酒 瓮 一 黑 黑 这
ən¹, xəi³ mɔʔ⁸ hə³ ja³ sɔŋ³, m̩² lai³ leŋ¹ hun² xəŋ³ kɔn¹, ləu² hu² du² bo¹:
样， 气 个 一 也 呛， 没有 人 肯 喝， 哪 个 都 说：
"mə² ɔi³ kɔn¹ mə² tsu⁴ kɔn¹, kɔu⁴ bəi¹ hə³ no⁴, mə² tsək⁸ kɔn¹ lai³, mə²
"你 爱 喝 你 就 喝， 东西 瓮 一 喏， 你 若 喝 得， 你
tsu⁴ ham¹ ləu⁴ niŋ² mə² vɔi³ kɔn¹, jiau² jou³ nɔi¹ ja³ ti⁴ fai² te². " kə² kɔn¹
就 抬 入 旁边 你 了 喝， 丢 在 这里 也 是 败 的。" 他 喝
ləu⁴ vɔi³ ni², hu⁴ bun³ tin¹ lai² tsiʔ⁸ sə⁴ sai⁴. kə² ləŋ¹ məu⁴ vɔi³ ni²,
进去 了 呢， 觉得 身体 有 点 自在。 他 回 草棚 了 呢，
mai⁴ lək⁸ kə² hu² hə³ bəi¹ həŋ² kə², kə² səŋ¹ jou² mai⁴ lək⁸ kə²: "jan³
女人 他 个 一 去 探看 他， 他 告诉 给 女人 他: "酒
nə⁴ kə³ hau² kɔn¹ vɔi³ m̩² tɔk⁷ kiau⁴ sə⁴ sai⁴, van⁴ bo¹ di² se¹ dou² hən³,
这些 我 喝 了 不 知 多 自在， 人家 说 要 给 咱 的，
mə² bəi¹ tɔi³ dek⁸, van⁴ tsin² tsin¹ tsək⁸ xəŋ³ se¹ dou² ni², mə² tsu⁴ bəi¹ ou¹
你 去 问 看， 人家 真 真 如果 肯 给 咱 呢， 你 就 去 拿
kou⁴ bəi¹ hə³ ləŋ¹ dou² kɔn¹, kou⁴ diu³ kə³ lai³ dou² ja³ kɔn¹ m̩² lai³ dou² ja³
东西 瓮 一 回来 咱 喝， 菜肴 的 有 咱 也 喝 没有 咱 也
kɔn¹, jan³ kə³ tsək⁸ həp⁸ dou² ni², bun³ tin¹ mai² vɔi³ ja³ m̩² kaŋ³ lai³
喝， 酒（助）如果 合 咱 呢， 身体 好 了 也 不 讲 得
in¹." kiat⁸ kua⁴ mai⁴ lək⁸ kə² bəi¹ tɔi³ van⁴, van⁴ bo¹: "kə² tsək⁸ di² kɔn¹
完。" 结果 女人 他 去 问 人家， 人家 他: "他 如果 要 喝
tsu⁴ ou¹ bəi¹ kə² kɔn¹, lək⁸ van⁴ hu² hə³ huk⁷ dɔi³ lai³ ne⁴." hou⁴ ləi² kə²
就 拿 去 他 喝， 孩子 人家 个 一 做 抵 得 呢。" 后来 他
kɔn¹ jan³ bəi¹ hə³ in¹ vɔi³, fiŋ⁴ mɔʔ⁸ ja³ mai² vɔi³, lai² lai⁴ uk⁷ lai³ ŋəu³
喝 酒瓮 一 完 了， 病 个 也 好 了， 慢 慢 出 得 游逛
bəŋ² vɔi³. da² kuŋ¹ van⁴ hu² hə³ hu⁴ lək⁸ van⁴ hu² hə³ mai² vɔi³ kə²,
玩耍 了。 家翁 人家 个 一 看到 孩子 人家 个 一 好 了（助），
lək⁸ hɔk⁸ tə¹ hu² kə², tsu⁴ ŋin⁴ kə² huk⁷ ŋi² tsə³, ja³ ou¹ sin² kə² hem¹
孩子 读 书 个（助）， 就 认 他 做 义子， 也 给 钱 他 跟
lək⁸ bɔʔ⁸ lai³ hu² hə³ huŋ² kɔn² bəi¹ xau³.
儿子 肚 生 个 一 一起 去 考。

m̩² kiau⁴ fəŋ³, siau¹ hiŋ¹ lai³ leŋ¹ hun² mia² bou³ hi³, bo¹ lək⁸ vɔn³
没 多 久， 朝 廷 有 人 来 报 喜， 说 孩 子 两
hu² fiŋ³ xau³ tsoŋ² vɔ³, kua³ ki¹ vən² lək⁸ vɔn³ na³ ja² leŋ¹ dɔŋ¹ lan² vɔi³。
个 平 考 中 了， 过 几 天 孩 子 两 个 也 回 到 家 了。
be² hu² hə³ tsu⁴ do⁴ mai⁴ lək⁸ nə⁴ hu² hə³ ni² mia² hɔ⁴ jan² kə² vɔn³ na³,
父 亲 个 一 就 叫 女 人 那 个 一 呢 来 贺 酒 他 两 个,
van⁴ di² hɔ⁴ jan³ lək⁸ bɔ⁽⁸ lai³ kua³ na³, kə² mə⁴ bɔi¹ hɔ⁴ fu⁴ liaŋ¹ səŋ³ kua³
人 家 要 贺 酒 孩 子 肚 生 过 前， 她 却 去 贺 符 良 生 过
na³。 be² van⁴ nə³ tsu⁴ bo¹: "e², mə² mən² hɔ⁴ kou⁴ dou² kua³ na³ mə⁴
前。 父 亲 人 家 个 就 说:"怎 么， 你 不 贺 东 西 咱 们 过 前 却
bɔi¹ hɔ⁴ kou⁴ van⁴ kua³ na³, ŋi²tsə³ mə² mə⁴ səi² səi² na⁴ hɔ⁴ ti³。" mai⁴ lək⁸
去 贺 东 西 人 家 过 前， 义 子 你 要 迟 迟 才 贺 的。" 女 人
nə⁴ hu² hə³ na⁴ səŋ¹ uk⁷ mia², bo¹ kə² lo⁴ vɔn³ na³ juan¹ mia² ti⁴ da³ xiaŋ⁴
那 个 一 才 告 诉 出 来， 说 他 们 两 个 原 来 是 夫
mai⁴ lək⁸, huŋ² tsi³ kɔp⁷ miŋ⁴, tɔ³ ji² na⁴ hɔ⁴ kə² kua³ na³。 da³ xiaŋ⁴ van⁴
妻， 同 纸 合 命， 所 以 才 贺 他 过 前。 男 人 人 家
hu² hə³ ni² tək⁷ tə¹ tək⁷ li³, fat⁷ bak⁷ uk⁷ mia² kaŋ³: "hau³ hem¹ mə² mən²
个 一 呢 知 书 识 礼， 发 口 出 来 讲:"我 跟 你 没
teŋ¹ lək⁸ lai³ ŋi² jou³, tə² ən¹ ni² mə² tsu⁴ ləŋ¹ bɔi¹ hem¹ kə² kɔp⁷ kən²。"
生 子 育 儿 在， 这 样 呢 你 就 回 去 跟 他 合 互 相。"
fu⁴ liaŋ¹ səŋ³ xau³ nə⁴ ti² hou⁴ ni², ja³ tia³ nɔi¹ vɔ³ kə² lo⁴ mɔ⁽⁸ hə³,
符 良 生 考 那 时 候 呢， 也 写 名 村 他 们 个 一,
van⁴ bou³ hi³ dɔŋ¹ hian² vɔi³, leŋ¹ hun² kə³ tsuŋ³ kaŋ³ tsuŋ³ suan⁴ lo³,
人 家 报 喜 到 县 了， 人 （助词）总 讲 总 传 啰,
bo¹ fu⁴ liaŋ¹ səŋ³ tsoŋ³ vɔi³, bin³ tiŋ² be² mai⁴ kə³ ni² mən² ti⁴ naŋ⁴ kaŋ³:
说 符 良 生 中 了， 变 成 父 母 的 呢 不 是 就 讲:
"mə² lo⁴ tsu⁴ kaŋ³ ko³ jiam² je⁴ nə⁴ kə³, kaŋ³ ko³ nə⁴ kə³ mia² sak⁷ tek⁷
"你 们 就 讲 话 风 凉 这 些， 讲 话 这 些 来 刺 肋 骨
hau² lo⁴。 lək⁸ hau² lo⁴ nə³ du² m̩² hu⁴ dɔŋ¹ ləu² vɔi², du² m̩² hu⁴ di²
我 们。 儿 子 我 们 个 都 不 知 道 到 哪 里 了， 都 不 知 道 要
dai¹ di² jou³, naŋ⁴ lai³ miŋ⁴ jou³ jou³ la²? lək⁸ hau² lo⁴ nə³ miŋ³ miŋ² nan¹
死 要 活， 还 有 命 活 在 吗? 儿 子 我 们 个 明 明 悲
vi² hen¹, mə² lo⁴ tsu⁴ kaŋ³ ko³ nə⁴ kə³。" haŋ⁴ kaŋ³ haŋ⁴ in³ han³。 dɔŋ¹
惨（助词），你 们 就 讲 话 这 些。" 边 讲 边 哀 叹。 到

bou³ hi³ kə³ tsin² tsin¹ mia² dəŋ¹ vɔi³ ni² , be² eŋ¹ ki³ hu² tsuŋ³ maŋ² tsuŋ³ deu²
报 喜 的 真 真 来 到 了 呢，父 兄 几 个 总 怕 总 逃
lo³ , deu² bɔi¹ kak⁸ mɔʔ⁸ vɔ³ vɔi³ 。hou⁴ lɔi² fu⁴ liaŋ¹ səŋ³ ləŋ¹ mia² huk⁷ jan³
啰，逃 去 别 个 村 了。后 来 符 良 生 回 来 做 酒
kɔn¹ kə³ ti² hou⁴ , jam³ be² eŋ¹ na⁴ ki³ hu² ləŋ¹ mia² , doi³ kə² lo⁴ kaŋ³:
喝 的 时 候， 叫 父 兄 那 几 个 回 来， 对 他 们 讲：
"fiŋ⁴ hau² nə⁴ kə³ ni² ti⁴ ka¹ lai¹ ou¹ mia² ŋup⁸ mia² sui⁴ , van⁴ lok⁸ lau⁴
病 我 这 个 呢 是 应 该 拿 来 烧 来 弄沉，人家 从 古老
mia² ti⁴ ən¹ kə³ , m̥² ti⁴ mə² lo⁴ bik⁷ hau² , mə² lo⁴ mən² juŋ⁴ maŋ² mən²
来 是 这 样 的，不 是 你 们 逼 我， 你 们 不 用 怕 不
juŋ⁴ deu² 。"tɔ³ ji³ ni² be² eŋ¹ hou² hə³ na⁴ ləŋ¹ mia² , hau³ hau³ lak⁸ lak⁸ kə³
用 跑。" 所 以 呢 父 兄 群 一 才 回 来， 高 高 兴 兴 地
huŋ² hem¹ kɔn² kɔn¹ jan³ 。
跟 大 家 喝 酒。

　　tsuan² nə⁴ mɔʔ⁸ ti⁴ fu⁴ liaŋ¹ səŋ³ mɔʔ⁸ hə³ , fu⁴ liaŋ¹ səŋ³ leŋ¹ hun² nə⁴
　　故 事 这 个 是 符 良 生 个 一， 符 良 生 人 这
hu² tim¹ tə⁴ mɔʔ⁸ mai² , lai³ liaŋ² tim¹ , na³ sɔi¹ so² lai³ ɲia² lam¹ kəp⁷ lɔŋ³
个 心 地 个 好， 有 良 心， 才 催 使 有 　眼 镜 蛇
hu² hə³ tai¹ tan² lou⁴ jan³ biaŋ³ kə³ kɔn¹ mai² vɔi³ , nə⁴ kə³ tsu⁴ jam³ bo¹ ɔk⁸
个 一 吐 涎 水 进 酒 放 他 喝 好 了，这 个 就 叫 做 恶
jəu¹ ɔk⁸ bou² , sian² jəu¹ sian² bou² 　hən³
有 恶 报， 善 有 善 报（助词）。

符　良　生

　　符良生这个人不知道是哪里人，他小时候就很聪明，学到哪懂到哪，每个老师都疼他。后来他入了县学，不知道是读书辛苦还是什么原因，他居然生了病，身体老是酸疼酸疼的，一点也不想动。那年年关快到了，他邻近村的同学都回家过年了，可他还没有回。父母亲去问他的那些同学，才知道他患上了麻风这种病。老师看到他得了恶疾，年也快到了，叫他回家，说这种病传染很厉害，从哪里来读书就回到哪里去，所以他才回了家。回家没多久，一传十，十传百，都知道符良生得了麻风病。村里的头儿怕要传染给全村，叫人把他沉到海底，要不就用火把他烧掉。他父母只生他一个人，

家里又有点钱，看到要把儿子去弄沉去烧死，太残忍了，跟儿子商量的时候呢，就把家里的钱全部给了儿子，还给了他一块金子，叫他赶快离开家，剩下他媳妇在家里。父母俩一看到儿媳妇就想起儿子，白天晚上都哭，叫儿媳妇到远远的地方去改嫁。

　　符良生从村里逃出来以后，从这里到那里到处流浪，久了几个钱也花完了，只剩下一块金子，无路可走了，于是去讨饭。他女人改嫁的那个人，家中很富有，那天人家正祝寿诞，符良生流浪到那里当乞丐。人家分东西给乞丐吃，他也去排队，可他要是排在队首，人家就从后头发放，要是排在后头，人家就从队首发放，刚刚分到他旁边东西也发放完了，只剩他没有。后来他排在中间了，人家就分别从头尾同时发放，刚刚分到他旁边，东西也发放完了。他女人认得他，看到他就偷偷地哭："（你）命如此不好，太惨了。"刚好人家种瓜的搭了个草棚，他就寄身于那里，白天黑夜都住在里头。人家媳妇偷偷出来找他，说："你别去讨饭了，我看到了不忍心，你这个命太不好了，你要吃东西呢，我才偷偷带些放到水桶里，等我来挑水时我才带来给你。"

　　他住在那里没多久，人家村里要建学校，叫村里的人捐款，每人捐一点，富者就多捐些，贫者就少捐些。大家把钱凑在一起，还差几十块。刚好他让他女人把那块金子去兑，兑了百几十元买东西给他吃。那天他女人告诉他，说村里如何如何凑钱来建学校，还差几十元，他反问道："你给我兑的那块金子还剩多少钱？"女人告诉他还剩几十元，他说要是这样，你就拿那几十元捐进去。女人又反口过来说："你明明很困难，没东西吃才当乞丐，你那几十元钱你要吃饭呢，饭都没得吃，钱捐完了你要吃什么？"他说："我这个病我自己知道，早也是死晚也是死，钱如果完了咱饿死咱也饿死，咱命如果不该死，会有贵人来相救。"他女人就去告诉村里的头儿，说那个乞丐要捐几十块钱。人家看到他太凄惨了，辛辛苦苦地攒下来才攒下那几十块钱，还要拿钱来捐，非常感动，说："他当乞丐也要捐款吗？他哪里要钱来捐？这个人太有良心了，咱钱不够，人家要捐咱也收下吧。"

　　没多久，学校建成了。开学典礼的那一天，村里的头儿请人来题诗作对，题的时候呢，一人题一人的，彼此之间都不满意。大家争来争去，快到吃午饭的时间了，大家就去吃午饭。饭已经搁得好好的，就放在桌台上。大家去吃午饭了，符良生居然拄着那条拐杖慢慢来看，看到饭已经搁得好好的，放在桌台上，就每副对联都写上一边。大家吃饱饭回来后，发现每副对联都题了一边，认为恐怕有先生来考咱们吧，（要不）这些对子怎题得这么好。究竟是谁题的呢？查来查去，不知道是谁，结果把所题的字拿去县学里给老师看，老师看了说这些笔迹是符良生的，可是符良生得了恶疾，不知道还在不在呢。（大家）继续去查，每个人都说是符良生的。大家看到符良生写得好，就去找符良生，叫他把那几副对子补写完，写完了就贴在学校里。结果到喝酒的时候，有人提出来说："学校建成了，也题诗做对了，今天咱们喝酒，人家那孩子钱捐这么多，题对子这么好，恐怕咱应该请人家来喝杯酒吧。"村里的头儿说行，把他请来。（但）有一些人说："那个人流脓流得烂兮兮的，你把他叫到咱旁边来，咱怎么吃得下？咱先吃完了才叫他来吧。"后来人家吃完了，才让他女人去叫他。他来到的时候，只剩下黑乎乎的一瓮子酒，气味很呛人，没人肯喝，大家都说："你喜欢喝你就喝，酒就在那里，你要是能喝得下，你就抬到你旁边喝，丢在这里也是浪费。"他喝下去之后，觉得身体有点舒服。回到草棚，他女人去探望他，他告诉女人说："这些酒我喝下去之后不知多舒服，人家说要给咱，你去问问看，人家要是真的愿意给呢，你就把这瓮东西拿回来咱喝，有菜（下酒）咱也喝，没菜（下酒）咱喝。这酒要是适合咱呢，身体好了也难说。"结果他女人就去问人家，人家说："他要是喝得了就拿回去给他喝，人家这孩子也值得了。"后来他把一瓮子酒喝完了，病也好了，慢慢地可以出来散散步了。女人的家翁看到人家孩子好了，（知道他是个）读书人，就认他做义子，还给他一笔钱跟自己亲生的儿子一起去考。

没多久，朝廷来人报喜，说两个孩子都考上了，过几天两个孩子也回家了。人家家翁就叫媳妇来给他俩贺酒，（按规矩，）贺酒要先给亲生的敬，她却先去敬符良生。人家家翁就说："你怎么不先敬咱的却先去敬人家的？义子是要后面再敬的。"他女人才把缘由说出来，说他俩原来是同纸合命的（原配）夫妻，所以才先敬他。人家男人呢知书识礼，说出真心话："我跟你还没生儿育女，既然这样，你就回去跟他相配吧。"

符良生考的时候，写上了他自己村的名字，人家也到他县里来报喜了，于是人们都传说符良生考中了。他父母听到后就说："你们怎么讲这些风凉话？怎么讲这些话来刺伤我们？我们孩子都不知上哪儿去了，不知是死是活，哪里还有命活（到现在）？我们孩子明明这么悲惨，你们还要讲这些话！"一边说着，一边悲叹。到报喜的人真的来到的时候，村里的头儿都吓跑了，逃到别的村去了。后来符良生回来设酒宴的时候，把那几个村里的头儿叫回来，对他们说："我这个病是该拿人来弄沉烧死的，自古以来都如此，不是你们逼我，你们别怕别跑。"所以头儿们才回来，高高兴兴地和大伙一起喝酒。

这是符良生的一个故事，符良生这个人心地好，有良心，才导致有只眼镜蛇往酒里吐涎水，让他喝病好了。这个就叫恶有恶报，善有善报。

讲述人：许良

流传地区：临高县

bɔi³ məi⁴ tiaŋ³ kɔi³ hɔ² jin² hui²
姐 妹 想 计 捉 人 熊

  kua² kua³ na³ kə³ ti² hou⁴, luk⁸ leŋ¹ lim² kɔu¹ nə⁴ xat⁸ hə³ lai³ jin² hui²
过 过 前 的 时 候, 周围 临 高 这 块 一 有 人 熊
hu² hə³。 jin² hui² nə⁴ hu² hə³ di² di³ leŋ¹ hun², tək⁷ kaŋ² kɔ³, tin¹ fu³
个 一。 人 熊 这 个 一 好像 人, 会 讲 话, 牙齿 副
beu² beu¹, teŋ¹ tiaŋ³ na⁴ ku² ɔk⁷, ju⁴ kiau³ kut⁸ tim¹ mɔʔ⁸ ju⁴ ham³, kiŋ³
尖 尖, 生 相 十 分 恶, 又 狡 猾 心 个 又 贪, 经
siaŋ¹ ke¹ tsək⁷ leŋ¹ hun² mai² kə³ mia² təu¹ tə³ lək⁸ nɔk⁷, hai⁴ liau⁴ lək⁸
常 假 作 人 好 的 来 引 诱 小 孩, 很 多 小
nɔk⁷ kən³ daŋ³ kə², bi² kə² hɔ² bɔi¹ kɔn¹。 kə² vən² baŋ¹ tsuŋ³ ti⁴ met⁷ jou³
孩 上 当 它, 被 它 捉 去 吃。 它 白 天 总 是 藏 在
da³ saŋ¹, ɔu¹ kam⁴ dun³ bə² dun³ mia² lum² lou⁴, niŋ² vɔ³ tsək⁸ lai³ lək⁸
里 山 林, 要 枝 树 叶 树 来 遮住, 旁边 村 若 有 小
nɔk⁷ uk⁷ mia² ȵam¹ tsu⁴ hɔ² mia² kɔn¹。 da³ kɔm⁴ ni² tsu⁴ dəŋ¹ leŋ¹ ŋau³
孩 出 来 玩 就 捉 来 吃。 晚 上 呢 就 到 处 游
lai⁴, it⁷ hiŋ² hək⁸ sau¹ lək⁸ nɔk⁷ ŋai³ tsu⁴ sim² sau¹ bɔi¹ di¹, tiaŋ³ kɔi³ hɔ²
荡, 一 听 到 声音 小 孩 哭 就 寻 声 去 找, 想 计 捉
mia² kɔn¹, lək⁸ nɔk⁷ nə⁴ kə³ it⁷ dem³ hək⁸ kə² tsu⁴ maŋ²。 nə⁴ ȵɔ³ kə³ tsək⁸
来 吃, 小 孩 那 些 一点 到 它 就 害怕。 大 人 的 如果
di² bɔi¹ vən³ bɔi¹ nia² ni², tsuŋ³ ti⁴ laŋ¹ lək⁸ nɔk⁷ lou⁴ da³ lan² vɔi³, m̥² se¹
要 去 园 去 水 田 呢, 总 是 关 小 孩 进 里 屋 了, 不 给
kə² lo⁴ uk⁷ mia² ȵam¹。
他 们 出 来 玩。

  jin² hui² nə⁴ hu² hə³ uk⁷ lou⁴ m̥² heŋ⁴, leŋ¹ hun² kə³ hai⁴ ŋai² di¹ hək⁸
人 熊 这 只 一 出 入 不 定, 人们（助）很 难 找 到
tuk⁸ kok⁷ kə², di² tiaŋ³ hɔ² kə² tsuŋ³ m̥² lai³ ban³ fap⁷。 vəi⁴ leu⁴ fɔŋ² tsi⁴
躅 脚 它, 要 想 捉 他 总 没 有 办 法。 为 了 防 止
kə² vən² jɔp⁷ uk⁷ mia² tiaŋ¹ lək⁸ nɔk⁷, lou² mɔʔ⁸ vɔ³ du² tsu³ tsik⁸ nə² un³
它 晚 上 出 来 伤 小 孩, 每 个 村 都 组 织 年 轻

kə³ ui² mia² , vən² jɔp⁷ tɔn¹ kɔn² dek⁷ ban³ , tsək⁷ hu⁴ jin² hui² uk⁷ mia² ,
的 起来， 晚 上 换 互相 放 哨， 如果 见 人 熊 出 来，
tsu⁴ bau⁴ lɔ² jam³ hem¹ kɔn² mia² vi² kə² lou⁴ kit⁷ , lai³ ki³ fɔi² sa¹ tsiʔ⁸
就 打 锣 叫 大 家 来 围 它 住 打， 有 几 次 差 点
hem¹ tsu⁴ di² kit⁷ kə² dai¹ 。lok⁸ nin⁴ hou⁴ lɔi² , kə² tsək⁷ hiŋ² hək⁸ lɔ² lək⁷
添 就 要 打 它 死。 从 此 后 来， 它 如果 听 到 锣 响
tsu⁴ maŋ² hon² tan³ vɔ³ , vən² baŋ¹ met⁷ lou⁴ da³ sɔŋ⁴ tia⁴ mən² kɔm³
就 怕 魂 散 了， 白 天 藏 进 里 洞 山 不 敢
uk⁷ mia² 。
出 来。

　　lai³ vən² hə³ , lai³ lək⁷ hou⁴ teŋ¹ hu² hə³ jam³ juŋ⁴ tsə³ hə³ uk⁷ bɔi¹ kit⁷
　　有 天 一， 有 仔 后 生 个 一 叫 勇 芝 的 出 去 打
saŋ¹ , am³ hək⁸ jin² hui² vɔ³ , kə² ma³ siaŋ² ou¹ ləm⁴ mia² nɔ² , it⁷ tsiu³ nɔ²
猎， 碰 到 人 熊 了， 他 马 上 拿 箭 来 射， 一下子 射
hək⁸ maŋ⁴ va² kə² vɔi³ , kə² dək⁸ van² ɔ² ɔ² ən¹ nə³ deu² lou⁴ da³ sɔŋ⁴ tia⁴
中 大 腿 它 了， 它 痛 叫 喔喔 这样 逃 进 里 洞 山
vɔi³ 。juŋ⁴ tsə³ tsuʔ⁷ ma¹ bɔi¹ diat⁸ , tsək⁷ ti⁴ sun¹ saŋ¹ kə³ ŋai² bɔi¹ , m̥²
了。 勇 芝 唆 使 狗 去 追， 可是 路 山 林 的 难 走， 不
hum¹ lai³ di³ mo¹ , biaŋ³ kə² deu² luat⁷ vɔ³ 。
追 得 及， 放 它 逃 脱 了。

　　jin² hui² deu² luat⁷ hou⁴ lɔi² , met⁷ lou⁴ da³ sɔŋ¹ tia⁴ vɔi³ jia¹ tiaŋ¹ ,
　　人 熊 逃 脱 后 来， 藏 进 里 洞 山 了 疗 伤，
təp⁸ leŋ² vən² hou⁴ lɔi² , tiaŋ¹ kə² jia¹ di² mai² vɔi³ , tsək⁷ ti⁴ boʔ⁸ məʔ⁸ jiak⁷
十 零 天 后 来， 伤 的 医 快 好 了， 可 是 肚子 个 饿
mən² tu⁴ lai³ 。lai³ kəm⁴ hə³ , fa³ məʔ⁸ hə³ dok⁷ mui² fun¹ , kə² lək⁸ lək⁸
不 受 得。 有 晚 一， 天 个 一 下 细 雨， 它 偷 偷
loŋ² tia⁴ lou⁴ lək⁸ vɔ³ bak⁷ saŋ¹ məʔ⁸ hə³ vɔi³ , dek⁸ hu⁴ niŋ² vɔ³ lai³ lan²
下 山 进 小 村 口 山林 个 一 了， 看 见 旁边 村 有 屋子
kan¹ hə³ dəi³ məʔ⁸ en³ baŋ¹ jou³ , kə² lai² lai² nəp⁷ dɔŋ¹ niŋ² bak¹ suaŋ¹ vɔi³
间 一 灯 个 还 亮 在， 他 轻 轻 蹑 到 旁边 口 窗 了
do¹ sa¹ lou⁴ heŋ³ , da³ lan² lai³ mai⁴ lau⁴ hu² hə³ hem¹ ləm² lək⁸ vɔn³ hu²
侧 耳 进 去 听， 里 屋 有 妇人 老 个 一 跟 女 孩 两 个
kaŋ³ ko³ ne⁴ 。mai⁴ lau⁴ hu² hə³ kaŋ³ : "bak⁷ tsək⁸ ma³ di² bɔi¹ sun¹ lɔi¹ ,
讲 话 呢。 妇人 老 个 一 说: "明 天 妈 要 去 跑 远，

dəŋ³ lɔ² na⁴ ləŋ¹ lai³ lan², ba² mə² lo⁴ bəi¹ leŋ¹ ləi¹ huk⁷ teŋ¹ li³, bak⁷
后 天 才 回 得 家， 爸 你们 去 地方 远 做 生意， 明
tsək⁸ xɔ³ nəŋ² mən² ləŋ¹ lai³ dəŋ¹ lan² vɔi³， təŋ⁴ mə² lo⁴ vən² na³ tə² tə³ jou³
天 可 能 不 回 得 到 家 了， 剩 你们 两 个 自己 在
lan², mə² lo⁴ xəm³ tsiau² ku² kən² mai² mai² kə²，mən² ŋa⁴ bəi¹ fiak⁸ uk⁷
家， 你们 欠 照 顾 互相 好 好 的， 不 要 去 外 面
vɔi³ n̥am¹。bə³ ma³ bak⁷ tsək⁸ fin⁴ sun¹ bəi¹ lan² nia⁴, jam³ kə² mia² hem¹
了 玩。 阿妈 明 天 便 路 去 家 外婆， 叫 她 来 跟
mə² lo⁴ huk⁷ dan⁴， fui³ mə² lo⁴ lap⁷ suan¹。 mə² lo⁴ xəm³ ɔ¹ lət⁸ lət⁸ kə²
你们 作 伴， 陪 你们 睡 觉。 你们 欠 记 牢 牢 地
lou⁴， bə³ nia⁴ dau³ ləi² mə² viŋ¹ teŋ¹ ki² mɔʔ⁸ hə³ ŋɔ² n̥ɔ³ vin² vin²
进去，(词头) 外婆 后 面 左 手 生 痣 个 一 大 大 圆 圆
nen⁴, sen¹ van⁴ m̥¹ ŋa⁴ ŋin⁴ leŋ¹ hun⁵ sək⁷ vɔi³。 bə³ nia⁴ kəm⁴ tsək⁸
(助)， 千 万 不 要 认 人 错 了。(词头) 外婆 明天 晚上
na⁴ dəŋ¹ lai³ lan² dou²， tsək⁸ lai³ leŋ¹ hun⁵ jam³ xəi² dən⁴, mə² lo⁴ m̥² ŋa⁴
才 到 得 家 咱们， 如果 有 人 叫 开 门， 你们 不 要
kan³ uk⁷ bəi² xəi²， xəm³ təi³ siŋ³ so¹ ti⁴ bə³ nia⁴ vɔi³ na⁴ uk⁷ bəi¹
赶 出 去 开， 欠 问 清楚 是 (词头) 外婆 了 才 出 去
xəi²。xəi² dən⁴ kə³ ti² hou⁴ ni² xəm³ jit⁸ sim¹ dən⁴ mɔʔ⁸ uk⁷ mia², di³ na³
开。 开 门 的 时候 呢 欠 拔 闩 门 个 出 来， 一 个
diŋ³ dən⁴ di³ fiaŋ² lou⁴, lai² lai² xəi² lək⁸ ke⁴ dən⁴ lui² hə³, jam³ kə² təʔ⁸ mə²
顶 门 一 边 住， 慢慢 开 小 缝 门 道 一， 叫 她 伸 左
viŋ¹ fiaŋ² lou⁴ mia²， kam² ləi² mə² kə² fiaŋ² hə³ dek⁸ lai³ m̥² lai³ ki² mɔʔ⁸
手 边 进 来， 摸 后面 手 她 边 一 看 有 没有 痣 个
hə³, tsək⁸ lai³ tsu⁴ biaŋ³ kə² lou⁴, tsək⁸ m̥² lai³ tsu⁴ meŋ³ meŋ³ kən³ sim¹
一， 如果 有 就 放 她 进， 如果 没有 就 快 快 上 闩
dən⁴ lou⁴， ou¹ mok⁸ xat⁸ hə³ diŋ³ dən⁴ ləi² lit⁸ lit⁸ kə² na⁴ lap⁷ suan¹。" kaŋ³
门 住， 拿 木 块 一 顶 门 后 紧紧地 才 睡 觉。" 讲
in¹ vɔi³ ou² bak⁷ lou⁴ niŋ¹ sa¹ kə² lo⁴ vən³ na³ vɔi³ tsuk⁷：" tsək⁸ ti⁴ jin²
完 了 要 嘴巴 进 旁边 耳朵 她们 两 个 了 嘱： 如果 是 人
hui² mia² vɔi³， mə² lo⁴ tsu⁴ ou¹ fun² hoŋ² mɔʔ⁸ uk⁷ mia²， xau¹ lək⁸ lək⁸
熊 来 了， 你们 就 要 盆 铜 个 出 来， 敲 响 响
kə²， tə³ kə² maŋ² deu²。" jin² hui² hiŋ² hək⁸ ko³ kə² lo⁴ kə³ vɔi³, da³ tim¹
地， 使 它 害怕 逃走。" 人 熊 听 到 话 她们 的 了， 里 心

lək⁸ lək⁸ ləu⁴ əŋ¹, tim¹ mɔʔ⁸ tiaŋ³, kəm⁴ tsək⁸ hau² tsu⁴ tsɔŋ¹ tiŋ² nia⁴
偷 偷 地 乐， 心 个 想， 明 天 晚 上 我 就 装 成 外 婆
mə² lo⁴ mia² tuat⁷ mə² lo⁴, hə² mə² lo⁴ mia² kən¹。
你 们 来 骗 你 们， 捉 你 们 来 吃。

　　hai⁴ ŋəi⁴ vən² vən² kiaŋ³ kiaŋ³ jɔp⁷, jin² hui² diŋ¹ jua³ diŋ¹ hai² lum²
　　第 二 天 天 刚 刚 黑， 人 熊 穿 衣 穿 鞋 蒙
tuk⁷ fa³ ləu⁴, lək⁸ lək⁸ nəp⁷ ləu⁴ lək⁸ vɔ³ bak⁷ saŋ¹ nə⁴ mɔʔ⁸ vɔi³, sui²
毛 巾 进 去， 偷 偷 蹑 入 小 村 口 山 林 这 个 了， 随
sun¹ nə⁴ kəm⁴ nə⁴ hiu² hə² dɔŋ¹ lan² ləm² lək⁸ nə⁴ vən³ na³ vɔi³。kə² di²
路 那 晚 那 条 一 到 家 女 孩 那 两 个 了。 她 要
tiaŋ³ jam² xəi² dən⁴ le³, tiaŋ³ hək⁸ ləi² mɔ² fiaŋ² hə² en³ mən² lai³ ki² jɔu³,
想 叫 开 门 呢， 想 到 后 面 手 边 一 还 没 有 痣 在，
tsu⁴ bəi¹ di¹ kai⁴ lək⁸ tuaŋ² xat⁸ hə³ ne² kən³ ləi² mɔ² vɔi³。it⁸ siat⁸ du²
就 去 找 屎 小 羊 块 一 粘 上 后 面 手 了。 一 切 都
tsun⁴ bi² mai² hɔu⁴ ləi², na⁴ dɔŋ¹ dau² tuʔ⁷ deʔ⁷ jam³ xəi² dən⁴。ləm² lək⁸
准 备 好 后 来， 才 到 下 面 屋 檐 叫 开 门。 女 孩
da³ lan² nə⁴ vən² hu² hu⁴ lai³ leŋ¹ hun² jam³ xəi² dən⁴, meŋ³ meŋ³ lɔŋ² taŋ²
里 屋 那 两 个 听 到 有 人 叫 开 门， 快 快 下 床
sək⁷ dɔŋ¹ ləi² dən⁴ vɔi³。məi⁴ hu² hə³ xi² bo¹ nia⁴ kə² lo⁴ mia² dɔŋ¹ vɔi³,
走 到 后 面 门 了。 妹 个 一 以 为 外 婆 她 们 来 到 了，
di² tiaŋ³ təʔ⁸ mɔ² lɔŋ² sim¹ dən⁴ le³, bəi³ hu² hə³ meŋ³ meŋ³ tsua¹ mɔ² kə²
要 想 伸 手 下 闩 门 呢， 姐 个 一 快 快 抓 手 她
fiaŋ² ləu⁴, jiau² sau¹ uk⁷ bəi¹ təi³："ləu² na³ jam³ xəi² dən⁴?" jin² hui²
边 进 去， 丢 声 音 出 去 问："哪 个 叫 开 门?" 人 熊
de⁴ sau¹ mɔʔ⁸ dəm² dəm³ ləu⁴ vɔi³ kaŋ³："ma³ mə² lo⁴ maŋ² mə² lo⁴ di²
压 声 音 个 低 低 进 去 了 讲："妈 你 们 怕 你 们 要
ɳuŋ³ ɳaŋ³, jam³ nia⁴ mia² hem¹ mə² lo⁴ huk⁷ dan⁴, xəi² dən⁴ meŋ³ tsiʔ⁸
寂 寞， 叫 外 婆 来 跟 你 们 作 伴， 开 门 快 点
biaŋ³ nia⁴ ləu⁴ bəi¹!" "bə³ nia⁴ tit⁸ tit⁸ mia² vɔi³ ha²? siŋ³ təʔ⁸ mɔ²
放 外 婆 进 去!" "(词头)外 婆 实 实 来 了 吗? 请 伸 左
viŋ¹ fiaŋ² hə² lok⁸ ke⁴ dən⁴ ləu⁴ mia²!" bəi³ məi⁴ vən³ na³ ɔu¹ dau³ ləi² mia²
手 边 一 从 缝 门 进 来!" 姐 妹 两 个 要 背 后 来
diŋ³ dən⁴ lət⁸ lət⁸ ləu⁴, jit⁸ sim¹ dən⁴ mɔʔ⁸ hə³ uk⁷ mia², lai² lai⁴ xəi² do⁴
顶 门 牢 牢 住， 拔 闩 门 个 一 出 来， 慢 慢 开 露

ke⁴ dən⁴ lui² hə³，jin² hui² meŋ³ meŋ³ sun³ mɔ² viŋ¹ fiaŋ² lou⁴ bəi¹。bəi³
缝 门 道 一， 人 熊 快 快 伸 左 手 边 进 去。 姐
məi⁴ vən³ na² fiŋ² tsua¹ mɔ² kə² fiaŋ² lou⁴，ləi² mɔ² tit⁸ tit⁸ lai³ ki² mɔʔ⁸ hə³。
妹 两 个 平 抓 手 它 边 住， 后 手 实 实 有 痣 个 一。
bəi³ məi⁴ vən³ na³ əŋ¹ dai¹ vɔ³：“tsin² tsin¹ ti⁴ nia⁴ mia² dɔŋ¹ vɔ³，hau⁴
姐 妹 两 个 高 兴 死 了： 真 真 是 外 婆 来 到 了， 我
lo⁴ fɔu³ mə² du² fɔu³ ai² vəi³，lou⁴ mia² meŋ³ tsiʔ⁸！lou⁴ mia² meŋ³ tsiʔ⁸！"
们 等 你 都 等 厌 了， 进 来 快 点！ 进 来 快 点！

　　dən⁴ mɔʔ⁸ kiaŋ³ kiaŋ³ xəi²，jin² hui² tsu⁴ kan⁴ tam² kok⁷ lou⁴ da³ lan²
　　门 个 刚 刚 开， 人 熊 就 赶 跨 脚 进 里 屋
vəi³。məi⁴ hu² hə³ di² bəi¹ tsiu³ dəi³ le³，jin² hui² kan³ xuaŋ² lan² kə² lou⁴：
了。 妹 个 一 要 去 照 灯 呢， 人 熊 赶 狂 拦 她 住：
"m̩² ŋa⁴ tsiu³ dəi³，tsiu³ dəi³ di² fai⁴ ju²，nia⁴ sək⁷ sun¹ vən² hə³ ja³ nuai³
不 要 照 灯， 照 灯 要 败 油， 外 婆 走 路 天 一 也 累
vəi³，di² tiaŋ³ lap⁷ suan¹ meŋ³ tsiʔ⁸。" bəi³ məi⁴ vən³ na³ hiŋ² nia⁴ kaŋ³ ən¹
了， 要 想 睡 觉 快 点。" 姐 妹 两 个 听 外 婆 讲 这
nən³，ja³ sui² kə² kən³ taŋ² lap⁷ suan¹。kiaŋ³ kiaŋ³ lap⁷ loŋ² mən² kiau⁴
样， 也 随 她 上 床 睡 觉。 刚 刚 躺 下 没 多
fəŋ³，kə² lo⁴ tsu⁴ həm¹ hək⁸ xəi³ lian⁴ hiu² hə³，bəi³ hu² hə³ lə⁴ nia⁴ lou⁴
久， 她 们 就 闻 到 气 膻 条 一， 姐 个 一 拉 外 婆 住
təi³："nia⁴ ha²，hu² mə² mɔʔ⁸ hə² di³ ləu² kəʔ⁸ lian² kəʔ⁸ lian² ən¹ nə³?"
问：： 外 婆 啊， 身 体 你 个 一 怎 么 臭 膻 臭 膻 这 样？"
"nia⁴ lɔ³ mia² bun³ tin¹ mən² xɔ³ sə⁴ sai⁴，maŋ² di² kam³ lou⁴ vəi³ m̩²
"外 婆 近 来 身 体 不 太 自 在， 怕 要 感 冒 进 去 了 不
kɔm³ tuk⁷ liaŋ²，xu⁴ nɔ³ mə² lo⁴ tsuŋ³ ti⁴ bau⁴ nan⁴ tuaŋ² jəu³ nia⁴ kɔn¹，
敢 洗澡， 舅 大 你 们 总 是 煲 肉 羊 给 外 婆 吃，
tə³ ji³ hu² mɔʔ⁸ na⁴ lai³ tsiʔ⁸ kəʔ⁸ lian²。" bəi³ məi⁴ vən³ hu² bi² ko³ kə² kə³
所 以 身 子 个 才 有 点 臭 膻。" 姐 妹 两 个 被 话 它 的
tuat⁷ kua³ bəi¹ vəi³。nə⁴ ti² həu⁴，məi⁴ hu² hə³ ka³ di² suan¹ loŋ² vəi³，
骗 过 去 了。 这 时 候， 妹 个 一 已 经 要 睡 下 了，
tsək⁷ ti⁴ bəi³ hu² hə³ en³ mən² suan¹ lai³ loŋ² jəu³。jin² hui² ni² da¹ dəi³
可 是 姐 个 一 还 没 睡 得 下 在。 人 熊 呢 眼 睛 对
tse³ dəp⁷ lou⁴ tiaŋ³ kəi³ ne⁴，bɔʔ⁸ kə² mɔʔ⁸ na⁴ ku² jiak⁷，na⁴ ku² tiaŋ³ kɔn¹
假 闭 住 想 计 呢， 肚 子 它 个 非 常 饿， 很 想 吃

vən³ na³ bɔi¹ məi⁴ bɔi¹, tsək⁷ ti⁴ aŋ² aŋ¹ tsu⁴ kɔn¹ ni² maŋ² kə² lo⁴ van² ui²
两 个 姐 妹 去， 可 是 醒 醒 就 吃 呢 怕 她们 叫 起
vɔi³ niŋ² lan² kə² di² hu⁴， niŋ² lan² kə² tsək⁸ hu⁴ vɔi³ tə⁴ həi³ tsu⁴ lau¹
了 旁边屋 的 要知道， 旁边屋 的 如果 知道 了 事情 就 弄
fai⁴ vɔi³， mən² dan¹ m̩² kɔn¹ lai² loŋ² ko²， tɔ² tɔ³ ja² ŋai² deu² luat⁷, m̩²
败 了， 不 但 不 吃 得 下 喉咙， 自已 也 难 逃 脱， 不
dim³ fəu³ kə² lo⁴ suan¹ loŋ² vɔi³ na⁴ nɔ¹ mɔ²。 tiaŋ³ dəŋ¹ nɔi⁴, kə² tsɔŋ¹ tse³
如 等 她们 睡 下 了 才 动手。 想 到 这里， 它 装 假
suan¹ ka³ ko² ui³。 bɔi³ hu² hə³ vən⁴ hu² di² tiaŋ³ suan¹ hən³， mən² tsi² i²
睡 打 鼾起来。 姐 个 一 翻 身 要 想 睡 呢， 不 注意
kaŋ² hək⁸ nia⁴ kə² lo⁴ vɔi³， na⁴ fat⁸ hian² nia⁴ kə² lo⁴ suan² hu² tsɔŋ³ ti⁴
碰 到 外婆 她们 了， 才 发 现 外婆 她们 全 身 总是
vun²。 kə² tsɔŋ¹ kiau⁴ hu² kaŋ² hək⁸ mɔ² viŋ¹ nia⁴ kə² lo⁴ fiaŋ² hə³， ki³
毛。 她 装 动 身 碰 到 手 左 外婆 她们 边 一， 痣
bai¹ mɔ² nia⁴ kə² lo⁴ mɔ²⁸ hə³ da² luat⁷ dok⁷ vɔ³。 ki³ xin⁴ tə⁴ lin² lou⁴
上面 手 外婆 她们 个 一 居然 脱 落 了。几 件 事 连 进
kɔn² vɔi³ tiaŋ³， kə² kaŋ⁴ diŋ² lap⁷ niŋ² kə² lo⁴ nə⁴ hu² hə³ m̩² ti⁴ nia⁴ kə²
一起 了 想， 她 肯 定 睡 旁边 她们 这 个 一 不 是 外婆 她
lo⁴， xɔ³ nəŋ⁴ ti⁴ jin² hui² tsɔŋ¹ kə³。 kə² tsiŋ² jou³ tiaŋ³ dek⁸ di³ ləu² jian⁴
们，可 能 是 人 熊 装 的。她 正 在 想 看 怎 么 样
ban³ ne⁴, məi⁴ hu² hə³ lin² lin² vən⁴ hu² ki³ fɔi³。 kə² hu² məi⁴ hu² hə³ en³
办 呢， 妹 个 一 连 连 翻 身 几 次。她 知 道 妹 个 一 还
mən² suan¹ jou³， lək⁸ lək⁸ əu¹ xak⁷ dok⁸ mia² kaŋ² kə²， mən² hu² hə³ kiaŋ²
没 睡 在， 偷 偷 要 胳膊肘 来 碰 她， 妹 个 一 刚
kiaŋ² kuaŋ¹ da⁴ kə² tsu⁴ ma³ siaŋ² lə⁴ kə² ui² deu² uk⁷ bɔi¹, it⁷ uk⁷ bak⁷
刚 睁 眼 她 就 马 上 拉 她起来 逃 出 去， 一 出 口
dən⁴ tsu⁴ laŋ¹ hou² lou⁴。 məi⁴ hu² hə³ en³ mən² hu² ki³ kai² tə⁴ jou³， kə²
门 就 锁上 锁头 住。 妹 个 一 还 不 知道 什 么 事 在， 她
ka³ xau¹ fun² hoŋ² mɔ²⁸ hə³ buaŋ² buaŋ² ən¹ nən³ lək² ui² mia²， niŋ² lan²
已 敲 盆 铜 个 一 哐 哐 这样 响 起来， 旁边屋
kə³ hiŋ² sa¹ hu⁴ vɔi³ tsuŋ³ mau⁴ lɔ² kə² lək² ui²， mən² ki³ fɔŋ² suan² vɔ²
的 听 见 了 总 打 锣 的 响 起， 没 多 久 全 村
leŋ¹ hun² du² mia² dəŋ¹ vɔi³。 jin² hui² bi² laŋ² jou³ da³ lan² nen⁴, di² deu²
人 都 来 到 了。人 熊 被 锁 在 里屋（助），要 逃

tsu⁴ mən² deu² lai³ uk⁷，hiŋ² hək⁸ lɔ² kə³ lək⁷ du² ka² ɲan³ lɔŋ² ləp⁸ vɔ³。
就 不 逃 得 出， 听 到 锣 的 响 都 已经 发抖 筛 米 了。
nə⁴ ti² hou⁴，hem¹ kɔn² ŋan¹ tsa⁴ ŋan¹ həŋ⁴ tsun⁴ bi² hə² jin² hui² lou⁴ kit⁷，
这 时 候， 大 家 拿 钩刀 拿 梃 准备 捉 人 熊 住 打，
lai³ lək⁸ hou⁴ teŋ¹ ki³ na³ hem¹ mo⁴ bɔi³ mei⁴ vɔn³ hu² xəi² dən⁴ lou⁴ da³ lan²
有 仔 后 生 几 个 跟 尾 姐妹 两 个 开门 进 时 屋
vɔi³。nia² ke¹ nə⁴ hu² hə³ en³ ɲan³ vaŋ⁴ jou³ bai¹ taŋ² ne⁴，bɔi³ mei⁴ vɔn³
了。外婆 假 那 个 一 还 发 抖 在 上面 床 呢， 姐 妹 两
na³ tsɔŋ¹ tɔi³："nia⁴ ha²， mə² nit⁷ la²？mə² tsu⁴ ɲan³ ən¹ nə³？"jin² hui²
个 装 问：外婆 啊， 你 冷 吗？ 你 就 发抖 这样？" 人 熊
um¹ sa¹ dəi³ lou⁴，sau¹ mɔ²⁸ ɲan² ɲan³ ən¹ nə³："mən² …hau² …mən²
捂 耳朵 对 住，声音 个 发抖发抖 这 样： 不 …我 …不
nit⁷，hau² maŋ² lɔ² mɔ²⁸ lək⁷ te²，mə² lo⁴ meŋ³ tsi²⁸ hem¹ hau² di¹ leŋ¹
冷， 我 怕 锣 个 响 的， 你们 快 点 跟 我 找 地方
xat⁸ ɔt⁷ hau² ui²。" bɔi³ mei⁴ vɔn³ na³ ɔu¹ kum³ mia² duk⁷ kə² lou⁴，ɔu¹
块 藏 我 起来。" 姐妹 两 个 要 被子 来 裹 它 住， 要
dak⁸ mia² kat⁷ ki² tsɔp⁷ lou⁴，biaŋ³ kə² lou⁴ da³ faŋ³ nam⁴ vɔi³，tsai² di¹
绳子 来 捆 几 匝 住， 放 它 进 里 缸 水 了， 再 找
ben³ na¹ hin⁴ hə² tsum³ lit⁸ lit⁸ kən⁴ bak⁵ vɔi³。nə⁴ fɔi² hə³ jin² hui² mən²
木板 厚 块 一 盖 紧紧 上 上面 了。这 次 一 人 熊 不
hiŋ² lai³ hək⁸ lɔ² lək³ vɔi³，ban¹ jou³ da³ faŋ³ nam⁴ ɔn² ɔn³ ən¹ nən³，lək⁸
听 得 到 锣 响 了， 盘 在 里 缸 水 稳稳 这样， 仔
hou⁴ teŋ¹ ki³ hu² ma³ siaŋ³ jam³ niŋ² lan² kə² bək⁷ vəi² bou¹ nam⁴ lian¹，
后 生 几 个 马 上 叫 邻 屋 的 烧 火 煮 水 沸，
nam⁴ kə³ kiaŋ² kiaŋ³ lian¹ tsu⁴ hap⁷ mia² dia²⁸ lou⁴ da³ faŋ³ nam⁴ vɔi³。m̩²
水 的 刚 刚 沸 就 挑 来 倒 入 里 缸 水 了。没
kiau⁴ fɔŋ³，jin² hui² kɔn¹ len¹ hun² nə⁴ hu² hə³ ka³ bi² nam⁴ lian¹ haŋ³ dai¹
多 久， 人 熊 吃 人 那个 一 已经 被 水 沸 烫 死
vɔ³。tə⁴ nə⁴ xin⁴ hə³ suan² uk⁷ bɔi¹ hou⁴ lɔi²，suan² hin⁴ bek⁷ tiŋ³ tsuŋ³
了。事 这 件 一 传 出 来 后来， 全 县 百 姓 总
kit⁷ lɔŋ¹ kit⁷ lɔ² mia² xiŋ² tsuk⁸，da² tsiŋ³ kua³ nen² hə³，tsuan² nə⁴ mɔ²⁸
打 鼓 打 锣 来 庆 祝， 很 像 过 年（助），故事 这 个
hə³ tsu⁴ lok⁸ nin⁴ suan² dɔŋ¹ en³ təi²
一 就 从 那时 传 到 现在。

姐妹设计捉人熊

从前，临高地区有一只吃人的动物，叫人熊。这只人熊长相很像人，一口尖尖的牙齿，形象凶恶，又狡猾又贪心，经常扮作好人骗小孩，很多小孩上了它的当，被它捉去吃掉。它白天总是藏在山林里，拿树枝树叶作掩体，邻近村子如果有小孩出来玩，就捉来吃掉。晚上就四处活动，一听到小孩的哭声就寻声去找，设法捉来吃，小孩子一点到它就害怕。大人们如果去田里做工，总是把小孩子关在屋里，不让他们出去玩。

人熊出入无常，人们很难找到它的行踪，想捉住它也没有办法。为了防止它晚上出来伤害小孩，每个村子都把年轻人组织起来，晚上轮流守夜，一发现人熊出来就鸣锣号众来围攻它，有几次差点就把它打死。从此，它一听到锣响就吓得魂飞魄散，白天藏在山洞里不敢出来活动。

有一天，一个叫永芝的青年出去打猎，遇上了人熊，马上取出箭来射，一下子就射中了它的大腿，痛得它嗷嗷大叫，逃进山洞里。永芝纵狗去追它，可是山林里的路很难走，赶不上它，让它逃脱了。

人熊逃脱后，藏在山洞里疗伤，十多天后伤快养好了，可是肚子饿得忍受不了。一个蒙蒙细雨的晚上，它悄悄下了山，进入一个小山村，发现村边一间屋子灯还亮着，它蹑手蹑脚地走到窗口旁边，侧耳细听。屋里有个母亲，正跟两个女孩说话，她说："明天妈妈要走远路，后天才能回家，你们爸爸到远处做生意，明天可能回不了家。只有你们两个在家，你们要好好地互相照顾，别去外面玩。妈妈明天顺路到外婆家，叫她来跟你们作伴，陪你们睡觉。你们要牢牢记住：外婆左手背上长着一个又大又圆的黑痣，你们千万不要认错了人。外婆明天晚上才能来到咱们家，如果有人叫开门，你们不要急着出去开，要问清楚是外婆再去开。开门时先下门闩，每人顶住一块门板，慢慢开出一道门缝，叫她把手伸进来，摸摸她的手背看有没有一个黑痣，如果有就放她进来，如果没有就赶快上门闩，用一块木头把后门紧紧顶住，再去睡觉。"说完了她把嘴巴凑近她们两个的耳朵叮嘱道："如果是人熊来了，你们就把脸盆取出来，敲得响响的，把它吓走。"人熊听了她们的话，心里偷着乐，心想，明天晚上我就假扮成你们外婆，把你们捉来吃。

　　第二天天刚擦黑，人熊穿着衣服和鞋子，蒙着头巾偷偷地溜进了这小山村，顺着前一天晚上的那条路来到了那两位女孩子的家。它正想叫开门，忽然想到手背上没有黑痣，就去找了一点小羊屎，粘在手背上，一切都准备好了之后，才来到屋檐下叫开门。屋里的两位女孩听到有人叫开门，赶快下了床，走到门后面。妹妹以为外婆到了，正要伸手下门闩，姐姐急忙抓住她的手，传出声音问道："是谁叫开门？"人熊把声音压得低低的，说："你们妈妈怕你们寂寞，叫外婆来跟你们作伴，快点开门让外婆进去！""外婆真的来了？请把左手从门缝里伸进来！"姐妹俩用后背顶住门板，拔出门闩，慢慢露出一道门缝，人熊急忙把左手伸进去。姐妹俩一齐抓住人熊的手，手背上果真有个痣，姐妹俩高兴得不得了："真的是外婆来了，我们等你都等烦了。快点进来！快点进来！"

　　门刚一开，人熊就急着走进屋里。妹妹要去点灯，人熊赶快把她拦住，说："别点灯，点灯废油。外婆走了一天的路也累了，想快点睡觉。"姐妹俩听外婆这么一说，也跟着她上床睡觉。刚躺下没多久，她们就闻到一股膻味，姐妹俩拉住外婆问道："外婆啊，你身上怎么有一股膻味？""外婆近来身体不太舒服，怕着凉不敢洗澡，你们大舅总是煲羊肉给外婆吃，所以身上才有一股羊膻味。"姐妹俩被它的话骗过去了。这时候，妹妹快要睡着了，可姐姐还睡不着。人熊呢假装闭上眼睛设计，它肚子很饿，很想把姐妹俩吃掉，可是醒的时候吃呢，担心她们叫喊起来邻居会知道，要是邻居知道事情就弄糟了，不但吃不成，自己也难以逃脱，不如等她们睡了以后再下手。想到这里，它假装睡着了，打起鼾来。姐姐翻身想睡，不注意碰到"外婆"，发现"外婆"全身都是毛。她假装转身碰到"外婆"的左手，"外婆"手上的痣居然掉落下来。几件事连在一起考虑，她断定睡在她们身边的不是她们外婆，可能是人熊冒充的。她正考虑怎么办，妹妹一连翻了几个身子，她知道妹妹还没睡着，偷偷用胳膊碰她。妹妹刚睁开眼睛，她就马上拉她起来往外逃，一出门就锁上锁头。妹妹还不知道发生了什么事呢，姐姐已经把脸盆"哐哐哐地敲响起来,邻居听见了也都打起锣来,没多久,全村人都来到了。人熊被锁在屋子里,想逃逃不出去,听到锣响,全身筛糠似的发抖。这时候,大家拿着钩刀和棍子准备捉人熊来打,有几个小青年跟着姐妹俩把门打开走进屋子里。那个冒充的外婆还在床上发抖,姐妹俩假装问道:"外婆,你冷吗?你怎么这么发抖?"人熊把耳朵捂住,连声音都在发抖:"不……我……不冷,我怕锣响,你们快点帮我找块地方把我藏起来。"姐妹俩拿被子把它裹住,用绳子绑了几圈,把它放进水缸里,再用一块厚木板盖在上面,这下子人熊听不到锣响了,安安稳稳地盘在水缸里。几个小青年马上叫邻居点火烧开水,水一开就挑来倒进水缸里,没多久那个吃人的人熊已经被开水烫死了。这件事传出去之后,全县人们像过年那样,敲锣打鼓来庆祝,这个故事就这样从那时候传到现在。

讲述人:符紫霞 符大思
流传地区:临高县

dəŋ² si² huŋ¹ xi² ka³ ɔk⁸ ba²
邓 世 雄 气 杀 恶 霸

siŋ³ siau¹ dou² kuaŋ³ vɔŋ² dɔi³ nə⁴ ti² hou⁴, lim² kɔu¹ lai³ vɔ³ mɔ⁽²⁾⁸ hə³
清 朝 道 光 皇 帝 那时候， 临 高 有 村 个 一
jam³ fa⁴ nəm² hə³. vɔ³ nə⁴ mɔ⁽²⁾⁸ hə³ lai³ lan² hɔ² lan² hə³, eŋ¹ hu² jam³ hɔ¹
叫 抱南 的。 村 这 个 一 有 姓 何 家 一， 兄 个 叫 何
ji⁴ xiŋ², tok⁷ hu² jam³ hɔ¹ ji⁴ xaŋ³。 vɔn³ na³ eŋ¹ tok⁷ tsuŋ³ na⁴ ku² xian⁴,
以 庆， 弟 个 叫 何 以 康。 两 个 兄弟 总 十 分 健壮，
ja³ di² ham³ sai², ja³ di² ham³ sək⁸, biŋ¹ ja³ kau¹ sək⁸ ja³ kau¹, vən² vən²
也要 贪 财， 也要 贪 色， 兵 也 交 贼 也 交， 天 天
kən³ həu¹ kən³ hin⁴ ŋou³ lai⁴, dɔŋ¹ leŋ¹ huk⁷ səu³ tə⁴, tsuk⁸ lai³ ləm² lək⁸
上 圩 上 县 逛荡， 到 处 做 坏事， 若 有 姑 娘
luaŋ³ kə³ di² ha³, kə² lo⁴ m̥² hu⁴ tsu⁴ fa⁴, it⁷ hu⁴ tsu⁴ kəp⁷ leŋ¹ lan² vɔi³
漂亮 的 要 出嫁， 他们 不 看见 就 罢， 一 见 就 劫 回 家 了
ȵam¹, ȵam¹ mən² kəu³ mən² tek⁷ mə². bek⁷ tiŋ³ kə³ tsək⁸ kə² lo⁴ dɔŋ¹
玩， 玩 不 够 不 放手。 百 姓 (助词) 恨 他们 到
bi⁴ vɔi³, tsək⁷ ti⁴ m̥² lai³ ban³ fap⁷, kə² lo⁴ lai³ liŋ² lai³ ti³, heŋ² tə⁴ ju⁴
脾 了， 可 是 没 有 办 法， 他们 有 力 有 势， 行事 又
ɔk⁷, nɔ¹ m̥² nɔ¹ tsu⁴ di¹ tə⁴ di¹ tai² mia² ka³ leŋ¹ hun², m̥² lai³ ləu² na³
恶， 动 不 动 就 找事 找 (无义) 来 杀 人， 没 有 哪个
kɔm³ kaŋ¹ ko³ kə² kə³。
敢 讲话 句 句。

nə⁴ ti² hou⁴, niŋ² vɔ³ fa⁴ nɔm² lai³ lək⁸ vɔ³ mɔ⁽²⁾⁸ hə³ jam³ fa⁴ vai² hə³,
那时候， 旁边村 抱南 有 子 村 个 一 叫 抱怀的,
da³ vɔ³ lai³ lək⁸ hou⁴ teŋ¹ hu² hə³ jam³ dəŋ² si² huŋ¹ hə³. dəŋ² si² huŋ¹
中间村 有 仔 后 生 个 一 叫 邓 世 雄 的。 邓 世 雄
mə² nɔ³ lɔi¹ nɔ³ lik⁸ liaŋ⁴ ja³ hok⁸, leŋ¹ hun² səu³ m̥² maŋ², leŋ¹ hun² ɔk⁷
个头 大 胆 大 力 气 也 大， 人 坏 不 怕， 人 恶
ja³ m̥² maŋ²。 kə² lok⁸ nək⁷ tsu⁴ hiŋ² van⁴ bo¹ eŋ¹ tok⁷ lan² hɔ² nə⁴ vɔn³ na³
也不怕。 他 从 小 就 听 人家 说 兄 弟 姓 何 那 两 个

səu³ tə⁴ ka³ huk⁷ in¹ vɔi³, lai³ ki³ fəi² di² tiaŋ³ ka³ kə² lo⁴ bəi¹, tsək⁷ ti⁴
坏 事 已 做 完 了，有 几 次 要 想 杀 他 们 去， 可 是
tsuŋ³ mən² di¹ lai³ hək⁸ ki³ hui²。
总 不 找 得 到 机 会。

  lai³ vən² hə³, be² lau² dəŋ² si² huŋ¹ diu² ŋu² bəi¹ da³ ləu⁴ vɔi³ tiaŋ⁴,
  有 天 一， 父 亲 邓 世 雄 牵 牛 到 中 荒 野 了 养,
m̥² hu⁴ di³ ləu² vau³ vɔ³, jam³ dəŋ² si² huŋ¹ bəi¹ di¹。dəŋ² si² huŋ¹ di¹ hai⁴
不 知 怎 么 丢 失 了， 叫 邓 世 雄 去 找。 邓 世 雄 找 很
liau⁴ leŋ¹ vɔi³ tsuŋ³ mən² di¹ lai³ hək⁸, tsu⁴ ləu⁴ vɔ³ fa⁴ nəm² vɔi³ di¹,
多 地 方 了 总 不 找 得 到， 就 进 村 抱 南 了 找,
tsuk⁸ tsuk⁸ liu¹ maŋ⁴ lan⁴ tsai² ki³ hu² lok⁸ lan² hɔ¹ ji⁴ xiŋ² uk⁷ mia²。dəŋ²
足 足 流 氓 烂 仔 几 个 从 家 何 以 庆 出 来。 邓
si² huŋ¹ bəi¹ dau³ na³ kə² lo⁴ vɔi³ tɔi³:"bə² tok⁷, ŋu² hau² lo⁴ hu² hə³ vau³
世 雄 去 面 前 他 们 了 问:"阿 弟， 牛 我 们 个 一 丢 失
vɔi³, mə² lo⁴ ləu² na³ hu⁴ kua³ mə²?" liu¹ maŋ⁴ nə⁴ ki³ hu² ŋu² hau² ŋu²
了， 你 们 哪 个 见 过 不?" 流 氓 那 几 个 摇 头 摇
hu² hə³, miʔ⁷ bak⁷ mɔʔ⁸ hə³ liau¹ xa² xa² ən¹ nə³:"ŋu² mə² hu² hə³ ha²?
身 子(助)， 咂 嘴 个 一 笑 哈 哈 这 样:牛 你 个 一 吗?
mə² vək⁷, jɔu² bai¹ duŋ³ no⁴。" dəŋ² si² huŋ¹ dəŋ² hau² dek⁸ le³, hu⁴ lai³
你 看， 在 上 面 树 呢。" 邓 世 雄 抬 头 看(助)， 见 有
naŋ¹ ŋu² fan¹ hə³ liŋ³ jɔu³ bai¹ duŋ³ ne⁴。kə² xi² m̥² hu⁴ di³ ləu² hə³, tɔi³
皮 牛 幡 一 挂 在 上 面 树 呢。 他 气 不 知 怎 么(助)， 问
kə² lo⁴:"mə² lo⁴ ka³ ka³ ŋu² hau² hu² hə³ bəi¹ vɔi³ ha²?" lək⁸ hɔu⁴ teŋ¹
他 们: 你 们 已 经 杀 牛 我 个 一 去 了 吗?" 仔 后 生
dau³ na³ nə⁴ hu² hə³ tan¹ kə²:"dɔŋ³ ke³ jam³ hau² lo⁴ ka³ bəi¹ kɔn¹ vɔi³,
前 面 那 个 一 回 答 他: 东 家 叫 我 们 杀 去 吃 了,
di³ ləu² hə³? da³ dɔu¹ en² lai³ uaʔ⁸ hem¹ so³ jɔu³, mə² tsək⁸ di² tiaŋ³ kɔn¹
怎 样 啦? 里 锅 还 有 骨 头 和 汤 在， 你 若 要 想 吃
mə² tsu⁴ ləu⁴ bəi¹ kɔi¹ lo²。" dəŋ² si² huŋ¹ ka³ xi² diŋ³ ɔk⁷ vɔi³, di² tiaŋ³
你 就 进 去 吃 喽。" 邓 世 雄 已 经 气 顶 胸 了， 要 想
hem¹ kə² lo⁴ dɔu³ fɔi³, tsək⁷ ti⁴ tiaŋ³ tiaŋ³ ja³ xɔm⁴ xəi³ləŋ¹ lan² vɔi³。
跟 他 们 斗 次， 可 是 想 想 也 压 气 回 家 了。

  ləŋ¹ dɔŋ¹ da³ sun¹, kə² me² tiaŋ³ me² xi², kə² tiaŋ³ hək⁸ hɔ¹ ji⁴ xiŋ²、
  回 到 中 间 路， 他 越 想 越 气， 他 想 到 何 以 庆、

hə¹ ji⁴ xaŋ³ vən³ na³ tə² ən¹ səu³，tiaŋ³ hək⁸ ŋu² kə² hu² hə³ bi² lək⁸ bəi¹
何 以 康 两 个 这 么 坏， 想 到 牛 他 个 一 被 偷 去
ka³，fat⁷ təi⁴ ka³ kə² lo⁴ vən³ na³ eŋ¹ tok⁷ bəi¹。laŋ¹ dəŋ¹ lan² vəi³ kə² tsu⁴
杀， 发 誓 杀 他 们 两 个 兄 弟 去。 回 到 家 了 他 就
di¹ mit⁸ kə² nə⁴ tsiaŋ¹ hə³ mia² vən¹，hai⁴ liau⁴ vən² tsuŋ³ ən¹ nən³。be²
找 刀 他 那 张 一 来 磨， 很 多 天 总 这 样。 父
lau⁴ kə² hu⁴ kə² vən² vən² haŋ⁴ vən¹ mit⁸，tsu⁴ təi³ kə²："si² huŋ¹ ha²,
亲 他 见 他 天 天 都 磨 刀， 就 问 他： 世 雄 呀，
mə² vən² vən² vən¹ mit⁸ mə² nə⁴ tsiaŋ¹ hə³ huk⁷ ki³ ka³?" si² huŋ¹ tan¹：
你 天 天 磨 刀 你 那 张 一 做 什 么?" 世 雄 回 答：
"ka³ hə¹ ji⁴ xiŋ²、hə¹ ji⁴ xaŋ³ vən³ na³ eŋ¹ tok⁷ bəi¹!" be² lai³ xin³ kə²：
"杀 何 以 庆、 何 以 康 两 个 兄 弟 去!" 父 亲 劝 他：
"van⁴ ju⁴ lai³ liŋ² ju⁴ lai³ ti³，tən² fəŋ³ mia² du² m̥² lai³ leŋ¹ hun² kəm³ bəi¹
人 家 又 有 力 又 有 势， 这 么 久 来 都 没 有 人 敢 去
jia³ van⁴，mə² di² huk⁷ lai³ ki³ kai³ van⁴?" si² huŋ¹ kaŋ³："ho² hu² hə³ səu³
惹 人 家， 你 要 做 得 什 么 人 家?" 世 雄 讲： 虎 个 一 坏
du² lai³ leŋ¹ hun² bəi¹ kit⁷，leŋ¹ hun² ək⁷ saŋ³ ti⁴ m̥² lai³ leŋ¹ hun² kəm³ bəi¹
都 有 人 去 打， 人 恶 难 道 没 有 人 敢 去
lə³ ha²?" be² lai³ kə² hu⁴ kə² ŋe³ ŋe³ di² bəi¹ kit⁷，m̥² lan² lai³ on³，tsu⁴
近 吗?" 父 亲 他 见 他 硬 硬 要 去 打， 不 拦 得 稳， 就
tiaŋ³ ban³ fap⁷ tə³ dek⁸ kə² lik⁸ liaŋ¹ lai³ kiau⁴ nə³，doi³ kə² kaŋ³："mə²
想 办 法 试 看 他 力 量 有 多 大， 对 他 讲："你
bo¹ mə² kit⁷ lai³ jiŋ² van⁴，bak⁷ tsək⁸ hau² bəi¹ ləi² nia²，mə² əu¹ lək⁸ mə²
说 你 打 得 赢 人 家， 明 天 我 去 犁 田， 你 拿 子 手
mə² mə?⁸ hə³ mia² huk⁷ sim¹ kəŋ³ ləi²，hau² ləi² tam¹ lui⁴ mə² tsək⁸ tu⁴ lai³
你 个 一 来 做 闩 弓 犁， 我 犁 三 行 你 若 受 得
vəi³，mə² tsu⁴ xə³ ji³ hem¹ van⁴ bi² vəi³ lo³。"
了， 你 就 可 以 跟 人 家 比 了 了。"

hai⁴ ŋəi⁴ vən² be² lai³ kə² bəi¹ ləi² nia²，kə² tiaŋ³ kəi³ mə?⁸ hə³ uk⁷
  第 二 天 父 亲 他 去 犁 田， 他 想 计 个 一 出
mia²，əu¹ lək⁸ mə² biaŋ³ ləu⁴ dau³ na³ kəŋ³ ləi² vəi³。be² lai³ kə² ləi² həŋ²
来， 拿 小 手 放 进 前 面 弓 犁 了。 父 亲 他 犁 行
dəŋ¹ həŋ²，dek⁸ na³ kə² mə?⁸ hə³ it⁷ tsi?⁸ du² m̥² bin³，hu⁴ kə² kəŋ¹ fu¹ m̥²
到 行， 看 脸 也 个 一 一 点 都 不 变， 知 道 他 功 夫 不

sək⁷, doi³ kə² kaŋ³："lik⁸ liaŋ⁴ mə² kə³ kua³ lai³ bɔi¹ vɔi³, tsək⁷ ti⁴ lai³ liŋ²
错， 对他讲： 力 量 你的 过 得 去 了， 可 是有力
ja³ xəm³ lai³ kɔi³ na⁴ jiŋ² lai³ van⁴。dou² tsiam² si¹ mən² ŋa⁴ nɔ¹ mə² jou³,
也 欠 有 计 才 赢 得 人 家。咱 暂 时 不要 动 手 在,
bɔi¹ kou³ kə² lo⁴ kua³ na³ hen¹。"si² huŋ¹ kaŋ³："hak⁷ nə⁴ kə³ hoŋ² ho² kə²
去 告 他 们 过 前 先。"世 雄 讲： 官 那 些 袒 护 他
lo⁴, kou³ ja³ ti⁴ m̩² lai³ juŋ⁴ te²。"
们，告 也 是 没 有 用 的。

　　kua³ ki³ vən² vɔi³, hɔ¹ ji⁴ xiŋ²、hɔ¹ ji⁴ xaŋ² vɔn³ na³ eŋ¹ tok⁷ maŋ²
　　过 几 天 了， 何 以 庆、 何 以 康 两 个 兄 弟 怕
dəŋ² si² huŋ¹ di² bɔi¹ kou³ kə² lo⁴, tsu⁴ sian³ loŋ² mə² kua³ na³, kən³ hin⁴
邓 世 雄 要 去 告 他 们， 就 先 下 手 过 前， 上 县
vɔi³ kou³ dəŋ² si² huŋ¹, mu² lai⁴ dəŋ² si² huŋ¹ lək⁸ ŋu² kə² lo⁴ hu² hə³, siŋ³
了 告 邓 世 雄， 诬赖 邓 世 雄 偷 牛 他 们 个一，请
hai³ jia² hɔ² dəŋ² si² huŋ¹ bɔi¹ tɔi³ sɔi⁴。hai³ jia² xi² bo¹ tit⁸ tit⁸ ti⁴ ən¹,
太 爷 抓 邓 世 雄 去 问 罪。太 爷 以 为 实 实 是 这 样,
ma⁴ siaŋ² fai³ lək⁸ biŋ¹ ki³ hu² bɔi¹ hɔ² dəŋ² si² huŋ¹。lək⁸ biŋ¹ ki³ hu² m̩²
马 上 派 小 兵 几 个 去 抓 邓 世 雄。小 兵 几 个 不
tok⁷ ləu² mɔ?⁸ ti⁴ vɔ³ fa⁴ vai², ja³ m̩² tok⁷ ləu² na³ ti⁴ dəŋ² si² huŋ¹, di² dəŋ¹
认 识 哪 个 是 村 抱 怀， 也不 懂 哪 个 是 邓 世 雄，将 到
vɔ³ fa⁴ vai² vɔi³, hu⁴ lək⁸ hou⁴ teŋ¹ hu² hə³ fa² nia² jou³ niŋ² vɔ³ nen⁴, tsu⁴
村 抱 怀 了， 见 仔 后 生 个 一 耙 田 在 旁 边 村 呢， 就
tɔi³："nə⁴ tok⁷ ha², vɔ³ fa⁴ vai² mɔ?⁸ hə³ jou³ ləu² xat⁸ ne⁴? mə² tok⁷ dəŋ²
问： 阿 弟 呀， 村 抱 怀 个 一 在 哪 里 呢？ 你 懂 邓
si² huŋ¹ mə²?" dəŋ² si² huŋ¹ hu⁴ kə² lo⁴ di² mia² huk⁷ ki³ kai³, tsu⁴ tan¹：
世 雄 不？" 邓 世 雄 知 道 他 们 要 来 干 什 么， 就 回 答：
"tok⁷, fou³ hau² tuk⁷ ŋu² baŋ³ hen¹ hau² na⁴ jin³ mə² lo⁴ bɔi¹ di¹ kə²。" it⁷
"懂， 等 我 洗 牛 干 净 先 我 才 引 你 们 去 找 他。" 一
min⁴ kaŋ³ it⁷ min⁴ diu² ŋu² loŋ² dau² maŋ¹ vɔi³ tuk⁷, tuk⁷ mai² vɔi³ tsu⁴ ou¹
边 讲 一 边 牵 牛 下 下 面 溪 了 洗， 洗 好 了 就 用
mɔ² dəi³ hə³ tsun¹ ŋu² hu² hə³ ui¹， doi³ lək⁸ biŋ¹ nə⁴ ki³ hu² kaŋ³："siŋ³
手 对 一 举 牛 个 一 起 来， 对 小 兵 那 几 个 讲："请
mə² lo⁴ hem¹ hau² tsip⁷ ŋu² hu² hə³ kən³ bɔi¹, fou³ hau² tuk⁷ kok⁷ tuk⁷ mɔ²
你 们 跟 我 接 牛 个 一 上 去， 等 我 洗 脚 洗 手

baŋ³ vɔi³ hau² na⁴ jin³ mə² lo⁴ bɔi¹ di¹ kə²。"lək⁸ biŋ¹ ki³ hu² dek⁸ hək⁸ ka³
干 净 了 我 才 引 你 们 去 找 他。" 小 兵 几 个 看 到 已经
maŋ² ŋəŋ³ vɔi³， sai¹ kə² ti⁴ dəŋ² si² huŋ¹， maŋ² deu² ləŋ¹ bɔi¹ hai³ jia² di²
怕 傻 呆 了， 猜 他 是 邓 世 雄， 怕 逃 回 去 太 爷 要
hɔn³， tsiaŋ¹ dai¹ həp⁸ liŋ² lou⁴ ŋan¹ mit⁸ mia² hum³ dəŋ² si² huŋ¹。dəŋ² si²
骂， 拼 死 合 力 进 去 拿 刀 来 追赶 邓 世 雄。 邓 世
huŋ¹ hoi³ ləŋ¹ na³ vo³ vɔi³， hu⁴ lai¹ ma² laŋ² dun³ hə³，it⁷ tsiu⁴ tsu⁴ vok⁸
雄 退 回 前 村 了， 看见 有 槟 榔 树 一， 一下子 就 拔
kən³ mia²，ɔu³ mia² huk⁷ kun³ mu⁴。lək⁸ biŋ¹ ki³ hu² du² ka³ maŋ³ ɳan³
上 来， 拿 来 当 棍 舞。 小 兵 几 个 都 已 吓 发抖
vɔi³，xi³ kok⁷ tsu⁴ tiat⁷。ləŋ¹ dəŋ¹ lan² vɔi³，dəŋ² si² huŋ¹ xi² m̥² kən¹ lai³
了， 起 脚 就 跑。 回 到 家 了， 邓 世 雄 气 不 吃 得
fia⁴ loŋ²，da³ kɔm³ lap⁷ jou³ bai¹ taŋ²，dɔŋ¹ da³ xən² vɔi³ du² m̥² suan¹ lai³
饭 下， 晚 上 躺 在 上面 床， 到 半 夜 了 都 不 睡 得
loŋ² jou³。
下 在。

　　m̥² kua³ kiau⁴ fɔŋ³，vo³ mai⁴ la⁴ lai³ ləm² lək⁸ hu² hə³ di² ha³ bɔi¹ vo³ sɔ²
　　不 过 多 久， 村 美 罗 有 姑 娘 个 一 要 嫁 去 村 沙
hɔm²，hɔ¹ ji⁴ xiŋ³ hiŋ² van⁴ kaŋ³ ləm² lək⁸ nə⁴ hu² hə³ na⁴ ku² luaŋ³，tim¹
潭， 何 以 庆 听 人家 讲 姑 娘 这 个 一 很 漂亮， 心
mɔ²⁸ hə³ dai² dai¹ di² tiaŋ³ ɳam¹ van⁴ fɔi²。kə² hu⁴ van⁴ bo¹ ləm² lək⁸ nə⁴
个 一 死 死 要 想 玩 人家 次。 他 见 人家 说 姑 娘 这
hu² hə³ təp⁸ ŋei⁴ ɳit⁸ ŋi⁴ təp⁸ di² ha³， nə⁴ vən² hə³ tsu⁴ fai³ ŋi⁴ mɔ² ki³ na³
个 一 十 二 月 二 十 要 出嫁， 那 天 一 就 派 二 手 几 个
bɔi¹ da³ sun¹ vɔi³ fou³， kəp⁷ van⁴ ləŋ¹ lan² kə² vɔi³ ɳam¹ kɔm⁴ hə³ nəu²
去 中间 路 了 等， 劫 人家 回 家 他 了 玩 晚 一 熟
nəu² na⁴ biaŋ³ van⁴ ləŋ¹ bɔi¹。
熟 才 放 人家 回 去。

　　lan² hə² nə⁴ vən³ na³ eŋ¹ tok⁷ huk⁷ səu³ tə⁴ kə³ hai² liau⁴ vɔi³， hai⁴
　　姓 何 那 两 个 兄 弟 做 坏 事 的 太 多 了， 很
liau⁴ leŋ¹ hun² du² mia² di¹ dəŋ² si² huŋ¹ tə²， lək⁸ lɔ¹ ləm² lək⁸ nə⁴ hu² hə³
多 人 都 来 找 邓 世 雄 申诉， 女婿 姑 娘 那 个 一
ja³ lək⁸ lək⁸ mia² di¹ kə²，iaŋ¹ dəŋ² si² huŋ¹ hɔi³ kə² lo⁴ bou³ su²。dəŋ² si²
也 偷 偷 来 找 他， 央 邓 世 雄 替 他们 报 仇。 邓 世

huŋ¹ iau² lək⁸ hou⁴ teŋ¹ xian² xian⁴ ki³ hu² bɔi¹ lan² kə² vɔi³ ham² liaŋ²,
雄 邀请 仔 后 生 健 健 几 个 去 家 他 了 商 量,
kiat⁸ diŋ² təp⁸ ŋie⁴ ŋit⁸ tam¹ təp⁵ kəm⁴ si² ɔk⁸ ba² nə⁴ vɔn³ na³ bɔi¹。nə⁴
决 定 十 二 月 三 十 晚上 惩处 恶霸 这 两 个 去。那
kəm⁴ hə³ fa⁴ mɔʔ⁸ kiaŋ² kiaŋ³ jəp⁷, suan² vɔ³ ləu² ka¹ ləu² lan² du² vi² lo²
晚 一天 个 刚 刚 黑, 全 村 哪 家 哪 户 都 围 炉
kɔn¹ jan³ ne⁴, dəŋ² si² huŋ¹ met⁷ jou³ dən⁴ lɔi² hə¹ ji⁴ xiŋ² mɔʔ⁸ hə³, jam³
吃 酒 呢, 邓 世 雄 藏 在 门 后 何 以 庆 个 一, 叫
hou⁴ teŋ¹ ki³ hu² hok⁸ i³ jou³ na³ lan² hə¹ ji⁴ xiŋ²、hə¹ ji⁴ xaŋ³ ŋəu⁴ bɔi¹ ŋəu³
后 生 几 个 故 意 在 前 屋 何 以 庆、何 以 康 走 去 走
ləŋ¹, kit⁷ loŋ³ kit⁷ lɔ², huaʔ⁸ sau¹ lək⁸ lək⁷ ui²："kək⁷ vi⁴ beʔ⁷ tok⁷ ba³
回, 打 鼓 打 锣, 喊 声 响 响 起来："各 位 伯 叔 伯 母
mu³, hau² lo⁴ kəm⁴ nɔi⁴ mia² nɔi⁴ mia² bəu³ su², di² si² ɔk⁸ ba² hə¹ ji⁴
婶婶, 我 们 今 晚 来 这里 来 报 仇, 要 惩罚 恶霸 何 以
xiŋ², hə¹ ji⁴ xaŋ³ vɔn³ na³ bɔi¹, mə² lo⁴ jou³ lan² on² on³ kə², m̩² ŋa⁴ nɔ¹!"
庆、何 以 康 两 个 去, 你们 在 家 稳 稳 地, 不 要 动!"
bek⁷ tiŋ³ vɔ³ fa⁴ nəm² kə³ hiŋ² sa¹ hou⁴ lɔi², ləu² lan² du² laŋ¹ dən⁴ laŋ¹
百 姓 村 抱 南 的 听 后 来, 哪 家 都 关 门 关
suaŋ¹ lit⁸ lit⁸ lou⁴, m̩² lai³ leŋ¹ hun¹ uk⁷ mia² ko³ kə² lo⁴。hə¹ ji⁴ xiŋ²、hə¹ ji⁴
窗 紧 紧 住, 没 有 人 出 来 救 他们。何 以 庆、何 以
xaŋ³ vɔn³ na³ eŋ¹ tok⁷ tim¹ xuaŋ² dam³ luan⁴, hon² mɔʔ⁸ du² ka³ maŋ² tan³
康 两 个 兄 弟 心 慌 胆 乱, 魂 个 都 已 吓 散
vɔi³, kan³ xuaŋ² jam³ ŋi⁴ mə² ki³ hu² diŋ³ bak⁷ dən⁴ mɔʔ⁸ lit⁸ lit⁸ lou⁴。hə¹
了, 赶 狂 叫 二 手 几 个 顶 口 门 个 紧 紧 住。何
ji⁴ xiŋ² lok⁸ dən⁴ lɔi² leŋ¹ jəp⁷ xat⁸ hə³ lək⁸ lək⁸ nəp⁷ uk³ mia², dəŋ² si²
以 庆 从 门 后 寺 方 暗 块 一 悄 悄 溜 出 来, 邓 世
huŋ¹ da¹ meŋ¹ kiau² mɔ² meŋ³, it⁵ tsiu³ ka³ tsam³ kə² dai¹ vɔ³。kua² lək⁸
雄 眼 疾 较 手 快, 一下子 已 斩 他 死 了。过 一
xəi³ hə³, hə¹ ji⁴ xaŋ³ xi² bo¹ m̩² lai³ ki³ kai³ tə⁴ vɔi³, ja³ mən² mən³ nəp⁷ uk⁷
会儿, 何 以 康 认为 没 有 什 么 事 了, 也 悄 悄 溜 出
mia², dəŋ² si² huŋ¹ mit⁸ tsiaŋ¹ hə³ lək⁷ tsak⁹ fɔi¹ hə³, hau³ hə¹ ji⁴ xaŋ³
来, 邓 世 雄 刀 张 一 响 喀嚓 下子 一, 头 何 以 康
mɔʔ⁸ hə³ ka³ ləm⁴ vɔ³。mən² dəŋ¹ da³ dem³ tsuŋ¹ hə³, vɔn³ na³ eŋ¹ tok⁷
个 一 已 掉 了。不 到 半 点 钟 (助), 两 个 兄 弟

tsuŋ³ bəi¹ ɩed kən¹ vɔi³。bek⁷ tiŋ³ fa⁴ nəm² kə³ hu⁴ ɔk⁸ ba² vɔn² na³ bi² si⁴ dai¹
总　归　天　了。百　姓　抱南　的　见　恶霸　两　个　被处死
vɔi³,　ləu² ka¹ ləu² lan² du² kit⁷ suŋ³ fau³ mia² xiŋ² tsuk⁸。
了，　哪家　哪户　都　打　鞭　炮　来　庆　祝。

邓世雄怒杀恶霸

　　清朝道光皇帝的时候，临高有个村子叫抱南村，村里有一户何姓人家，哥哥叫何以庆，弟弟叫何以康。兄弟俩都十分健壮，既贪财又贪色，官府也交盗贼也交，天天到圩集和县城逛荡，到处做坏事。要是碰上有漂亮姑娘出嫁，他们不知道便罢，一知道就抢回家玩，玩不够不放手，百姓对他们恨之入骨，可是毫无办法。他们有势力又有力量，做事凶残，动不动就无事找事杀人，无人敢讲一句话。

　　那时，抱南村附近有个小村子叫抱怀村，村里有个青年叫邓世雄，个头大胆子大力气也大，不怕坏人，也不怕恶人。他从小就听说那两个姓何的兄弟坏事做绝了，有几次想把他们干掉，可是总找不到机会。

　　有一天，邓世雄的父亲牵着一头黄牛到野外去放养，不知怎的丢失了，叫邓世雄去找，邓世雄找了许多地方都找不着，就到抱南村去找。正好几个流氓烂仔从何以庆家出来，邓世雄走上前问："老弟，我的一头黄牛丢失不见了，你们有谁看到不？"那几个流氓摇头摆脑，咂着嘴巴哈哈大笑："你的黄牛吗？你看，在树上呢！"邓世雄抬头一看，一张牛皮正挂在树枝上。他气得不得了，问他们："你们把我的黄牛杀掉啦？"走在前面的那个青年答道："东家叫我们杀来吃了，怎么样？锅里还有骨头和汤，你要想吃你就进去吃吧。"邓世雄义愤填膺，想跟他们拼斗，可是想了一下还是忍气吞声回家了。

　　走在路上，他越想越气，想到他们兄弟俩做了这么多坏事，又想到自己的牛被偷杀，发誓要把他们兄弟俩干掉。回到家里，他找他那把刀来磨，一连几天都这样。父亲看见了，问道："世雄啊，你天天老是磨你这把刀干嘛？"世雄说："把何以庆、何以康兄弟俩杀掉！"父亲劝他说："人家有势力，这么久以来都无人敢去惹人家，

你能把人家怎么样？"世雄说："老虎凶残还有人去打呢，人凶残就没有人敢近吗？"父亲见他执意要去打，拦不住，就想办法试试，看他力气有多大，对他说："你说你能打赢人家，明天我去犁田，你用一个手指做犁弓的一个楔子，我犁完三行地，你如果受得了，你就可以跟人家比了。"第二天父亲去犁田，他心里生出一计，把手指头伸进了犁弓前面当楔子。父亲犁了一行又一行，看他脸色丝毫不变，知道他功夫不错，对他说："你功夫过得去了，不过有力气还得有计谋，才能打得赢人家。"邓世雄点了点头。父亲接着说："咱们暂时不要动手，先去告他们。"世雄说："那些官都袒护他们，告也无用。"

过了几天，何以庆、何以康兄弟俩害怕邓世雄要去告他们，就先下手，到县城告邓世雄，诬赖邓世雄偷他们的一头黄牛，请求县太爷抓邓世雄去问罪。县太爷信以为真，立即派几个小兵去抓邓世雄。那几个小兵不认得哪个是抱怀村，也不认识邓世雄，快到抱怀村了，看见有个青年在村边耙田，顺口就问："小弟，抱怀村从哪里走？你认识邓世雄不？"邓世雄知道他们要来干什么，就说："认识，等我把牛洗干净了，再带你们去找他。"边说边牵牛到溪下去洗，洗好了牛就用双手把牛举起来，对那几个小兵说："请你们跟我把牛接上去，等我把手脚洗干净就带你们去找他。"几个小兵看着已吓呆了，猜是邓世雄，又怕逃回去县太爷要骂，合力拿刀拼死来追邓世雄。邓世雄退到村前，看见有一棵槟榔树，一下子就把它拔了上来，拿起当棍棒舞起来。几个兵吓得直发抖，撒腿便跑。回到家里，邓世雄气得吃不下饭，夜里躺在床上，一直到半夜还睡不着。

没过多久，美罗村有个姑娘要嫁到沙潭村。何以庆听说那姑娘特别漂亮，心里死死地要想玩人家一下。他打听那姑娘十二月二十日出嫁，那天就派出几个手下人到中途等候，把人家抢回他家里，痛痛快快地玩了一个晚上才放人家回去。

姓何的那两个兄弟坏事做得太多了，很多人都来找邓世雄申诉，被劫姑娘的丈夫也悄悄来找他，求他替自己报仇。邓世雄邀集几个年轻力壮的小伙子到他家商量，决定除夕夜除掉那两个恶霸。那天晚上天刚擦黑，全村家家户户都在围炉喝酒，邓世雄把自己藏在何以庆家的后门，叫那几位小伙子故意在何以庆家门前来回游动，敲锣打鼓，大声喊起来："各位乡亲父老，我们今晚到这里来报仇，要把何以庆、何以康两个除掉，你们静坐在家里不要动。"抱南村的老百姓听到后，家家都把门窗关得紧紧的，无人出来救他们。何以庆、何以康兄弟俩心惊胆战，魂已吓散了，匆匆忙忙叫几个手下把门口紧紧顶住。何以庆从后门暗处悄悄溜出来，邓世雄眼疾手快，一刀就把他劈死了。过一会儿，何以康以为没有什么事，也悄悄地溜出来，邓世雄刀子"咔嚓"一声，何以康头已掉下。不到半个钟头，兄弟俩都命归西天。抱南村的老百姓看到两个恶霸被处死了，家家户户都放起鞭炮来庆祝。

讲述人：王逸云

流传地区：临高县

tam¹ na³ ŋa³ da¹ xəm³ dek⁸ tsin¹
三 人 五 眼 欠 看 真

lok⁸ tɔi³ lau⁴ mia² , lim² kou¹ dau² vɔ³ tsuŋ³ suan² tsuan² tam¹ na³ ŋa³
从 世 老 来， 临 高 下 面 村 总 传 故事 三 人 五

da¹ xəm³ dek⁸ tsin¹ nə⁴ mɔʔ⁸ hə³。
眼 欠 看 真 这 个 一。

ki² kaŋ³ lim² kou¹ kua² na³ lai³ vɔ³ doŋ¹ vɔ³ tɔi¹ vɔn³ mɔʔ⁸ vɔ³, vɔ³
据 讲 临 高 过 前 有 村 东 村 西 两 个 村， 村

doŋ¹ lai³ be² kok⁷ som⁴ hu² hə³, vɔ³ tɔi¹ lai³ mai⁴ da¹ fiaŋ² hu² hə³。
东 有 男子 脚 跛 个 一， 村 西 有 女子 眼睛 边 个 一。

be² kok⁷ som⁴ hu² hə³ ŋi⁴ təp⁸ bet⁷ tui³ en³ mən² ou¹ jou³, mai⁴ da¹
男子 脚 跛 个 一 二 十 八 岁 还 没 娶亲 在， 女子

fiaŋ² hu² hə³ ŋi⁴ təp⁸ ŋa³ tui³ en³ mən² ha³ jou³。be² mai⁴ vɔn³ fiaŋ² siŋ³
眼睛 边 个 一 二 十 五 岁 还 没 嫁 在。 父母 两 边 请

niaŋ² mui² huk⁷ mui² liau⁴ fɔi² vɔi³, tsuŋ³ m̩² huk⁷ lai³ tiŋ²。
娘 媒 做 媒 多 次 了， 总 不 做 得 成。

be² mai⁴ kok⁷ som⁴ nə⁴ hu² hə³ vɔk⁷ vɔk⁷ lək⁸ hu² hə³ di³ vəi² di³ vəi²
父 母 脚 跛 那 个 一 看 看 儿子 个 一 一 年 一 年

lau⁴ vɔi³, van⁴ hem¹ kə² huŋ² ban¹ nə⁴ kə³ tsuŋ³ ou¹ niaŋ² lai³ lək⁸ vɔi³, be²
老 了， 人家 和 他 同 班 那些 总 娶 娘 生 子 了， 父

mai⁴ van⁴ kə³ tsuŋ³ lai³ lək⁸ lan¹ fe⁴ vɔi³, lək⁸ kə² hu² hə³ niaŋ² en³ mən²
母 人家 的 总 有 孙子 抱 了， 儿子 他 个 一 娘 还 不

hu² ləu² tsi⁸ jou³, tim¹ mɔʔ⁸ nə⁴ ku² kən³ kip⁷, fat⁷ bak⁷ uk⁷ mia² bo¹
知道 哪里 在， 心 个 十分 着急， 发 口 出 来 说

tsək⁸ lai³ ləu² na³ huk⁷ mui² tiŋ² vɔi³, tsu⁴ tiaŋ² it⁷ bek⁷ liaŋ⁴ ŋən² fiak⁸
如果 有 哪 个 作 媒 成 了， 就 赏 一 百 两 银 白

hem¹ jua³ huan⁴ dəi³ hə³ jou³ kə²。mɔ² lau⁴ kaŋ³: "lai³ sin² vian¹ lai³
和 衣 绸缎 对 一 给 他。 俗话 讲： 有 钱 买 得

ji² haŋ¹ ma⁴ mək⁸。" kɔ³ nə⁴ kə³ suan² uk⁷ bɔi¹ m̩² kiau⁴ fəŋ², lai³ niaŋ² mui²
鬼 磨 谷子。" 话 这些 传 出 去 没 多 久， 有 娘 媒

hu² hə³ kən³ lan² mia² bo¹ tə⁴ hɔi³ nə⁴ xin⁴ hə³ kə³ ban³ lai² tiŋ²。niaŋ² mui²
个 一 上 家 来 说 事 情 这 件 一 她 办 得 成。 娘 媒
nə⁴ hu² hə³ bak⁷ mɔ²⁸ na⁴ ku² li² hai²，kaŋ³ ko³ ui² mia² bo² dun³ du² kau⁴
这 个 一 嘴 巴 个 非 常 厉 害， 讲 话 起 来 叶 树 都 点
hau³，be² mai⁴ kok³ som⁴ nə⁴ hu² hə³ dek⁸ niaŋ² mui² nə³ kaŋ³ ko³ diap⁸
头， 父 母 脚 跛 那 个 一 看 娘 媒 个 讲 话 喋
diap⁸ ən¹ nə³，m̥² hu⁴ di² tsun³ m̥² tsun³ mai²，tsək⁷ ti⁴ tit⁸ sai⁴ m̥² lai² ki³
喋 这 样，不 知 道 要 相 信 不 相 信 好， 可 是 实 在 没 有 什
kai³ ban³ fap⁷ vɔi³，huŋ² i³ biaŋ³ kə² bɔi¹ tə³ tə³ fɔi²。
么 办 法 了， 同 意 放 她 去 试 试 下。

niaŋ² mui² nə⁴ hu² hə³ təŋ² liŋ⁴ jim² vu² hɔu⁴ lɔi²， ou¹ ləm² lək⁸ luk⁸
娘 媒 那 个 一 承 领 任 务 后 来， 要 姑 娘 周
leŋ¹ nə⁴ xat⁸ hə³ di³ na³ na³ mia² fai² dəi²，tsui² həu² kiat⁸ diŋ² bɔi¹ di¹ ləm²
围 那 块 一 一 个 个 来 排 队， 最 后 决 定 去 找 姑
lək⁸ da¹ fiaŋ² nə⁴ hu² hə³。hai⁴ ŋi⁴ vən² tsau² tsau³，kə² kit⁷ hau³ tan³
娘 眼 睛 边 那 个 一。 第 二 天 早 早， 她 打 破 伞
biŋ³ hə³ mia² dɔŋ² vɔ² tɔi¹，da²⁸ da²⁸ tsu² bɔi¹ lan² ləm² lək⁸ da¹ fiaŋ² nə⁴
柄 一 来 到 村 西， 直 直 就 去 家 姑 娘 眼 睛 边 那
hu² hə³。kok⁷ du² mən² lou⁴ bak⁷ dən⁴ jou³，sau¹ mɔ²⁸ ka³ lək⁷ ui² mia²
个 一。 脚 都 没 进 口 门 在， 声 音 个 已 响 起 来
vɔi³:"kuŋ² hi³ kuŋ² hi³!"be² mai⁴ van⁴ ham² liaŋ² tə⁴ hɔi³ da³ mɔ² ne⁴，
了: 恭 喜 恭 喜!" 父 母 人 家 商 量 事 情 中 手 呢，
hu⁴ lai³ leŋ¹ hun² mia² lan² kə² lo⁴ bou³ hi⁴，meŋ² meŋ² uk² mia² xəi² dən⁴，
看 见 有 人 来 家 他 们 报 喜， 快 快 出 来 开 门，
tɔi³ kə² lai³ ki³ kai³ hi³ hau³ bau³。niaŋ² mui² liau¹ xi⁴ xi⁴ ən¹ nən³ kaŋ³:
问 她 有 什 么 喜 可 报。 娘 媒 笑 嘻 嘻 这 样 讲:
"hiŋ² kaŋ³ ləm² lək⁸ mə² lo⁴ mən² ti⁴ m̥² ha² jou³ ha²? hau² ka³ hem¹ kə² di¹
听 讲 姑 娘 你 们 不 是 没 嫁 在 吗? 我 已 跟 她 找
hək⁸ lək⁸ lɔ¹ hu² vɔi³ lo³，nə⁴ kə³ m̥² ti⁴ hi³ ha²?"be² mai⁴ vən³ na³ bon³
到 女 婿 个 了 咯, 这 个 不 是 喜 吗?" 父 母 两 个 半
tsun³ bon³ m̥² tsun³，tsək⁷ ti⁴ tim¹ mɔ²⁸ hə³ xək⁸ sə³ tiaŋ² ləm² lək⁸ di¹
相 信 半 不 相 信， 可 是 心 个 一 很 想 姑 娘 找
hək⁸ lək⁸ lɔ¹ meŋ³ tsi²⁸ hə³，meŋ³ meŋ³ siŋ³ kə² ŋo¹ loŋ²。niaŋ² mui² kiaŋ²
到 女 婿 快 点 一， 快 快 请 她 坐 下。 娘 媒 刚

kiaŋ³ kɔn¹ sa² bak⁷ loŋ² bɔi¹, bak⁷ mɔ̃⁸ hə³ tsu⁴ diap⁸ diap⁸ ən¹ nən³ kaŋ³
刚　喝　茶　口　下　去，嘴巴　个　一　就　喋　喋　这样　讲
ui² mia², bo¹ lək⁸ van⁴ hu² hə³ di³ ləu² jiaŋ⁴ luaŋ³ di³ ləu² jiaŋ⁴ ȵai²,
起　来，说　孩子　人家　个　一　怎么　样　帅　怎么　样　聪明，
lan² van⁴ kə³ di³ ləu² jiaŋ⁴ lai³, be² mai⁴ van⁴ kə³ di³ ləu² jiaŋ⁴ dək⁸
家庭　人家　的　怎么　样　富有，父　母　人家　的　怎么　样　疼
lək⁸, tu² tu？⁷ kaŋ³: "bak⁷ tsək⁸ van⁴ di² mia² dek⁸ niaŋ² lo³, mə² lo⁴
儿子，最　后　讲：明　天　人家　要　来　看　娘子　喽，你们
tsək⁷ huŋ² i³ tsu¹ xəm³ mai² mai² tsiau³ dai² van⁴, tsək⁷ ti⁴ da¹ siau¹
如果　同意　就　欠　好　好　招　待　人家，可是　眼睛　小
tse¹ fiaŋ⁴ hə³ xəm³ tiaŋ³ ban¹ fap⁷ tsia¹ tsia¹ fəi², kua³ kuan⁴ nə³ mɔ̃⁸ vɔi³
姐　边　一　欠　想　办　法　遮　遮　次，过　关　这个　了
tsu⁴ xəi⁴ ma？⁸ tsu？⁷ həŋ⁴ het⁷ vɔi³ lo³."be² mai⁴ vɔn² na³ tim¹ mɔ̃⁸ en³
就　骑　马　拄　梃　铁　了　咯。"父　母　两个　心　个　甜
ȵe³ en³ ȵe³ ən¹ nə³ tan¹ loŋ² mia² vɔi³。
丝　甜　丝　这样　答应　下　来　了。

niaŋ² mui² kiaŋ³ kiaŋ³ uk⁷ vɔ³ tɔi¹ ju⁴ bɔi¹ vɔ³ dɔŋ³, kə² tam³ kok⁷
娘　媒　刚　刚　出　村　西　又　去　村　东，她　迈　脚
ləu⁴ lan² be² kok⁷ som⁴ hu² hə³, liau¹ mət⁷ liau¹ mət⁷ ən¹ nən³ ŋo¹ loŋ²
进入　家　男子　脚　跛　个　一，笑　咪　笑　咪　这样　坐　下
mia², lai² lai⁴ ma？⁷ sa² kɔu² kə²。be² mai⁴ kok⁷ som⁴ nə⁴ hu² hə³ hu⁴
来，慢　慢　饮　茶　东西　她。父　母　脚　跛　那个　一　看到
kə² li³ tə⁴ kɔn¹ sa² m̥² kaŋ³ ko³, xəi¹ bak⁷ tɔi³ kə²: "tə⁴ hɔi³ nə⁴ xin¹ hə³
她　只顾　喝　茶　不　讲话，开　口　问　她："事情　那　件　一
lai³ mui² tsi？⁸ mə²?"niaŋ² mui² bo¹: "mə² lo⁴ xuaŋ² ən¹ nən³ huk⁷ ki³ ka³?
有　眉目　点　不？"娘　媒　说：你们　狂　这么　干　什么？
mui² di² huk⁷ tiŋ² vɔi³ lo³, ti⁴ ləm² lək⁷ vɔ³ tɔi¹ hu² hə³, ləm² lək⁸ van⁴
媒　快　做　成　了　咯，是　姑　娘　村　西　个　一，姑　娘　人家
hu² hə³ hem¹ lək⁸ mə² lo⁴ hu² hə³ na⁴ ku² liaŋ³ kɔn² lo³。ləm² lək⁸ van⁴
个　一　跟　儿子　你们　个　一　十　分　配　互相　咯。姑　娘　人家
teŋ¹ ju² fiak⁸ ju⁴ fɔn⁴, bek⁷ na³ du² mən² liak⁸ lai³ na³ hə³ uk⁷, kə³ jam³
生　又　白　又　嫩，百　个　都　不　选　得　个　一　出，她　叫
lək⁸ mə² lo⁴ bak⁷ tsək⁸ tsu⁴ bɔi¹ dek⁸ kɔn²."niaŋ² mui² maŋ² kok⁷ som⁴
儿子　你们　明　天　就　去　看　互相。"娘　媒　怕　脚　跛

nə⁴ xin⁴ tə⁴ mən² tsia¹ lai³ on³, hɔi³ kə² lo⁴ tiaŋ³ lək⁸ kɔi³ mɔʔ⁸ hə³, jam³
这 件 事 不 遮 得 稳, 替 他 们 想 小 个 个 一, 叫
kə² lo⁴ tsun⁴ bi² maʔ⁸ hu² hə³ mai¹ mai¹ kə², dek⁸ kɔn² kə³ ti² hou⁴ kuŋ³ tsə⁴
他 们 准 备 马 匹 一 好 好 的, 看 互 相 的 时 候 公 子
ŋo¹ jou³ bai¹ maʔ⁸, mən² ŋa⁴ do⁴ ke⁴ jou³ van⁴ hu⁴。be² mai¹ vən³ na³
坐 在 上 面 马, 不 要 露 缝 隙 给 人 家 知 道。 父 母 两 个
bo¹ kɔi³ nə⁴ mɔʔ⁸ mai², ma³ siaŋ³ kau⁴ hau³ huŋ² i³ vɔi³。nə⁴ kɔm⁴ hə³ be²
说 计 这 个 好, 马 上 点 头 同 意 了。 那 晚 一 父
mai⁴ kok⁷ som⁴ nə⁴ hu² hə³ ka³ kai¹ mia² tsiau³ dai² niaŋ² mui², lu² kə² tsi⁴
母 脚 跛 那 个 一 杀 鸡 来 招 待 娘 媒, 留 她 住
kua³ kɔm⁴。hai⁴ ŋei⁴ vən² hə³ fa³ mɔʔ⁸ kiaŋ¹ kiaŋ¹ baŋ¹ huaŋ⁴ baŋ¹
过 夜。 第 二 天 呢 天 个 刚 刚 亮 (词缀) 亮
huaŋ⁴, niaŋ² mui² tsu⁴ soi¹ kuŋ³ tsə⁴ xəi⁴ maʔ⁸ kən³ sun¹, mia² dɔŋ¹ leŋ³
(词缀), 娘 媒 就 催 公 子 骑 马 上 路, 来 到 地 方
dek⁸ kɔn² nə⁴ xat⁸ vɔi³。niaŋ² mui² tsuk⁷ tam¹ tsuk⁷ ti³: "dek⁸ kɔn² kə³ ti²
看 互 相 那 块 了。 娘 媒 嘱 三 嘱 四: 看 互 相 的 时
hou⁴, mə² xəm³ tsɔŋ¹ tse³ maŋ³ ŋai³ vɔk³, ŋo¹ jou³ bai¹ maʔ⁸ on² on³ kə²
候, 你 欠 装 作 怕 难 看, 坐 在 上 面 马 稳 稳 的
hem¹ van⁴ huk⁷ ləi¹, sen¹ van⁴ m̩² ŋa⁴ loŋ³ maʔ⁸, loŋ³ maʔ⁸ van⁴ tsu⁴ hu⁴
跟 人 家 行 礼, 千 万 不 要 下 马, 下 马 人 家 就 看 见
ke⁴ vɔi³ lo³。siau¹ tse⁴ van⁴ da¹ kə³ haŋ¹, tsək⁸ lo⁴ hian³ ki¹ vɔi³ tə⁴ hɔi³
缝 隙 了 咯。 小 姐 人 家 眼 的 高, 如 果 露 天 机 了 事 情
tsu⁴ lau¹ fai⁴ vɔi³ lo³。" kuŋ³ tsə⁴ ŋo¹ jou³ bai¹ maʔ⁸ li³ tə⁴ kau¹ hau³。
就 弄 败 了 咯。" 公 子 坐 在 上 面 马 只 顾 点 头。

niaŋ² mui² an³ bai⁴ kuŋ³ tsə⁴ sə² si² vɔi³ ju⁴ bɔi¹ di¹ siau¹ tse⁴, kə² jam³
娘 媒 安 排 公 子 完 毕 了 又 去 找 小 姐, 她 叫
siau¹ tse⁴ di¹ hua¹ tso⁴ tsaʔ⁸ da¹ fiaŋ¹ lou⁴, ja³ mia² dɔŋ¹ leŋ¹ dek⁸ kɔn²
小 姐 找 花 朵 遮 眼 睛 边 住, 也 来 到 地 方 看 互 相
nə⁴ xat⁸ vɔi³。kuŋ³ tsə⁴ hu⁴ siau¹ tse⁴ ju⁴ fiak⁸ ju⁴ fɔn⁴, hu² hɔi² ja³ m̩²
那 块 了。 公 子 看 到 小 姐 又 白 又 嫩, 身 材 也 不
sok⁷, hua¹ tso⁴ hə³ tsaʔ⁸ na³ fiaŋ³ lou⁴ vɔi³, tsəŋ³ na³ mɔʔ⁸ liŋ¹ tsə³ liŋ¹ tsə³
错, 花 朵 一 遮 脸 边 进 去 了, 衬 砼 个 红 润 红 润
ən¹ nə³, tim¹ mɔʔ⁸ da² tsiŋ³ kuan³ liaŋ¹ lou⁴ vɔi³, m̩² tək⁷ kiau⁴ en³, siau¹
这 样, 心 个 很 像 灌 蜂 蜜 进 去 了, 不 知 多 甜, 小

tse⁴ hu⁴ kuŋ³ tsə⁴ na³ da¹ ju⁴ tən² ju⁴ lai³ tsiŋ¹ tin² , ŋo¹ jou³ bai¹ ma?⁸ ui³
姐 见 公 子 面 貌 又 直 又 有 精 神, 坐 在 上 马 威
fuŋ³ lim⁴ lim⁴ du² ka³ əŋ¹ dai¹ vo³。niaŋ² mui² dek⁸ jou³ da¹ əŋ¹ jou³ tim¹ ,
风 凛 凛 都 已 高 兴 死 了。 娘 媒 看 在 眼 喜 在 心,
doi³ kə² lo⁴ kaŋ³ : "mə² lo⁴ nə⁴ dəi³ hə³ tit⁸ tit⁸ ti⁴ hai⁴ liaŋ³ kɔn² , mə² lo⁴
对 他 们 讲: 你 们 这 对 一 实 实 是 很 般 配, 你 们
vən² nɔi⁴ da¹ doi³ da¹ na³ doi³ na³ dek⁸ kɔn² , tam¹ na³ ŋa³ da¹ xəm³ dek⁸
今 天 眼 对 眼 脸 对 脸 看 互 相, 三 人 五 眼 欠 看
tsin² tsin¹ kə² , hou⁴ lɔi² ləŋ¹ bəi¹ kua³ təi³ kan¹ tsək⁸ lai³ sa¹ sɔk⁷ , tsu⁴ m̥²
真 真 的, 后 来 回 去 过 世 间 如 果 有 差 错, 就 不
ŋa⁴ kuai³ hau² huk⁷ mui² vɔi³ lo³。" nə⁴ ti¹ hou⁴ , kə² lo⁴ vɔn³ na³ ləu² na³
要 怪 我 做 媒 了 咯。" 那 时 候, 他 们 两 个 哪 个
dek⁸ ləu³ na³ du² hɔp⁸ tim¹ hɔp⁸ i³ , tim¹ kam¹ i³ tui⁴ , en³ di² lai³ ki³ kai³
看 哪 个 都 合 心 合 意, 心 甘 意 遂, 还 会 有 什 么
sa¹ sɔk⁷ jou³? vɔn³ na³ fiŋ² kaŋ³ : "niaŋ² mui² ha² , mə¹ kaŋ³ bəi¹ ləu² vo³?
差 错 在? 两 个 平 讲: 娘 媒 呀, 你 讲 到 哪 里 了?
hau² lo⁴ du² mən² hu⁴ di³ ləu² jiaŋ⁴ kam⁴ sia² mə² , ləu² na³ di² kuai³
我 们 都 不 知 道 怎 么 样 感 谢 你, 哪 个 会 怪
mə²?" niaŋ² mui² kaŋ³ : "tsək⁸ ən¹ nən³ tsu⁴ mai². mə² lo⁴ tsək⁸ hɔp⁸ tim¹
你?" 娘 媒 讲: 如 果 这 样 就 好。 你 们 如 果 合 心
kɔn² , tə⁴ nə⁴ xin³ hə³ tsu⁴ ən¹ nən³ diŋ² lɔŋ² mia² vɔi³ lo³。 dɔŋ³ lɔ² vən²
互 相, 事 这 件 一 就 这 么 定 下 来 了 咯。 后 天 日 子
mai² , mə² lo⁴ ləŋ¹ bəi¹ səŋ¹ be² mai⁴ , tsək⁸ m̥² lai³ ki³ kai³ tə⁴ tsu³ tsun⁴ bi²
好, 你 们 回 去 告 诉 父 母, 如 果 没 有 什 么 事 就 准 备
huk⁷ jan³。"
做 酒。"

hai⁴ ŋəi⁴ vən² hə³ , vɔn³ lan² du² mən¹ ləu⁴ tsun⁴ bi² huk⁷ jan³ , fat⁷
第 二 天 (助), 两 家 都 忙 着 准 备 做 酒, 发
siŋ³ hep⁷ , sot⁸ sin² sik⁷ fəŋ² ju³。 ou¹ niaŋ² nə⁴ vən² hə³ , niaŋ² mui² tsau²
请 帖, 请 亲 戚 朋 友。 娶 娘 那 天 一, 媒 娘 早
tsau² tsu⁴ mia² dɔŋ¹ vo³ təi³ , doi³ be² mai⁴ siau¹ tse⁴ vɔn³ na³ kaŋ³ : "kuŋ³
早 就 来 到 村 西, 对 父 母 小 姐 两 个 讲: "公
tsə⁴ dek⁸ kɔn² nə⁴ vən² hə³ da³ sun¹ ka³ kam³ ləu² vɔi³ , bun³ tin¹ mən² xə³
子 看 互 相 那 天 一 中 途 已 感 冒 进 了, 身 体 不 太

sə⁴ sai⁴, maŋ² m̥² mia² lai³ dɔŋ³ niaŋ²。"be² mai² vən³ na³ tsuŋ³ ti⁴ leŋ¹ hun²
自 在， 怕 不 来 得 迎 娘。"父 母 两 个 总 是 人
tək⁷ hou⁴ li³ kə³, hiŋ² ko³ niaŋ² mui² kə³ hou⁴ lɔi², du² kaŋ³："kuŋ³ tsə⁴
懂 道 理 的， 听 话 娘 媒 的 后 来， 都 讲："公 子
bun⁴ tin¹ tsək⁸ m̥² sə⁴ sai⁴, tsu⁴ m̥² ŋa⁴ min² xiaŋ² kə² vɔi³, jam³ kə² ou¹
身 体 如 果 不 自 在， 就 不 要 勉 强 他 了， 叫 他 拿
xiu⁴ mia² ham¹ niaŋ² ləŋ¹ bɔi¹ tsu⁴ mai² vɔi³。"niaŋ² mui² tuat⁷ kua³ be²
轿 子 来 抬 娘 回 去 就 好 了。"媒 娘 骗 过 父
mai⁴ siau¹ tse⁴ hou⁴ lɔi², meŋ³ meŋ³ ləŋ¹ bɔi¹ jam³ xiu⁴ mia² dɔŋ¹ niaŋ²,
母 小 姐 后 来， 快 快 回 去 叫 轿 子 来 迎 娘，
fɔu³ ham¹ xiu⁴ ləŋ¹ dɔŋ¹ vɔ³ dɔŋ¹, bɔi³ məi⁴ kə³ jin³ niaŋ² nau⁴ lou⁴ da³ lan²
等 抬 轿 子 回 到 村 东， 姐 妹 的 引 娘 新 进 里 屋
mia²。tui² jian² niaŋ² nau⁴ ka³ ou¹ hɔp⁴ xat⁸ hə³ lum² na³ mɔ⁽⁸ lou⁴ vɔi³, m̥²
来。 虽 然 娘 新 已 要 布 块 一 披 盖 脸 个 进 去 了， 不
dek⁸ lai³ hək⁸ tiaŋ³ mɔ⁽⁸ hə³, tsək⁷ ti⁴ be² kok⁷ som⁴ suan² lan² dek⁸ hək⁸
看 得 到 相 貌 个 一， 可 是 男 子 脚 跛 全 家 看 到
kə² hu² hɔi² mɔ⁽⁸ mai² ən¹ nən³, lou² na⁴ du² lək⁸ lək⁸ lou⁴ əŋ¹。bai³ hɔŋ²
她 身 材 个 好 这 样， 哪 个 都 偷 偷 进 去 乐。 拜 堂
kua³ hou⁴ lɔi², niaŋ² nau⁴ tsu⁴ lou⁴ da³ duŋ² fɔŋ¹ vɔi³, be² kok⁷ som⁴ nə⁴
过 后 来， 娘 新 就 进 里 洞 房 了， 男 子 脚 跛 那
hu² hə² en¹ hem¹ mɔ¹ kə³ bəŋ³ nen⁴。dɔŋ¹ tam² keŋ¹ da³ xən² kə³ ti² hou⁴,
个 一 还 跟 客 人 的 闲 聊 呢。 到 三 更 半 夜 的 时 候，
mɔ¹ kə³ tan³ ləŋ¹ bɔi¹ in¹ vɔi³, be² kok⁷ som⁴ tam² lou⁴ duŋ² fɔŋ¹, na⁴
客 人 的 散 回 去 完 了， 男 子 脚 跛 迈 进 洞 房， 才
hu⁴ niaŋ² nau⁴ en³ jou³ niŋ² taŋ² fɔu³ kə² ne⁴, na³ mɔ⁽⁸ en³ lum² hɔp⁷ xat⁸
看 到 娘 新 还 在 旁 边 床 等 他 呢， 脸 个 还 拔 布 块
jou³。vən³ na³ tsuŋ³ maŋ² vən⁴ mai² bou² lu² uk⁷ mia² hem¹ kɔn² mən² hau³
在。 两 个 总 怕 日 子 好 暴 露 出 来 大 家 不 高
lak⁸, tseŋ¹ lou⁴ vou⁴ dəi³ kua³ vɔi³ kən³ taŋ³ lap⁷ suan¹。
兴， 争 着 吹 灯 过 了 上 床 睡 觉。

　　hai⁴ ŋei⁴ vən² tsau² tsau³, hak⁷ niaŋ² vən³ na³ ui² mia² tuk⁴ bak⁸ sit⁸
　　第 二 天 早 早， 官 娘 两 个 起 来 漱 口 拭
na³, na⁴ hu⁴ na³ hə³ ti⁴ kok⁷ som⁴, na³ hə³ ti⁴ da¹ fiaŋ² hə³。vən³ na³ mə²
脸， 才 发 现 个 一 是 脚 跛， 个 一 是 眼 睛 边 一。 两 人 你

vok⁷ hau² hau² vok⁷ mə², di² ŋai³ m̥² ŋai³ lai³ uk⁷, di² liau¹ ja³ m̥² liau¹ lai³
看　我　我　看　你，要　哭　不　哭　得　出，要　笑　也　不　笑　得
uk⁷, kə² lo⁴ di² tiaŋ³ jam³ leŋ¹ hun¹ bɔi¹ di¹ niaŋ² mui² mia² tɔi³ le³, tsuk⁸
出，他们要　想　叫　　人　去　找　娘　媒　来　问　呢，足
tsuk⁸ niaŋ² mui² mia² liŋ⁴ ŋɔn² fiak⁸ hem¹ hɔp⁸ huan⁴, hak⁷ niaŋ² vɔn³ na³
足　娘　媒　来　领　银　白　和　布　绸　缎，官　娘　两　个
lə⁴ niaŋ² mui² lou⁴ tɔi³: "niaŋ² mui² mə² nə⁴ hu² hə³ ti⁴ di³ ləu² jiaŋ⁴ huk⁷
拉　娘　媒　住　问："娘　媒　你　这　个　一　是　怎　么　样　做
kə³?" niaŋ² mui² m̥² hit⁷ tsi⁷⁸ tsi⁷⁸, liau² liau¹ tsu⁴ kaŋ³: "mə² lo⁴ vɔn³ na³
的？"娘　娘　不　惊　慌　点　点，笑　笑　就　讲：你　们　两　个
dek⁸ kɔn² nə⁴ vən² hə³, hau² m̥² ti⁴ bo¹ tam¹ na³ ŋa³ da¹ xəm³ dek⁸ tsin¹
看　互相　那　天　一，我　不　是　说　三　人　五　眼　欠　看　真
ha²? mə² lo⁴ m̥² dek⁸ tsin² tsin¹ kə², ja³ di² kuai³ hau² jou³." hak⁷ niaŋ²
吗？你　们　不　看　真　真　的，也　要　怪　我　在。"官　娘
vɔn³ na³ hiŋ² kə² kaŋ³ ən¹ nən³, ja³ m̥² lai³ ko³ hau³ tan¹ vɔi³. niaŋ² mui²
两　个　听　她　讲　这　样，也　没　有　话　好　回　答　了。娘　媒
bo¹: "ian³ juan¹ mə² lo⁴ vɔn³ na³ fa³ du² ka³ diŋ² lɔŋ² mia² vɔi³, di² kuai³
讲："姻　缘　你　们　两　个　天　都　已　定　下　来　了，要　怪
lai³ ləu² na³? mə² lo⁴ vɔn³ na³ tsuŋ³ lai³ tsi⁷⁸ mən² tsuk⁷, fui³ lai³ kɔn² te².
得　哪　个？你　们　两　个　总　有　点　不　足，配　得　互相　的。
fa³ mɔ⁷⁸ hə³ an¹ mə² lo⁴ vɔn³ na³ kɔp⁷ kɔn², fa³ an¹ fa³ dɔ⁴, mə² lo⁴ vɔn³
天　个　一　安　你　们　两　个　合　互相，天　安　排　天　支　使，你　们　两
na³ mai² mai² lou⁴ kɔp⁷ tɔi³ kan¹ ja³ mən² sɔk⁷." hak⁷ niaŋ² vɔn³ na³ hu⁴
个　好　好　地　合　世　间　也　不　错。"官　娘　两　个　看　到
ka³ tiŋ² fu² səi¹ vɔi³, in³ sɔk⁷ ja³ səi¹ vɔi³, niaŋ² mui² kaŋ³ ja³ ti⁴ lai³ hou⁴
已　成　夫　妻　了，怨　错　也　迟　了，娘　媒　讲　也　是　有　道
li³, liau¹ liau¹ fɔi² hə³ ja³ biaŋ³ kə² bɔi¹ vɔi³.
理，笑　笑　次　一　也　放　她　走　了。

三人五眼要看清

自古以来，临高乡下都流传着"三人五眼要看清"这个故事。

据说从前临高有东村和西村两个村子，东村有个跛脚公子，西村有个独眼小姐。跛脚公子二十八岁还没娶亲，独眼小姐二十五岁

还没出嫁。双方父母多次请媒人说亲，都没说成。

跛脚公子的父母眼看儿子一年年地老了，那些与他同一班辈年龄相仿的孩子都结婚生孩子了，人家的父母都有孙子抱了，可自己的儿子老婆还不知在哪里，因此心里非常着急，宣传说如果哪个说亲成了，就赏她一百两银子和一套绸缎衣服。常言道："有钱能使鬼推磨。"话传出去没多久，有个媒婆上门来说她能办成这件事。这个媒婆嘴巴特别厉害，讲起话来树叶也会点头，公子的父母看到媒婆喋喋不休的样子，不知道信她好还是不信她好，可是实在没办法了，于是同意让她去试一试。

媒婆领下任务之后，把周边一带的姑娘都一个个排了队，最后决定去找那个独眼小姐。第二天一早，她打着一把破伞来到西村，径直就去独眼小姐家。她脚还没进门，嗓门已经响起来了："恭喜恭喜！"人家的父母正商量事情呢，听到有人到他们家来报喜，急忙出来开门，问她说有什么喜可报。媒婆笑嘻嘻地说："听说你们姑娘正在找婆家，我已经跟你们姑娘找到一个女婿了，这不是喜吗？"父母俩半信半疑，可心里很想姑娘快点找到女婿，赶快请她坐下。媒婆刚呷了一口茶，嘴巴就喋喋不休地讲起来，说人家如何帅，如何聪明，人家家里如何富有，人家的父母如何疼爱儿子，末了说："明天人家要来相亲，你们如果同意，就要好好接待人家，可小姐的那只眼睛要想办法遮一遮，过了这一关就十拿九稳了。"父母俩心里甜丝丝地答应下来。

媒婆出了西村又去东村，她走进跛脚公子的家，笑眯眯地坐下来，慢慢地饮她的茶。跛脚公子的父母亲看到她只顾喝茶不讲话，开口问道："那件事有点眉目没有？"媒婆回答："你们这么急干嘛？媒已快做成了，是西村的一个姑娘。人家姑娘与你家儿子十分般配，人家姑娘长得又白又嫩，百个里头也挑不出一个来，她要你们公子明天就去相亲。"为了掩饰跛脚这件事，媒婆还替他们想出一个办法，叫他们准备好一匹马，相亲时公子坐在马上，不要露出破绽，让人家知道，父母俩都说此计妙，马上点头同意。当天晚上，公子父母杀鸡来招待她，留她过夜。第二天天刚蒙蒙亮，媒婆就催公子骑马上路。来到要相亲的地方，媒婆再三叮嘱："相亲时你要装作害羞的样子,稳坐马上跟人家行礼,千万不要下马,下马人家就看出破绽来了。人家小姐眼界高,若露了天机,事情就弄糟了。"公子坐在马上只顾点头。

媒婆安排好公子之后,又去找小姐。她叫小姐找来一束鲜花,把一边眼睛遮住,也来到相亲的地方。公子看到小姐又白又嫩,身段也不错,一束鲜花半遮脸,把脸蛋衬得红润红润的,心里像灌进了蜜糖,不知多甜。小姐看见公子五官端正,又有精神,坐在马上威风凛凛的,高兴得不得了。媒婆看在眼里喜在心上,对他们说:"你们这一对实在很相配,可是你们今天当面相亲,三人五眼要看清,日后过日子如有差错,就别怪我这个做媒的了。"那时候,两人谁看谁都称心如意,心甘意遂,还会有什么差错?两个都说:"媒妈啊,你说到哪去了,我们都不知道该怎么感谢你才好,哪个会怪你?"媒婆说:"如果这样那就好,你们要是都称心,这件事就这么定下来。后天是吉日,你们回去告诉父母亲,如果没别的事就准备办酒席。"

第二天,两家都忙着办酒席,发请帖,请亲戚朋友。到了迎亲这一天,媒婆一大早就来到西村,对小姐的父母亲说:"公子相亲那天路上感了风寒,身体不太舒服,恐怕不能来迎新娘。"小姐的父母是懂道理的人,听了媒婆的话之后,都说:"公子身体如果不舒服,就不要勉强他了,叫他派轿子来抬新娘回去就是了。"媒婆骗过小姐的父母之后,立即回去叫轿子来迎新娘,待抬着轿子回到东村,伴娘把新娘带进屋里。新娘虽然罩着面纱,看不到相貌,但公子一家人看到她身段这么好,每个人都暗自高兴。拜过堂后,新娘子就进了洞房,跛脚公子还在应酬宾客。到了三更半夜,宾客都散席回去了,跛脚公子才走进洞房,新娘子还坐在床沿等着他,脸上罩着面纱。双方都怕吉日暴露出去大家不开心,争着把灯吹灭就上床睡觉了。

第二天早上,两人起来漱洗,才发现一位是跛脚,一位是独眼,两人你看看我我看看你,哭也不是,笑也不是。他们正想叫人去找媒婆来问,正好媒婆来领赏银和绸缎。他们双双拉着她的手问:"你这个媒婆是怎么做的?"媒婆一点也不惊慌,笑着说:"你们俩相亲那天,我不是说过三人五眼要看清吗?你们自己看不清,还要怪起我来。"新郎新娘两人听他这么一说,也无言以对了。媒婆说:"你们两个的姻缘上天已定下了,要怪谁呢?你们谁都有点缺陷,彼此是相配的,是上天安排你们两个结合的。既然是上天安排,你们两个好好过日子也不错。"新郎新娘两人知道已成了伉俪,后悔也晚了,再说媒婆讲得也有道理,两人笑了一下也让媒婆走了。

讲述人:符紫霞　符大思
流传地区:临高县

vɔn² fu² ma⁴
梦 驸 马

nɔm¹ suŋ² nə⁴ ti² hou⁴ , kok⁷ tia⁴ nia² vun¹ lai³ vɔ³ mɔʔ⁸ hə³ jam³ nia²
南 宋 那 时 候 ， 脚 山 多 文 有 村 个 一 叫 多
ik⁷ hən³ , da³ vɔ³ lai³ vɔn³ na³ be² mai⁴ , ka³ di² dɔŋ¹ tə⁸ təp⁸ tui³ vɔi³ en³ m̩²
益 的 ， 里 村 有 两 个 夫 妻 ， 已 快 到 四 十 岁 了 还 没
lai³ lək⁸ hu² jou³ , lan² mɔʔ⁸ hə³ jaŋ² jaŋ⁶ ən¹ nən³ 。kə² lo⁴ lai³ kuŋ² tok⁷ hu²
有 儿 子 个 在， 家 个 一 静 静 这 样。 他 们 有 公 叔 个
hə³ , tɔk⁷ lək⁸ tə¹ ki³ tə¹ , hu⁴ kə² lo⁴ fɔŋ³ mən² lai³ lək⁸ , ɲi³ kə² lo⁴ bɔi¹ miu⁴
一， 懂 小 字 儿 字 ， 见 他 们 久 不 生 子 ， 指 他 们 去 庙
kuan² im¹ vɔi¹ bai³ miu⁴ im¹ lək⁸ 。mən² kua³ ki³ fɔŋ³ , mai⁴ hu² hə³ tsin²
观 音 了 拜 庙 乞 子。 不 过 多 久 ， 妻 子 个 一 真
tsin¹ kua² lək⁸ kən³ hu² vɔ³ 。di² dɔŋ¹ keu² nə⁴ ti² hou⁴ , vɔn³ na³ be² mai⁴
真 怀 孕 上 身 了。 快 到 月 那 时 候 ， 两 个 夫 妻
liau¹ mi³ mi³ ən¹ nən³ bɔi¹ miu⁴ kuan² im¹ fɔi² hem¹ , xu² fa³ mɔʔ⁸ leŋ² leŋ²
笑 咪 咪 这 样 去 庙 观 音 次 添 ， 求 天 个 灵 灵
kə² , fu² tɔ⁴ kə² lo⁴ fiŋ² fiŋ² an¹ an¹ lai³ lək⁸ lɔŋ⁸ mia² 。
的， 扶 助 他 们 平 平 安 安 生 子 下 来。

təp⁸ ŋit⁸ sɔ¹ it⁷ nə⁴ vən² hə³ , da³ vən² mɔʔ⁸ hə³ kiaŋ² kiaŋ³ kən³ , be²
十 月 初 一 那 天 一， 太 阳 个 一 刚 刚 上 ， 夫
mai⁴ vɔn³ na³ kam² kɔŋ¹ da³ mɔ² ne⁴ , mai⁴ hu² hə³ lut⁸ jian¹ hu⁴ bo⁶⁸ mɔʔ⁸
妻 两 个 干 工 在 手 呢， 妻 子 个 一 突 然 见 肚 子 个
lai³ tsiʔ⁸ dək⁸ , kiaŋ² kiaŋ³ lap⁷ kən³ taŋ² le² , jian¹ sui² kə³ ka³ ləi¹ lɔŋ²
有 些 疼 ， 刚 刚 躺 上 床 呢， 羊 水 的 已 经 流 下
vɔ³ , mən² ki³ fɔŋ³ lək⁸ hu² hə³ m̩² ŋai² m̩² luan⁴ ka³ lai³ lɔŋ² vɔi³ 。fɔ² tok⁷
了， 没 多 久 儿 子 个 一 不 哭 不 闹 已 经 生 下 了。婆 叔
kua² mia² dek⁸ , lək⁸ hu² hə³ lai³ vɔn³ sɔŋ² ba³ dan⁴ , kə² it⁷ min⁴ keu¹ ba³
过 来 看， 儿 子 个 一 有 两 层 胞 衣， 她 一 边 剪 胞
dan⁴ kə³ lɔŋ² mia² it⁷ min⁴ kaŋ³ : "lək⁸ kui³ hu² hə³ , lək⁸ kui³ hu² hə³ !"
衣 (助) 下 来 一 面 讲： 儿 子 贵 个 一， 儿 子 贵 个 一！"

tsai² dek⁸ fɔi² hem¹ , lək⁸ hu² hə³ dau³ lɔi² lai³ hou⁴ mɔʔ⁸ hoŋ² hoŋ² ən¹ nə³ 。
再 看 次 添，儿子个 一 背 后 有 号 个 红 红 这 样。
lək⁸ nə⁴ hu² hə³ tə³ suan² ka¹ na⁴ ku² əŋ¹ lo³ , kuŋ² tok⁷ kə² lo⁴ tsu⁴ xɔi¹
儿子 这个 一 使 全 家 十分 高兴 啰，公 叔 他们 就 开
nɔi¹ kə² mɔʔ⁸ jam³ juan¹ xai⁴ hə³ 。
名 他 个 叫 元 凯（助）。

juan¹ xai⁴ ŋa³ tui³ kə³ ti² hou⁴ , lai³ vən² hə³ kɔn¹ kəm⁴ kəm⁴ hou⁴ lɔi² ,
元 凯 五 岁 的 时 候，有 天 一 吃 晚饭 饱 后 来，
kuŋ² tok⁷ mia² tə³ kə² n̥am¹ , kuŋ² tok⁷ kam² lək⁸ boʔ⁸ juan¹ xai⁴ mɔʔ⁸ lou⁴
公 叔 来 逗 他 玩，公 叔 摸 小 肚 元 凯 个 住
vɔi³ hem¹ kə² n̥am¹ hau³ lak⁸ : "hau³ sai¹ kəm⁴ nɔi⁴ mə² ŋe³ ti⁴ kɔn¹ ba¹ , ti⁴
了 跟 他 开 玩笑："我 猜 今 晚 你 硬是 吃 鱼，是
mə²?no⁴ , ba¹ hu² hə³ en³ kiau⁴ jou³ da³ boʔ⁸ no⁴ !" juan¹ xai⁴ viʔ⁸ hau³ :
不？喏，鱼 个 一 还 搅动 在 里 肚 呢！" 元 凯 摇 头：
"mən² , m̥² ti⁴ , lək⁸ lan¹ kɔn¹ mak⁸ fək⁸ , bə³ kuŋ² na⁴ kɔn¹ ba¹ kɔn¹ nan⁴
"不，不是，孙 子 吃 萝 卜，阿 公 才 吃 鱼 吃 肉
no⁴ ." kuŋ² tok⁷ ja³ viʔ⁸ hau³ : "mən² , bə³ kuŋ² ja³ ti⁴ kɔn¹ mak⁸ fək⁸ ten² 。"
呢。" 公 叔 也 摇 头：不，阿 公 也是 吃 萝 卜 的。"
juan¹ xai⁴ kaŋ³ : "bə³ kuŋ² tuat⁷ hau² , lək⁸ lan¹ hu⁴ lai³ ba¹ lai³ nan⁴ jou³
元 凯 讲："阿 公 骗 我，孙 子 见 有 鱼 有 肉 在
da³ boʔ⁸ bə³ kuŋ² mɔʔ⁸ no⁴ ." kuŋ² tok⁷ na⁴ ku² xi¹ kuai² : "hau³ kɔn¹ kɔu¹
里 肚 阿 公 个 呢。"   公 叔 十分 奇 怪："我 吃 东西
da³ boʔ⁸ , kə² di³ lou² ka³ hu⁴ vɔ³? hau² tə³ au³ kə² fɔi² hem¹ dek⁸ 。" ju⁴
里 肚，他 怎 么 已经 看 见 了？我 试试 他 次 添 看。" 又
tɔi³ kə² : "mə² dek⁸ da³ boʔ⁸ bə³ kuŋ² mɔʔ⁸ hə³ en³ lai³ ki³ kai³ jɔu³ ?" juan¹
问 他："你 看 里 肚 阿 公 个 一 还 有 什 么 在？" 元
xai⁴ mən² fou³ kə² kaŋ³ in¹ du² ka³ tan¹ vɔi³ : "da³ boʔ⁸ bə³ kuŋ² mɔʔ⁸ hə³
凯 没 等 他 讲完 都 已经 回答 了："里 肚 阿 公 个 一
fiak⁸ luŋ¹ lai³ kɔu⁴ xat³ hə³ hoŋ² hoŋ² , fiak⁸ dau² lai³ kɔu⁴ mɔʔ⁸ hə³ eu² eu¹
上 边 有 东西 块 一 红 红，下 边 有 东西 个 一 弯 弯
uan⁴ uan⁴ ən¹ nən³ 。" kuŋ² tok⁷ kəŋ² xi¹ kuai² vɔi³ , lai³ lai⁴ fan³ da¹ kə²
曲 曲 这 样。" 公 叔 更 奇 怪 了，慢 慢 端详 眼睛 他
dəi³ hə³ , na⁴ hu⁴ kə² hem¹ it⁸ buan³ leŋ¹ hun² mən² huŋ² kɔn² , lai³ ti³ mɔʔ⁸
对 一，才 看到 他 跟 一 般 人 不 同 互相，有 四 个

jin² da¹. tə⁴ nə⁴ xin⁴ hə³ suan² uk⁷ bɔi¹ hou⁴ lɔi², ləu² mɔʔ⁸ vɔ³ tsək⁸ jaŋ¹
瞳 仁。事 这 件 一 传 出 去 后 来，哪 个 村 若 水井
liaŋ³ vɔi³, mən² lai³ nam⁴ kɔn¹ vɔi³, tsu⁴ mia² siŋ³ juan¹ xai⁴ bɔi¹ di¹ sɔŋ⁴
干 了，没 有 水 吃 了，就 来 请 元 凯 去 找 洞
nam⁴ ma² doʔ⁸, juan⁴ xai⁴ mui³ fɔi² tsuŋ³ bɔi¹ hem¹ kə² lo⁴ di¹, ləu² fɔi² du²
水 泉 眼，元 凯 每 次 总 去 跟 他们 找，每 次 都
di¹ lai³ hək⁸, m̩² lai³ fɔi² sək⁷。da³ kə² dəi³ na⁴ ku² li² hai², it⁷ vɔk⁷ hək⁸
找 得 到，没 有 次 错。眼睛 他 对 非 常 厉害，一 看 到
mə² vɔi³ mə² tiaŋ³ ki³ kai³ kə² du² hu⁴ in² in¹. leŋ¹ hun² sɔu³ nə⁴ kə³ ləu²
你 了 你 想 什么 他 都 看见 完完。人 坏 那些 哪
na³ du² maŋ² kə², da³ sun¹ tsək⁸ am³ hək⁸ kə² lɔi² lɔi¹ tsu⁴ ven⁴ deu² vɔi³,
个 都 怕 也，中间 路 若 遇 到 他 远远 就 绕 走 了，
maŋ² kə² di² hu⁴ kɔu⁴ da³ boʔ⁸ kə² lo⁴ kə³ vɔi³, dɔi³ kə² lo⁴ mən² li⁴。kə²
怕 他 要看见 东西 里面 肚 他们 的 了，对 他们 不 利。他
na⁴ ku² kuŋ² ɔ¹ kɔu⁴, it⁷ dek⁸ kua³ da¹ tsu⁴ tok⁸ kua³ lɔi² vɔi³。
很 会 记 东西，一 看 过 目 就 熟 过 后面 了。

　　nə⁴ ti² hou², nɔm¹ suŋ² hian³ sɔ² ka³ di² in¹ vɔi³, lək⁸ fan¹ kə³ kit⁷
那 时候， 南 宋 天 数 已将 尽 了，仔 番（肋）打
lou⁴ mia², siu² nui¹ tsuŋ³ sin¹ ja³ lai³ kan³ sin¹ ja³ lai³, di² kit⁷ ha³ ti⁴ di²
进 来，朝 内 忠 臣 也 有 奸 臣 也 有，要 打 还 是 要
hua², hem¹ kɔn² i² kian² mən¹ huŋ² kɔn²。it⁷ tiaŋ³ dɔŋ¹ tə⁴ nə⁴ kə³, vɔŋ²
和， 大 家 意见 不 同 互相。一 想 到 事 这些，皇
dɔi³ kɔn¹ fia⁴ du² m̩² en³, da³ kɔm⁴ siaŋ² siaŋ² vɔn² kɔu⁴ sɔu³ nə⁴ kə³。lai³
帝 吃 饭 都 不 甜，晚 上 常 常 梦 东西 坏 那些。有
fɔi² hə³, kə² vɔn³ jou³ im¹ kan¹ am³ hək⁸ beː² lau⁴ kə² lo⁴, beː² lau⁴ kə² lo⁴
次 一， 他 梦 在 阴 间 碰 到 父 亲 他们，父 亲 他们
tsuk⁷ kə² leŋ² bɔi¹ xəm³ di¹ leŋ¹ hun² lai³ ti³ mɔʔ⁸ jin² da¹, dau³ lɔi² lai³ hou⁴
嘱 他 回 去 欠 找 人 有 四 个 瞳 仁，背 后 有 号
hoŋ² hoŋ² nə⁴ hu² hə³ mia² huk⁷ fu² mia⁴, leŋ¹ hun² nə⁴ hu² hə³ xɔ³ ji³ bəŋ¹
红 红 那 个 一 来 做 驸 马， 人 这 个 一 可 以 帮
kə² ŋin⁴ ləu² na³ tsuŋ³ ləu² na³ kan³, hau³ bɔi¹ kit⁷ lək⁸ fan¹, bou⁴ vui²
他 认 哪 个 忠 哪 个 奸，好 去 打 仔 番，保 卫
kiaŋ³ san³。
江 山。

kuŋ³ tu¹ nə⁴ kəm⁴ hə³ ja³ vɔn² hoŋ² mo⁴ vɔŋ² dɔi³ bɔi¹ ȵam¹, jou³ nəm¹
公　主　那　晚　一　也　梦　跟　尾　皇　帝　去　玩，　在　南
san³ lək⁸ nan²，am³ hək⁸ lək⁸ hou⁴ teŋ¹ hu² hə³ mia² ko³. lək⁸ hou⁴ teŋ¹ nə⁴
山　落　难，　碰　到　仔　后　生　个　一　来　救。仔　后　生　这
hu² hə³ hem¹ sɔk⁸ hu² hə³ kit⁷, jua³ hiu² kou¹ kat⁷ vɔi³, dau³ ləi¹ do⁴ hou⁴
个　一　跟　贼　个　一　打，　衣　条　钩　破　了，背　后　露　号
mɔʔ⁸ hə³ hoŋ² hoŋ² uk⁷ mia²,m̩² kəm³ uk⁷ mia² hu⁴ vɔŋ² dɔi³, deu² bɔi¹
个　一　红　红　出　来，　不　敢　出　来　见　皇　帝，逃　去
met⁷ vɔi³. vɔŋ² dɔi³ kan³ xuaŋ² fai¹ leŋ¹ hun² bɔi¹ di¹, tsək⁷ ti⁴ di³ ləu² di¹
躲藏了。皇帝赶　狂　派　人　去找，可是怎么找
tsuŋ³ mən² di¹ lai³ hək⁸. m̩² hu⁴ di³ ləu² hə³, kuŋ³ tu¹ dek⁸ hai⁴ liau⁴ lək⁸
总　不　找　得　着。不知怎么的，公　主　看　许　多　仔
hou⁴ teŋ¹ kua³, kiau⁴ luaŋ³ du² lai³, tsək⁷ ti⁴ m̩² lai³ na³ dek⁸ kən³ da¹, it⁷
后　生　过，　多　漂亮　都　有，可是没有个看　上　眼，一
dek⁸ hək⁸ lək⁸ hou⁴ teŋ¹ ko³ kə² lo⁴ nə⁴ hu² hə³, tim¹ mɔʔ⁸ ka³ ɔi³ kən³
看　到　仔　后　生　救他们那个一，心　个　已　爱　上
kə² vɔ³.
他了。

m̩² kua³ kiau⁴ fəŋ³, vɔŋ² dɔi³ hem¹ niaŋ⁴ niaŋ⁴ ham² liaŋ² kuŋ³ tu¹ kə³
没　过　多　久，皇　帝　和　娘　娘　商　量　公　主的
da² sə², vɔŋ² dɔi³ kaŋ³ hək⁸ nə⁴ kəm⁴ kə² vɔn² nə⁴ mɔʔ⁸ hə³. niaŋ⁴ niaŋ⁴ bo¹
大事，皇　帝　讲　到　那　晚　他　梦　那　个　一。娘　娘　说
kuŋ³ tu¹ ja³ ti⁴ vɔn² ən¹ nən³, vɔn³ na³ vɔn² na⁴ ku² hɔp⁸ kən², vɔn³ na³ lək⁸
公　主　也是梦　这　样，　两　个　梦　十　分　合　互相，两　个　子
be² tsuŋ³ ti⁴ vɔn² leŋ¹ hun² nə⁴ hu² hə³, kuŋ³ tu¹ ja³ ɔi³ kə², nə⁴ kə³ ti⁴ fa³
父　总　是　梦　　人　这　个　一，公　主　也　爱　他，这　些　是　天
sɔi¹ fa³ an¹. vɔŋ² dɔi³ hem¹ niaŋ⁴ niaŋ⁴ i² kian² kə³ huŋ² kən² hou⁴ lɔi²,
催　天　安。皇　帝　和　娘　娘　意　见（助）同　互相　后　来，
ma⁴ siaŋ² loŋ² siŋ³ tsi⁴ bɔi¹ di¹ lək⁸ hou⁴ teŋ¹ dau³ ləi¹ lai³ hou⁴ hoŋ², dau³
马　上　下　圣旨　去　找　仔　后　生　背　后　有　号　红，前
na³ lai³ ti³ mɔʔ⁸ jin² da¹ nə⁴ hu² hə³ mia² huk⁷ fu² ma⁴, da² luk⁸ kək⁷ tsu¹
面　有　四　个　瞳　仁　那　个　一　来　做　驸马，大　陆　各　州
kək⁷ hin⁴ du² di¹ in¹ di¹ baŋ³ vɔi³, tsuŋ³ mən² di¹ lai³ hək⁸.
各　县　都　找　完　找　光　了，　总　不　找　得　着。

kuŋ³ tu¹ tsiŋ³ jəu³ əu³ təu⁴ ne⁴, lut⁸ jian¹ xiŋ¹ tsiu³ fu⁴ tsəu³ kən³
公 主 正 在 懊 丧 呢, 忽 然 琼 州 府 奏 上
mia²: xiŋ¹ nɔm¹ tit⁸ tit⁸ lai³ leŋ¹ hun² nə⁴ hu² hə³. vəŋ² dɔi³ hiŋ² hək⁸ nə⁴
来: 琼 南 实 实 有 人 这 个 一。皇 帝 听 到 这
mɔʔ⁸ siau³ sik⁸ həu⁴ ləi², meŋ³ meŋ³ di¹ kuk⁸ tsiu² mia² siaŋ³ liaŋ². kuk⁸
个 消 息 后 来, 快 快 找 国 舅 来 商 量。国
tsiu² hiŋ² van⁴ kaŋ³ leŋ¹ hun² nə⁴ hu² hə³ tɔk⁷ dek⁸ ləu² na³ tsuŋ³ ləu² na³
舅 听 人 家 讲 人 这 个 一 会 看 哪 个 忠 哪 个
kan³, maŋ² kə² ləu⁴ siu³ huk⁷ fu² ma⁴ vɔi³ dɔi³ sə⁴ ki³ m̥² li⁴, tiaŋ³ lək⁸ kɔi³
奸, 怕 他 入 朝 做 驸 马 了 对 自 己 不 利, 想 小 计
mɔʔ⁸ uk⁷ mia². kə² dɔi³ vəŋ² dɔi³ kaŋ³: "xiŋ¹ tsu¹ li² kiŋ¹ tiŋ² hai² lɔi¹ vɔi³,
个 出 来。他 对 皇 帝 讲: 琼 州 离 京 城 太 远 了,
vəi⁴ leu⁴ fəŋ¹ tsi⁴ da³ sun¹ uk⁷ ki³ kai³ tə⁴ hɔi³, tsui² mai² hɔ² fu² ma⁴ ləu⁴
为 了 防 止 中 途 出 什 么 事 情, 最 好 拘 捕 驸 马 进 去
bai³ hɔŋ²。"vəŋ² dɔi³ m̥² hu⁴ nə⁴ ti⁴ im³ məu¹ kui⁴ ki² mɔʔ⁸ hə³, tsu⁴ kau¹
拜 堂。"皇 帝 不 知 道 这 是 阴 谋 诡 计 个 一, 就 交
tə⁴ nə⁴ xin¹ hə³ jəu³ kuk⁸ tsiu² bɔi¹ ban³。kuk⁸ tsiu² fai³ leŋ¹ hun² kə² kə³
事 这 件 一 给 国 舅 去 办。国 舅 派 人 他 的
bɔi¹ huk⁷ xim³ sa³ da² sin¹, dai³ lɔŋ² het⁷ mɔʔ⁸ hə³ kən³ sia¹ vɔi³, daʔ⁸ daʔ⁸
去 做 钦 差 大 臣, 带 笼 铁 个 一 上 车 了, 直 直
tsu⁴ xi¹ siŋ¹ bɔi¹ xiŋ² tsu¹。
就 启 程 去 琼 州。

　　xim³ sa³ da² sin¹ it⁷ kua³ hai³, tsu⁴ daʔ⁸ daʔ⁸ bɔi¹ lim² kəu¹ jam³ hai³
钦 差 大 臣 一 过 海, 就 直 直 去 临 高 叫 太
jia² kit⁷ lɔŋ¹ kit⁷ lɔ² dai³ kə² ləu⁴ vɔ³ nia² ik⁷ vɔi³, jam³ juan¹ xai⁴ uk⁷ mia²
爷 打 鼓 打 锣 带 他 进 村 多 益 了, 叫 元 凯 出 来
tsip⁷ siŋ² tsi⁴。juan¹ xai⁴ xui⁴ lɔŋ², xim³ sa³ da² sin¹ hək⁸ siŋ² tsi⁴: "hɔ² ŋu¹
接 圣 旨。元 凯 跪 下, 钦 差 大 臣 读 圣 旨: "拘 吴
juan¹ xai⁴ ləu⁴ ŋa²。"juan¹ xai⁴ hiŋ² hək⁸ di² hɔ² kə², it⁷ tsiu³ ka³ nua¹
元 凯 入 宫。"元 凯 听 到 要 拘 捕 他, 一 下 子 已 瘫
dau² mat⁸ vɔ³, lək⁸ ŋi⁴ mɔ² ki³ hu² diu² kə² ui² kən³ sia¹, biaŋ³ kə² ləu⁴
下 面 地 了, 小 二 手 几 个 扶 他 起 来 上 车, 放 他 进
da³ lɔŋ² het⁷ vɔi³。be² mai⁴ juan¹ xai⁴ kə³ m̥² hu⁴ ti⁴ mai² ti⁴ səu³, beʔ⁷ tok⁷
里 笼 铁 了。父 母 元 凯 的 不 知 是 好 是 坏, 伯 叔

第三编 长篇故事 173

bai³ mu³ niŋ² lan² kə³ ja³ mən² hu⁴ di³ ləu² ban³, da¹ kuak⁸ kuak⁸ vɔk⁷
伯母姊母邻近家 的 也 不 知道怎么办， 眼 睁 睁 看
kə² kən³ sia¹ bɔi¹ vɔi³。
他 上 车 去 了。

　　juan¹ xai⁴ dɔŋ¹ hin⁴ hɔu⁴ lɔi²，hai³ jia² tsiau³ dai² kə² na⁴ ku² mai²，kə²
　　元 凯 到 县 后 来， 太爷 招 待 他 非常 好， 他
tim¹ mɔʔ⁸ na⁴ dok⁷ lɔŋ² mia² vɔi³。hai³ ŋəi⁴ vən² tsau³ tsau³ kən³ sun¹，
心 个 才 落下来 了。 第 二 天 早 早 上 路，
juan¹ xai¹ ŋo¹ jəu¹ da³ lɔŋ² het⁷ nen⁴，tim¹ mɔʔ⁸ hə³ na⁴ ku² luan⁴: "hau²
元 凯 坐 在 里 笼 铁 呢， 心 个 一 十 分 乱： 我
dɔi³ hem¹ kən² lai³ kɔŋ¹ liau⁴ ən¹ nən³，di² lai³ ki³ kai³ sɔi⁴? tsək⁸ ti⁴ mia²
对 大 家 有 功 多 这 样， 哪 有 什 么 罪？ 如果是来
hɔ² hau² le⁴，di³ ləu² hə³ tsu⁴ kit⁷ lɔŋ² kit⁷ lɔ² mia²，mən¹ diŋ¹ xa³ diau⁴
抓 我 嘛， 怎 么 就 打 鼓 打 锣 来， 不 穿 脚 镣
hau² ləu⁴，ja³ di² tsiau³ dai² hau² mai² ən¹ nə³?" sun¹ lɔi¹ lo⁴ liŋ³，sia¹ fu⁴
我 进， 也 要 招 待 我 好这样？" 路远路遥， 车 部
hə³ ta?⁷ xap⁸ ta?⁷ xap⁸ ən¹ nə³，ŋai⁴ ŋəi⁴ vən² kə² ka³ nuai² m̩² təŋ³ lai³ vɔi³，
一 跳 蹦 跳 蹦 这 样， 第 二 天 他已累 不 胜 得了，
niŋ⁴ hɔ² lɔŋ² het⁷ lap⁷ suan¹ vən² vɔi³。kə² vən² ləu⁴ da³ ŋa² vən² dɔi³ vɔi³
靠 在 笼 铁 睡 觉 梦 了。 他 梦 进 里 衙 皇帝 了
hem¹ vəŋ² dɔi³ niaŋ⁴ niaŋ⁴ kuŋ³ tu¹ ŋəu³ vən³ hua¹，kuŋ³ tu¹ diu² lok⁸ mɔ²
跟 皇 帝 娘 娘 公 主 逛 园 花， 公 主 牵 从 手
kə² fiaŋ² ləu⁴，liau¹ xi² xo¹ xi² xak⁷ hən³，na⁴ ku² hau³ lak⁸。lut⁸ jian¹，sia¹
他 边 住， 笑 嘻嘻哈哈 （助）， 十 分 开心。 突 然，车
fu⁴ hə³ ta?⁷ xop⁹ fɔi² hə³ huk⁷ kə² aŋ¹ vɔi³，ɔm³ ɔm³ ti⁴ lap⁷ suan¹ vən²。kə²
部 一 跳 "嘭"下子 一 做 他 醒 了， 原 来是睡 觉 梦。 他
tə³ dek⁸ leŋ¹ hun² niŋ¹ kə² nə⁴ kə³，ləu² na³ du² ti⁴ leŋ¹ hun² səu³，m̩² lai³
试 看 人 旁边 他 那些， 哪 个 都 是 人 坏， 没 有
na³ mai²: xim¹ sa³ da² sin¹ ti⁴ kan³ sin¹ hu² hə³，hai³ jia² na⁴ tək⁷ ma?⁷ ua?⁸
个 好： 钦 差大臣 是奸 臣 个 一， 太爷只会 吸 骨
bek⁷ tiŋ³，bak⁷ en³ tim¹ kəu¹。it⁷ tiaŋ³ dəŋ¹ nɔi⁴ kə² sai¹ leŋ¹ hun² niŋ² vəŋ²
百 姓， 嘴甜 心 钩。 一 想 到 这里他 猜 人 邻近皇
dɔi³ nə⁴ kə³ ŋe³ ti⁴ kəu⁴ səu³ kə³，dok⁷ ləu⁴ mɔ² kə² lo² xəŋ³ diŋ² m̩² lai³ ki²
帝 那些 硬是 东西 坏 的， 落 入 手 他 们 肯 定 没 有 什

kai³ mai³, me² tiaŋ³ me² maŋ², me² maŋ² me² tiaŋ³, na³ mɔʔ⁸ hə³ ka³ bin³
么　好，越　想　越　怕，越　怕　越　想，脸　个　一　已　变
tiam² vɔ³, mən² ɲet⁹ fɔi² hə³ du² ka³ dai¹ vɔi³。
惨白　了，不　会　儿　一　都　已　死　了。

　　vɔŋ² dɔi³ hiŋ² hək⁸ juan¹ xai⁴ dai¹ jɔu³ da³ sun¹, in³ han³ hai⁴ fəŋ³:
　　皇　帝　听　到　元　凯　死　在　中　途，怨　叹　好　久：
"ai², fa³ mɔʔ⁸ hə³ di³ ləu² hə³ tsu⁴ mən² bɔŋ¹ dou²?" ma⁴ siaŋ² lɔŋ² vɔn³
"哎，天　个　一　怎么（助）就　不　帮　咱？"马　上　下　两
mɔʔ⁸ siŋ² tsi⁴, hai⁴ it⁷ mɔʔ⁸ fuŋ¹ kə⁵ huk⁷ tsuŋ⁴ kuan⁴ fu² ma⁴, se¹ mau⁴
个　圣　旨，第　一　个　封　他　做　总　管　驸马，给　冠冕
fou² ou¹ ti¹ ləŋ¹ lim² kɔu¹ vɔi³ tsaŋ³, hai⁴ ŋei⁴ mɔʔ⁸ ti⁴ se¹ tiaŋ³ kim¹ mɔʔ⁸
袍子　要　尸　回　临　高　了　葬，第　二　个　是　给　像　金　个
hə³ jɔu³ kə², huk⁷ sə¹ haŋ¹ mia² sɔŋ² kə²。
一　给　他，做　祠堂　来　祭祀　他。

梦　驸　马

　　南宋时期，多文岭脚有个小村子，叫多益村，村里有一对夫妻已将近四十岁了，还没有生儿育女，家里冷清寂寞。他们有个叔公能认几个字，叔父看到他们久无生育，指点他们到观音庙去求神赐子，不久妻子果然怀孕上身。将到产期的时候，夫妻俩又笑眯眯地去了观音庙，祈求天神保佑他们平安生下孩子。

　　十月初一那天，太阳刚刚升起来，夫妻俩正在忙着干活呢，突然妻子感到肚子有些痛，刚一上床，羊水已经流下来，没多久一个男婴不哭不闹已降生人世。叔婆走过来看，小宝贝包有两层胞衣，她一边剪胞衣一边说："贵子，贵子！"再仔细一看，孩子背后有一块紫色胎记。这个孩子给全家带来许多乐趣，所以叔公给他起个名字叫元凯。

　　元凯五岁的时候，有一天晚饭过后叔公过来逗他玩，叔公摸着元凯的肚子说："我猜今天晚上你一定是吃鱼，对吗？喏，鱼还在肚子里一动一动的呢！"元凯摇摇头："不，不是，孙子吃萝卜，阿公才吃鱼吃肉呢。"叔父也摇摇头："不，阿公也是吃萝卜。"元凯说："阿公骗我，孙子看见阿公肚里有鱼有肉呢！"叔公感到十分奇怪：

"我东西吃在肚子里，他怎么已经看见了？我再试试他看。"又问他："你看看阿公肚子还有什么东西？"没等他讲完，元凯已经回答了："阿公肚子里上边有块红红的东西，下边有个东西弯弯曲曲的。"叔公更奇怪了，仔细看看他那双眼睛，才发现他跟一般人不相同，有四个瞳仁。这件事传出去之后，哪个村井水干了就来找元凯找水源，元凯每次都替他们去找，每次都能找到水源，没出过一次差错。他那双眼睛特别厉害，一看到你，你想什么事他都看得见。那些坏人个个都怕他，路上遇上他总是远远就绕着走了，怕他看见他们肚里的东西，对他们不利。他很会记东西，几乎是过目成诵。

当时，南宋天数已将尽，外族人打了进来。朝内有忠臣也有奸臣，是打还是和，大家意见不一致。一想起这些事来，皇上饭也吃不香，晚上常常作恶梦。有一次，他梦见在阴间里碰到他父亲，父亲嘱咐他回去必须找个长着四个瞳仁，身后有大红印记的人来做驸马，这个人能帮他识别忠奸，去打外族入侵者，保卫江山。那天晚上公主也梦见跟着皇上外出闲玩，在南山落难，碰上一个小伙子来救。小伙子跟强盗对打，衣服被钩破了，身后露出一个大红的印记，不敢出来面见皇上，逃去隐藏起来。皇上匆匆派去寻找，可是怎么找都找不着。不知什么缘故，公主见过许多小伙子，多帅的都有，可就是没有一个能看上眼，但一看到救她的那个小伙子，心里已经爱上了他。

没过多久，皇上与娘娘商量公主的大事，皇上讲起他那天晚上作的那个梦，娘娘说公主也有此梦，两个梦十分相似，父女俩梦的都是同一个人，公主也爱他，这些都是上天安排的。皇上和娘娘意见一致之后，马上下圣旨去找背后有大红印记，前面长着四个瞳仁的那个小伙子，要招他为驸马，大陆各州各县都找遍了，全找不着。公主正在懊丧，忽然琼州密奏上来：琼南确有此人。

皇上闻讯，赶忙找国舅来商议。国舅听人说此人会识别谁忠谁奸，担心他入朝做驸马后对自己不利，想出个计策来。他对皇上说："琼州远离京城，为了防止途中出事，宜拘捕驸马拜堂成亲。"皇上不知此乃阴谋诡计，就把此事交给国舅办理。国舅派出他的手下人员担当钦差大臣，带着一个铁笼上了马车，径直启程奔琼州。

钦差大臣一过海，就直奔临高，叫县太爷敲锣打鼓带他进了多益村，传吴元凯出来接圣旨。元凯跪下来，钦差大臣宣读圣旨："拘元凯入宫。"元凯一听说要拘捕他，一下子已瘫痪在地，几个喽啰把他扶起来上了车，又把他放进铁笼里。元凯父母亲不知道是祸是福，邻居乡亲父老不知所措，眼睁睁地看着他上车走了。元凯来到县城之后，县太爷好好地设宴招待他，他心里才安落下来。

第二天一早上路，元凯坐在铁笼里心里乱哄哄的："我对大伙有这么多功劳，哪里来的什么罪？如果是来抓我的，怎么会敲锣打鼓而来，不给我上脚镣手铐，还招待我这么好？"路途遥远，车子又颠颠簸簸的，第二天已累得他不堪忍受，靠在铁笼里睡下作梦了。他梦见进了皇宫，跟着皇上、娘娘和公主去逛花园，公主牵着他的手，嘻嘻哈哈地笑着，十分开心。突然，车子"咔嚓"一个颠簸把他摇醒，原来是在睡觉作梦。他试着看看他旁边的那些人，个个都是坏东西，没有一个好的：钦差大臣是奸臣，县太爷只会吸老百姓的血，嘴甜心肠坏。想到这里，他猜测皇上身边的那些人一定都是坏东西，落入他们手里肯定没有什么好结果。他越想越怕，越怕越想，脸色变得惨白，不一会儿已死去了。

皇上闻知元凯半途折命，长叹了许久："哎呀，老天爷怎么就不帮着咱？"马上下了两道圣旨，第一道封他做总管驸马，赐予锦袍冠冕，殡尸归乡安葬；第二道赐予金像一个，建祠奉祀。

讲述人：吴金凤

流传地区：临高县

vɔŋ² hə i² tuʔ⁸ ,ts iaŋ² ma⁴ lia³
王 调 俗， 将 美 里

tsuan² nə⁴ mɔʔ⁸ ni² ti⁴ kaŋ³ li⁴ duŋ² bin³ hia² fam¹ , kə² lɔŋ² mia² kə³ ti²
故事 这 个 呢 是 讲 吕 洞 宾 下 凡， 他 下 来 的 时
hou² ni² ti⁴ ke¹ huk⁷ kua² lau⁴ im¹ , haŋ⁴ lu² la⁴ haŋ⁴ im¹ kən¹ , au³ tim¹
候 呢 是 假 做 乞 丐， 边 流 浪 边 讨 吃， 试 探 心
leŋ¹ hun² , leŋ¹ hun² ləu² na³ liaŋ² tim¹ mai² kə² tsu⁴ bɔŋ¹ ləu² na³。 kə² ŋəu³
人， 人 哪 个 良 心 好 他 就 帮 哪 个。 他 游
dɔŋ¹ niŋ² xun³ həi² tuʔ⁸ kə³ ti² hou⁴ ni² , leŋ¹ nə⁴ fiaŋ² hə³ leŋ¹ hun² sa¹
到 旁边 小丘 调 俗 的 时 候 呢， 地方 这 片 一 人 种
kua¹ in² in¹ , kə² kua³ bəi¹ im¹ kua¹ kən¹ , im¹ kua³ təp⁸ leŋ² na³ vɔi³ , ləu²
瓜 完完， 他 过 去 讨 瓜 吃， 讨 过 十 零 个 了， 哪
na³ du² m̩² xəŋ³ se¹ kua¹ mɔʔ⁸ kə² kən¹。 kə² ŋəu³ mia² ŋəu³ bəi¹ ŋəu³ boʔ⁸
个 都 不 肯 给 瓜 个 他 吃。 他 走 来 走 去 走 肚子
mɔʔ⁸ jiak⁷ vɔi³ , ləu² na³ du² mən² xəŋ³ se¹ jou³ kə² , ŋam² ŋam² kə² təi³ dɔŋ¹
个 饿 了， 哪 个 都 不 肯 给 与 他， 刚 好 他 问 到
lək⁸ nɔk⁷ hu² hə³ : "mə² sa¹ kua¹ m̩² lai³ mak⁸ le⁴。" van⁴ tan¹ bo¹ : "he⁴ ,
孩 子 个 一： 你 种 瓜 没 有 果子 呢。" 人家 回答 说： 是 的，
sa¹ kua¹ vən³ hə³ m̩² lai³ mak⁸ , teŋ¹ mak⁸ mɔʔ⁸ hə³ tɔ² tɔ³。" kə² bo¹ : "mə²
种 瓜 园 一 没 有 果子， 生 果 个 一 自己。" 他 说： 你
sa¹ kua¹ vən³ hə³ mak⁸ mɔʔ⁸ hə³ tɔ² tɔ³ le⁴ , beʔ⁷ xuat⁷ nam⁴ vɔi³ mə² di¹ tia³
种 瓜 园 一 果 个 一 自己 呢， 伯 渴 水 了 你 会 舍
lai³ muʔ⁷ kou⁴ mɔʔ⁸ hə³ beʔ⁷ kən¹ mə² ?" lək⁸ hu² hə³ bo¹ : "e² , ki³ kai³ ne⁴
得 摘 东西 个 一 伯 吃 不?" 孩子 个 一 说： "喔， 什么 了
la² , kou⁴ mɔʔ⁸ hə³ dou² di² kən¹ dou² tsu⁴ kən¹ ti³ , kou⁴ mɔʔ⁸ hə³ tsu⁴ m̩²
呢， 东西 个 一 咱 要 吃 咱 就 吃 嘛， 东西 个 一 就 不
kən³ iŋ³ le⁴。" it⁷ fəi² tsu⁴ muʔ⁷ vɔi³ beu³ li⁴ duŋ² bin³ , li⁴ duŋ² bin³ tsu⁴ eu³
上 卖的。" 一下子 就 摘 了 递 吕 洞 宾， 吕 洞 宾 就 拗
fiaŋ² hə³ lək⁸ hu² kən¹ təŋ¹ fiaŋ² hə³ kə² kən¹ lɔ²。 vɔn³ na³ kən¹ kua¹ mɔʔ⁸
半 一 孩子 个 吃 剩 半 一 他 吃 咯。 两 个 吃 瓜 个

in¹ kə³ ti² hou⁴ ni² , li⁴ duŋ² bin³ tsu⁴ bo¹ : "leŋ¹ kua¹ mə² nə⁴ xat⁸ hə³ ni² ti⁴
完 的 时 候 呢， 吕 洞 宾 就 说： 地方 瓜 你 那 块 一 呢 是
leŋ¹ fu⁴ hə³ ne⁴ , hau² am³ dəŋ¹ mə² nə⁴ hu² lai³ liaŋ² tim¹ ni² , hau² tsu⁴ se¹
茔地 座 一 呢， 我 遇 到 你 这个 有 良 心 呢， 我 就 给
leŋ¹ nə⁴ fu⁴ hə³ mə² 。 vən² nɔi⁴ mai⁴ lau⁴ mə² lo⁴ ŋo⁴ ti² di² kua³ ne⁴ , mə²
茔地 这座 一 你。 今 天 母 亲 你们 午 时 要 过 世 呢， 你
tsu⁴ ou¹ mai⁴ lau⁴ mə² lo⁴ tsaŋ³ jou⁴ leŋ¹ nə⁴ xat⁸ hə³ , ou¹ mai⁴ lau⁴ mə² lo⁴
就要 母 亲 你们 葬 在 地 这块 一， 要 母 亲 你们
mia² tsaŋ³ kə³ ti² hou⁴ ni² , xəm³ lai³ leŋ¹ hun² diŋ¹ laŋ² het⁷ kua³ mə² na⁴
来 葬 的 时 候 呢， 欠 有 人 戴 帽 铁 过 你 才
xai³ si⁴ kuʔ⁸ sɔŋ² 。 hou⁴ lɔi² ni² mə² kuʔ⁸ sɔŋ⁴ tiŋ² vɔi³ lo² , xəm³ lai³ ba¹ kən³
开 始 挖 洞。 后 来 呢 你 挖 洞 成 了 咯， 欠 有 鱼 上
dun³ ni² mə² na⁴ biaŋ³ mai⁴ lau⁴ mə² lo⁴ lɔŋ² bɔi¹ , mə² biaŋ³ mai⁴ lau⁴ mə²
树 呢 你 才 放 母 亲 你们 下 去， 你 放 母 亲 你
lo⁴ lɔŋ² bɔi¹ hou⁴ lɔi¹ , ja³ xəm³ lai³ maʔ⁸ xəi⁴ leŋ¹ hun² na⁴ hum² boŋ² 。"
们 下 去 后 来， 也 欠 有 马 骑 人 才 盖 土。"
 nə⁴ vən² hə³ , tit⁸ tit⁸ ŋo⁴ ti² mai⁴ lau⁴ kə² lo⁴ tsu⁴ kua³ vɔi³ 。 dəŋ¹ hɔŋ³
那 天 一， 实实 午 时 母 亲 他们 就 过 世 了。 到 送
tsaŋ³ kə³ ti² hou⁴ ni² , kə² ɔ¹ hək⁸ ko³ li⁴ duŋ² bin³ kə³ , fou³ dek⁸ lai³
葬 的 时 候 呢， 他 记 住 话 吕 洞 宾 的， 等 看 有
leŋ¹ hun² diŋ¹ laŋ² het⁷ kua³ mən² 。 fou³ tiŋ² bak⁸ fəŋ³ vɔi³ , tsuŋ⁴ m̥² hu⁴ lai³
人 戴 帽 铁 过 不。 等 成 半 天 久 了， 总 不见 有
leŋ¹ hun² diŋ¹ laŋ² het⁷ kua³ , nə² kuʔ⁸ boŋ² nə⁴ hou² hə³ fou³ ai² vɔi³ , m̥²
人 戴 铁 帽 过， (词头) 挖 土 那 群 一 等 烦 了， 没
lai³ tim¹ hau² fəu³ vɔi³ , tsu⁴ bo¹ : "kua³ bɔi¹ nə² lau⁴ kə² du² m̥² hu⁴ lai³
有 心 好 等 了， 就 说： 过 去 (词头) 老 的 都 不见 有
leŋ¹ hun² diŋ¹ laŋ² het⁷ le⁴ , en³ təi² di² lai³ la² ?" tsu⁴ xai³ si⁴ kuʔ⁸ boŋ² lo²
人 穿 帽 铁 的， 现在 哪 有 呢？" 就 开 始 挖 土 了。
kiaŋ² kiaŋ³ kuʔ⁸ boŋ² sə² si² le³ , tsu⁴ lai³ leŋ¹ hun² hə³ tsun¹ dou¹ m̥²
刚 刚 挖 土 结束 呢， 就 有 人 个 一 托着 铁锅 个
hə³ kən³ hau² ne⁴ , kə² na⁴ hu⁴ sək⁷ vɔi³ , hu⁴ sək⁷ ka² tau² səi² vɔi³ 。 hou⁴
一 上 头 (助)， 他 才 知道 错 了， 知错 已 嫌 迟 了。 后
lɔi² vɔi³ ni² , ja³ ŋo¹ lɔŋ² fou³ , dek⁸ ti⁴ m̥² ti⁴ lai³ ba¹ kən³ dun³ , fou³ fəŋ³ vɔi³
来 了 呢， 也 坐 下 等， 看 是 不 是 有 鱼 上 树， 等 久 了

m̥² hu⁴ lai³ ba¹ kən³ dun³ ni² kə² tsu⁴ jam³ biaŋ³ kuan³ sai¹ mɔʔ⁸ hə³ loŋ²
不　见　有　鱼　上　　树　　呢　他　就　　叫　　　放　　棺　材　个　一　下
bɔi¹。kiaŋ³ kiaŋ³ biaŋ³ loŋ² bɔi¹ vɔi² le³, tsu⁴ lai³ leŋ¹ hun² na³ hə³ hap⁷ xip⁷
去。　刚　　刚　　放　　下　去　了　呢，　就　有　　人　　个　一　挑　藤竹
tsin³ hə³ sun¹ ba¹ tuat⁸ hə³ liŋ³ jou³ bai¹. xip⁸ nen⁴, lai³ leŋ¹ hun² vin² bo¹
担　一　串　鱼　串　一　挂　在　上面藤竹　呢，　有　　人　　圆　说
tsin² tsin² ti⁴ ba¹ kən³ dun³, xip⁸ kə³ tsu⁴ ti⁴ dun³ ma⁴, tsək⁴ ti⁴ tə³ dou²
真　　真　　是　鱼　上　　树，　藤竹（助）就　是　　树　　嘛，　可　是　让　咱
mən² lai³ tim¹ fou³, ka³ ŋo⁴ kua³ vən² xin⁴ tə⁴ vɔi³. kə² bo¹: "ai², tsək⁸
没　有　心　　等，已　经　误　过　　两　件　事　了。他　说：哎，若
ən¹ dou² tsu⁴ biaŋ³ loŋ² fou³, dek⁸ lai³ maʔ⁸ xəi⁴ leŋ¹ hun² kua³ mən² dou²
这样　咱　就　　放　下　　等，　看　有　马　骑　　人　　过　不　咱
na⁴ hum² boŋ²。"kiat⁸ kua⁴ ni² kə² ja³ biaŋ³ loŋ² fou³, fou³ kə³ ti² hou⁴ ni¹
才　盖　土。" 结　果　呢　他　也　放　下　　等，　等　的　时候　呢
ja³ m̥² hu⁴ lai³ maʔ⁸ xəi⁴ leŋ¹ hun² kua³, dɔŋ¹ hou⁴ lɔi² vɔi³ ni² kə² fou³ ai²
也　不　见　有　马　　骑　　　人　　过，　到　　后　来　了　呢　他　等　厌
vɔi³ kə² ja³ hum² boŋ² loŋ² bɔi¹。kiaŋ³ kiaŋ³ hum² boŋ² loŋ² bɔi¹ vɔi³ le³, ja³
了　他　也　盖　土　下　去。　刚　　刚　　盖　土　下　去　了　呢，　也
lai³ leŋ¹ hun² nə³ fe⁴ mok⁸ maʔ⁸ mɔʔ⁸ hə³ kua³ sun¹ lo²。hou⁴ lɔi² kə² ou¹
有　　人　　个　扛　木　马　个　一　过　路　啰。　后　来　他　要
mia² vin² ni², leŋ¹ hun² nə³ fe⁴ mok⁸ maʔ⁸ tsu⁴ ti⁴ maʔ⁸ xəi⁴ leŋ¹ hun² ma⁴,
来　圆　呢，　人　　个　扛　木　马　就　是　马　骑　　人　　嘛，
tɔ³ ji³ tam¹ xin⁴ tə⁴ kə² du² m̥² huk⁷ lai³ dəŋ¹。
所　以　三　件　事　他　都　不　做　得　到。

li⁴ duŋ² bin³ hu⁴ kə² tam¹ xin⁴ tə⁴ m̥² huk⁷ lai³ dəŋ¹, ja³ tsuk⁸ tə² tam¹
吕　洞　宾　知　道　他　三　件　事　不　做　得　到，也　嘱　他　三
xin⁴ tə⁴。hai⁴ it⁷ xin⁴ hə³ ni² ti⁴ van² kuan² dun³ hə³ sa¹ lou⁴ na³ fən² vɔi³,
件　事。第　一　件　一　呢　是　砍　白粉竹　棵　一　种　入　前　坟　了，
hai⁴ ŋəi⁴ xin⁴ ti⁴ jam³ kə² sa¹ bai¹ loŋ² bɔi¹, mən² ŋa⁴ sa¹ hau³ loŋ² bɔi¹。kə²
第　二　件　是　叫　他　种　树梢　下　去，　不　要　种　头　下　去。他
tsu⁴ xi² bo¹ sa¹ hau³ loŋ² bɔi¹ na⁴ tiŋ² ti³, sa¹ bai¹ loŋ² bɔi¹ di³ ləu² tiŋ²?
就　以　为　种　头　下　去　才　成　的，种　树梢　下　去　怎　么　成?
kiat⁸ kua⁴ ni² kə² ja³ sa¹ hau³ loŋ² bɔi¹。hai⁴ tam¹ xin⁴ hə³ ti⁴ li⁴ duŋ² bin³ di²
结　果　呢　他　也　种　头　下　去。　第　三　件　一　是　吕　洞　宾　要

ləŋ¹ bɔi¹ kə³ ti² hou⁴ ni² , se¹ lɔm⁴ tsi¹ kə² nɔ² vɔŋ² dɔi³ , dɔ⁴ kə² ni² xəm³ kai¹
回 去 的 时 候 呢, 给 箭 支 他 射 皇 帝, 叫 他 呢 欠 鸡
tan¹ tam¹ fɔi² na⁴ nɔ² kua² bɔi¹ , nə⁴ ti² hou⁴ ti⁴ vɔŋ² dɔi³ kən³ hen⁴ , nɔ² vɔŋ²
叫 三 次 才 射 过 去, 那 时 候 是 皇 帝 上 殿, 射 皇
dɔi³ dai¹ vɔi³ tsu⁴ kən³ bɔi¹ tsip⁷ vɔŋ² .
帝 死 了 就 上 去 接 皇。

nə⁴ kɔm⁴ hə³ , kə² lap⁷ da¹ tsuŋ³ m̥² suan¹ , fɔŋ³ fɔŋ³ han⁴ ui² tɔi³ fə²
那 晚 一, 他 睡 眼 睛 总 不 睡 着, 久 久 就 起 来 问 婆
na³ fɔi² : "fə² ha² , kai¹ tan¹ jou³ mə² ?" fə² nə³ bo¹ : "mən² , mə² lap⁷ suan¹
个 次: 婆 呀, 鸡 叫 在 不?" 婆 个 说: 没 有, 你 睡 觉
kou⁴ mə² ti³ , fou³ kai¹ tan¹ hau⁴ na⁴ səŋ¹ mə² ." kə² lap⁷ lɔŋ² mən² kiau³
东 西 你 吧, 等 鸡 啼 我 才 告 诉 你。" 他 躺 下 没 多
fɔŋ³ le³ , ja³ ui² tɔi³ fɔi² hem¹ , fə² nə³ ja³ bo¹ : "mən² tan¹ jou³ ." kə² ja³
久 呢, 也 起 来 问 次 添, 婆 个 也 说: "没 啼 在。" 他 也
ləŋ¹ bɔi¹ lap⁷ , dɔŋ¹ hai⁴ tam¹ fɔi² kə² mia² tɔi³ kə³ ti² hou⁴ ni² , fə² nə³ lai³
回 去 睡, 到 第 三 次 他 来 问 的 时 候 呢, 婆 个 有
tsi⁸ ai² vɔi³ , tsu⁴ bo¹ : "tan¹ vɔi³ , tan²（拉长声音）vɔi³ ." kiaŋ² kiaŋ³ bo¹
点 烦 了, 就 说: 啼 了, 啼 了。" 刚 刚 说
"tan¹ vɔi³ " hən³ le³ , kə² lɔm⁴ tsi¹ ka³ nɔ² uk⁷ bɔi¹ vɔi³ , da² nɔ² lou⁴ na³
"啼 了" 这 样 呢, 他 箭 支 已 射 出 去 了, 居 然 射 中 前
hen⁴ vɔŋ² dɔi³ mɔ⁸ vɔi³ . van⁴ bo¹ : "xi¹ kuai² lo³ , maŋ² lai² leŋ¹ hun² di²
殿 皇 帝 个 了。人 家 说: 奇 怪 啰, 怕 有 人 要
tiaŋ³ hai⁴ vɔŋ² dɔi³ kə² ." kə² sa¹ kuan² nə⁴ duŋ³ ni² ja³ tsim³ dɔŋ¹ na³ ŋa²
想 害 皇 帝 吧。" 他 种 白 粉 竹 那 棵 呢 也 侵 到 前 衙
nə⁴ kə³ vɔi³ , he² bə² kuan² . vɔŋ² dɔi³ jam² kun³ sə³ mia² vin² kə³ ti² hou⁴
那 个 了, 全 部 叶 白 粉 竹。皇 帝 叫 军 师 来 圆 的 时 候
ni² , kun³ sə³ bo¹ : "xiŋ¹ nɔm¹ di² mia² tsim³ vɔŋ² , tə⁴ hɔi³ di² hɔi³ ŋai² huk⁷
呢, 军 师 说: 琼 南 要 来 侵 皇, 事 情 将 会 难 做
lo³ , xəm³ ma³ siaŋ³ fai³ biŋ¹ bɔi¹ hɔ² , m̥² ən¹ nən³ xiŋ¹ nɔm¹ tsu⁴ di² tsim³
啰, 欠 马 上 派 兵 去 抓, 不 这 样 琼 南 就 要 侵
vɔŋ² lo³ ." vɔŋ² dɔi³ maŋ² vi⁴ kə² mɔ⁸ hə³ di² luat⁷ , tsu⁴ fai³ biŋ¹ kə³ lɔŋ²
王 了。" 皇 帝 怕 位 他 个 一 要 掉, 就 派 兵 的 下
xiŋ¹ nɔm¹ mia²
琼 南 来。

biŋ¹ kə³ dɔŋ¹ niŋ² həi³ tuʔ⁸ vɔi³, bek⁷ tiŋ³ kə³ bo¹: "lək⁸ van⁴ hu² hə³
兵 的 到 旁边 调 俗 了， 百 姓 的 说："孩子 人家 个 一
ju⁴ m̥² lai³ ki³ kai³ fam⁴ kə² le⁴, kə³ si¹ si¹ tsu⁴ di² mia² hɔ² van⁴。" hem¹ kɔn²
又 没有 什 么 犯 他 呢，他 无 端 就 要 来 抓 人家。" 大 家
tsu¹ di¹ bɔ² mak⁸ sak⁷ lam¹ nə⁴ kə³ nam² dəi² dəi² vɔi³ biaŋ³ lou⁴ da³ sun¹
就 找 叶子 芋 头 黑 那些 捣 烂 烂 了 放 入 中间 路
nə⁴ kə³ vɔi³, bo¹ kuan¹ biŋ¹ nə⁴ kə³ di² kua³, biaŋ³ kə² lo⁴ miak⁸ hau³ det⁷,
那些 了，说 官 兵 那些 要 过， 放 他们 滑 好 跌倒,
mən² deu² lai³ meŋ³。kiat⁸ kua⁴ lək⁸ nə⁴ hu² hə³ deu² lou⁴ da³ saŋ¹ vɔi³
不 跑 得 快。 结 果 孩子 那 个 一 逃 入 里 山林 了
met⁷ da³ vən² da³ kɔm⁴, met⁷ fɔŋ² vɔi³ kə³ ti² hou⁴ ni² bi² van⁴ hɔ² bɔi¹ vɔi³
躲 白 天 黑 夜， 躲 久 了 的 时候 呢 被 人家 抓 去 了。
hɔ² lai³ vɔŋ² həi¹ tuʔ⁸ bɔi¹ vɔi³ le³, sa² bo¹ en¹ lai³ tsiaŋ³ kuan³ hu² hə³
抓 得 王 调 俗 去 了 呢，查 说 还 有 将 官 个 一
jam³ vɔŋ¹ baŋ³ hən³, ma⁴ lia³ leŋ¹ hun², ka³ deu² bɔi¹ ho⁴ hau² met⁷ vɔi³,
叫 王 邦 的， 美 里 人， 已 逃 去 渡头 躲 了,
kiat⁸ kua⁴ ja³ di² bɔi¹ hɔ² vɔŋ¹ baŋ³。bɔi¹ dɔŋ¹ ho⁴ hau² vɔ³ tɔi³ kə³ ti² hou⁴
结 果 也 要 去 抓 王 邦。去 到 渡头 村 问 的 时候
ni², van⁴ səŋ¹ bo¹ vɔŋ¹ baŋ³ ka³ bɔi¹ fa² nia² vɔi³。kiat⁸ kua⁴ bɔi¹ dɔŋ¹ nia²
呢，人家 告诉 说 王 邦 已经 去 耙 田 了。结 果 去 到 田
kə³ ti² hou⁴ ni², ŋam² ŋam² vɔŋ¹ baŋ³ fa² nia² xat⁸ in¹ vɔi³, kə³ bo¹: "mə² lo⁴
的 时候 呢，刚 好 王 邦 耙 田 块 完 了，他 说： 你们
di² hɔ² mə² lo⁴ mə⁴ hɔ² lo³, biaŋ³ hau² tuk⁷ təi³ hu² baŋ³ hen¹。" kə³ tuk⁷
要 抓 你们 就 抓 吧， 放 我 洗 水牛 个 干净 先。" 他 洗
təi³ sə² si² vɔi³, tsu⁴ ŋan¹ ti² mɔʔ⁸ kok⁷ lou⁴, tsun¹ lok⁸ dau² nam⁴ kən³
水牛 完 了， 就 拿 四 只 脚 住， 托举 从 下面 水 上
mia², bo¹: "hem¹ hau² tsip⁷ kou⁴ hu² kən³ bɔi¹ hen¹, mə² lo⁴ di² hɔ² mə² lo⁴
来， 说："跟 我 接 东西 个 上 去 先， 你们 要 抓 你们
na⁴ hɔ²。" lək⁸ biŋ¹ kə³ dek⁸ hək⁸ ka³ maŋ² bit⁸ vɔi³, da³ tim¹ tiaŋ³:
才 抓。" 小 兵 的 看 到 已经 怕 不动 了， 里 心 想:
"kou⁴ hu² hə³ lik⁸ liaŋ⁴ tən² n̥³, ŋan¹ lok⁸ kok⁷ təi³ ti³ mɔʔ⁸ lou⁴ tsu⁴ tsun¹
"东西 个 一 力量 这么 大， 拿 从 脚 水牛 四 个 住 就 举
kən³ mia² le⁴, dou² di³ lou² kɔm³ lɔ³ niŋ² van⁴? kou⁴ hu² hə³ tsək⁸ xə¹ mə²
上 来 呢， 咱 怎么 敢 近旁边 人家？东西 个 一 若 揍 你

tsiu³ ləu⁴ vɔi³ mə² tsu⁴ dai¹ vɔi³ ti³ ."tsu⁴ tsɔŋ¹ bo¹ : "hau² lo² mən² hə² mə²,
下子进去了你就死了的。"就装说：我们不抓你，
hau² lo⁴ tɔi³ mə² mɔ² kə³ ten² ."kiat⁸ kua⁴ hem¹ kɔn² tsu⁴ deu² ləŋ¹
我们问你话句的。"结果大家就逃回
bɔi¹ vɔi³.
去了。

调俗王，美里将

　　这个故事是讲吕洞宾下凡，他下来的时候是假扮乞丐，一边流浪一边讨吃，探测人心，谁有良心就帮谁。他来到调俗村旁边的小丘时，整个地带人们全都种上了西瓜，他走过去想讨个西瓜吃，一连讨了十几人，谁都不愿意给他西瓜吃。他走来走去，走得肚子饿了，哪个都不愿意给他，正好他问到一个小孩："你种的西瓜不结果子。"人家回答说："是的，我种了一园子西瓜不结果，只长了一个果子。"他说："你种一园子西瓜才结了一个瓜，阿伯口渴了，你舍得把这东西摘下来给阿伯吃吗？"小孩说："又不是什么东西，咱要吃咱就吃，这么一个小东西又不够得着卖。"一下子摘下来递给吕洞宾，吕洞宾掰开一半自己吃剩下一半给他吃。两个人吃完了西瓜，吕洞宾就说："你这块瓜地是一座茔地，我遇上你这个人有良心，我就把这座茔地给你。你母亲今天午时将过世，你就把你母亲安葬在这块地上。你安葬你母亲的时候呢，要有一个戴钢盔的人走过你才开始挖洞，洞挖成之后，要有鱼上树你才把你母亲安放下去。你把母亲安放下去以后，要有马骑在人上面你才把土盖上。"

　　那天他母亲果真午时就过世了，安葬时他记住吕洞宾的话，等着看是不是有人戴着钢盔走过。等了好半天了，还不见有人戴钢盔走过，挖土的人等烦了，没有心等下去了，说："从前老一辈都没有见过戴钢盔的人，现在哪会有呢？"于是开始挖土。刚把土挖完了，就有一个人双手举一个铁锅顶在头上，他才知道自己错了，可知错已经晚了。后来呢就坐下来等，看是不是有鱼上树，等久了没有看到鱼上树，他就叫把棺材放下去。刚刚放下去棺材，就有一个人挑着一担藤竹，竹上挂着一串已经串好的鱼。有人解说，这真的就是鱼上树，藤竹就是树嘛，可是咱没有心等，已经错过了两件事。他

说：“如果这样咱就放下再等，看有没有马骑在人头上咱才盖上土。”结果他放下等，等的时候呢，也没有看到有马骑在人头上走过，后来他等烦了，于是把土盖上。刚刚把土盖了下去，就有一个人扛着一架木马从路边走过。后来他一分析，人扛着木马就是马骑人嘛，所以三件事他都做不到。

吕洞宾知道他三件事都做不成，又嘱咐他三件事。第一件事是砍来一株白粉竹，种在墓前；第二件事叫他种的时候把树梢（倒着）种下去，不要把树头种下去。他以为把头种下去才成活，把树梢种下去怎么成活，结果他把树头种了下去。第三件事是吕洞宾要回去的时候，给他一支箭，叫他射死皇帝，嘱咐他要等鸡叫三次才射过去，那时正是皇帝上朝听政的时候，把皇帝射死了，就可以接过皇位。

那天晚上，他躺在床上总睡不着，久久就起来问奶奶：“奶奶，鸡叫了没有？”奶奶说："没有，你睡你的觉，等鸡叫了我才告诉你。"他躺下没多久，又起来再问一次，奶奶又说鸡还没有叫，他又回去睡。到第三次他来问的时候，奶奶有点烦了，就说："鸡叫了，鸡还哭了呢。"刚刚说"鸡叫了"的时候，他已经把那支箭射出去了，居然射中了皇帝坐椅的前面。人家说："奇怪了，恐怕有人要害皇帝吧。"他种的那棵白粉竹，也侵到宫殿前面，全是白粉竹的叶子。皇帝叫军师来解说，军师说："琼南要来侵主，事情可能会难办了，必须马上派兵去抓，不然琼南就要侵王了。"皇帝怕他的位子要丢掉，于是派兵到琼南来。

官兵来到调俗村边，百姓说："人家孩子没有犯他什么，他就无故地要抓人家。"大家就找来芋头叶子，捣得烂烂的，放在路中间，说那些官兵要过，好让他们滑倒跑不动。结果那个小孩逃进山林里，白天黑夜地躲，躲久了就被人家抓走了。

抓到了调俗王，又调查说还有一个将官叫做王邦的，是美里村人，已经逃到渡头村躲起来了，结果也要去抓王邦。来到渡头村问的时候，人家说王邦已经耙田去了。到了田间，王邦正好耙完了田，他说："你们要抓你们就抓吧，先让我把牛洗干净。"他洗完了牛，就抓住水牛的四条腿，从河面上托举上来，说："先跟我把这东西接上去，你们要抓你们才抓。"士兵们看到（这种情况），已经吓得不敢动弹了，心里想："这个人力气这么大，抓住水牛的四条腿就把它举起来，咱怎么敢近他身旁呢？他要是揍你一下你就死定了。"于是假装说："我们不是来抓你的，我们只是想问你几句话。"结果大家就逃回去了。

讲述人：许良

流传地区：临高县

第四编　谚语格言

关于社会、人生的谚语格言

mən² huŋ² taŋ² lap⁷, mən² hu⁴ liu⁴ kat⁷。
不 同 床 睡， 不 知 席子 破。
不住在同一屋檐下，怎知人家房子漏。

na³ hə³ di² ham² ho² nan⁴ mai⁴ mo¹, na³ hə³ di² ham² ho² bek⁷ lok⁸ səŋ³。
个 一 要 贪 图 肉 母 猪， 个 一 要 贪 图 百 六 秤。
一个贪图母猪肉，一个贪图十六两秤。（比喻人各有志）

dəp⁷ da¹ fiaŋ² təŋ⁴ fiaŋ²。
闭 眼睛 边 剩 边。
睁只眼，闭只眼。

leŋ¹ hun² na³ hə³ vəi⁴ nəi¹ mo?⁸ hə³, ho³ hu² hə³ vəi⁴ naŋ¹ fan¹ hə³。
人 个 一 为 名 个 一， 虎 个 一 为 皮 张 一。
人为一个名，虎为一张皮。

nam⁴ mat⁸ hau³ ji², tiŋ³ fən⁴ ŋai² ke?⁷。
水 土 好 移， 性 分 难 改。
江山易改，本性难移。

leŋ¹ hun² tseŋ¹ xəi³, vəi² tseŋ¹ duai⁴。
人 争 气， 火 争 烟。
人争气，火争烟。

mai⁴ ak⁸ ko² hua³ ləu² xat⁸ du² lai³。
乌 鸦 颈 花 哪 里 都 有。

花颈的乌鸦哪里都有（喻贪小便宜的人哪里都有）。

lai³ sin² vian¹ lai³ ji² haŋ¹ ma⁴ mɔk⁸。
有　钱　买　得　鬼　磨　谷。
有钱能使鬼推磨。

ji² haŋ¹ maŋ² hau³ mo¹ ȵɔ³。
　鬼　怕　头　猪　大。
鬼怕大猪头。（当官的也怕拳头大）

ma³ lu² tse³ dai¹ hɔ² mai⁴ ak⁸。
　猴子　装　死　捉　乌　鸦。
富翁讨乞装穷汉。

sui² lɔu⁴ sak⁸, sak⁸ lɔu⁴ dɔ²。
　锤　入　凿，凿　入　木。
锤子敲凿子，凿子入木头。

maʔ⁸ me² tuʔ⁸ ham¹ maʔ⁸ me² hek⁷。
　马　越　捋　睾丸　马　越　踢。
越是捋马睾丸，它越踢你。（马屁越拍越呛人）

kiau⁴ jɔp⁷ du² lai³ leŋ¹ hun² bɔi¹ sun¹。
　多　黑　都　有　人　走　路。
比喻多难的事都有人办得成。

təi³ dai¹ kɔp⁷ luk⁸ fai⁴。
水牛　死　合　牛栏　败。
死牛配敝栏。（雪上加霜）

xu² jin² mən² dim³ xu² ki³。
　求　人　不　如　求　己。

求人不如求己。

hou¹ doŋ³ mən² kən³ kim¹, mak⁸ lan² tsu⁴ tiŋ² dou⁴。
　柱　栋　不　成　金，　地　基　就　成　灰。
不是鱼死就是网破。

ma¹ lam¹ kən¹ əu¹ ma¹ fiak⁸ lou⁴ soi⁴。
　狗　黑　吃　要　狗　白　入　罪。
黑狗偷吃拿白狗治罪。

eŋ¹ tok⁷ ɔi³ eŋ¹ tok⁷ ŋa⁴, sin² ka¹ ɔi³ sin² ka³ lai³。
兄　弟　爱　兄　弟　穷，亲　家　爱　亲　家　富。
兄弟喜欢兄弟穷，亲家喜欢亲家富。

ma¹ sau³ ma¹ mən² kap⁸, ma¹ kap⁸ ma¹ mən² sau³。
　狗　叫　狗　不　咬，　狗　咬　狗　不　叫。
叫的狗不咬人，咬人的狗不叫。

hoŋ³ nu¹ lou⁴ bak⁷ meu²。
　送　老鼠　进　口　猫。
送老鼠进猫嘴巴（比喻自投罗网）。

tok⁷ na³ da¹ mən² tok⁷ tim¹ tə⁴。
　懂　面　目　不　懂　心　事。
知人知面不知心。

fəŋ² təŋ² fa³ huk⁷ van³ eu³ kam⁴ dun³。
　凭　承　天　刮　风　折　枝　树。
趁着刮台风折树枝。（趁火打劫）

ɔu¹ tiaŋ³ liau⁴ mia² tsia¹ tiaŋ³ ŋai³。
　要　相　笑　来　遮　相　哭。

以笑脸遮哀脸。(强装笑脸)

kəu⁴ kɔn¹ mai², sin² ŋɔn² n̪ai²。
东西 吃 好,钱 银 聪明。
食物讨人喜欢,钱财使人聪明。

kiau⁴ mai² du² lai³ leŋ¹ hun² kaŋ³ səu³, kiau⁴ səu³ du² lai³ leŋ¹ hun²
多 好 都 有 人 讲 坏,多 坏 都 有 人
kaŋ³ mai²。
讲 好。
人无千般好,物无千般坏。

hau³ la⁴ xək⁷ tiŋ² kuŋ¹。
烂 野菠萝 刻 成 公。
朽木雕刻成神像。(沐猴而冠)

kai¹ hu² kuʔ⁸ kuʔ⁸ kai¹ hu² jaɜ kɔn¹, təi³ hu² ha¹ ha¹ təi³ hu² ja³ kɔn¹。
鸡 只 挖 挖 鸡 只 也 吃,牛 头 拖 拖 牛 头 也 吃。
鸡扒土能养活自己,牛拉车也能养活自己。

tiaŋ³ səu³ miŋ⁴ mai²。
貌 丑 命 好。
貌丑命好。

təi³ mən² kɔn¹ bət⁷ niŋ² luk⁸。
水牛 不 吃 草 旁边 窝。
好牛不吃窝边草。

niaŋ² mai² ɔi³ liu¹ kiŋ³, miŋ⁴ mai² ɔi³ tuan³ miŋ⁴
姑娘 好 爱 看 镜子,命 好 爱 算 命。
靓女爱照镜,命好爱算命。

ba¹ nɔ³ kɔn¹ ba¹ nɔk⁷ , ba¹ nɔk⁷ kɔn¹ luaŋ² n̩um¹ .
鱼 大 吃 鱼 小，鱼 小 吃 虾 卵。
大鱼吃小鱼，小鱼吃虾米。

vɔn² lip⁸ lai³ lip⁸ , vɔn² ŋia² lai³ ŋia² .
种子 蜈蚣 生 蜈蚣，种子 蛇 生 蛇。
龙生龙，凤生凤。

suk⁸ vət⁸ hua¹ fiak⁸ uk⁷ , leŋ¹ hun² hua¹ dəi³ huŋ⁴ .
畜 物 花 外 面， 人 花 底 胴。
畜物花在外面，人花在肠子里。

be² kuŋ³ tsə⁴ , lək⁸ sə³ lə⁴ .
父 公 子， 儿 傻 呆。
父亲英雄，儿子狗熊。

mai⁴ ŋu² hua¹ lai³ lək⁸ ki² lin² .
母 牛 花 生 子 麒麟。
花母牛生麒麟子。（老鸹窝里出凤凰）

miŋ² vaŋ⁴ mou² leŋ¹ tsak⁸ m̩² mou² leŋ¹ liaŋ³ .
ʼ苍 蝇 聚 地 方 湿 不 聚 地 方 干。
苍蝇叮湿处，不叮干处。

saŋ¹ m̩² lai³ ho³ ou¹ ma³ lu² huk⁷ vɔŋ² .
山 没 有 虎 要 猴 子 做 王。
山中无老虎，猴子当大王。

bak⁷ ŋaʔ⁸ doi³ bak⁷ tsui¹ .
嘴 针 对 嘴 椎。
针头对椎头。

kim² kua¹ fiʔ⁸ naŋ¹ fɔ² ja³ di² an³ , kua¹ kup⁷ kaŋ² naŋ² fɔ² ja³ di² an³。
南　瓜　削　皮　婆也要骂，冬　瓜　连　皮　婆也要骂。
比喻左也不对，右也不对，不知如何是好。

di³ siu² nam⁴ di³ siu² ba¹。
一　潮　水　一　潮　鱼。
物以类聚，人以群分。

sək⁸ lok⁸ ken¹ jua³。
贼　从　袖　衣。
衣袖里面出来的小偷。（比喻自家贼）

so² je⁴ miŋ² jə⁴。
数 也 命 也。
命中注定。

da² lu² m̥² lai³ hau³ kau⁴。
老 实 没 有 膝 盖。
老实得一点弯子也没有。（形容非常老实巴交的样子）。

e¹ lou¹ m̥² kən³　la⁴
拉 尿 不 上 野菠萝
拉尿喷不上人头。（多用于女人）

vok⁸ lin⁴ dɔŋ¹ lɔŋ¹。
　拔 舌头 到 鼻子。
比喻远远超过自己的能力之外。

mai⁴ kai¹ heŋ⁴ keŋ¹。
　母 鸡 定 更。
母鸡伺晨。（比喻女人当家）

fa³ m̩² lai³ ŋak⁸。
天 没有 膥。
苍天无眼。

mo¹ fui² mən² luat⁷ lai³ kua³ mɔ² sɔ² hɔŋ²。
猪 肥 不 脱 得 过 手 宰 猪匠。
肥猪难逃屠夫手。

nə² nai² kɔn¹ nə² ŋən², nə² ŋən² kɔn¹ kai⁴ tsət⁸。
聪明人 吃 傻 瓜，傻 瓜 吃 垢 阴茎。
聪明人吃愚蠢人，愚蠢人吃人粪便。

nə² lau⁴ bin³ lək⁸ nɔk⁷。
老人 变 小 孩。
老人变小孩。（比喻人老变糊涂）

lɔp⁸ ka³ huŋ² tiŋ² fia⁴。
米 已 煮 成 饭。
生米已煮成熟饭。

dau³ na³ ti⁴ leŋ¹ hun², dau³ lɔi² ti⁴ ji² haŋ¹。
当 面 是 人， 背 后 是 鬼。
当面是人，背后是鬼。

dau³ na³ ti⁴ jiaŋ⁴, dau² lɔi² ti⁴ jiaŋ⁴。
当 面 是 样， 背 后 是 样。
当面一样，背后另一样。

lək⁸ kɔn¹ m̩² tɔk⁷ sit⁸ bak⁷。
偷 吃 不 懂 擦 嘴巴。
偷食不知抹嘴巴。

sak⁸ sɔŋ⁴ kua³ lɔi² dɔŋ³。
　凿　洞　过　后　凳。
凿洞通到凳子背面。(比喻暗中串通)

van⁴ kɔn¹ mak⁸, dou² ləm² bau³。
别人　吃　果肉，咱　捡吃果壳。
人家吃肉，咱捡骨头。

dou² sa¹ dun³, van⁴ kɔn¹ mak⁸。
　咱　种　树，人家　吃　果子。
自己种树，人家摘果。

hu⁴ nə² kɔn¹ jan³ m̥² hu⁴ nə² diu⁴ feŋ²。
见(词头)喝　酒　不见(词头)提　瓶子。
只看到喝酒的，看不到提酒瓶的。

siŋ² bəŋ³ kaŋ³ lai³ ko³ in³, da³ xian⁴ mai⁴ lək⁸ m̥² kaŋ³ lai³ ko³ in¹。
　情　人　讲　得　话　完，　夫　妻　不　讲　得　话　完。
情人之间无话不谈，夫妻之间有话藏着。

tuʔ⁷ təi³ lɔi² ləi¹ tsia¹ tuʔ⁷ təi³, tuʔ⁷ tuaŋ² xut⁸ xut⁸ tsia¹ tuʔ⁷ tuaŋ²。
尾巴　牛　长　长　遮　尾巴　牛　尾巴　羊　短　短　遮尾巴　羊。
穷人有穷人的活法，富人有富人的活法。

xəi⁴ kən³ hau³ van⁴ e¹ kai⁴。
　骑　上　头　人家拉　屎。
骑在人家头上拉屎。

nə² iŋ³ m̥² hu⁴ nə² vian¹, nə² vian¹ m̥² hu⁴ nə² iŋ³。
(词头)卖不知(词头)买，(词头)买　不　知(词头)卖。
卖的不知道买的，买的不知道卖的。

loi² tsak⁸ ma² jia², lui⁴ mak⁸ kum² sou³
　雷　劈　椰　子，连累　果子（小乔木名）。
城门失火，殃及池鱼。

di³ jiaŋ⁴ miŋ² kən¹ di³ jiaŋ⁴ liak⁷。
　一　样　虫子 吃 一　样　篱笆。
物以类聚，人以群分。

ma² nou⁴ mən² kən¹ lum³ tsup⁸ tsup⁸。
　山　薯　不　吃　捣　烂　烂。
自己得不到的，别人也别想得到。

vun² kai¹ ka³ leŋ¹ hun²。
　毛　鸡　杀　　人。
鸡毛杀人。（软刀子杀人）

nam⁴ fən² fuʔ⁸ kai¹。
　水　冷　褪　鸡。
凉水褪鸡。（软刀子杀人）

iak⁸ naŋ¹ hu⁴ ləi¹。
　剥　皮　见　胆。
形容一身是胆。

vat⁸ mən² əŋ¹, ŋa⁴ mən² mun⁴
　富　不　喜，穷　不　愁。
富不喜，穷不愁。

lai³ nok⁸ mən² din², lai³ din² mən² nok⁸。
　有　鸟　无　石，有　石　无　鸟。
有鸟无石，有石无鸟。

təp⁸ fɔi² bəi¹ hai³ ku³ fɔi²ləi¹。
　十　次　去　海　九　次　空。
十场九空。

lək⁸ nu¹ dok⁷ faŋ⁴ləp⁸。
　小　鼠　掉　缸　米。
小鼠掉进米缸里。

deu² hau³ se¹ tuʔ⁷，deu² tuʔ⁷ se¹ hau³。
　走　头　给　尾，走　尾　给　头。
走到头就分给尾，走到尾就分给头。（两头皆空）

bik⁷ ma¹ heu³ siaŋ²。
　逼　狗　跳　墙。
逼狗跳墙。

tsiaŋ¹ dai¹ ka³ sɔk⁸。
　拼　死　杀　贼。
舍命杀敌。

biŋ¹ ja³ kau¹ sɔk⁸ ja³ kau¹。
　兵　也　交　贼　也　交。
形容交际面广。（不含贬义）

ma¹ di² ɔu¹ koŋ¹，lən³ di² ɔu¹ miŋ⁴。
　狗　须　要　功，兔子　须　要　命。
狗要邀功，兔子要逃命。

di³ na³ teŋ¹ tim¹ di³ na³ juŋ⁴。
　一　个　生　心　一　个　用。
一个人有一个人的主张。

kat⁸ lɔu⁴ ja³ tu⁴ mau⁴。
绑　住　也　堪　打。
既被绑住，也经得起打。（人在屋檐下，不得不低头）

关于认识、实践的谚语格言

fiŋ² an¹ bəu¹ fat⁷ sai²。
平 安 包 发 财。
平安即福。

it⁷ mən² sin² mən² lɔk⁷, vɔn³ mən² sin² na⁴ lɔk⁷。
一 文 钱 不 响，两 文 钱 才 响。
一文钱不响，两文钱才响。

it⁷ fən¹ sin², it⁷ fən¹ hua³。
一 分 钱，一 分 货。
一分钱，一分货。

təp⁸ bau² tsia¹ ku³ luaŋ³。
十 齐整 遮 九 靓。
十分人才九分妆。

təp⁸ fiak⁸ tsia¹ ku³ luaŋ³。
十 白 遮 九 靓。
十白遮九丑

hua¹ mai² sap⁷ kai⁴ təi³, niaŋ² mai² diu⁴ fun³ kəi¹。
花 好 插 屎 牛，娘 好 提 畚 箕。
好花插在牛粪上，靓女常伴粪箕子。

tam¹ tsok⁷ lok⁸ sua⁴。
三 筑 六 坐。
（婴儿）三个月即可竖起，六个月可学坐。

kuŋ¹ di² ɔu¹ ham¹, lək⁸ di² ɔu¹ ȵam¹。
　公　须 要　抬，孩子 须 要　玩。
神像越抬越灵，孩子越玩越精。

kua² lau⁴ im¹ du² lai³ tam¹ vəi² vən⁴。
　乞　丐　　都 有　三　年　运。
乞丐也有三年运。

lək⁸ nɔk⁷ əŋ¹ jua³ nau⁴。
　小　孩 喜欢 衣　新。
小鱼恋新水。

vən² baŋ¹ m̥² ŋa⁴ dem³ leŋ¹ hun², vən² jɔp⁷ m̥² ŋa⁴ dem³ ji² haŋ¹。
　天　亮　不　要　点　　人，　天　黑 不 要　点　　鬼。
白天不要点到人，晚上不要点到鬼。

ȵai² tsu⁴ di¹ kɔu⁴ kɔn¹, ŋən² tsu⁴ di¹ leŋ¹ lap⁷。
聪明　就　找 东西 吃，愚蠢　就　找 地方　睡。
聪明人先找东西吃，傻瓜才先找地方睡。

di² tsan⁴ tsu⁴ di² dai¹, di² tek⁷ tsu⁴ di² deu²。
欲 捏紧　就　要　死，欲 松开　就　要　逃。
捏紧则死，松开则逃。（比喻进退两难）

deu² m̥² kua³ lit⁷, ȵai⁴ m̥² kua³ ȵui¹。
　逃　不　过 阳光，揠　不　过　影子。
跑得了和尚跑不了庙。

fia⁴ hau³ kɔn¹, ko³ ŋai² kaŋ³。
　饭　好　吃，话　难　讲。
饭好吃，话难讲。

fia⁴ hau³ kɔn¹, koŋ¹ ŋai² huk⁷。
饭 好 吃， 工 难 做。
饭好吃，工难做。

kɔn¹ kəm² xiaŋ² dai¹ jiak⁷。
吃 饱 强过 死 饿
撑死总比饿死强。

kɔn¹ liau⁴ bu³, kaŋ³ liau⁴ m̥² bu³。
吃 多 补， 讲 多 不 补。
吃多补身，讲多无益。

kɔn¹ liau⁴ bu³ liau⁴, kaŋ³ liau⁴ səu³ liau⁴。
吃 多 补 多， 讲 多 坏 多。
吃多补多，讲多祸多。

kən³ me² haŋ¹, det⁷ me² lək⁷。
上 越 高， 跌 越 响。
爬得越高，跌得越响。

lək⁸ liau⁴ mai⁴ xiau³。
子 多 母 不松脆。
子多母瘦。（原指芋头）

mə² lau⁴ me² lai³ kau¹。
越 老 越 有 胶。
姜还是老的辣。

tsau⁴ fui² m̥² dim³ luan³ sum¹。
螃蟹 肥 不 如 花蟹 瘦。
瘦死的骆驼比马大。

me² liak⁸ da¹ me² fiak⁸。
 越 挑 眼 越 白。
越挑眼越花。

lai² lai⁴ aŋ⁴, nam⁴ dik⁷ faŋ⁴。
 慢 慢 磨蹭，水 满 缸。
欲速则不达。

ba¹ deu² ba¹ nɔ³
 鱼 逃 鱼 大。
逃走的鱼是大鱼。（掩人耳目，谎报成果）

sin⁴ sin² vian¹ kou⁴ kon¹, xok⁸ sin² vian¹ kou⁴ juŋ⁴。
 贱 钱 买 东西 吃， 贵 钱 买 东西 用。
低价买吃的，高价买用的。

mai⁴ fa² tsək⁸ hu⁴ tin² fu⁴ mai², lik⁸ liaŋ⁴ ka³ uk⁷ in¹ vɔi³, tin² fu⁴ tsək⁸
 婆 婆 若 知 媳妇 好， 力 量 已 出 尽 了， 媳妇 若
hu⁴ mai⁴ fa² mai², lou⁴ mɔʔ⁸ ka³ liaŋ³ vɔi³。
 知 婆婆 好，腰身 个 已 干 了。
婆婆要知媳妇好，媳妇力量已出尽；媳妇要知婆婆好，婆婆腰包已掏空。

fan² tsiu¹ nɔk⁸ nɔk⁷ fan² tsiu¹ kən², bə³ nuŋ⁴ nɔk⁸ nɔk⁷ bə³ nuŋ⁴ hən³。
 番 椒 小 小 番 椒 辣， 阿 弟 小 小 阿 弟 行。
辣椒小辣椒辣，人小人精灵。

fa³ daŋ⁴ tam¹ vəi² m̩² dai¹ mai⁴ lan² dɔŋ¹。
 天 旱 三 年 不 死 母 厨 房。
天旱三年饿不死厨房娘。

mai⁴ lək⁸ di² kaŋ³ bak⁷ ti⁴ fəŋ² təŋ² da³ xiaŋ⁴, da³ xiaŋ⁴ di² kaŋ³ bak⁷ ti⁴
 女 人 要 夸 口 是 凭 承 男 人， 男 人 要 夸 口 是

fəŋ² təŋ² nen² doŋ¹。
凭　承　年　成。
女人夸口是依仗男人，男人夸口是依仗收成。

ko² xuat⁷ kɔn¹ nam⁴ laŋ³。
喉咙渴　喝　水　咸。
饮鸩止渴。

tə³ lɔk⁷ vou⁴ mən² lɔk⁷。
试　响　吹　不　响。
试着响，吹起来不响。

neu³ noʔ⁷ lɔk⁸ lan² ja³ fai⁴ bun³。
捏　奶房　从　家 也 败　本。
摸自家人的奶房还赔本。（赔了夫人又折兵）

nam⁴ hai³ ŋai² liaŋ² m̥² ŋa⁴ liaŋ² nam⁴ hai³, leŋ¹ hun² ŋai² liaŋ⁴ m̥² ŋa⁴ liaŋ⁴ leŋ¹ hun²。
水　海　难　量　不 要　量　水　海，　人　难　量　不 要　量　人。
人不可貌相，海水不可斗量。

ma³ lu² tiaŋ³ səu³ kau¹ dɔi³ sin²。
猴子 相　丑　胶　抵　钱。
猴子貌丑，猴胶值钱。

hak⁷ mai² tə³ niaŋ² ləŋ¹ sun¹, niaŋ² mai² tə³ hak⁷ dai¹ un³。
官　好 使 娘　回　春，　娘　好 使 官　死 幼。
新郎帅害得新娘盼春，新娘靓害得新郎死早。

vat⁸ lɔi¹ mən² dim³ ŋa⁴ lɔ³。
富　远　不　如　穷 近。

富而远不如穷而近。（远亲不如近邻）

bəi³ məi⁴ sin² sin¹ bəi³ məi⁴ ŋuai⁴ , tau³ mu³ ŋuai² ŋuai⁴ tau³ mu³ sin¹ 。
姐妹 亲 亲 姐 妹 外， 妯 娌 外 外 妯 娌 亲。
姐妹虽亲，嫁后变疏；妯娌虽疏，婚后变亲。

mai⁴ nia⁴ liau² ke² , lək⁸ lə¹ suai³ ke³ 。
岳母 精 明，女 婿 倒 霉。
岳母精明，女婿倒霉。

ha¹ sia¹ kua³ nam⁴ mən² hu⁴ hən² 。
拖 车 过 水 不 见 痕。
船过水，不留痕。

ju² dəu² tsin¹ nan⁴ dəu² 。
油 咱 煎 肉 咱。
羊毛出在羊身上。

nə¹ bak⁷ tam¹ fən¹ liŋ² 。
动 嘴 三 分 力。
只要嘴巴动，力量自然来。

xəi² la² hu⁴ bua⁴
开 箩 见 糍粑。
包子一掰，馅儿自露。

hə² mai⁴ han⁴ mia² kiau³ kiak⁷ 。
抓 女人蛋家 来 绞 脚。
抓渔家女人去裹脚。（赶鸭子上架）

hə² suai¹ hə² kaŋ² taŋ² , hə² sək⁸ hə² kaŋ² mə² 。
捉 奸 捉 连 同 床， 捉 贼 捉 连 同 手。

捉奸捉在床，捉贼捉现场。

mo² fiaŋ² hə³ mən² tsia¹ lai³ da³ vən² on³。
手 边 一 不 遮 得 太 阳 稳。
一只手遮不住太阳。

it⁷ teŋ¹ ŋi⁴ tok⁸。
一 生 二 熟。
一回生，二回熟。

hua³ liau⁴ ŋai⁴ həu¹, lua² liau⁴ ŋai⁴ kɔŋ³。
货 多 碍 圩，船 多 碍 港。
比喻人多碍事。

hu² lɔi¹ tim¹ ŋuai⁴。
身子 远 心 外
不在身边，难防心变。

nam⁴ fun¹ jiaŋ³ bɔ² dun³, kəu⁴ kən¹ jiaŋ³ ləŋ¹ hun²。
水 雨 养 叶 树，东 西 吃 养 人。
雨水养树叶，食物养人身。

juŋ⁴ ti⁴ kim¹, mən² juŋ⁴ ti⁴ boŋ²。
用 是 金 不 用 是 土。
东西用时方值钱。（主要指人才）

kən¹ jan³ xəm³ kaŋ³ ko³, kən¹ ŋai² xəm³ lum⁴ so³。
喝 酒 欠 讲 话，吃 干 饭 欠 喝 汤。
吃饭须配汤，喝酒须人陪。

tu⁴ lai³ fu³ tsak⁸, mən² tu⁴ lai³ ŋaʔ⁸ dam¹。
受 得 斧 砍， 不 受 得 针 扎。

受得了斧头砍，受不了针头扎。

ɳai² kə³ hau³ lai³ luaŋ³ ŋai² teŋ¹.
聪明的 好 有 漂亮 难 生
聪明可学来，漂亮自娘胎。

tsai¹ nɔ³ lai³ tsəŋ¹ kɔn¹, tsai¹ nɔk⁷ m̩² lai³ tsəŋ¹ kɔn¹.
斋 大 有 饭团 吃，斋 小 没有 饭团 吃。
大道场有东西吃，小道场没有东西吃。

him² him² haŋ⁴ dɔi³ him², lɔi⁴ lɔi⁴ lɔʔ⁸ kua³ hɔi⁴.
嫌 嫌 更 抵 嫌，夸 夸 漏 过 袋。
适度批评激发人，过分夸奖宠坏人。

xum² ki³ nɔ³ sɔŋ⁴ ki³ nɔ³.
螃蟹 几 大 洞 几 大。
螃蟹大蟹洞也大。（比喻收入多开销也大）

miŋ² miŋ² maŋ² tə³ am³ ji² haŋ¹.
明 明 怕 黑 遇 鬼。
明明怕黑偏遇鬼。

həŋ⁴ tsuʔ⁷ tsuʔ⁷ lai³ bɔi¹ na³, mɔ² ma³ mən² kaŋ³ lai³ bɔi¹ na³.
拐 杖 拄 得 前 面，话 语 不 讲 得 前 面。
拐杖可前倾，结语难预测

hau³ mai² ba¹, hau³ mai² ɳau³.
头 好 鱼，头 好 盐。
盐要好鱼才好。（要想人家对你好，自己要对人家好）

tək⁷ tə⁴ mən² dim³ kiŋ¹ tə⁴.
懂 事 不 如 经 事。

认识不如亲身实践。

it⁷ ti⁴ it⁷, vɔn³ ti⁴ vɔn³。
一 是 一， 二 是 二。
一是一二是二。

maʔ⁸ luaŋ³ lok⁸ an¹, leŋ¹ hun² luaŋ³ lok⁸ hau³。
 马 好看 自 鞍， 人 漂亮 自 头。
马要精神来自鞍，人要漂亮来自头。

mai⁴ lək⁸ hau³ hu¹ na³ hiaŋ² hiaŋ²。
 女 人 泼辣 脸 铁青。
泼辣的女人满脸横肉。

vɔŋ² dɔi³ m̥² ai² sin²。
 皇帝 不厌 钱。
钱不怕多。

kua³ lai³ sɔ¹ it⁷ mən² kua³ lai³ təp⁸ ŋo⁴。
 过 得 初一 不 过 得 十 五。
过得了初一过不了十五。

kua³ lai³ mai⁴ hai³ mən² kua³ lai³ lək⁸ maŋ¹。
 过 得 大海 不 过 得 小 溪。
过得了大海过不了小溪。

da¹ hu⁴ sɔk⁸ m̥² ka³ lai³ sɔk⁸。
 眼 见 贼 不 杀 得 贼。
眼看见贼杀不了贼。

tam¹ təp⁸ lu⁴ la⁴ tə³ təp⁸ la²。
 三 十 模糊 四 十 老花。

三十岁视力模糊，四十岁眼花。

kən¹ nɔ³ tsiŋ³ fa³。
　吃　大　如　天。
食大如天。

m̥² hu⁴ tiŋ² kat⁷ tiŋ² ləi¹。
　不　知　成　虱子　成　蚬子。
八字还没一撇。

təp⁸ mɔʔ⁸ ja³ ti⁴ ŋa³ tuaŋ¹，ŋa³ tuaŋ¹ ja³ ti⁴ təp⁸ mɔʔ⁸。
　十　个　也是　五　双，　五　双　也是　十　个。
半斤也是八两，八两也是半斤。

kən¹ ja³ təp⁸ lok⁸，mən² kən¹ ja³ təp⁸ lok⁸。
　吃　也　十　六，　不　吃　也　十　六。
做也挨骂，不做也挨骂。

di³ mɔʔ⁸ ŋau³ muʔ⁷ di³ mɔʔ⁸。
　一　个　熟　摘　一　个。
见好一个，收获一个。

da¹ mən² hu⁴ tsu⁴ baŋ³。
　眼　不　见　就　干净。
眼不见为净。

tək⁷ liau⁴ xo³ liau⁴。
　懂　多　苦　多。
懂多苦多。

kən¹ liau⁴ ŋian² m̥² dəi²。
　吃　多　嚼　不　烂。

贪多嚼不烂。

na³ hə⁴ ti⁴ no², vɔn³ na³ ja³ ti⁴ no²。
个 一 是 奴， 两 个 也 是 奴。
伺候一个人是奴隶，伺候两个人也是奴隶。

siaŋ² səu³ siaŋ² bəi¹ ləi², mai⁴ səu³ mai⁴ dɔŋ¹ ləi²。
墙 差 墙 背 后， 母 坏 母 到 后。
最差的墙是后墙，最坏的母亲是后妈。

lai³ sin² vian¹ maʔ⁸, mən² sin² vian¹ ŋaʔ⁸。
有 钱 买 马， 无 钱 买 针。
买得起，养不起。

di² dai¹ tsu⁴ dai¹ jɔu³ hau³ ma² liak⁸ ma² van³。
要 死 就 死 在 头 小叶榕 大叶榕。
要死也要死在大榕树下。

sit⁸ na³ ŋai⁴ lɔŋ¹。
擦 脸 碍 鼻子。
比喻投鼠忌器。

lok⁸ təp⁸ vəi² vəi² lau⁴, sit⁷ təp⁸ keu² keu² lau⁴, bat⁷ təp⁸ vən² vən² lau⁴, ku³ təp⁸ ti² ti² lau⁴。
六 十 年 年 老， 七 十 月 月 老， 八 十 天 天 老， 九 十 时 时 老。
六十年年老，七十月月老，八十天天老，九十时时老。

jan³ hau³ huk⁷, mɔ¹ ŋai² siŋ³。
酒 好 做， 客 难 请。
酒席好做，客人难请。

sin² an¹ liau⁴ kua³ sin² maʔ⁸。
　钱　鞍　多　过　钱　马。
鞍钱多过马钱。（比喻划不来）

mai⁴ nia⁴ se¹ sin² lək⁸ lɔ¹ du² xəm³ tuan³。
　丈母娘　给　钱　女婿　都　要　　算。
比喻亲人之间经济账也要算清楚。

m̩² lai³ ki³ kai³ tsu⁴ lai³ ki³ kai³。
　没　有　什　么　就　有　什　么。
缺啥有啥。

kau¹ han⁴ ŋa⁴，kau¹ lim¹ vat⁸。
　交　蛋家穷，　交　黎人　富。
与蛋家结交穷，与黎人结交富。

tɔk⁷ nam⁴ dai¹ nam⁴，seu² dun³ dai¹ dun³。
　识　水　死　水，乖巧　树　死　树。
善游泳者死于水，会爬树者死于树。

mən² maŋ² xi³ fiŋ⁴ maŋ² fan¹ fiŋ⁴。
　不　　怕　起　病　怕　翻　病。
不怕生病，只怕复发。

kiau⁴ mai² du² ti³ kɔu⁴ van⁴，kiau⁴ səu³ du² ti⁴ kɔu⁴ dɔu²。
　多　好　都　是　东西　人家，　多　不好　都　是　东西　咱。
不管多好，只要是人家的，就不能有非分之想；不管多不好，只要是自己的，就要敝帚自珍。

xəi⁴ maʔ⁸ tsuʔ⁷ həŋ⁴ het⁷。
　骑　马　拄　梃　铁。
拄着铁棍骑在马上。（十拿九稳）

mai⁴ jiu⁴ tiau² lək⁸ kai¹。
　老　鹰　叼　小　鸡。
形容轻而易举。

hua¹ dət⁷ hiaŋ¹, hua¹ iak⁸ mən² hiaŋ¹。
　花　裂开　香，　花　撕开　不　香。
自个儿开的花香，强掰的花不香。

ma¹ xuaŋ² kap⁸ laŋ¹。
　狗　狂　咬　狼。
绵羊温顺，逼急了也会咬人。

vəi² lut⁷ mo⁴ dou¹。
　火　烧　底　锅。
火烧眉毛。（形容局势严重危险）

nok⁸ xok⁷ dau² din² du² tək⁷ kən¹ xəi³。
　蛤　蟆　下面石头　都　会　吃　气。
石头底下的蛤蟆也会打抱不平。

bəi¹ lop⁸ dəi³ tsaʔ⁷。
　缸　破旧　抵　掷。
破旧的瓷缸更耐磕碰。（比喻多病者长寿）

关于学习、修养的谚语格言

sun¹ jɔu³ niŋ² bak⁷。
　路　在　旁边　嘴。
路在嘴边。

dɔk⁸ lok⁸ bak⁷, tsɔk⁸ lok⁸ bak⁷。
　疼　来自　嘴，　恨　来自　嘴。
嘴巴讨人爱也招人嫌。

me² nɔ³ me² tɔk⁷, me² lau⁴ me² kuai¹。
　越　大　越　懂，越　老　越　乖。
越大越懂事，越老越识理。

ma¹ sum¹ hau³ tsɔk⁸ tsu³, kai¹ fui² kok⁷ ku² hiaŋ¹。
　马　瘦　惭愧　主人，鸡　肥　爪子　香。
狗瘦愧主人，鸡肥爪子香。

hu² tsiŋ³ mən² maŋ² ŋui¹ hiŋ¹。
　身　正　不　怕　影　斜。
身正不怕影斜。

lai² koŋ¹ di² lai³ tiaŋ³。
　有　功　将　有　赏。
有功必有赏。

heŋ² mai² lai³ mai², heŋ² səu³ lai³ səu³。
　行　好　得　好　行　坏　得　坏。
善有善报，恶有恶报。

fok⁷ ŋɔ³ mən² dim³ liaŋ⁴ xuan¹。
　福　大　不　如　量　　宽
福大不如量宽。

kim¹ laŋ¹ mən² kui³ mɔk⁸ lam¹ kui³。
　金　黄　不　贵　墨　黑　贵。
黄金不贵乌金贵。

van⁴ ŋen¹ dəu² seu² dəu² na⁴ seu²，dəu² ŋen¹ dəu² seu² meu² ləi⁴
　人　夸　咱　乖　咱　才　乖，咱　夸　咱　乖　猫　夸耀
tseu¹。
鬏。
人说咱乖咱才乖，咱说咱乖是卖乖。

tsuaŋ³ tsai¹ maŋ² tsit⁷ xi³，leŋ¹ huŋ² maŋ² həu⁴ li³。
　庄　稼　怕　节　气，人　　怕　道　理。
庄稼怕节气，人怕讲道理。

vat⁸ lok⁸ teŋ¹ li³ kui³ lok⁸ tə¹。
　富　自　生　理　贵　自　书。
富来自生意，贵来自读书。

ji² loi¹ kən³ han⁴ van⁴ kaŋ³ dəu²，ji² loi¹ loŋ² han⁴ dəu² kaŋ³ van⁴
移梯子　上　刺竹人家　讲　咱，移梯子　下　刺竹　咱　讲　人家。
自己议论别人，别人也会议论咱。（劝止不要随便在背后议论他人）

tsik⁷ sin² tsik⁷ ŋən² mən² dim³ tsik⁷ koŋ¹ tsik⁷ dək⁷，sun² sin² sun²
　积　钱　积　银　不　如　积　功　积　德，存　钱　存
ŋən² mən² dim³ sun² tim¹ sun² tə⁴。
　银　不　如　存　心　存　事。
积金钱不如积功德，存金钱不如存心意。

tək⁷ tə¹ da³ boʔ⁸, da³ kəm⁴ m̥² maŋ² sək⁸ lək⁸, kən³ sun¹ m̥² maŋ²
　识　字　里　肚，夜　里　不　怕　贼　偷　上　路　不　怕
leŋ¹ hun² kəp⁷。
　人　　劫。
识字在肚子里，夜里不怕贼来偷，路上不怕人来抢。

meu² seu² det⁷　dat⁷。
　猫　乖巧　跌（竹器名）。
多乖巧的猫也有失足的时候。

it⁷ ti² jiaŋ³ xəi³ təŋ⁴ bet⁷ vəi² mun⁴。
一时　养　气　省　百　年　忧愁。
养一时之气，免百年之忧。

haŋ¹ kua³ hau³, dəm³ dau² va²。
　高　过　头，低　下　大腿。
高可举过头，低能爬胯下。（比喻能屈能伸）

loŋ¹ mən² kit⁷ mən² lək⁷, leŋ¹ hun² mən² kaŋ³ mən² tək⁷。
　鼓　不　打　不　响，　人　不　讲　不　懂。
鼓不打不响，人不讲不懂。

ma² fu² lau⁴ huk⁷ hia¹, ko³ lau⁴ huk⁷ jia¹。
葫芦瓜 老　做　瓢，话 老　做　药。
老葫芦，可做瓢；老话语，可当药。

mit⁸ tsiaŋ¹ hə³ vən¹ m̥² beu¹ du² xəm³ lem³。
　刀　张　一　磨 不 利 都　要　闪亮。
刀磨不利也铮亮。（比喻人学习总会有进步）

nam⁴ məi² tai¹ lai³ uk⁷ mən² tu¹ lai³ ləŋ¹。
　口水　吐　得 出 不　收 得 回。

一言既出，驷马难追。

nam⁴ dik⁷ hoŋ³ mən² tuak⁸, nam⁴ da³ hoŋ³ na⁴ tuak⁸。
水 满 桶 不 晃荡，水 半 桶 才 晃荡。
水满桶不晃荡，半桶水才晃荡。

ɔm³ səu³ jiaŋ² mai²。
藏 丑 扬 好。
隐恶扬善。

ku³ təp⁸ ku³ tui³ du² xəm³ təi³ bek⁷ tui³。
九 十 九 岁 都 要 问 百 岁。
九十九岁还要问一百岁。

kɔn¹ fia⁴ mən² dim³ van⁴ kɔn¹ n̯au³, bɔi¹ sun¹ mən² dim³ van⁴ kua³ xiu²。
吃 饭 不 如 人 吃 盐，走 路 不 如 人 过 桥。
吃饭不如人家吃盐，走路不如人家过桥。

van⁴ səu³ dɔu² ŋai² tu⁴, dɔu² səu³ da¹ mən² hu⁴。
人家 不好 咱 难受， 咱 不好 眼 不 见。
人家不好咱难受，自己不好难察觉。

tsin¹ kim¹ mən² maŋ² vəi² o³。
真 金 不 怕 火 炼。
真金不怕火炼。

ho² li³ mən² ho² siŋ²。
偏 理 不 偏 情。
偏向道理不偏向亲情。

mɔ² fiaŋ² hə³ mən² ŋan¹ lai³ vɔn³ mɔʔ⁸ ma² ŋok⁸。
手　边　一　不　拿　得　两　个　　柚子。
一只手拿不了两个柚子。

关于批评、教育的谚语格言

it⁷ vən² hɔ² ba¹, tam¹ vən² dak⁷ sai³。
 一 天 捕 鱼， 三 天 晒 网。
一天捕鱼，三天晒网。

bak⁷ het⁷ kok⁷ hou⁴ fu⁴。
 嘴 铁 脚 豆腐。
说话的巨人，行动的矮子。

ma¹ dai¹ təp⁸ ŋəi⁴ fən⁴。
 狗 死 十 二 份。
比喻爱管闲事。

du² mən² kən³ taŋ² ka³ le⁴ kai⁴。
 都 没 上 床 已 拉 屎。
还没上床已拉屎。

kua² lau⁴ im¹ ja³ di² him² ləp⁸ lik⁸。
 乞 丐 也 要 嫌 米 粝。
乞丐也要嫌米不精。

fa³ dok⁷ fun¹ kua³ na⁴ hoŋ³ təi⁴。
 天 下 雨 过 才 送 蓑衣。
下雨过后才送蓑衣。

kɔn¹ fia⁴ fau³ buaʔ⁷。
 吃 饭 砸 饭。
过河拆桥。

mit⁸ tsiaŋ¹ vən³ viaŋ² bak⁷。
　刀　张　两　边　口。
两面三刀。

e¹ lou⁴ am³ mat⁸ tsak⁸。
　拉 尿　遇　地　湿。
拉尿遇上地湿。（比喻侥幸遇上好时机）

ma¹ in³ tuk⁸ kok⁷ təi³。
　狗　印　躅　脚　水牛。
狗踩水牛脚印。（比喻叨天之功）

dəp⁷ da¹ loŋ² lən¹。
　闭　目　下　坡。
假装糊涂。

tin² hu⁴ huk⁷ koŋ¹ mai⁴ fa² dek⁸。
　媳 妇　做　工　婆 婆　看。
媳妇做工给婆婆看。

ou¹ sa¹ mia² huk⁷ vau²。
　拿 耳朵　来　当　角。
拿他人的话当作耳边风。

tɔ² tə³ ŋəu² din² tsap⁷ mai⁴ kok⁷。
　自己　搬　石头　砸　母　脚。
搬起石头砸自己的脚。

ma¹ sau³ fa³。
　狗　吠　天。
狂犬吠日。

da¹ lak⁷ mən² tsun³ diu²。
　眼　瞎　不　准　扶。
眼瞎不让人扶。

naŋ¹ na¹ bek⁷ lok⁸ səŋ³。
　皮　厚　百　六　秤。
比喻恬不知耻。

kɔn¹ kəm² van² tsa⁴ lɔt⁷。
　吃　饱　砍　钩刀裂。
比喻闲得无聊。

bak⁷ mai² tim¹ kɔu¹。
　嘴　好　心　钩。
嘴甜心苦。

du² mən² ŋuk⁸ bik⁷ ja³ di² tiaŋ³ vin¹。
　都　没　长　翅膀也要　想　飞。
没长翅膀就想飞。

ko² tsuat⁷ lui⁴ bun³ tin¹。
　嘴　谗　累　身　体。
嘴馋伤身。

nok⁸ xok⁷ ja³ di² tiaŋ³ kɔn¹ nan⁴ uŋ⁴ iaŋ²。
　蛤　蟆　也要想　吃　肉　天　鹅。
癞蛤蟆还想吃天鹅肉。

təi³ ŋai³ di¹ sia¹ ha¹。
　水牛　哭　找　车　拖。
自找苦吃。

kən³ fa³ muʔ⁷ mai⁴ sai¹。
　上　天　摘　月　亮。
比喻白日做梦。

sa¹ mak⁸ mən² hu⁴ loi² hɔn³。
　耳　聋　不　知　雷　鸣。
耳聋不知雷鸣。

fa³ daŋ¹ fa³ tsɔŋ¹ ui¹, leŋ¹ hun² ŋa⁴ leŋ¹ hun² ke¹ kui¹。
　天　旱　天　作　威，　人　穷　人　假　精。
天旱天作威，人穷人卖乖。

kim¹ lɔu⁴ mɔ² du² bin³ tiŋ² hoŋ²。
　金　入　手　都　变　成　铜。
金子到手变成铜。（比喻不爱惜财物）

hau³ tui² teŋ¹ jin² da¹。
　额　头　生　眼　睛。
眼睛长在额头上。（比喻目空一切）

mai² mən² kən³ hou⁴ səu³ tiŋ² tuk⁸。
　好　不　上　号　坏　成　躅。
美名尚未彰，臭名已远扬。

ŋau⁴ səu³ bou¹ lai³ tsa², lɔk⁸ lik⁸ bou¹ lai³ taŋ¹。
　稻　劣　包　有　渣，米　粝　包　有　沙。
劣稻兼有渣，糙米更有沙。

kəm⁴ tam¹ təp⁸ hem¹ van⁴ nai³ tsim¹。
　夜　三　十　跟　人　借　砧　板。
除夕夜跟人家借砧板。

mɔ² mai² sau¹ səu³.
话语 好 声音 坏。
心肠好，话难听。

nɔk⁷ lɔk⁸ ŋaʔ⁸, nɔ³ lɔk⁸ maʔ⁸.
小 偷 针，大 偷 马。
小时偷针，大时偷马。

lan⁴ ti¹ han⁴ bak⁷ tsək⁸, fat⁷ sai² han⁴ vəi² na³.
懒 惰 限 明 天，发 财 限 明 年。
因懒惰而推托到明天，想发财却宽限到明年。

kɔn¹ muk⁸ lu⁴, bu⁴ hau³ lut⁷.
吃 木 耳，忘 木 头。
比喻忘恩负义。

hɔp⁷ kai¹ sum¹, di¹ kai¹ fui².
关 鸡 瘦，找 鸡 肥。
关着瘦鸡找肥鸡。（吃着碗里的，看着锅里的）

lai³ bak⁷ kaŋ³ van⁴, m̩² lai³ bak⁷ kaŋ³ dɔu².
有 嘴 讲 人，没有 嘴 讲 咱。
有嘴巴讲别人，没有嘴巴讲自己。

e¹ kai⁴ tiaŋ⁴ mən² tok⁸.
拉 屎 养 不 熟。
拉屎养不熟。

maʔ⁸ di² kən³ sin⁴ na⁴ e¹ lɔu¹.
马 要 上 阵 才 拉 尿。
临阵磨枪。

tsai¹ mak⁸ m̩² tsai¹ so³。
　斋　果肉 不　斋　汤。
戒肉不戒汤。

təp⁸ lua² mən² lou⁴ da³ do³。
　十　 船　 不　 入 半 斗。
十只船装的还不如半个斗装的。（比喻话多而无价值）

hek⁷ tsu⁴　lu²，mən² hek⁷ tsu⁴ mən²　lu²。
　踢　就 滚动，不　踢　就　不　滚动。
不踢不动。（形容十分懒散）

kit⁷ ma¹ dai¹ na⁴ kaŋ³ ka³。
　打　狗　死　才　讲　价。
打死狗才讲价。

bak⁷ mo⁴ kep⁸ kai⁴。
　屁　股　夹　屎。
屁股夹屎。（比喻以前有劣迹）

loi² tsak⁸ na⁴ hoŋ³ kuai³。
　雷　劈　才　送　怪。
雷劈死人才发警报。

fe⁴ fa³ mia² mu⁴。
　抱　天　来　舞。
比喻不自量力。

man² ŋən² eʔ⁸　se² dət⁷。
　野　蛮　性交女阴 裂。
形容十分鲁莽灭裂。

se¹ ma¹ mən² kən¹, se¹ mo¹ mən² ŋiu³。
　给　狗　不　吃，给　猪　不　嗅。
给狗狗不吃，给猪猪不嗅。

mən² hu⁴ fa³ haŋ¹ mat⁸ dəm³。
　不　知　天　高　地　低
不知天高地厚。

mən² hu⁴ hau³ fa³ da³ vən²
　不　知　天　边　太　阳。
不识好歹。

vui² səŋ³ kən¹ kai¹ dai¹。
　卫　生　吃　鸡　死。
卫生不离口，死鸡抢在手。

liŋ³ hau³ tuaŋ², iŋ³ nan⁴ ma¹。
　挂　头　羊，卖　肉　狗。
挂羊头，卖狗肉。

kən¹ fia⁴ mən² dəŋ¹ boʔ⁸。
　吃　饭　不　到　肝。
比喻涉世未深。

hau³ kə² mən² hau³ van⁴。
　可以　他　不　可以　人家。
只许州官放火，不许百姓点灯。

bak⁷ luaʔ⁷ tsəŋ¹ da¹。
　嘴　硬　争　眼睛。
强词夺理。

e¹ lou¹ tsok⁷ hok⁸。
拉 尿 筑 臼。
比喻视同儿戏。

siŋ² ŋin⁴ tu¹ bak⁷ mo¹ sen¹ hə³ ja³ mən² tu¹ ko³ kə³ hə³。
情 愿 输 屁 股 千 一 也 不 输 话 句 一。
宁愿屁股挨打一千次也不输一句话。

nam⁴ kua³ bɔ² mak⁸ sak⁷。
水 过 叶子 芋头。
比喻不留丝毫痕迹。

kaŋ³ ko³ mən² tiŋ² kə³，e¹ kai⁴ mən² tiŋ² fuat⁸。
讲 话 不 成 句，拉 屎 不 成 块。
拉屎不成块，讲话不成句。

nə² ŋok⁷ him² nə² mak⁸。
（词头）哑 嫌（词头）聋。
哑巴嫌聋子。

lan² mən² hu⁴ və³ ka³ hu⁴。
家 不 知 村 已 知。
家里不知道村里已知道。

sen¹ təi³ mən² tiŋ² kuŋ¹，van⁴ təi³ mən² tiŋ² fɔ²。
千 世 不 成 公，万 世 不 成 婆。
百年媳妇也熬不成婆婆。

mən² tək⁷ it⁷ vɔn³。
不 懂 一 二。
不知一二。

huŋ² mən² ŋau³, fəu⁴ mən² dəi²。
　煮　不　熟，煲　不　烂。
比喻顽固不化。

kok⁷ kum² mən² ŋiau¹ kok⁷ bəi¹ ŋiau¹ he¹。
　脚　痒　不　搔　脚　去　搔　靴。
头痛不医头却去医脚。

nə² di¹ vən² hem¹ nə² tiaŋ⁴ tuaŋ² bəŋ³。
（词头）找柴　跟（词头）养　羊　玩。
砍柴的去跟放羊的玩。

se² en³ noʔ⁷ kam²。
女阴 甜 奶　苦。
有了老婆睡，忘了母亲的奶水。

kən¹ kai⁴ mən² kəm² lim⁴ mo⁴ kəm²。
　吃　屎　不　饱　舔　屁股　饱。
弃己宝物，捡人残羹。

hau³ lin⁴ mən² uaʔ⁸。
　舌　头　没有　骨。
舌头不长骨。（比喻说话不算数）

kaŋ³ təp⁸ ŋo⁴ sai¹ baŋ¹ du² mən² tsun³。
　讲　十　五　月　亮　亮　都　不　相信。
打死也不相信。

teŋ¹ tiŋ² kau³ mən² tiŋ²。
　生　成　教　不　成
（有"恨铁不成钢"之意）

hun¹ ma² lu² fian² dun³。
　教　猴子　爬　树。
班门弄斧。

kua² laŋ³ jɔu³ ko² di¹ laŋ³ vau³。
　挂　斗笠　在　脖子　找 斗笠　丢。
骑马找马。

mai² tsu⁴ mai² in² in¹, səu³ tsu⁴ səu³ tsuat⁸ tsuat⁸。
　好　就　好　完完，坏　就　坏　绝　　绝。
好就好过头，坏就坏到绝。

kɔn¹ hau³ tsau³, tsum⁴ lɔi² dɔu¹。
　吃　厨　房，　蹲　后　锅。
吃在厨房，蹲在锅前。（比喻孤陋寡闻）

ŋia² kap⁸ m̩² deu²。
　蛇　咬　不 逃走。
蛇咬上身也不动。（比喻懒散到了极点）

ka³ kai¹ kɔn¹ ȵum¹。
　杀　鸡　吃　蛋。
杀鸡取卵。

sik⁷ xo¹ vian¹ ȵum¹。
　编织　圈子　买　　蛋。
按图索骥。

ham¹ mɔ²⁸ mai² mai² ɔu¹ bɔ² ɔm³ luai⁴ mia² ɔm³。
　睾丸 个　好　好　拿　叶子(植物名)来　沤。
好端端的睾丸拿发酵粉来沤。（比喻无事找事）

lai³ tim¹ m̩² tə¹。
　有　心　无　馅。
比喻虚情假意。

kaŋ³ mən² səu³　ləm² səu³。
　讲　不　坏 重复讲 坏。
讲第一次没事，反复提起坏事。

tək⁷ tə¹ mən² tə¹，tək⁷ li³ mən² li³。
　识　字　昧　字，知　理　昧　理。
知法犯法，知理悖理。

mən² kua³ lai³ nam⁴ lək⁸ lai⁴ tset⁸ fa⁴ sun¹。
　不　过　得　水　推　托 阴茎 碍　路。
过不了河推托阴茎碍路。

ma¹ sum¹ kua² xat⁷。
　狗　瘦　带　阴茎。
马瘦毛长。

ȵɔ³ hu² mən² ȵɔ³ kɔi³。
　大 身体　不　大　计。
长身体不长见识。

sin² mən² hə³ ȵɔ³ tsiŋ³ dɔm¹ om⁴ mɔʔ⁸ hə³。
　钱　文　一　大　如　簸　箕　个　一。
一分钱如同簸箕那么大。

se¹ ma¹ kən¹ du² mən² kəm²。
　给　狗　吃　都　不　饱。
给狗吃也吃不饱。（比喻微不足道）

loŋ² hai³ kam² ŋa ʔ⁸。
　下　海　摸　针。
大海捞针。

hu⁴ sək⁷ ka³ tau² səi², tək⁷ sun¹ vən² ka³ jəp⁷。
　知　错　已　觉　迟，认　路　天　已　黑。
后悔莫及。

mat⁸ hiaŋ¹ fia⁴ kɔʔ⁸。
　地　香　饭　臭。
比喻行将入土。

tiak⁷ kɔi³ ba¹ kən¹ du² dai¹。
　想　计　鱼　吃　都　死。
形容心肠歹毒。

tsiu³ dəi³ di¹ vəi²。
　照　灯　找　火。
打着灯笼找火苗。

tsut⁸　la⁴　di¹ ɲia²。
　抠　野菠萝　找　蛇。
比喻无事找事。

keʔ⁷ bak⁷ mo⁴ jou³ van⁴ dek⁸。
　脱　屁　股　给　人　看。
光着屁股给人看。

ou¹ num¹ kai¹ mia² xɔʔ⁷ din²。
　拿　蛋　鸡　米　磕　石头。
以卵击石。

mu ʔ⁸ mau⁴ uk⁷ sɔŋ⁴ m̩² lai³ lɐŋ¹ sɔŋ⁴。
蚂 蚁 出 洞 没 有 回 洞。
肉包子打狗——有去无回。

dɔ⁴ lai³ ui² ja³ kɔn¹ lai³ bɔi¹。
端 得 起 也 喝 得 去。
端得起也喝得下。(含讥讽义)

mun³ lɔi¹ kua³ tset⁸。
阴毛 长 过 阴茎。
尾大不掉。

bɔi¹ sun¹ dɔk⁷ muʔ⁸ du² m̩² dai¹。
走 路 踩 蚂蚁 都 不 死。
走路踩不死蚂蚁(比喻弱不禁风)。

关于集体、团结的谚语格言

tsia² lap⁷ hu² hə³ lui⁴ fia⁴ dou¹ hə³。
　蟑螂　只　一　连累 饭　锅　一。
一只蟑螂坏一锅汤。

saŋ¹ baŋ⁴ ho³，ho³ baŋ⁴ saŋ¹。
　山　傍　虎，虎　傍　山。
鱼傍水，水傍鱼。

kau¹ na³ xo³，tit⁷ na³ jən⁴。
　交　个　苦，失　个　易。
交个朋友难，失个朋友容易。

na³ hə³ ŋai² mən² dim³ vən³ na³ ŋən²。
　个　一　聪明　不　如　两　个愚蠢。
三个臭皮匠，顶个诸葛亮。

vək⁷ tsiŋ³ sai¹ loŋ² fa³。
　望　如　星　下　天。
盼如神仙下凡。

tian⁴ dai¹ tiak⁸ ja³ dai¹。
　鳝鱼　死　鹤　也　死。
比喻两败俱伤。

kən³ lua² ləu² hau¹ ɔi³ lua² ləu² hau¹ vau¹ mam⁴。
　上　船　哪　艘　爱　船　哪　艘　浮　水。
上哪艘船就希望哪艘船浮起来。

kən¹ di² ɔu¹ tiu³, huk⁷ di² ɔu¹ liau⁴。
　吃　须要　少，做　须要　多。
吃时须人少，做时须人多。

tɔ² tɔ³ tsok⁷ tɔ² tɔ³ ho³。
自个儿　筑　自个儿 㞗。
自个儿筑坝自个儿㞗水。（比喻孤掌难鸣）

muʔ⁸ ŋiŋ² du² bəŋ¹。
蚂蚁　搬　都 日见其少。
一窝蚂蚁能搬动一座山。

vɔu⁴ van³ lɔu⁴ sa¹。
　吹　风　入　耳。
耳鬓厮磨。

关于策略、技巧的谚语格言

le³ lin⁴ tə³ muʔ⁸。
伸舌头诱蚂蚁。
放长线，钓大鱼。

lai³ kɔi³ kən¹ kɔi³, mən² kɔi³ lapʔ⁷ loŋ² dɔi³。
有 计 吃 计， 无 计 睡 下 挨饿。
有点子可换饭吃，无点子喝西北风。

sen¹ kən¹ liŋ² mən² dim³ tə³ liaŋ⁴ kɔi³。
千 斤 力 不 如 四 两 计。
力取不如智取。

ho² lo² saŋ³ tsa⁴。
图 炉 安 上 钩刀。
比喻借他人之便，做自己之事。

ke¹ da¹ la² kep⁸ nan⁴ kai¹。
假 眼 花 挟 肉 鸡。
假装眼花挟鸡肉。

di³ fu⁴ taʔ⁷, di³ fu⁴ tsum⁴。
一 步 跳， 一 步 蹲。
走一步，算一步。

di³ na³ ta² fu⁴ di³ na³ fap⁷。
一 个 师傅 一 个 法。
一个师傅，一套方法。

xuŋ⁴ miŋ¹ tiaŋ³ kɔi³ , sɔu¹ sɔu² dok⁷ lɔu⁴ 。
孔 明 想 计，曹 操 落 入。
孔明设计，曹操上当。

lək⁸ sin² tə³ mai⁴ sin² 。
子 钱 诱 母 钱。
小钱找大钱。

liu¹ van³ tə³ lua² 。
看 风 驶 船。
看风使舵。

bau⁴ la⁴ tə³ ŋia² maŋ² 。
敲 野菠萝 让 蛇 怕。
敲山震虎。

na³ hə³ huk⁷ na³ lam¹ , na³ hə³ huk⁷ na³ fiak⁸ 。
个 一 做 脸 黑，个 一 做 脸 白。
一个装黑脸，一个装白脸。

haŋ³ kua³ bai¹ hau³ , dəm³ kua³ dau² va² 。
高 过 上 头， 矮 过 下 大腿。
高可高过头，矮可矮胯下。（能屈能伸）

关于阶级、阶层的谚语格言

nə² boʔ⁸ kəm² m̩² hu⁴ nə⁴ boʔ⁸ jiak⁷。
(词头)肚子 饱 不 知 (词头)肚子 饿。
饱汉不知饿汉饥。

xək⁷ kuŋ¹ kɔn¹ lək⁸ lan¹。
 刻 公 吃 子孙。
刻我神像,反遭神祸。

huŋ² sɔŋ⁴ lɔŋ¹ liaŋ⁴ xəi³。
 同 孔 鼻 喘 气。
同一鼻孔出气。

dou⁷ kuan¹ fai⁴,dou³ tin² hut⁸。
 斗 官 败,斗 神 绝种。
惹官人亡,惹神家灭。

miŋ² vaŋ⁴ mou² kok⁷ təi³。
 苍 蝇 攀附 脚 水牛。
苍蝇攀附水牛腿。(比喻攀附权贵)

tsɔk⁸ kai¹ tsɔk⁸ kaŋ² loŋ²,tsɔk⁸ mo¹ tsɔk⁸ kaŋ² sɔp⁷。
 恨 鸡 恨 连同 笼, 恨 猪 恨 连同 笼。
恨屋及鸟。

vat⁸ jou³ tim¹ saŋ¹ du² lai³ leŋ¹ hun² bɔi¹ kiŋ³,ŋa⁴ jou³ da³ hou¹ mən²
 富 在 心 山 都 有 人 去 敬,穷 在 中 集市 没
lai³ leŋ¹ hun² tiau² ŋiau³。
 有 人 理 睬。

富在山中也有敬拜，穷在闹市无人理睬。

ma¹ fəŋ² təŋ² tsu³。
　狗　凭　承　主。
狗仗主势。（狐假虎威）

lai³ hou⁴ li³ kuŋ¹，m̥² lai³ hou³ li³ fɔ²。
　有　道　理　公，没　有　道　理　婆。
只有公理，没有婆理。

be² mai⁴ lai³ xin² lək⁸ lai³ ti³，be² mai⁴ xo³ ŋa⁴ lək⁸ iŋ³ ti¹。
　父　母　有　权　孩子　有势，父　母　穷　苦　孩子　卖身。
父母有权，子女有势；父母受苦，子女卖身。

təp⁸ mɔʔ⁸ laŋ³ bo⁴ hoŋ³ it⁷ mɔʔ⁸ laŋ³ men⁴。
　十　个　粗草帽　送　一　个　细草帽。
十个种田的送一个读书的。

huk⁷ hak⁷ me² ŋɔ³，jin² tə⁴ me² nɔk⁷。
　做　官　越　大，人事　越　小。
官位越大，礼物越轻。

vat⁸ kə³ tse³ dai¹，ŋa⁴ tsɔŋ¹ bau²。
　富　的假　死，穷　装　排场。
富者装死，穷者摆阔。

vat⁸ tiaŋ² lɔ³，ŋa⁴ tiaŋ² tseŋ¹。
　富　相近，穷　相　争。
富贵使人相近，贫穷使人相争。

tset⁸ mɔʔ⁸ mun³ tsua¹。
　阴茎个　阴毛　把。
阴茎一个，阴毛一把。（形容一无所有）

kia² siak⁷ tsok⁷ luk⁸ o³ vo¹ lɔu⁴。
 喜 鹊 筑 窝 杜 鹃 入。
鹊巢鸠占。

di² ŋa⁴ tsu⁴ ŋa⁴ hiaŋ² hiaŋ¹。
要 穷 就 穷 香 香。
人穷志不短。

关于勤劳、俭朴的谚语格言

sin² tək³ hə³ hun³ təp⁸ ŋei⁴ mɔʔ⁸ dut ⁸ 。
　钱　分　一　打　十　二　个　结。
一分钱打十二个结。

təi³ tsik⁷ təi³ kɔn¹ təi³ fai⁴ təi³ le⁴ kai⁴ 。
　世　积　世　吃　世　败　世　拉屎。
第一代积累，第二代暴吃，第三代衰败，第四代饿死。

sə⁴ sai⁴ mən² tiŋ² jin² , tiŋ² jin² mən² sə⁴ sai⁴ 。
　自　在　不　成　人， 成　人　不　自　在。
自在不成人，成人不自在。

mən² tsim¹ mən² lai³ 。
　不　节俭　不　富。
不俭不富。

be² kuŋ² huk⁷ mən² dim³ mai⁴ kuŋ² tsim¹ 。
　父　会　做　不　如　母　会　节俭。
男人能干不如女人节俭。

kai¹ hum¹ dok⁷ mən² dim³　təi³　e¹ kai⁴ 。
　鸡　捡　吃　不　如　水牛　拉屎。
十年积攒抵不过一日挥霍。

teŋ¹ li³ nɔk⁷ maŋ² kɔn¹ , teŋ¹ li³ n̥ə³ maŋ² doʔ⁷ 。
　生　理　小　怕　吃， 生　理　大　怕　赌。
小生意怕吃，大生意怕赌。

mok⁸ xat⁸ di² tiŋ² fət⁸ xəm³ tu⁴ bak⁷ sak⁸ bak⁷ sam⁴, leŋ¹ hun² di² tiŋ²
　木　块　要　成　佛　须　受　口　凿　口　錾，　　人　　要　成
jin² xəm³ tu⁴ xo³ tu⁴ xən²。
人　须　受　苦　受　难。
木要雕成佛像须经凿口，人要成功须受苦难。

di² kɔn¹ tsu⁴ sa¹, mən² ŋa⁴ hai⁴ məŋ⁴ kɔu⁴ ŋuai⁴ ka¹; di² kɔn¹ tsu⁴
　要　吃　就　种，　不　要　依　赖　东西　外　家；要　吃　就
huk⁷, mən² ŋa⁴ hai⁴ məŋ⁴ kɔu⁴ fiak⁸ uk⁷。
做，　不　要　指　望　东西　外面。
勿贪外家财，勿图外来物。

di² tiaŋ³ dai¹ meŋ³ tsu⁴ bɔi¹ huk⁷ sɔk⁸, di² tiaŋ³ kɔn¹ meŋ³ tsu⁴ bɔi¹ sa¹
　要　想　死　快　就　去　做　贼，要　想　吃　快　就　去　种
sak⁷。
菜。
偷人东西，不得好死；自己动手，不愁没吃。

se¹ kɔn¹ mən² kəm², se¹ diŋ¹ mən² san⁴。
给　吃　不　饱，给　穿　不　贴身得体。
仰人施舍，吃不饱，穿不得体。

vat⁸ m̩² kua³ tam¹ tɔi³。
　富　不　过　三　代。
富不过三代。

sin² tan³ hum¹ sin² vin²。
　钱　散　收　钱　圆。
小钱积大钱。

lai³ kok⁷ di² lai³ hai², lai³ hu² di² lai³ jua³。
　有　脚　将　有　鞋，有　身　将　有　衣。
有脚必有鞋，有身必有衣。

ma¹ di² kən¹ kai⁴ ma¹ xəm³ lai⁴。
 狗 要 吃 屎 狗 须 出游。
要想有所得,必须先付出。

关于婚姻、家庭的谚语格言

it⁷ na³ lək⁸ lə¹ ku³ vɔ³ da⁴。
一个 女婿 九 村 岳父。
一个女婿,九村岳丈。

it⁷ ka¹ lək⁸ ŋi² mən² dim³ vɔn³ na³ be² mai⁴。
一 家 子 女 不 如 两 个 父 母。
一家子女不如夫妇俩。

it⁷ kən¹ lək⁸ ŋi² mən² dim³ it⁷ liaŋ⁴ fu³ si³。
一 斤 子 女 不 如 一 两 夫 妻。
子女再多也不如夫妻俩。

kuŋ¹ di² ɔu¹ ham¹,lək⁸ di² ɔu¹ ȵam¹。
 公 须 要 抬, 孩子 须 要 玩。
神像越抬越灵,孩子越玩越精。

di³ lan² be² mai⁴ di³ lan² lək⁸。
一 家 父 母 一 家 子 女。
孩子只认自家父母。

hua¹ dou³ mən² dim³ hua¹ ŋuk⁷,vun² dou³ mən² dim³ vun² ŋuk⁸。
 花 拼 不 如 花 长, 毛 拼 不 如 毛 长。
比喻养子不如亲生儿子。

nok⁸ xok⁷ mou² hou¹ doŋ³。
 壁 虎 攀附 大柱子。
小个子丈夫娶大个子老婆。

ləm² lək⁸ di³ be² vat⁸ ve² ve², da³ xiaŋ⁴ di³ mai⁴ lai³ kɔn¹ ja³ lai³ vai⁴
 女儿 像父 富（词缀），男孩 像 母 有 吃 也 有大吃。
女儿如父，富得发油；男孩如母，吃喝不愁。

eŋ¹ tsip⁷ be², tau³ tsip⁷ mai⁴。
 兄 接 父，嫂 接 母。
长兄如父，长嫂如母。

be² mai⁴ hau³ hu¹ lək⁸ tiŋ² təi³。
 父 母 暴躁 孩子 成 水牛。
皮鞭之下教不好孩子。

siŋ² ŋin⁴ lai³ lək⁸ ma² miat⁸, m̩² ŋa⁴ huk⁷ lan² ma² miat⁸。
 情 愿 生 孩子 菠萝蜜， 不要 做 房子 菠萝蜜。
宁生好儿子，不要好房子。

həu¹ luan⁴ tiŋ²，lan² luan⁴ fai⁴。
 集市 吵 成，家庭 吵 败。
集市越吵越盛，家庭越吵越衰。

dun³ n̩ɔ³ dun³ fən¹ kam⁴，lək⁸ n̩ɔ³ lək⁸ fən¹ tim¹。
 树大 树 分 枝， 儿 大 儿 分 心。
树大分枝，儿大分心。

mit⁸ beu¹ mən² lon⁴ tsiaŋ¹，lək⁸ mai² mən² lon⁴ na³。
 刀 锋利 不 论 张， 儿 好 不 论 个。
好刀不论把，好儿不论个。

mit⁸ mən² dam⁴ lai³ nam⁴ hun⁴。
 刀 不 斩 得 水 断。
刀子斩不断流水。（比喻血浓于水）

na³ mai² na³ səu³ tiŋ² ka¹ kɔi³ , vɔn³ na³ fiŋ² səu³ lui⁴ suan² ka¹。
个 好 个 不好 成 家 计， 两   个 平 不好 连累 全   家。
个好个坏，撑起家计；两个都坏，全家没吃。

lai³ sen¹ vəi² lap⁷ , mən² lai³ bek⁷ vəi² n̠un¹。
有 千 年 睡， 没 有 百 年 站。
比喻夫妻在生相处之日短，要彼此珍惜相爱。

hau³ taŋ² kit⁷ , tuʔ⁷ taŋ² hua²。
 头 床 打， 尾 床 和。
床头打，床尾和。（夫妻无隔宿之仇）

ki³ kai³ be² lai³ ki³ kai³ lək⁸。
 什么 父 有 什么 孩子。
有其父必有其子。

dok⁸ lək⁸ so¹ lan¹。
 爱 子 惜 孙。
爱子惜孙。

mai⁴ lui³ be² ja³ lui³。
 母 虐子 父 也 虐子。
后母虐待孩子生父也向着后母。

mai⁴ səu³ xiaŋ² be² lap⁷ ləi¹ , be² səu³ xiaŋ² mai⁴ lap⁷ tɔ³。
 妻 丑 强 夫 睡 空， 夫 丑 强 妻 睡 独自。
丑妻强过夫睡空床，丑夫强过妻睡孤单。

nok⁸ vəi⁴ luk⁸ mɔʔ⁸ hə³ , leŋ¹ hun² vəi⁴ lan² mɔʔ⁸ hə³。
 鸟 为 窝 个 一， 人 为 屋 个 一。
鸟为一个窝，人为一个家。

mai⁴ nu¹ lai³ lək⁸ hɔi³ meu² lai³。
　老　鼠　生　子　替　猫　生。
螟蛉生子，蜾蠃负之。

di³ tɔi³ di¹ sin² di³ tɔi³ juŋ⁴。
一　世　挣　钱　一　世　用。
一代挣钱一代花（不要给后代留太多财产）。

da² xiaŋ⁴ ka¹ sit⁷，mai⁴ lək⁸ ka¹ it⁷。
　男　人　加　七，女　人　加　一。
男大七，女大一。

tim¹ tə⁴ tsək⁸ ɔi³ kɔn²，kən¹ mam⁴ jaŋ¹ du² bu³。
　心　事　若　爱　互相，吃　水　井　都　补。
两心若相爱，喝井水也补。

ha³ ma¹ sui² ma¹，ha³ mo¹ sui² mo¹。
　嫁　狗　随　狗，嫁　猪　随　猪。
嫁鸡随鸡，嫁狗随狗。

na³ nɔ² ti⁴ nan⁴，lɔi² mɔ² ja³ ti⁴ nan⁴。
　前　手　是　肉，后　手　也　是　肉。
手心是肉，手背也是肉。

tap⁸ na³ tiaŋ⁴ lai³ na³ hə³，na³ hə³ mən² tiaŋ⁴ lai³ təp⁸ na³。
　十　个　养　得　个　一，个　一　不　养　得　十　个。
十人养得了一人，一人养不了十人。

ha³ ma¹ tsu⁴ hu⁴ ma¹ mai²，ha³ mo¹ tsu⁴ hu⁴ mo¹ mai²。
　嫁　狗　就　见　狗　好，嫁　猪　就　见　猪　好。
嫁鸡随鸡，嫁狗随狗。

关于农业、生产的谚语格言

ŋo⁴ ŋit⁸ mən² lai³ da³ xən² , təp⁸ ŋit⁸ mən² lai³ vən² da³ 。
五 月 没 有 深 液，十 月 没 有 日 中。
五月没有半夜，十月没有中午。

siau⁴ si⁴ da² si⁴ , nam⁴ haŋ³ ba¹ dai¹ 。
 小 暑 大 暑， 水 烫 鱼 死。
小暑大暑，水烫鱼死。

si² si⁴ tsaŋ²   i⁴ i⁴ 。
处 暑 叹 息（叹息声）。
处暑插秧，叹息未遑。（过了处暑，有种无收）

lik⁸ doŋ¹ vən² vən² loŋ¹ 。
立 冬 天 天 焦。
过了立冬，稻禾熟通。

mai⁴ sai¹ kat⁸ luk⁸ daŋ⁴ di² dok⁷ , da³ vən² diŋ¹ laŋ³ dok⁷ di² dəi² 。
 月 亮 打 圈 旱 将 下 雨，太 阳 戴 帽 下 雨 将 烂。
月亮打圈旱将雨，太阳戴帽雨将涝。

dai² doŋ¹ daŋ⁴ xoŋ² xoŋ¹ , dai² təi¹ nam⁴ mut⁸ hɔi¹ 。
 虹 东 旱 穷 穷， 虹 西 水 没 螺。
虹在东，大旱使人穷；虹在西，大水没田鸡。

第五编　长篇韵文体话语材料

抱庞奵燕哭夫词

hau³ fa³ mɔ²⁸ kə² hoŋ² hoŋ², hau² xi² bo¹ da³ vən² di² kən³；
头　天　个　它　红　红，我　以为　太阳　要升；
lək⁸ sai¹ mɔ²⁸ baŋ¹ huaŋ⁴, hau² xi² bo¹ vən² di² baŋ¹。
小　星　个　亮　蒙蒙，我　以为　天　要亮。
təp⁸ ŋo⁴ mia² kə³ mai⁴ sai¹, kə² tsiu³ baŋ¹ mən³ fa³,
十　五　来　的　月　亮，它　照　亮　满天，
di³ ləu² mia² kə³ xi³ ba⁴, suan² leŋ¹ jɔp⁷ lam² lam¹。
如何　来　的　起云，全　地　暗　黑　黑。
vou⁴　ut⁸　mɔ²⁸ lək⁷ ut⁸ ut⁸, hau² hu⁴ tə⁴ hɔi³ mən² hau³,
吹　螺号　个　响　呜呜，我　见　事情　不　好，
xau¹ lɔ² mɔ²⁸ lək⁷ neŋ³ neŋ³, hau² hu⁴ miŋ⁴ ŋai² ko³。
敲　锣　个　响　当　当，我　知　命　难　救。
nam⁴ hoŋ³ mə² tsu⁴ tuk⁷ ai², mə² siaŋ² xi² bɔi¹ to³,
水　桶　你　就　洗　厌，你　发　愤　去　河，
nam⁴ fun² mə² tsu⁴ tuk⁷ baŋ³, mə² fən³ xəi³ lɔŋ² hɔm²。
水　盆　你　就　洗　干净，你　奋　气　下　池塘。
teŋ¹ mə² mən² ti⁴ lək⁸ ba¹, vəi⁴ tin³ ju² dau² to³,
生　你　不　是　小　鱼，为　甚　游　下　河，
tiaŋ¹ mə² mən² ti⁴ lək⁸ bit⁷, vəi⁴ tin³ ɲam¹ dau² hɔm²。
养　你　不　是　小　鸭，为　甚　玩　下　池塘。
kən³ dun³ lai³ kam⁴ tɔu² mɔ², mə² mən² bɔi¹ kən³ dun³,
上　树　有　树枝　攀援　手，你　不　去　上　树，
lɔŋ² hɔm² mən² lai³　leŋ¹ tat⁷ kok⁷, mə² ŋe³ di² bɔi¹ lɔŋ² hɔm²。
下　池塘　没有　地方　煞　脚，你　硬要　去　下　池塘。
nam⁴ ləi¹ mə² dɔŋ¹ dau² to³, hem¹ xut⁸ juan¹ lən² si³,
水　流　你　到　下　河，跟　屈　原　论　诗，
laŋ⁴ tuak⁸ mə² lou⁴ da³ hai³, hem¹ luŋ¹ vɔŋ¹ sai¹ xin²。
浪　冲　你　入　里　海，跟　龙　王　猜　拳。

hian¹ fu³ mə² jou³ im¹ kan¹, bun³ tin¹ lap⁷ on² on³,
　贤　夫　你　在　阴　间，　身体　　睡　稳　稳，
bə³ nuŋ⁴ hau² jou³ fam¹ kan³, nam⁴ da¹ dok⁷ lui⁴ lui⁴。
　奴　侬　我　在　凡　间，　水眼　落　潸　潸。
un³ tui³ dou² tsu⁴ viŋ¹ kən², də⁴ hau² di³ ləu² tek⁷,
　幼　岁　咱　就　离互相，让　我　怎么　放下，
tiu³ nen² dou² tsu⁴ sek⁷ tan³, jam³ hau² di³ ləu² feŋ²。
　少　年　咱　就　拆　散，叫　我　怎么　丢开。
dun³ kui³ kiaŋ² kiaŋ³ doʔ⁸ bɔ², mə² tsu⁴ dam⁴ fiŋ² hau³,
　树　桂　刚　刚　长　叶，你　就　砍　平　头，
naŋ² kuan² kiaŋ² kiaŋ³ biu¹ san⁴, mə² tsu⁴ ua⁷ kaŋ² n̩a²。
　笋　竹　刚　刚　伸　嫩芽，你　就　挖　连　根。
nam⁴ maŋ¹ kiaŋ² kiaŋ³ ləi¹ loŋ², mə² tsu⁴ ɔt⁷ on² on³,
　水　溪　刚　刚　流　下，你　就　堵　稳稳，
ma² do² kiaŋ² kiaŋ³ fun³ kən³, mə² tsu⁴ ɔt⁷ dai² dai¹。
　泉　水　刚　刚　喷　上，你　就　堵　死死。
da³ xiaŋ³ mən² lai³ mai⁴ lək⁸, tsiŋ¹ lək⁸ kai¹ bik⁷ dak⁷,
　丈　夫　没　有　妻子，　如　小　鸡　翅膀折，
mai⁴ lək⁸ mən² lai³ da³ xiaŋ³, tsiŋ¹ lək⁸ bit⁷ kok⁷ xeʔ⁸。
　妻子　没　有　丈　夫，如　小　鸭　脚　单脚跳。
səu⁴ dəi³ kə² ka³ dak⁷ fiaŋ², mə² do⁴ di³ ləu² fat⁷?
　筷子　对　它　已　折　边，你　让　怎么　送饭入口?
lua² hau¹ kə² ka³ dak⁷ ha⁴, mə² jam³ di³ ləu² seŋ¹?
　船　艄　它已折舵，你　叫　怎么　撑?
jiu⁴ hu² kə² ka³ hun⁴ mɔi¹, də⁴ hau² di³ ləu² biaŋ³?
　风筝　只　它　已　断　线，让　我　怎么　放
n̩ɔ² fit⁸ kə² ka³ dak⁷ ləm⁴, jam³ hau² di³ ləu² n̩ɔ²?
　弓　匹　它　已　折　箭，叫　我　怎么　射?
dəi³ mɔʔ⁸ ka³ mən² lai³ tsəu², mə² jam³ di³ ləu² tsiu³?
　灯　个　已　没　有　芯，你　叫　怎么　点?
dou¹ mɔʔ⁸ kə² ka³ loʔ⁸ nam⁴, mə² do⁴ di³ ləu² huŋ²?
　锅　个　它　已　漏　水，你　让　怎么　煮?
loi¹ mɔʔ⁸ du² ka³ dak⁷ fiaŋ², di³ ləu² dək⁷ kok⁷ kən³?
　梯小　个　都　已　断　一边，如何　踏　脚　上?

jaŋ¹ mɔʔ⁸ du² ka³ liaŋ³ nam⁴, di³ ləu² lai³ ŋam⁴ fak⁸?
　井　个　都 已 干　水，哪 里　有　水　汲？
mai⁴ sai¹ ka³ bi² ba⁴ tsaʔ⁸, di³ ləu² baŋ¹ tsiu³ fa³?
　月　亮　已 被 云　遮，怎 么　亮　照 天？
da³ vən² ka³ bi² ŋiau⁴ hum², di³ ləu² tsiu³ loŋ³ mat⁸?
　太 阳　已 被　雾　　蒙，怎 么　照 下 地？
jua³ hiu² du² ka³ hun⁴ muʔ⁸, dɔ⁴ hau² di³ ləu² kɔp⁷?
　衣　条　都 已 断掉 扣子，让　我　怎 么 合上？
xo³ hiu² du² ka³ hun⁴ daŋ⁴, jam³ hau² di³ ləu² diŋ¹?
　裤　条　都 已　断　筒，叫　我　怎 么　穿？
dun³ kam⁴ du² ka³ siak⁷ naŋ¹, tit⁸ sai¹ təp⁸ ŋai² nɔ³,
　树　枝　都 已　削　皮，实 在　十　难　大，
jau¹ hiu² du² ka³ dak⁷ san¹, tsin¹ ti⁴ bek⁷ ŋai² təʔ⁸。
　蔓　条　都 已 断　芽，真　是　百　难　伸。
nɔk⁸ nɔk⁷ mə² tsu⁴ iau³ tsiat⁸, tsiŋ³ mɔk⁸ vən² fai⁴ nam⁴,
　小　小　你　就　夭折，如　稻谷　种　败　水，
un² un³ hau² tsu⁴ huk⁷ mai⁴ mai³, tsiŋ³ ŋau⁴ deʔ⁷ dai¹ dum²。
　幼 幼 我　就　做　寡　妇，如　坡　稻　死　苞。
na³ vɔ³ hem¹ kə³ vɔ³ lɔi², nɔm² nə³ van⁴ tiŋ² dəi³,
　前　村　与（助词）村　后，男　女　人家　成　对，
lɔi² lan² hem¹　kə³　lan² na³, fu² səi¹ van⁴ tiŋ² tuaŋ¹。
　后　屋　与（助词）屋　前，夫妻　人家　成　双。
kit⁷ tan³ van⁴　kə³　kən³ həu¹, du² lai³ niaŋ² sam¹ hak⁷,
　打　伞　人家（助词）上　集市，都　有　娘　掺　官，
kua² mɔn¹ van⁴　kə³　bɔi¹ vɔ³, du² lai³ hak⁷ huŋ² niaŋ²。
　挂　包袱 人家（助词）去　村，都　有　官　同　娘。
fu² səi¹ van⁴ lai³ ham² liaŋ², di² huk⁷ nia² lɔm¹ la³,
　夫妻　人家 有　商　量，要　做　田　插　秧，
hak⁷ niaŋ² van⁴ lai³ tsim² tsiak⁷, di² vi² vən³ sa¹ jau²。
　官　娘　人家 有　斟　酌，要　围　园　种　薯。
fu² səi¹ van⁴　kə³　tiŋ² dəi³, van⁴ siaŋ³ tsai¹ siaŋ² hi³,
　夫妻　人家（助词）成　对，人　唱　斋　唱　戏，
hak⁷ niaŋ² van⁴　kə³　tiŋ² tuaŋ¹, van⁴ liau¹ kən³ liau¹ loŋ²。
　官　娘　人家（助词）成　双，人家　笑　上　笑　下。

e³nen³ kə³ jɔu³da³luk⁸, du²lai³tiŋ²tuaŋ¹dəi³,
燕子（助词）在里巢，都有成双对，
ku⁴ku² kə³ jɔu³da³lɔu⁴, du²lai³dəi³tiŋ²tuaŋ¹。
斑鸠（助词）在中野，都有对成双。
mai⁴kut⁷ kə³ jɔu³da³saŋ¹, du²lai³tuaŋ¹hau⁴mai⁴,
毛鸡（助词）在中山，都有双公母，
in²iaŋ³ kə³ jɔu³da³mam⁴, du²lai³dəi³ha⁴ŋin²。
鸳鸯（助词）在里水，都有对雄雌。
bɔt⁷tso⁴teŋ¹jɔu³da³nia², du²lai³bɔn²hum²hau³,
草棵生在里水田，都有土盖住头，
din²boʔ⁸hep⁸jɔu³niŋ²vən³, du²ti⁴niŋ⁴hɔ²kɔn²。
石堆叠在边园，都是倚依互相。
mai⁴sai¹xəm³kɔp⁷da³vən², na⁴lai³vən²baŋ¹vən²jɔp⁷,
月亮须合太阳，才有白天黑夜，
mai⁴lək⁸xəm³fui³da³xian⁴, na⁴lai³nɔm²teŋ¹nə³。
女人须配男人，才育男生女。
tam¹tui³hau²en³ȵam¹bɔn², fa³mat⁸ka³an¹dɔ⁴,
三岁我还玩土，天地已安使，
ti³tui³hau²kiaŋ²kek⁷noʔ³, niaŋ²mui²tsu⁴mia²dɔŋ¹。
四岁我刚隔奶，娘媒就来到。
ku³tui³hau²tsu⁴diŋ¹hai², tiaŋ³fui³mə²hian¹fu³,
九岁我就穿鞋，想配你贤夫，
təp⁸tui³hau²tsu⁴kiau²kiak⁷, tiaŋ³fui³mə²hək⁸tə¹。
十岁我就绞脚，想陪你读书。
hoŋ³ləi³en³mən²kua³lan², mə²tsu⁴tiaŋ³dek⁸bə³nuŋ⁴
送礼还没过屋，你就想看奵侬，
vən²mai²en³mən²liak⁸heŋ⁴, mə²tsu⁴tiaŋ³dek⁸lək⁸niaŋ²。
日好还未选定，你就想看子娘。
da³sun¹dɔu²tsək⁸am³kɔn², dɔu²liau¹bak⁷mi²mi³,
中途咱若逢互相，咱笑口眯眯，
kən³həu¹dɔu²tsək⁸tiaŋ²am³, dɔu²kaŋ³ko³mən²in¹。
上集市咱若相遇，咱讲话不完。
nɔk⁸nɔk⁷hau²tsu⁴kua³lan², dɔu²ju⁴əŋ¹ju⁴ɔi³,
小小我就过屋，咱又喜又爱，

un² un³ dou² tsu⁴ kɔp⁷ təi³ , dou² hɔp⁸ i³ hɔp⁸ tim¹ 。
幼 幼 咱 就 合 世， 咱 合 意 合 心。
tam³ kok⁷ dɔŋ¹   kə³   na³ taŋ², dou² ke?⁷ hai² sam¹ hou³ ,
踏 脚 到（助词）前 床， 咱 解 鞋 掺 套，
hak⁸ hu² loŋ²   kə³   da³ liu⁴ , dou² ŋi⁴ ŋi⁴ ŋom⁴ ŋom⁴ 。
侧 身 下（助词）中 席子， 咱 呢 呢 喃 喃。
lap⁷ suan¹ dou² jou³ bai¹ taŋ² , di² tə?⁸ mɔ² hem⁴ hau³ ,
睡 觉 咱 在 上 床， 要 伸 手 垫 头，
hak⁸ hu² dou² jou³ da³ liu⁴ , di² ou¹ bak⁷ sɔ¹ nak⁸ 。
侧 身 咱 在 中 席子， 要 用 口 亲 颊。
tam² keŋ¹ dɔŋ¹   kə³   da³ xən² , hau² xin³ mə² lap⁷ suan¹ meŋ³ ,
三 更 到（助词）半 夜， 我 劝 你 睡 觉 早，
buan³ jia⁴ dəŋ¹   kə³   siŋ³ laŋ⁴ , mə² hoi³ hau² tsia¹ kum³ mai² 。
半 夜 到（助词）清 朗， 你 替 我 盖 被子 好。
dek⁸ mai⁴ kə²   kə³   uk⁷ lan² , mə² lək⁸ lək⁸ neu³ hau² tsiu³ ,
看 母亲 她（助词）出 屋， 你 偷 偷 拧 我 一 把，
hu⁴ be² kə²   kə³   uk⁷ dən⁴ , mə² liau² liau² kut⁷ hau² fɔi² 。
见 父亲 他（助词）出 门， 你 笑 笑 抱 我 一下。
neu³ tsiu³ lou⁴   kə³   dɔk⁸ dɔk⁸ , mə² bo¹ lək⁸ niaŋ² nan⁴ un³ ,
拧 把 进（助词）痛 痛， 你 说 子 娘 肉 嫩，
xən² xən¹ lou⁴   kə³   neu³ tsiu³ , hau² hu⁴ hian¹ fu² tim¹ ɔi¹ 。
重 重 进（助词）拧 一把， 我 知 贤 夫 心 喜爱。
ŋan¹ tan³ hau² di² uk⁷ lan² , mə² tsuk⁷ xən¹ tsuk⁷ xɔ³ ,
拿 伞 我 要 出 屋， 你 属 重 嘱 轻，
kua² mɔn¹ mə² di² li² ka¹ , hau² huŋ² mo⁴ hoŋ³ ləi² 。
挂 包袱 你 要 离 家， 我 随 尾 送 后。
suk⁸ ni⁴ van⁴   kə³   teŋ¹ mai² , mə² mən² lai² miŋ⁴ kɔp⁷ ,
淑女 人家（助词）生 俏， 你 没 有 命 合，
sai¹ laŋ¹ van⁴   kə³   bun² tə⁴ , hau² mən² lai² vən⁴ fui³ 。
才郎 人家（助词）本 事， 我 没有 运 配。
lək⁸ nok⁸ kiaŋ² kiaŋ³ siaŋ³ kɔ¹ , mə² tsu⁴ tə² mən² heŋ³ ,
小 鸟 刚 刚 唱 歌， 你 就 辞 不 听，
hua¹ tso² kiaŋ² kiaŋ³ xɔi¹ dət⁷ , mə² tsu⁴ feŋ² mən² vɔk⁷ 。
花 朵 刚 刚 开 裂， 你 就 弃 不 看。

sin² bek⁷ fan¹ liu⁴ tə³ sik⁷, mə² tsu⁴ ai² mən² lap⁷,
　钱　百　张　席子四尺，你　就　厌　不　　睡，
sin² hiu² di³ fan¹ kum³ tsian⁴, mə² tsu⁴ tə² mən² tsia¹。
　钱 条 一 张　毛　毡，你　就　辞　不　　盖。
tsək⁸ hu⁴ mə² di² dai¹ un³, hau² ka³ mia² bai³ miu⁴,
　若　知　你　要　死　幼，我　已　来　拜　庙，
tsək⁸ hu⁴ mə² di² dai¹ tsau³, hau² ka³ bəi¹ xu² tin²。
　若　知　你　要　死　早，我　已　去　求　神。
om² koŋ¹ kən³ mə² xiu⁴ hua¹, di² tiaŋ³ fui² mə² dəŋ¹ lau⁴,
　弯　躬　上　你　轿　花，要　想　配　你　到　老，
təʔ⁸ mə² kua³ hau² bai¹ hau³, di² tiaŋ³ kəp⁷ hau² bək⁸ nian¹。
　伸　手　过　我　上　头，要　想　合　我　百　年。
tam³ kok⁷ bəi¹　kə³　 dək⁷ din², am³ hək⁸ din² hiŋ¹ hiaŋ³,
　迈　开　脚　去（助词）踏　石，碰　到　石　斜　向，
təʔ⁸ mə² bəi¹ təu² kam⁴ dun³, am³ hək⁸ kam⁴ kən¹ miŋ²。
　伸　手　去　攀　枝　树，遇　到　枝　吃　虫。
miŋ⁴ teŋ¹ hau² ti⁴ ku³ luan¹, teŋ¹ mia² xək⁷ da³ xiaŋ⁴,
　命　生　我　是　孤　鸾，生　来　克　丈　夫，
miŋ⁴ teŋ¹ hau² ti⁴ miŋ¹ sat⁸, na⁴ mia² sat⁸ lək⁸ lɔ¹。
　命　生　我　是　命　煞，才　来　煞　夫　婿。
tuan³ miŋ⁴ van⁴　kə³　tin² teŋ¹, mən² tək⁷ fai² bat⁸ tsə²,
　算　命　人家（助词）先　生，　不　会　排　八　字，
huk⁷ mui² van⁴　kə³　mai⁴ lau⁴, mən² tək⁷ fən¹ mai² səu³。
　做　媒　人家（助词）老妇，　不　懂　分　吉　凶。
liak⁸ vən²　lou⁴ kə³　an¹ taŋ³, maŋ² ka³ fam⁴ vən² fɔ³,
　择　日　进（助词）安　床，怕　已　犯　日　破，
liak⁸ ti² lou⁴　kə³　fə¹ liu⁴, maŋ² ka³ am³ xuŋ¹ məŋ²。
　选　时　入（助词）铺　席，怕　已　遇　空　亡。
kok⁷ diŋ¹ lou⁴　kə³　hai² hoŋ², hau² diŋ¹ fək⁸ kən³ hau³,
　脚　穿　入（助词）鞋　红，我　戴　服　上　头，
hu² diŋ¹ lou⁴　kə³　jua³ hua¹, hau² kat⁸ kan¹ lou⁴ muʔ⁸。
　身　穿　进（助词）衣　花，我　结　麻　入　纽扣。
hau³ fui¹ hau² kə³ lam² lam¹, ŋai² huk⁷ niaŋ² hai⁴ ŋi⁴,
　头　发　我　的　黑　黑，难　做　娘　第　二，

xip⁸ tia² hau² kə³ dem³ dem³, ŋai² huk⁷ mai⁴ dɔŋ¹ lɔi²。
　刘　海　我　的　点　点，难　做　母　到　后。
dek⁸ kən³ dou² kə³ da² kuŋ¹, xiat⁷ tiu³ eŋ¹ sam¹ tok⁷,
　看　上　咱　的　公　公，缺　少　兄　掺　弟，
vɔk⁷ dau² dou² kə³ mai⁴ fa², mən² lai³ tau³ huŋ² ko¹
　看　下　咱　的　婆婆，没　有　嫂　同　姑。
hian¹ fu³ mə² kə³ ləŋ¹ tɔi³, hiaŋ¹ lo² vəm³ kok⁷　la⁴,
　贤　夫　你　的　归　世，香　炉　倒　脚　野菠萝，
laŋ¹ kun³ mə²　kə³　kui¹ im¹, hiaŋ³ hua⁴ det⁷ kok⁷ siaŋ²。
　郎　君　你（助词）归　阴，香　火　跌　脚　墙。
da² kuŋ¹ dou² kə³ lau⁴ nen², ləu² na³ hɔi³ mə² li³?
　公公　咱　的　老　年，谁　个　跟　你　理?
mai⁴ fa² dou² kə³ lau⁴ tui³, ləu² na³ hem¹ mə² sa²?
　婆婆　咱　的　老　岁，谁　个　跟　你　查?
tsi¹ ŋit⁸ van⁴ di² hɔm³ nen², mə² mən² lai³ fən⁴ tsə³,
　正　月　人家　要　贺　年，你　没　有　份　子,
ŋi⁴ ŋit⁸ dɔŋ¹　kə³　sɔ¹ ŋəi⁴, mə² mən² lai³ fən⁴ miŋ²。
　二　月　到（助词）初　二，你　没　有　份　名。
tam¹ ŋit⁸ ti⁴　kə³　siŋ¹ miŋ¹, ləu² na³ hem⁴ bɔŋ² kən³?
　三　月　是（助词）清明，哪　个　垫　土　上?
tə³ ŋit⁸ van⁴ di² kap⁷ ŋau⁴, ləu² na³ hem¹ dem³ mɔk⁸?
　四　月　人家　要　播　种，哪　个　跟　点　谷?
ŋo⁴ ŋit⁸ dɔŋ¹　kə³　sɔ¹ ŋo⁴, ləu² na³ mia³ duk⁷ ot⁷?
　五　月　到（助词）初　五，哪　个　来　包　粽子?
lok⁸ ŋit⁸ van⁴ di² ləm³ la³, ləu² na³ hem¹ mə² ləm¹?
　六　月　人家　要　插　秧，哪　个　跟　你　插?
lut⁷ tsi³ ti⁴ jəu³ sit⁷ ŋit⁸, ləu² na³ hɔi³ keu¹ jua³?
　烧　纸　是　在　七　月　哪　个　替　剪　衣?
bet⁷ ŋit⁸ dɔŋ¹　kə³　təp⁸ ŋo⁴, mə² mən² lai³ fən⁴ n̠eʔ⁸ sai¹。
　八　月　到（助词）十　五，你　没　有　份　拜　月。
dəŋ³ kou³ ti⁴ jəu³ ku³ ŋit⁸, fəŋ² ju³ di¹ mə² vau³。
　登　高　是　在　九　月，朋　友　找　你　丢。
təp⁸ ŋit⁸ van⁴ di² hɔŋ³ ŋau⁴, mə² mən² lai³ fia⁴ huŋ²。
　十　月　人家　要　祭祀谷神，你　没　有　饭　煮。

doŋ¹ tsi³ jɔu³ təp⁸ it⁷ ŋit⁸ , ləu² na³ mia² an¹ ho³ ?
　冬　至　在　十　一　月，哪　个　来　安　虎？
vəi² in¹ lɔu⁴　kə³　kɔm⁴ jɔp⁷ , mə² mən²ləŋ¹ vi² lo² 。
　年　完　入（助词）夜　黑，你　不　回　围　炉。
loŋ⁴ sek⁷ mə² kə³ diap⁸ diap⁸ , ləu² na³ hem¹ mə² li³ ?
　笼　册　你　的　叠　叠，哪　个　跟　你　理？
vun² tsiaŋ¹ mə² kə³ don⁴ don⁴ , ləu² na³ hɔi³ mə² dek⁸ ?
　文　章　你　的　沓　沓，哪　个　替　你　看？
tsi³ bit⁷ fai² jɔu³ bai¹ hɔi² , ləu² na³ tsip⁷ mə² tia³ ?
　纸　笔　摆　在　上　桌，哪　个　接　你　写？
ŋen⁴ mɔk⁸ biaŋ³ jɔu³ bai¹ ka³ , ləu² na³ hɔi³ mə² ŋen² ?
　砚　墨　放　在　上　架，哪　个　替　你　研？
ŋan¹ sek⁷ mə² mən² li² mə² , niŋ² lan² ŋen¹ hɔu² hɔu³ ,
　拿　册　你　不　离　手，邻　屋　夸　透　透，
hɔk⁸ tə¹ mə² mən² hun⁴ bak⁷ , da³ vɔ³ lɔi⁴ sai² sai² 。
　读　书　你　不　断　口，里　村　赞　齐　齐。
tsuŋ³ sə³ kiaŋ² kiaŋ³ xɔi¹ siaŋ² , mə² tsu⁴ ai² mən² xau³ ,
　宗　师　刚　刚　开　场，你　就　厌　不　考，
tsi⁴ xau⁴ kiaŋ² kiaŋ³ kua³ hai³ , mə² tsu⁴ lap⁷ mən² ui² 。
　主　考　刚　刚　过　海，你　就　躺　不　起。
xɔi¹ xua¹ van⁴ di² xau³ sai² , mə² tsu⁴ ai² juŋ² kui³ ,
　开　科　人　家　要　考　才，你　就　厌　荣　贵，
uk⁷ bɔŋ³ van⁴ di² so³ kin³ , mə² mən² tiaŋ³ kuŋ¹ miŋ² 。
　出　榜　人　家　要　评　卷，你　不　想　功　名。
hɔk⁸ tə¹ mə²　kə³　liau⁴ vəi² , koŋ¹ ləu² dok⁷ dau² hai³ ,
　读　书　你（助词）多　年，功　劳　落　下　海，
suaŋ¹ hɔk⁸ mə² kə³ fən³ xəi³ , koŋ¹ ləu² dok⁷ dau² hɔm² 。
　窗　学　你　的　奋　气，功　劳　落　下　池　塘。
fən³ xəi³ lɔu⁴　kə³　suaŋ¹ hɔk⁸ , ləu² xəŋ³ tə² muŋ² hɔ³ ,
　奋　气　入（助词）窗　学，哪　肯　辞　孟　轲，
lip⁸ tsi² lɔu⁴　kə³　hɔk⁸ tə¹ , ləu² xəŋ³ tek⁷ tsuŋ² ni¹ 。
　立　志　入（助词）读　书，哪　肯　弃　仲　尼。
fəŋ¹ tso⁴ van⁴ kɔn¹ lau⁴ nen² , mə² mən² hɔk⁸ fəŋ¹ tso⁴ ,
　彭　祖　人　家　吃　老　年，你　不　学　彭　祖，

vəŋ¹ fut⁸ van⁴ na³ dai¹ meŋ³, mə² hək⁸ jiaŋ⁴ vəŋ¹ fut⁸.
王 勃 人家 个 死 早, 你 学 样 王 勃。
ŋan¹ hui¹ van⁴　kə³　hian¹ sai¹, liaŋ² luk⁸ tam¹ təp⁸ it⁷,
颜 回 人家（助词）贤 才, 量 禄 三 十 一,
tsəŋ³ sam³ van⁴　kə³　hiau² ŋi⁴, kɔn¹ siu² sit⁷ təp⁸ tam¹。
曾 参 人家（助词）孝 义, 吃 寿 七 十 三。
hək⁸ jiaŋ⁴ van⁴　kə³　tsəŋ³ sam³, tsu⁴ lai³ mai² kiat⁷ tɔi³,
学 样 人家（助词）曾 参, 就 有 好 吉 世,
sip⁸ ɲip⁸ van⁴　kə³　ŋan¹ hui¹, bɔi¹ ləu² lai³ fai² siaŋ²。
袭 业 人家（助词）颜 回, 去 哪 有 排 场。
fu³ kun¹ mə² nə³ iau³ tsiat⁸, jam³ bo¹ təp⁸ in² uaŋ³,
夫 君 你 个 夭 折, 叫 做 十 冤 枉,
bə³ nuŋ⁴ hau² huk⁷ mai⁴ mai³, jam³ bo¹ bek⁷ nan² vi²。
妚 侬 我 做 寡 妇, 叫 做 百 难 为。
kum³ fan¹ hau² tɔ² tɔ³ tsia³, lai³ fiaŋ² fən² fiaŋ² lun³,
被子 张 我 自己 遮, 有 边 冷 边 暖,
taŋ² tsiaŋ¹ hau² tɔ² tɔ³ lap⁷, lai³ fiaŋ² lun³ fiaŋ² fən²。
床 张 我 自己 睡, 有 边 暖 边 凉。
kai¹ tan¹ di² ui² do³ vəi², suan¹ bu⁴ ləu² na³ mia² jam³?
鸡 鸣 要 起 生 火, 睡 忘 哪 个 来 叫?
huk⁷ həp⁸ ŋo⁴ kua³ ti² hɔu², lai³ ləu² na³ mia² sɔi¹?
织 布 误 过 时 候, 有 哪 个 来 催?
hap⁷ nam⁴ tsək⁸ ti⁴ via³ dək⁷, ləu² na³ mia² tsip⁷ via³?
挑 水 若 是 肩 痛, 哪 个 来 接 肩?
van² vən² tsək⁸ ti⁴ nuai³ mə⁴, ləu² na³ bɔi¹ bɔŋ¹ mə²?
砍 柴 若 是 疲 累, 谁 个 去 帮 手?
hau³ lun³ hem¹　kə³　kok⁷ fən², ləu² na³ mia² heŋ³ hɔu⁴?
头 热 与（助词）脚 凉, 哪 个 来 听 候?
dai¹ liŋ² hem¹　kə³　mə² xəi³, ləu² na³ mia² tsiau² ku²?
死 力 与（助词）软 气, 哪 个 来 照 顾?
tim¹ tə⁴ tsək⁸ ti⁴ hau³ lak⁸, hau² səŋ¹ jɔu² ləu² na³?
心 事 若 是 痛 快, 我 告 诉 给 哪 个?
tim¹ tə⁴ tsək⁸ ti⁴ ȵuŋ³ ȵaŋ³, lai³ ləu² na³ an³ ui²?
心 事 若 是 愁 闷, 有 哪 个 安 慰?

dai¹ jou³ du² ka³ fən¹ sun¹, dɔŋ¹ ki³ ti² na⁴ tiaŋ² am³?
死 生 都 已 分 路， 到 几 时 才 相 遇？
im¹ jiaŋ² du² ka³ kek⁷ kai³, dɔŋ¹ ləu² leŋ¹ na⁴ am³ kɔn²?
阴 阳 都 已 隔 界， 到 何 处 才 逢 互相？
dun³ kui³ xəm³ li² mai⁴ sai¹, dəu² na⁴ lai³ tiaŋ² am³,
树 桂 须 离 月 亮， 咱 才 有 相 遇，
kɔŋ¹ hɔ² xəm³ li² mai⁴ bit⁷, dəu² na⁴ lai³ am³ kɔn²。
银 河 须 离 母 鸭， 咱 才 有 逢 互相。
huk⁷ dəi³ mə² kə³ hai² nau⁴, mən² lai³ diŋ¹ kua³ kok⁷,
织 对 你 的 鞋 新， 没 有 穿 过 脚，
ȵop⁸ hiu² mə² kə³ jua³ nau⁴, mən² lai³ diŋ¹ kua³ hu²。
缝 条 你 的 衣 新， 没 有 穿 过 身。
jua³ nau⁴ liŋ³ jou³ hau³ taŋ², ləu² lai³ mə² xəi³ˈhən⁴,
衣 新 挂 在 头 床， 哪 有 你 气 汗，
hai² nau⁴ biaŋ³ jou³ bai¹ ka³, mən² hu⁴ kok⁷ bɔi¹ ləu²。
鞋 新 放 在 上 架， 不 知 脚 去 哪。
bak⁷ dən⁴ ma¹ sau³ ŋop⁸ ŋop⁸, hau² xi² bo¹ mə² fan² tsin³,
口 门 狗 吠 汪 汪， 我 以 为 你 返 回，
ŋiŋ² lan² mo² van² ȵut⁹ ȵut⁹, hau² xi² bo¹ mə² ləŋ¹ mia²。
旁 屋 猪 叫 唔 唔， 我 以 为 你 回 来
lap⁷ suan¹ hau² en³ lap⁷ vɔn², hu⁴ mə² ləŋ¹ mia² jam³,
睡 觉 我 还 睡 梦， 见 你 回 来 叫，
ui² taŋ² di² bɔi¹ dɔŋ³, mə² ka³ len³ lɔi² bɔi¹。
起 床 要 去 迎 接 你 已 转 后 去。
don³ to³ hau² tsək⁸ di² kɔn¹, ləi¹ muk⁷ huk⁷ don³ to³,
顿 数 我 若 要 吃 流 鼻 涕 做 顿 数，
jit⁸ tək⁸ hau² tsək⁸ di² xik⁷, nam⁴ da¹ huk⁷ jit⁸ tək⁸。
膳 食 我 若 要 吃， 水 眼 做 膳 食。
fia⁴ hui⁴ hau² dɔ⁴ jou³ mɔ², mən² fat⁷ lai³ ləu⁴ bak⁷,
饭 碗 我 端 在 手， 不 送 得 入 口，
sak⁷ hiu² hau² kep⁸ ləu⁴ səu⁴, mən² kɔn¹ lai³ lɔŋ² ko²。
菜 条 我 挟 入 筷子， 不 吃 得 下 喉。
siŋ⁴ ȵin⁴ dai¹ hem⁶ mo⁴ mə² bɔi¹, ju⁴ maŋ² jiau² mai⁴ lai³,
情 愿 死 跟 随 你 去， 又 怕 丢 下 母 亲，

siŋ² nin⁴ vəm³ hem² mo⁴ mə² kui¹ təi³ , ju⁴ maŋ² len² be² lai³ 。
情 愿 倒下　 跟随　 你　归世， 又　怕 抛下 父亲。
jiau² mai⁴ dɔu² kə³ lau⁴ nen² , hau² dai¹ da¹ mən² dəp⁷ ,
丢下母亲 咱的 老年， 我 死目 不　闭，
len² be² dɔu² kə³ lau⁴ tui³ , hau² dai¹ tim¹ mən² kam¹ 。
抛下父亲 咱的 老岁， 我　死心　 不　甘。
heŋ³ hou⁴ be² mai⁴ tsuan² tsuan¹ , mia² hɔi³ fu³ fən⁴ tsə³ 。
　听喉　父　母　 专　 专， 来 替天 份子。
lau² li⁴ hak⁷ niaŋ² hou² hou³ , mia² diŋ³ mə² fən⁴ miŋ² 。
料理官 娘 透 透，来 顶你 份名。
huk⁷ tsai¹ lou⁴　kə³　bou² hiau² , jin³ mə² luat⁷ sui⁴ fu⁴ ,
　做　斋　进（助词）报　孝， 引你 脱 水府，
siau³ du² lou⁴　kə³　mɔŋ² fan¹ , jin² mə² ləŋ¹ ka¹ lan² 。
　超　度 进（助词）亡　幡， 引你 回家 园。
fu³ kun³ mə² luat⁷ di² jək⁸ , mə² an¹ tim¹ sə⁴ sai⁴ ,
夫 君 你 脱 地 狱， 你　安心　 自在，
laŋ¹ kun³ mə² kən³ bai¹ fa³ , mə² siau³ jiau⁴ xuai² lək⁷ 。
郎 君 你 升 上天， 你 逍 遥　 快乐。
meŋ¹ kaŋ³ bə² ian² fa⁴ faŋ² , mən² lai³ lək⁸ lə¹ hak⁷ ,
　名　讲 妚 燕 抱 庞， 没　有 夫 婿官，
van⁴ suan² ləm² lək⁸ sam³ kuaŋ³ tse⁴ , mən² lai³ hak⁷ lək⁸ lə¹ 。
人　 传　女　儿　 三　 光　者， 没　有 官 夫婿。
miŋ⁴ səu³ du² ka³ heŋ⁴ tiŋ² , dou² ŋai² deu² luat⁷ miŋ⁴ ,
命 凶 都 已 定 成， 咱 难 逃 脱 命，
fa³ mat⁸ du² ka³ soi¹ də⁴ , ŋai² dəu² luat⁷ fa³ mat⁸ 。
天 地 都 已 催 使， 难 逃　脱 天 地。

妚燕哭夫词

天边一片红，我当日将升，
星星亮晃晃，我当天将亮。
十五的月亮，银光照满天，
忽然乌云起，遍地黑茫茫。
吹号呜呜响，我知事不好，

敲锣响当当，我见命难救。
一桶水你就洗个够，你执意下到河里，
一盆水你就洗干净，你发愤下到湖中。
你生来不是鱼，为何游河中；
你生来不是鸭子，为何嬉湖里？
爬树有枝可抓，你不去爬树；
下河无处落脚，你硬要下河。
水流你到河中，跟屈原论诗？
浪冲你到海里，与龙王猜拳？
贤夫你在阴间，身躯稳稳躺，
贱妾我在凡间，泪水潸潸流。
幼岁咱就分离，叫我怎么放下？
年少咱就拆散，让我如何丢开？
桂树初始吐叶，你就平头砍，
竹笋刚刚抽芽，你就连根挖。
溪水刚流下，你就把它堵住，
泉水始上喷，你就将它堵死。
男子没有女人，如同断翅的小鸡；
女人没有男人，如同跛脚的鸭子。
筷子已断一只，怎么能送饭？
船儿舵已折，你叫怎么撑？
风筝线已断，叫我怎么放？
弓箭已折断，叫我怎么射？
油灯已无芯，你叫怎么点？
饭锅已漏水，你叫怎么煮？
梯子已断一边，脚怎么踩上？
水井已干涸，如何有水汲？
月亮已被云遮，怎么照亮天？
太阳已被雾蒙，怎么照下地？
衣衫已掉纽子，怎么合得上？
裤子已断筒，叫我怎么穿？

树已削掉皮，实在难长大，
瓜蔓已断芽，真是难伸展。
小小你就夭折，如稻种沤死，
年少我就守寡，如坡稻死苞。
树前与村后，男女人成对；
屋后与屋前，夫妻人成双。
人家打伞赶集，全是妻伴夫，
人家背包袱串村，总是夫携妻。
夫妻人商量，要耕田插秧，
夫妻人斟酌，要围园种薯。
夫妻人成双，同看戏唱歌，
夫妻人成对，笑上又笑下。
燕子在室内，都有成双对，
斑鸠在野中，都有对成双。
毛鸡在山中，都是双公母，
鸳鸯在水里，全是一对雄雌。
草长在田间，都有土培根，
石堆在园边，都是相倚赖。
月亮须伴太阳，才有白天黑夜，
女人须配男人，才能生儿育女。
三岁我还玩土，天地已安排，
四岁我刚断奶，媒婆已来到。
九岁我就穿鞋，想配你贤夫，
十岁我就裹脚，想陪你读书。
送礼未过门，你就想来看我，
吉日未选定，你就想看娘子。
路上若相遇，咱口笑眯眯，
赶集若相逢，话儿说不完。
年少就过门，咱又喜又爱，
少年即结亲，咱合心合意。
脚迈到床前，履鞋相交错，

侧身在席上，咱呢呢喃喃。
咱睡在床上，你伸手垫我的头，
侧身躺席上，我用嘴吻你的颊。
三更半夜到，我劝你早睡，
半夜到三更，你替我盖被。
看母亲离家，你偷偷拧我一把，
见父亲出门，你笑笑抱我一下。
拧我拧到痛，你说是娘子肉嫩，
重重拧一把，知贤夫疼我。
拿伞我要出门，你嘱重嘱轻，
打包你要离家，我随后送行。
淑女我长得靓，你无命相合；
才郎你有本事，我无运相配。
小鸟刚会唱歌，你就辞别不听；
花儿初始开裂，你就离身不看。
一百文一张席子，你却厌倦不睡，
一贯钱一张毯子，你却辞去不盖。
若知你早夭，我已来拜庙，
若料你早逝，我已去求神。
弯腰上你花娇，想配你到老，
伸手过我头上，想结我百年。
迈步去踩石头，碰上斜向石，
伸手去攀树枝，遇到虫蛀枝。
我是孤鸾命，生来克丈夫？
我是凶煞神，才来煞夫婿？
人家算命先生，不会排八字，
人家牵线媒婆，不懂分吉凶。
择日来安床，恐已犯破日，
选时来铺席，怕已遇空亡。
脚穿红鞋子，头戴白孝帛，
身上着孝服，结麻人纽扣。

我头发正黑亮,难做他人娘,
我刘海尚点点,难当后人妻。
看到咱公公,缺少兄和弟,
看到咱婆婆,没有嫂和姑。
贤夫你辞世,香炉跌树下,
郎君你归阴,香火倒墙脚。
公公已年迈,哪个替照管?
婆婆已年老,谁人跟料理?
正月去贺年,没有你的份,
二月初二日,没有你的名。
三月清明节,谁替你上坟?
四月播稻种,谁人给你播?
五月端阳节,谁来包粽子?
六月要插秧,哪个替你插?
七月烧冥纸,谁人裁纸衣?
八月十五日,不见你去拜月。
登高在九月,朋友找不到你。
十月尝新谷,你无新米煮。
冬至在十一月,谁人来安虎?
年终除夕夜,你不回围炉。
你书笼一沓沓,哪个替你理?
你文章一沓沓,谁人跟你看?
纸笔摆桌上,哪个接你写?
砚墨放架间,谁人替你研?
你拿书不离手,邻居个个夸;
你读书不绝口,村里人人赞。
宗师刚开场,你就厌不考,
主考刚过海,你就卧不起。
开科要考才,你却厌荣贵,
张榜要评卷,你不想功名。
你读书多年,功劳掉海里,

你发愤苦学，苦劳沉湖底。
你发愤去苦学，哪肯辞孟轲？
你立去读诗书，哪肯弃仲尼？
彭祖享老年，你不学彭祖，
王勃短薄命，你去学王勃。
颜回是贤才，寿才三十一，
曾参讲孝义，享年七十三。
学好曾参样，就有好结局，
沿袭王勃路，哪会有幸福？
夫君你死早，可谓十冤枉，
贱妾我守寡，可谓百凄凉。
被子我自己盖，有边凉边暖，
空床我独个睡，有边暖边凉。
鸡啼要生火，睡忘何人叫？
织布误过时间，有谁个来催？
挑水若是肩痛，何人接担子？
砍柴若是累倒，哪个去帮手？
头热与脚寒，何人来侍候？
死力与弱气，谁个会照顾？
心情若愉快，我能告诉谁？
心情若愁闷，有何人安慰？
死生已分路，几时才相遇？
阴阳已隔界，何地才相逢？
桂树须离月亮，咱才能相逢；
银河须离母鸭，咱才能相遇。
给你织的新鞋，没有穿过脚，
给你缝的新衣，没有穿过身。
新衣挂在床头，哪有你汗味，
新鞋放在架上，不知脚去哪。
门口狗汪汪吠，我当是你返回，
屋外猪唔唔叫，我当是你归来。

睡中我还做梦，见你回来叫，
起身要去迎接，你已转背去。
膳食我若要吃，鼻涕当膳食，
饭菜我若要吃，泪水当饭菜。
饭端在手里，难以送入嘴，
菜挟筷子间，难以咽入喉。
愿死随你去，又怕丢下婆婆，
欲亡随你走，又怕丢下公公。
丢下年老的婆婆，我死目不瞑，
丢下年迈的公公，我死心不甘。
专一侍候公婆，来代你本分，
全力料理爹娘，来顶夫名分。
做斋来报孝，携你脱水府，
超度入亡幡，带你返家园。
夫君你脱地狱，你宽心自在，
郎君你升天府，你逍遥快乐。
名传抱庞奻燕，没有夫婿官，
人说三光之女，没有个丈夫。
命凶已注定，咱难逃脱命，
天地已支使，难逃脱天地。

哭 嫁 词

(出嫁前一天晚上)
嫂带唱：

bɔi¹ van⁴ mə² xəm³ tseŋ¹ leŋ²,
去　人家　你　欠　　精灵，
tsiŋ³ ŋuŋ² vin¹ bak⁷ nam⁴；
如　蚊子　飞　上面　水；
bɔi¹ jin² mə² xəm³ tseŋ¹ leu⁴,
去　人家　你　欠　争　动，
tsiŋ³ lək⁸ mat² vən² tsɔu²。
如　小　跳蚤　下　午。
vən² da³ mə² tsək⁸ uk⁷ lan²,
中午　　你　若　出家，
mə² mə⁴ tsiŋ³ kuan² im¹ kən³ leu⁴；
你　须　像　观音　　上　料；
vən² tsɔu² mə² tsək⁸ uk⁷ kɔi³,
下午　　你　若　出家，
mə² mə⁴ tsiŋ³ ni¹ ku³ si² kim¹。
你　要　像　尼姑　涂　金。
bɔi¹ van⁴ mə⁴ tsun³ van⁴ sɔi¹,
去　人家　要　准　人家　催，
tsin² huk⁷ lək⁸ ŋu² fan¹ ek⁷；
别　　做　小　黄牛　翻　轭；
bɔi¹ jin² mə⁴ tsun³ jin² n̠i³,
去　人家　要　准　人家　指，
tsin² huk⁷ lək⁸ təi³ fan¹ həŋ²。
别　　做　小　水牛　翻　牛鞅。
bɔi¹ van⁴ xəm³ tsun³ mai⁴ jin²,
去　人家　欠　准　母亲　人家，

ha³ tsin² tsiŋ³ dəu² jəu³ nəi⁴;
别 像 咱 在 这边;
bəi¹ jin² xəm³ tsun³ mai⁴ van⁴,
去 人家 欠 准 母亲人家,
ha³ tsin² tsiŋ³ jəu³ lan² dəu².
别 像 在 家 咱。
bat⁷ nuŋ⁴ mə² bəi¹ mai⁴ jin²,
拨 侬 你 去 母亲人家,
mə² mə⁴ tsun³ jin² kau³;
你 要 准 人家 教;
ai² ni¹ mə² bəi¹ mai⁴ van⁴,
许配小女 你 去 母亲人家,
mə² mə⁴ tsun³ van⁴ hun¹。
你 要 准 人家 训。
jəu³ nəi⁴ mə² huk⁷ lək⁸ ni¹,
在 这边 你 做 小孩,
sui² sai⁴ mə² ȵam¹ bəŋ³;
随便 你 玩 逛;
bəi¹ jin² mə² huk⁷ tin² fu⁴ van⁴,
去 人家 你 做 媳妇 人家,
mə² mə⁴ tsun³ van⁴ soi¹。
你 要 准 人家 催。
tuk⁷ hui⁴ mə² mə⁴ tuk⁷ kaŋ² fun²,
洗 碗 你 要 洗 连同 盆,
tsin² mai⁴ van⁴ hɔ² kɔu³;
别要母亲人家 告状;
tsu² lan² mə² mə⁴ tsu² kaŋ² bak⁷ dən⁴,
扫 屋 你 要 扫 连同 口 门,
tsin² mai⁴ jin² di² bo¹。
别要母亲人家要 讲。
kai¹ tan¹ mə² mə⁴ tɔ² tɔ³ ui²,
鸡 叫 你 要 自己 起,
tsin² fəu³ van⁴ soi¹ mo⁴;
别 等 人家 催 屁股;

kut⁷ van² mə² mə⁴ tɔ² tɔ³ kiau⁴,
鹊　鸣　你要自己　动,
tsin² fɔu³ van⁴ soi¹　ləi²。
别　等 人家 催　后面。

新娘唱：

（哭父母）

kan³ kan³ tsu⁴ bat⁷　bə³　lək⁸,
赶　赶　就　拨　（词头）子女,
di² lai³ kiau⁴ fɔi² bat⁷；
哪　有　几　次　拨；
xuaŋ² xuaŋ² tsu⁴ ai²　bə³　nə³,
狂　　狂　　就 许嫁（词头）女,
di² lai³ kiau⁴ fɔi²　ai²。
哪　有　几　次 许嫁。
bat⁷ nə³ mə² nə³ nɔk⁷ nen²,
拨　女　你　个　小　年,
huk⁷ lək⁸ ŋu² fan¹ ek⁷；
做　小　黄牛 翻　轭；
ai²　lək⁸ mə² nə³ nɔk⁷ tui³,
许嫁子　你　个　小　岁,
huk⁷ lək⁸　təi³　fan¹ həŋ²,
做　小　水牛　翻　牛鞅。
tɔi³ fɔi² mə² tsu⁴ se¹,
问 次 你　就　给
mə² saŋ² bo¹ nɔk⁷ mən² tɔk⁷,
你　该　说　小　不　懂；
im¹ fɔi² mə² tsu⁴ xəŋ³,
讨　次　你　就　肯,
mə² saŋ² bo¹ nɔk⁷ mən² hoŋ¹。
你　该　说　小　不　通。
bat⁷ nə³ mə² nə³ nɔk⁷ nen²,
拨　女　你　个　小　年,
ləu² tɔk⁷ lip⁸ koŋ¹ van⁴；
哪　懂　立　工　人家；

ai² lək⁸ mə² nə³ nək⁷ tui³,
许嫁子女 你 个 小 岁,
ləu² tək⁷ huk⁷ koŋ¹ jin².
哪 懂 做 工 人家。
koŋ¹ van⁴ kə³ tsiŋ³ vun² ŋu²,
工 人家 的 像 毛 黄牛,
mə² də⁴ lək⁸ di³ ləu² lip⁸;
你 叫 子 怎么 立;
koŋ¹ jin² kə³ tsiŋ³ vun² təi³,
工 人家 的 像 毛 水牛,
mə² də⁴ nə³ di³ ləu² huk⁷。
你 叫 女 怎么 做。
koŋ¹ van⁴ kə³ tsiŋ³ vun² ŋu²,
工 人家 的 像 毛 黄牛,
hau² huk⁷ niŋ² jiau² da³;
我 做 旁边 丢 中间;
koŋ¹ jin² kə³ tsiŋ³ vun² təi³,
工 人家 的 像 毛 水牛,
hau² huk⁷ da³ jiau² niŋ²。
我 做 中间 丢 旁边。
huk⁷ da³ lək⁸ tsu⁴ jiau² niŋ²,
做 中间 子 就 丢 旁边,
mə² maŋ² mai⁴ van⁴ hə² kəu³;
你 怕 母亲人家 告状;
huk⁷ niŋ² lək⁸ tsu⁴ jiau² da³,
做 旁边 女 就 去 中间,
mə² maŋ² mai⁴ van⁴ di² bo¹。
你 怕 母亲人家 要 说。
mai⁴ van⁴ hə² kəu³ kən³ həu¹,
母亲人家 告状 上 集市,
mə² bo¹ nək⁷ mən² tək⁷;
你 说 小 不 懂;
niaŋ² jin² sət⁸ mə² kən³ təi⁴,
娘 人家 捎 话 上 市场,

mə² bo¹ nɔk⁷ mən² hoŋ¹。
你 说 小 不 通。
mo⁴ xo³ hau² en³ ua³ vun² ŋu²,
屁股裤 我 还 沾 毛 黄牛,
mə² tsu⁴ ai² bə¹ lək⁸ jə³ van⁴;
你 就 许嫁(词头)子 与人家;
vun² ŋu² en³ ua³ jou³ mo⁴ xo³,
毛 黄牛还 沾 在 屁股裤,
mə² tsu⁴ bat⁷ bə³ nə³ jə³ jin²。
你 就 拨(词头)女 与 人。
dɔ⁴ nə³ hau² tek⁷ dak⁸ ŋu²,
让 女 我 放下绳子黄牛,
tsu⁴ biaŋ³ hau² huat⁷ bak⁷ dən⁴;
就 放 我 脱 口 门;
dɔ⁴ lək⁸ hau² tek⁷ dak⁸ təi³,
让 子 我 放下绳子水牛,
tsu⁴ biaŋ³ hau² huat⁷ ka¹ lan²。
就 放 我 脱 家 庭。
bə³ nə³ nə³ kɔu⁴ təp⁸ ŋo⁴ lok⁸,
(词头)女个属于 十 五 六,
mə² tsu⁴ xuaŋ² ai² jə³ van⁴;
你 就 狂 许嫁与人家;
hau² lək⁸ kɔu⁴ təp⁸ tə³ ŋo⁴,
我 子女属于 十 四 五,
mə² tsu⁴ xuaŋ² bat⁷ jə³ jin²。
你 就 狂 拨 与 人。
mai⁴ van⁴ mia² im¹ bə³ lək⁸,
母亲人家 来 讨(词头)子,
mə² saŋ² han⁴ vəi² na³;
你 该 限 明年;
niaŋ² jin² mia² im¹ bə³ nə³,
娘 人家 来 讨(词头)女,
mə² saŋ² han⁴ vəi² lɔ²。
你 该 限 后年。

han⁴ nə³ mə² nə³ vəi² lɔ²,
限　女　你　个　后年，
di² kɔn¹ nia² kaŋ² ŋau⁴？
要　吃　水田　连同　水稻？
han⁴ lək⁸ mə² nə³ vəi² na³,
限　子　你　个　明年，
di² kɔn¹ vən³ kaŋ² jau²？
要　吃　坡地　连同　番薯？
bat⁷ nə³ bəi¹ jə³ mai⁴ jin²,
拨　女　去　与　母亲人家，
mə² di³ vən² təŋ⁴ tam¹ dɔn³；
你　一　天　省　三　顿；
ai² lək⁸ bəi¹ jə³ mai⁴ van⁴,
许嫁　子　去　与　母亲人家，
mə² di³ dɔn³ təŋ⁴ tam¹ sak⁸。
你　一　顿　省　三　勺。
di³ dɔn³ dəu² təŋ⁴ tam¹ sak⁸,
一　顿　咱　省　三　勺，
dəu² ɔu¹ ləp⁸ iŋ³ jə³ van⁴；
咱　要　米　卖　与　人家；
di³ vən² dəu² təŋ⁴ tam¹ dɔn³,
一　天　咱　省　三　顿，
dəu² ɔu¹ ləp⁸ iŋ³ jə³ jin²。
咱　要　米　卖　与　人。
təŋ⁴ nə³ mə² nə³ vəi² lɔ²,
剩　女　你　个　后年，
di² bəŋ¹ liŋ² bui¹ ŋau⁴；
要　帮　力　割　稻；
lu² lək⁸ mə² nə³ vəi² na³,
留　子　我　个　明年，
di² bəŋ¹ kok⁷ sa¹ jau²。
要　帮　脚　种　番薯。
təŋ⁴ nə³ mə² nə³ vəi² lɔ²,
剩　女　你　个　后年，

di² bəŋ¹ niaŋ² hap⁷ nam⁴；
要 帮 娘 挑 水；
lu² lək⁸ mə² nə³ vəi² na³，
留 子 你 个 明 年，
di² bəŋ¹ hak⁷ nam² ləp⁸。
要 帮 官 春 米。
kek⁷ nə³ hau² lou⁴ lan² fəŋ²，
隔开 女 我 入 厢 房，
mə² mən² kən² dəi³ huŋ⁴？
你 不 辣 底 胴？
kek⁷ lək⁸ hau² lok⁸ kan³ hou⁴，
隔开 子 我 从 里 屋，
mə² mən² kən² ȵa² boʔ⁸？
你 不 辣 根 肚子？
bat⁷ nə³ hau² nə³ nɔk⁷ nen²，
拨 女 我 个 小 年，
mə² ləu² tsi³ van² hɔp⁸ via³？
你 怎 置 扁担 合 肩膀？
ai² lək⁸ hau² nə³ nɔk⁷ tui³，
许嫁 子 我 个 小 岁，
mə² ləu² tsi³ hoŋ³ hɔp⁸ liŋ²？
你 怎 置 桶 合 力？
mai⁴ van⁴ nə³ huk⁷ vən³ kuan²，
母亲 人家 个 做 园 竹，
na⁴ lai³ van² hɔp⁸ via³；
才 有 扁担 合 肩膀；
niaŋ² jin² huk⁷ ta² fu⁴ liŋ¹ hoŋ³，
娘 人家 做 师傅 修理 桶，
na⁴ lai³ hoŋ³ hɔp⁸ liŋ²。
才 有 桶 合 力。
bat⁷ nə³ hau² nə³ nɔk⁷ nen²，
拨 女 我 个 小 年，
mə² hɔ² tsia² ləŋ² lou⁴ xiu⁴；
你 捉 蛤蚧 入 轿；

ai² lək⁸ hau² nə³ nɔk⁷ tui³,
许嫁 子 我 个 小 岁，
mə² hɔ² uŋ³ aŋ³ mia² tsɔŋ¹ 。
你 捉 蛤蟆 来 装。
meŋ¹ kaŋ³ mai⁴ van⁴ lai³ kɔn¹,
名 讲 母亲人家 有 吃，
mə² na⁴ ai² lək⁸ bɔi¹ van⁴;
你 才许嫁 子 去 人家；
meŋ¹ suan² niaŋ² jin² kəu³ juŋ⁴,
名 传 娘 人家 够 用，
mə² na⁴ bat⁷ nə³ bɔi¹ jin² 。
你 才 拨 女 去 人家。
meŋ¹ kaŋ³ mai⁴ van⁴ lai³ kɔn¹,
名 讲 母亲人家 有 吃，
hoŋ³ ŋən² tam¹ təp⁸ sok⁷;
送 银 三 十 六；
meŋ¹ suan² niaŋ² jin² kəu³ juŋ⁴,
名 传 娘 人家 够 用，
fak⁸ fui¹ hoŋ³ sok⁷ mɔʔ⁸ 。
束 髻 送 六 元。
hoŋ³ ləi³ tam¹ təp⁸ sok⁷ mɔʔ⁸ ŋən²,
送 礼 三 十 六 个 银，
di² jam³ vian¹ in² kɔ¹ xui⁴;
要 叫 买 鹦哥 柜；
hoŋ³ fak⁸ fui¹ sok⁷ tɔŋ³,
送 束髻 六 大个，
di² jam³ huk⁷ xui⁴ in² kɔ¹ 。
要 叫 做 柜 鹦哥。
mai⁴ van⁴ kiam⁴ sau³ fak⁸ fui¹,
母亲人家 减 钞 束髻，
dou² kian⁴ hai² tsin² vian¹;
咱 减 鞋 别 买；
niaŋ² jin² kiam⁴ sin² hoŋ³ ləi³,
娘 人家 减 钱 送礼，

dəu² kiam⁴ fun² hoŋ² tsin² ɔu¹。
咱　减　脸盆　别　要。
bəi¹ van⁴ tsək⁸ tɔi³ ləi³ ŋi²，
去　人家　若　问　礼义，
ləi³ ŋi² jɔu³ dak⁸　təi³；
礼义　在　绳　水牛；
bəi¹ jin² tsək⁸ ti⁴ tsək⁷ ləi³，
去　人家　若　是　责　礼，
tsək⁷ ləi³ jɔu³ dak⁸　ŋu²。
责　礼　在　绳　黄牛。
bat⁷ nə³ mə³ nə³ nɔk⁷ nen²，
拨　女　你　个　小　年，
mə² maŋ² həi⁴ fɔŋ¹ vɔk⁷ jiaŋ⁴；
你　怕　天下　看　样；
ai² lək⁸ mə² nə³ nɔk⁷ tui³，
许嫁　子　你　个　小　岁，
mə² maŋ² həi⁴ fɔŋ¹ di² kaŋ³。
你　怕　下　要　讲。
bə³ nə³　kɔu⁴ təp⁸ leŋ² nen²，
(词头)女　属于　十　零　年，
mə² bo¹ n̻ə³ san² fa³；
你　说　大　刺　天；
bə³　lək⁸ kɔu⁴ təp⁸ sok⁷ sit⁷，
(词头) 子　属于　十　六　七，
mə² bo¹ n̻ə³ kua² du²。
你　说　大　过　度。
lai³ nə³ hau² ti⁴ mai⁴ lək⁸，
生　女　我　是　女子，
tiaŋ⁴ n̻ə³　ai²　jə³ van⁴；
养　大　许嫁　与　人；
lai³ lək⁸ hau² ti⁴ siau⁴ ni⁴，
生　子　我　是　小　女，
tiaŋ⁴ n̻ə³ bat⁷ jə³ jin²。
养　大　拨　与　人。

lai³ nə³ hau² tsək⁸ ti⁴ nɔm² tsə³,
生 女 我 若 是 男 子，
di² tsik⁸ kuk⁸ fɔŋ¹ ki³；
要 积 谷 防 饥；
lai³ lək⁸ hau² tsək⁸ ti⁴ da³ xiaŋ⁴,
生 子 我 若 是 男 子，
di² jiaŋ³ lu¹ dai² lau⁴。
要 养 儿 待 老。
mai⁴ van⁴ lai³ tin² fu⁴ ɔu¹。
母亲人家有 媳 妇 娶，
dɔu² ja³ baŋ⁴ kuŋ² hi³；
咱 也 傍 恭 喜；
niaŋ² jin² lai³ tin² fu⁴ tsau⁴,
娘 人家有 媳妇 找，
dɔu² ja³ baŋ⁴ vən² mai²。
咱 也 傍 日子 好。
xɔi¹ bak⁷ hau² ŋai³ kiat⁷ tsiau²,
开 口 我 哭 吉 兆，
kiat⁷ lan² nui⁴ hɔu² hɔu³；
吉 家 里 透 透；
xɔi¹ sau¹ hau² ŋai³ kiat⁷ li⁴,
开 声 我 哭 吉 利，
kiat⁷ lan² nui⁴ sai² sai²。
吉 家 里 齐 齐。
lan² nui⁴ tsək⁸ kiat⁷ sai² sai²,
家 里 若 吉 齐 齐，
kiat⁷ fuk⁸ luk⁸ kɔu³ siŋ³；
吉 福 禄 高 升；
lan² nui⁴ tsək⁸ kiat⁷ hɔu² hɔu³,
家 里 若 吉 透 透，
kiat⁷ fuk⁸ ji¹ duŋ³ hai⁴。
吉 福 如 东 海。
tiaŋ⁴ hau² təp⁸ leŋ² vəi²,
养 我 十 零 年，

ɔu¹ ki³ kai³ mia² fɔ⁴ koŋ¹ dək⁷；
要 什么 来 酬 功 德；

lai³ hau² təp⁸ leŋ² tui³，
生 我 十 零 岁，

ɔu¹ ki³ kai³ mia² fɔ⁴ koŋ¹ lɔu²。
要 什么 来 酬 功 劳。

ɔu¹ ki³ kai³ mia² fɔ⁴ koŋ¹ lɔu²，
要 什么 来 酬 功 劳，

ɔi³ be² mai⁴ kɔn¹ bek⁷ tui³；
爱 父 母 吃 百 岁；

ɔu¹ ki³ kai³ mia² fɔ⁴ koŋ¹ dək⁷，
要 什么 来 酬 功 德，

tsuk⁷ hak⁷ niaŋ² lau⁴ bek⁸ nian¹。
祝 官 娘 老 百 年。

kiat⁷ dɔu² hak⁷ hem¹ niaŋ²，
吉 咱 官 和 娘，

xuan¹ tim¹ lai³ sə⁴ sai⁴；
宽 心 有 自 在；

kiat⁷ dɔu² niaŋ² hem¹ hak⁷，
吉 咱 娘 和 官，

fiŋ² an¹ dai³ fai² siaŋ²。
平 安 带 排 场。

(哭兄嫂)

bə³ nuŋ⁴ hau² nə³ jɔu³ lan²，
(词头) 侬 我 个 在 家，

eŋ¹ tau³ heŋ³ hɔu⁴ tsuk⁷；
兄 嫂 伺 候 足；

lək⁸ ni¹ hau² nə³ jɔu³ kɔi³，
小 妹 我 个 在 家，

eŋ¹ tau³ heŋ³ hɔu⁴ mai²。
兄 嫂 伺 候 好。

bə³ nuŋ⁴ hau² lai³ ki³ kai³ koŋ¹，
(词头) 侬 我 有 什 么 功，

mə² lo⁴ se¹ sin² tsat⁷ lou³ ;
你们 给钱 压 腰；
nə²　　ni¹ hau² lai³ ki³ kai³ dək⁷ ,
（词头）小 我 有 什么 德，
mə² lo⁴ se¹ sau³ sui² hu² 。
你们 给 钞 随 身。
bə³　　nuŋ⁴ hau² lai³ hai⁴ li⁴ ,
（词头）侬 我 有 大 利，
mə² lo⁴ kəu¹ jua³ mia² do³ ;
你们 裁 衣 来 诱导；
bə³　　ni¹ hau² lai² vən² mai² ,
（词头）小 我 有 日子 好，
mə² lo⁴ vian¹ hai² mia² se¹ 。
你们 买 鞋 来 给。
bə³　　nuŋ⁴ huk⁷ ki³ kai³ dəi³ sin² ,
（词头）侬 做 什么 抵 钱，
mə² o⁴ hoŋ³ fia⁴ kat⁸ kok⁷ ;
你们 送 饭 捆 脚；
bə³　　ni¹ huk⁷ ki³ kai³ dəi³ lai³ ,
（词头）小 做 什么 抵 得，
mə² lo⁴ huŋ² ŋai² li² si² 。
你们 煮 干饭 利 市。
vin² kok⁷ di³ mɔʔ⁸ eu² eu¹ ,
圆 脚 一 个 曲 曲，
hau² bəi¹ kiŋ³ sik⁸ mai⁴ van⁴ ;
我 去 敬 席 母亲人家；
keu¹ ək⁷ di³ mɔʔ⁸ uan² uan⁴ ,
简 胸部一 个 弯 弯，
hau² bəi¹ kiŋ³ fia⁴ niaŋ² jin² 。
我 去 敬饭 娘 人家。
bəi¹ van⁴ tsək⁸ dek⁸ kok⁷ mɔ² ,
去 人家 若 看 手艺，
hau² bo¹ kok⁷ mɔ² tau³ ;
我 说 手艺 嫂；

bəi¹ jin² tsək⁸ dek⁸ kok⁷ fu⁴,
去 人家 若 看 脚 步,
hau² bo¹ kok⁷ fu⁴ haŋ¹。
我 说 脚 步 兄嫂。
bə³　　nuŋ⁴ di² kən³ xiu⁴ ŋaʔ⁸,
(词头) 侬 要 上 (轿名),
ja³ həi³　fa⁴　vun² hau³;
也 替 除 去 毛 头;
bə³　　ni¹ di² kən³ xiu⁴ kiŋ³,
(词头) 小 要 上 (轿名),
ja³ həi³　fa⁴　vun² ŋek⁸。
也 替 除 去 毛 额。
həi³ nuŋ⁴ hau² fa⁴ vun² ŋek⁸,
替 侬 我 除去 毛 额,
ou¹ ki³ kai³ mia² fɔ⁴ koŋ¹ dək⁷;
要 什么 来 酬 功 德;
həi³ ni¹ hau² fa⁴ vun² hau³,
替 小 我 除去 毛 头,
ou¹ ki³ kai³ mia² fɔ⁴ koŋ¹ ləu²。
要 什么 来 酬 功 劳。
ou¹ ki³ kai³ fɔ⁴ koŋ¹ ləu²,
要 什么 酬 功 劳,
kiat⁷ nəm² tsə³ləŋ¹ fɔ⁴;
吉 男子 回 酬报;
ou¹ ki³ kai³ fɔ⁴ koŋ¹ dək⁷,
要 什么 酬 功 德,
kiat⁷ nəm² xin² ləŋ¹ hen²。
吉 男 权 回 填。
bat⁷ nuŋ⁴ hau² nə³ huat⁷ lan²,
拨 侬 我 个 脱 家,
mə² lo⁴ lok⁸ ṅəi⁴ huk⁷ di² lai³;
你们 从 此 做 将 富有;
ai² ni¹ hau² nə³ huat⁷ kəi³,
许嫁 小 我 个 脱 家,

mə² lo⁴ lok⁸ nɔi⁴ huk⁷ di² vat⁸
你们 从 此 做 将富裕。

(哭媒婆轿夫)

tam¹ han⁴ mə² mia² vɔn³ fəi²,
三 集市你 来 两 次,

mə² du² ti⁴ vəi⁴ sin² ləi³;
你 都 是 为 钱 礼;

tam¹ vən² mə² mia² vɔn³ han⁴,
三 天 你 来 两 次,

mə² du² ti⁴ vəi⁴ sin² mui²。
你 都 是 为 钱 媒。

mai⁴ van⁴ ko³ ki³ liau⁴ sin²,
母亲人家雇 几 多 钱,

jə³ mə² ləu⁴ lan² da³;
与 你 进入 屋 里;

niaŋ² jin² ko³ ki³ liau⁴ sau³,
娘 人家雇 几 多 钞,

jə³ mə² ləu⁴ jin² mui²。
与 你 入 人 媒。

sen⁴ kən³ mə² ju⁴ sen⁴ lɔŋ²,
转 上 你 又 转 下,

mə² sen⁴ si² lan² du² dum³;
你 转 走廊 都 崩倒;

sen⁴ lɔŋ² mə² ju⁴ sen⁴ kən³,
转 下 你 又 转 上,

mə² sen⁴ bak⁷ dən⁴ du² ven¹。
你 转 口 门 都 凹陷。

ŋo¹ mo⁴ mɔʔ⁸ kən³ bai¹ hok⁸,
坐 屁股 个 上 上 白,

mə² tiaŋ³ niaŋ² bau¹ fia⁴;
你 想 娘 煮 饭;

nam² tsu² mɔʔ⁸ kən³ fəŋ¹ da³,
坐 屁股 个 上 门槛中间,

mə² tiaŋ³ mu³ bau¹ ŋai²。
你　想　母亲　煮　干饭。
sɔu⁴ ləi⁴ mɔʔ⁸ lok⁸ kua³ na³，
造　例　个　从　过　前，
me² an³ naŋ⁴ me² kiat⁷；
越　骂　越　更加　吉；
sɔu⁴ lip⁸ mɔʔ⁸ lok⁸ tɔi³ lau⁴，
造　立　个　从　古　老，
me² an³ naŋ⁴ me² mai²。
越　骂　越　更加　好。
fin⁴ bak⁷ lɔu² hau² tsu⁴ bo¹，
便　口　入　我　就　说，
mə² tsin² ki² tsiap⁸ kai³ lon⁴；
你　别　在意　这　回；
fin⁴ sau¹ lɔu⁴ hau² tsu⁴ kaŋ³，
便　声　入　我　就　讲，
mə² tsin² kai³ lon⁴ ki² tsiap⁸。
你　别　这　轮　在意。
mai⁴ van⁴ ko³ ki³ liau⁴ sin²，
母亲人家雇几多　钱，
jə³ mə² təŋ² bəŋ³ xiu⁴；
与　你　承　柄　轿；
niaŋ² jin² ko³ ki³ liau⁴ sau³，
娘　人家雇几多　钞，
jə³ mə² kit⁷ lɔŋ¹ lɔ²。
与　你　打　鼓　锣。
meŋ¹ kaŋ³ mai⁴ van⁴ lai³ kən¹，
名　讲　母亲人家有　吃，
ja³ vian¹ suŋ³ fau³ mən² lɔk⁷；
也　买　爆竹　不　响；
meŋ¹ suan² niaŋ² jin² kəu³ juŋ⁴，
名　传　娘　人家够　用，
ja³ vian¹ suŋ³ fau³ mən² lɔŋ¹。
也　买　爆竹　不　着火。

（哭闹房姐妹）

kiau³ kuan⁴ nə⁴ mɔʔ⁸ ki³ keu² ,
闹　房　这个　几月，
ɔu¹ mai⁴ van⁴ mia² sek⁷ ;
要　母亲人家　来　拆；
kiau³ kuan⁴ nə⁴ mɔʔ⁸ ki³ han⁴ ,
闹　房　这个　几月，
ɔu¹ mai⁴ van⁴ mia² fən¹ 。
要　母亲人家　来　分。
mai⁴ van⁴ kɔn¹ dam³ mo¹ fui² ,
母亲人家 吃　胆　猪 肥，
kə² mia² sek⁷ kuan⁴ bat⁸ im³ ;
她　来　拆　馆　八音；
niaŋ² jin² kɔn¹ dam³ mo¹ n̩ɔ³ ,
娘　人家 吃　胆　猪 大，
kə² mia² sek⁷ kuan⁴ tiu¹ hin² 。
她　来　拆　馆　箫 弦。
vən² jɔp⁷ dou² tsu⁴ fuŋ¹ fɔŋ² ,
天　黑　咱　就　封 房，
da² tsiŋ³ kia² liau² lou⁴ sɔŋ⁴ ;
很　象　秦吉 了　入 洞；
vən² lam¹ dou² tsu⁴ haʔ⁷ dən⁴ ,
天　黑　咱　就　关 门，
da² tsiŋ³ e³ nen⁴ lou⁴ luk⁸ 。
很　象　燕子　入 巢。
mai⁴ van⁴ lai³ tin² fu⁴ ɔu¹ ,
母亲人家 有　媳妇 娶，
mia² tsuk⁸ liŋ² sek⁷ kuan⁴ ;
来　促　令　拆　馆；
niaŋ² jin² di² ɔu¹ tin² fu⁴ ,
娘　人家 要 娶　媳妇，
mia² fɔ³ xəi³ hem¹ kɔn² 。
来　破 气　大家。

fɔ³ xəi³ dəu² lo⁴ hem¹ kən²,
破 气 咱们 大家,
kiau³ ki³ keu² ti² kan¹;
搅 几 月 时间;
nəu² juk⁸ mə² lo⁴ bəi³ məi⁴,
麻烦 你们 姐 妹,
kiau³ ti² kan¹ ki³ keu²。
搅 时间 几 月。
tsək⁸ tsau³ hau² huat⁷ lan²,
明 早 我 脱 家,
hem¹ kən² tsu⁴ di² tan³;
大 家 就 要 散;
lok⁸ nin⁴ mia² kiau³ kuan⁴,
从 那时 来 闹 房,
bak⁷ tsək⁸ tsu⁴ di² fən¹。
明天 就 要 分。

(哭弟妹)

bat⁷ bəi³ hau² bəi¹ jə³ jin²,
拨 姐 我 去 与 人,
mə² lo⁴ lok⁸ nəi⁴ nək² di² nɔ³;
你们 从 此 小 要 大;
ai² haŋ¹ hau² bəi¹ jə³ van⁴,
许嫁 姐 我 去 与 人,
mə² lo⁴ lok⁸ nəi⁴ nək⁷ di² haŋ¹。
你们 从 此 小 要 高。
bat⁷ bəi³ hau² nə³ huat⁷ lan²,
拨 姐 我 个 脱 家,
mə² lo⁴ mə⁴ tsun³ niaŋ² dəu² kau³;
你们 要 准 娘 咱 教;
ai² haŋ¹ hau² nə³ huat⁷ kɔi²,
许嫁 姐 我 个 脱 家,
mə² lo⁴ mə⁴ tsun³ mu³ dəu² hun¹。
你们 要 准 母亲 咱 训

tam¹ han⁴ bɔi¹ lan² mai⁴ jin²,
三　天　去　家　母亲人家，
mə² lo⁴ dek⁸ ma² liak⁸ si¹ mum⁴；
你们　看　小叶榕　长 胡须；
tam¹ vən² bɔi¹ lan² mai⁴ van⁴,
三　天　去　家　母亲人家，
mə² lo⁴ dek⁸ ma² van³ si¹ ȵa²。
你们　看　大叶榕　长 根。
dɔ⁴ mu³ dou² kit⁷ hai¹ ŋən²,
叫　母亲　咱　打　梳子　银，
bɔi¹ tuʔ⁸ mum⁴ ma² van³;
去　捋　胡须　大叶榕；
dɔ⁴ niaŋ² dou² liak⁸ hai¹ om⁴,
让　娘　咱　挑选　梳子　弯曲，
bɔi¹ tuʔ⁸ mum⁴ ma² liak⁸。
去　捋　胡须　小叶榕。
tam¹ vən² bɔi¹ lan² mai⁴ jin²,
三　天　去　家　母亲人家，
mə² lo⁴ dek⁸ ma³ lu² diŋ³ dən⁴；
你们　看　猴子　顶　门；
tam¹ han⁴ bɔi¹ lan² mai⁴ jin²,
三　天　去　家　母亲人家，
mə² lo⁴ dek⁸ kau¹ tui³ hin² mok⁸。
你们　看　猴子　走　木头。
tam¹ han⁴ bɔi¹ lan² mai⁴ jin²,
三　天　去　家　母亲人家，
mə² lo⁴ dek⁸ ma³ lu² kua² duŋ⁴ daŋ⁴；
你们　看　猴子　戴　竹筒；
tam¹ vən² bɔi¹ lan² mai⁴ van⁴,
三　天　去　家　母亲人家，
mə² lo⁴ dek⁸ kau¹ tui³ fian² dun³。
你们　看　猴子　爬　树。
mai⁴ van⁴ tsək⁸ ka³ kai¹ lian²,
母亲人家　若　杀　骟　鸡，

mə² lo⁴ kən¹ tsiʔ⁸ tiu² tiu³ ;
你们　吃　点　少　少；
niaŋ² jin² tsək⁸ ka³ tsiau² li³ ,
娘　人家　若　杀（小鸟名），
mə² lo⁴ mə⁴ dau³ kaŋ² san² 。
你们　要 吃下 连同 残物。
bat⁷ bəi³ hau² bəi¹ jə³ jin² ,
拨　姐　我　去 与 人，
mə² lo⁴ kən¹ siŋ¹ nam⁴ du² bu³ ;
你们　吃　清　水　都 补；
ai²　haŋ¹ hau² bəi¹ jə³ van⁴ ,
许嫁　姐　我　去 与 人家，
mə² lo⁴ kən¹ siŋ¹ nam⁴ du² fui² 。
你们　吃　清　水　都 肥。

(迎亲那一天)
新娘唱：
xiu⁴ kiŋ³ mia² dɔŋ¹ bak⁷ diŋ² ,
(轿名)　来　到　土地庙，
kiat⁷ tə³ mui⁴ hɔu² hɔu³ ;
吉　四　门　透　透；
xiu⁴ ŋaʔ⁸ mia² dɔŋ¹ bak⁷ kɔŋ⁴ ,
(轿名)　来　到　口 小巷，
kiat⁷ tə³ mui⁴ in² in¹ 。
吉　四　门　完　完。
mai⁴ van⁴ nə³ xəi¹ tam¹ xin² ,
母亲人家个 开　三　拳，
tsu⁴ kiat⁷ niaŋ² hem¹ hak⁷ ;
就　吉　娘　和 官；
niaŋ² jin² nə³ kit⁷ tam¹ kun³ ,
娘　人家个 打 三　棍，
ja³ kiat⁷ hak⁷ huŋ² niaŋ² 。
也　吉　官　同　娘。

tam¹ kun³ mia² dəŋ¹ bak⁷ diŋ²,
三 棍 来 到 土地庙,
ja³ kun³ kun³ fiŋ² kiat⁷;
也 棍 棍 平 吉;
tam¹ xin² mia² dəŋ¹ na³ vɔ³,
三 拳 来 到 前村,
ju⁴ xin² xin² fiŋ² mai²。
又 拳 拳 平 好。
xiu⁴ kiŋ³ lok⁸ nin⁴ ləu⁴ mia²,
(轿名) 从 那头 进 来,
da² baŋ¹ tsiŋ³ dəi³ kuk⁸ diŋ³;
很 亮 如 灯（灯具名）;
xiu⁴ ŋaʔ⁸ lok⁸ nin⁴ ləu⁴ kɔi³,
(轿名) 从 那头 进来,
da² baŋ¹ tsiŋ³ dəi³ lɔ² liŋ²。
很 亮 如 灯（灯具名）。
xiu⁴ kiŋ³ lok⁸ nin⁴ ləu⁴ mia²,
(轿名) 从 那边 进 来,
ja³ baŋ¹ koŋ⁴ tiŋ² ləi³;
也 亮 巷子 成 列;
xiu⁴ ŋaʔ⁸ lok⁸ nin⁴ ləu⁴ kɔi³,
(轿名) 从 那边 进 来,
ja³ baŋ¹ koŋ⁴ tiŋ² hiu²。
也 亮 巷子 成 条。
xiu⁴ kiŋ⁴ tsum³ tsum³ tuʔ⁷ tia²,
(轿名) 盖盖 尾巴茅草,
tuʔ⁷ tia² deu² ban¹ tə¹;
尾巴茅草 走 盘成字;
xiu⁴ ŋaʔ⁸ tsum³ tsum³ tuʔ⁷ ŋua⁴,
(轿名) 盖盖 尾巴 瓦,
tuʔ⁷ ŋua⁴ kiat⁷ ki² lin²。
尾巴 瓦 结 麒麟。
bat⁷ nə³ hau² nə³ huat⁷ lan²,
拨 女 我 个 脱 家,

xin² xin⁴ tsuŋ³ fiŋ² kiat⁷;
件　件　总　平　吉；
ai²　lək⁸ hau² nə³ huat⁷ kəi³,
许嫁子　我　个　脱　家，
tsuaŋ² tsuaŋ¹ tsuŋ³ fiŋ² mai²。
桩　　桩　　总　平　好。
ləu² han⁴ du² lai³ vən² mai²,
哪　日　都　有　日子　好，
mən² dim³ nə⁴ keu² kiat⁷;
不　如　这　月　吉；
ləu² keu² du² lai³ hai⁴ li⁴,
哪　月　都　有　大　利，
mən² dim³ nə⁴ vən² mai²。
不　如　这　天　好。
mai⁴ van⁴ nə³ tək⁷ liak⁸ vən² mai²,
母亲人家个　懂　选　日子　好，
kə² liak⁸ vən² fəŋ¹ be² mai⁴。
她　择　日子　防　父　母。
niaŋ² jin² nə³ tək⁷ liak⁸ hai⁴ li⁴,
娘　人家个　会　选　大　利，
mia² fəŋ¹ hak⁷ huŋ² niaŋ²。
来　防　官　同　娘。
kuŋ² hi³　kə³　tsiŋ³ siau¹ nəi²,
恭　喜　（助词）像　朝　内，
du² liak⁸ be² mai⁴ deu² met⁷;
都　选　父　母　走　躲藏；
ha³ lək⁸ kuŋ² hi³ hai⁴ li⁴,
嫁　女　恭喜　大　利，
ja³ də⁴ be² mai⁴ hau² deu²。
也　叫　父　母　我　走。
koŋ¹ xo³ ti⁴ koŋ¹ təp⁸ ŋit⁸,
工　苦　是　工　十　月，
ja³ liak⁸ vən² hai⁴ li⁴;
也　择　日　大　利；

təp⁸ ŋit⁸ dəŋ¹ ti² bui¹ ŋau⁴,
十 月 正是 时候 割 稻,
ja³ liak⁸ hai⁴ li⁴ təp⁸ ŋit⁸。
也 择 大 利 十 月。
diu² nə³ hau² nə³ huat⁷ lan²,
牵 女 我 个 脱 家,
be² mai⁴ tsin² ŋa⁴ n̩uŋ³ tiaŋ³;
父 母 别 苦着 脸;
diu² lək⁸ hau² nə³ huat⁷ kɔi³,
拉 子 我 个 脱 家,
hak⁷ niaŋ² tsin² ŋa⁴ n̩uŋ³ da¹。
官 娘 别 皱 眼睛。
be² mai⁴ tsin² ŋa⁴ n̩uŋ³ tiaŋ³,
父 母 别 苦着 脸,
lok⁸ nɔi⁴ kɔn¹ nam⁴ jaŋ¹ du² bu³;
从 此 吃 水 井 都 补;
hak⁷ niaŋ² tsin² ŋa⁴ n̩uŋ³ da¹,
官 娘 别 皱 眼睛,
lok⁸ nɔi⁴ kɔn¹ nam⁴ jaŋ¹ du² xian⁴。
从 此 吃 水 井 都 健。

(出嫁前一天晚上)
嫂带唱：
到人家那边你要精灵点，
如同飞拂水面的蚊子；
到人家那边你要勤快点，
如同下午的跳蚤。
中午你若要出门，
要像上过颜料的观音；
下午你若要离家，
要像涂了金粉的尼姑。
到人家那边要听人使唤，
别像套不惯牛轭的牛犊；

到人家那边要听人指教，
别像套不下牛鞅的小牛。
到那边要听人家的母亲讲，
别像在咱们这边；
到那边要听人家母亲说，
别像在咱自己家里。
差拨你去人家母亲家里，
你要听人家教诲；
许配你到人家母亲家里，
你要听人家训导。
在这边当你是小孩，
随便你玩耍逛荡；
到那边做人家媳妇，
你要听从人家驱使。
洗碗要连盆一起洗，
别让人家母亲来告状；
扫地要连门口一起扫，
别让人家母亲讲闲话。
鸡啼你要自己起床，
别等人家在屁股后催；
鹊鸣你要自己起身，
别等人家在后面喊。

新娘唱：
（哭父母）
匆匆你就把女儿差拨，
哪有几次可差拨；
急急你就把女儿许配，
哪有几次可许配。
女儿年幼就差拨出去，
如同牛犊套不惯牛轭；
女儿年少就许配与人，

如同小牛套不下牛鞅。
人家问一次你就答应,
你该说女儿不懂世道;
人家讨一次你就应承,
你该说女儿不通人事。
女儿年幼就差拨出去,
哪会揽人家的活;
女儿年少就许嫁与人,
哪会干人家的工。
人家的工多如牛毛,
我做旁边丢下中间;
人家的活多如羊毛,
我做中间丢下旁边。
做中间丢下旁边,
你怕人家母亲来告状;
做旁边丢下中间,
你怕人家母亲说闲话。
人家母亲上集市告状,
你要说女儿还不通世道;
人家母亲捎话到市场,
你要说女儿还不通人事。
我裤子下边还粘着牛毛,
你就把我许嫁与人家;
牛毛还粘在我裤子下边,
你就把我差拨出去。
女儿我刚放下牛绳,
就让我离开家门;
女儿我刚放下牛绳,
就叫我离开家庭。
女儿我才十五六岁,
你就急急许配与人;

女儿我才十四五岁,
你就匆匆嫁我出去。
人家母亲来讨女儿,
你该推托到明年;
人家母亲来讨女儿,
你该推托到后年。
推托女儿到后年,
要把水田连同水稻都吃完?
推托女儿到明年,
要把坡地连同番薯都吃光?
差拨女儿给人家母亲,
你一天就能省下三顿;
许诺女儿给人家母亲,
你一顿就能省下三勺。
一顿咱省下三勺,
咱把米卖给人家;
一天咱省下三顿,
咱把米卖给他人。
留下你女儿到后年,
可以帮忙割稻;
留下你女儿到明年,
可以帮忙种薯。
留下你女儿到后年,
可以帮母亲挑水;
留下你女儿到明年,
可以帮父母舂米。
把女儿我隔开厢房,
你不觉得心酸?
把女儿我隔出里屋,
你不觉得肠痛?
女儿我年幼就差拨出去,

怎找到合我肩膀的扁担?
女儿我年少就许配与人,
怎找到配我力气的水桶?
人家母亲经营竹园,
才有合我肩膀的扁担;
人家母亲做修理水桶的师傅,
才有配我力气的水桶。
女儿我年幼就差拨出去,
你要抓蛤蚧来放入花轿;
女儿我年少就许嫁与人,
你要抓蛤蟆往花轿里装。
听说人家母亲不愁吃,
你才把女儿许嫁给人家;
名传人家母亲不愁用,
你才把女儿差拨出去。
听说人家母亲不愁吃,
送来礼金三十六元;
名传人家母亲不愁用,
送来束髻六块光洋。
送来礼金三十六元,
叫咱买个鹦哥柜;
送来束髻六块光洋,
叫咱做个鹦哥柜。
人家母亲克减束髻金,
咱减去花鞋别买;
人家母亲克减聘礼钱,
咱减去脸盆别要。
去人家那边若问起礼仪,
礼仪就在牛绳上;
去人家那边若问起礼节,
牛绳上面有礼节。

女儿年幼就差拨出去，
你怕天下人学样；
女儿年少就许嫁与人，
你怕别人讲闲话。
女儿才十多岁，
你就说大戳破了天；
女儿才十六七，
你就说大过了头。
生我是个女孩，
养大许嫁与别人；
生我是个小女，
养大后差拨出去。
生我若是男子，
可以积谷防饥；
生我若是男孩，
可以养儿待老。
人家母亲有媳妇娶，
咱也叨恭喜的光；
人家母亲有媳妇找，
咱也托吉日的福。
开口我哭吉兆，
全家都吉个透；
放声我哭吉利，
全家吉个齐全。
生下我十多年，
拿什么来酬恩德？
养育我十多年，
拿什么酬功劳？
拿什么来酬功劳？
愿父母吃到百岁；
拿什么来酬恩德，

祝爹娘百年偕老。
让咱爹和娘，
宽心又自在；
让咱娘和爹，
平安有福享。

(哭兄嫂)
小妹我在家，
兄嫂照顾周；
小妹我在家，
兄嫂关照好。
小妹有什么功，
你们给我压岁钱；
小妹有什么德，
你们给我零花钞。
小妹我有吉日，
你们剪衣服诱导我；
小妹我有吉日，
你们买鞋子给我。
小妹做什么值钱，
你们送饭来缠脚；
小妹做什么值钱，
你们煮饭来祝利市。
衣边裁得圆又曲，
我（穿去）给人家母亲敬席；
衣襟剪得弯又圆，
我（穿去）给人家母亲敬饭。
去人家那边若问起手艺，
我就说是嫂子的；
去人家那边若问起针法，
我就说是阿嫂的。
小妹我要上花轿，

还替我绞去鬓毛;
小妹我要上花轿,
还替我绞去额毛。
替我绞去鬓毛,
拿什么来报恩德?
替我绞去额毛,
拿什么来酬功劳?
拿什么来报恩德,
愿你们生个胖小子;
拿什么来酬功劳,
愿你们生个大男孩。
差拨小妹我离家,
你们从此越做越富有;
许嫁小妹我出门,
你们从此越干越红火。
(哭媒婆轿夫)
三天你来两次,
你都是为的礼金;
三天你来两次,
你都是为做媒的钱。
人家母亲雇你多少钱,
让你来说媒;
人家母亲给你多少钞票,
让你做媒人。
绕上你又绕下,
你绕得走廊都要崩塌下来;
绕下你又绕上,
你绕得门口都要凹陷下去。
三天你来两遍,
你央求到我母亲答应;
三天你来两遍,

你央求到我母亲许诺。
屁股坐在石臼上，
你什么话都讲得出；
屁股坐在门槛上，
你什么话都说得来。
什么话都说得来，
讲到我爹娘心里愿意；
什么话都讲得出，
讲到遂我父母心意。
屁股坐在石臼上，
你想我母亲给你煮饭；
屁股坐在门槛上，
你想我母亲煮饭给你。
自古就立下规矩，
越是骂越是吉利；
自古就定下章程，
越骂反而越好。
随口我就说，
你别在意这回；
顺口我就讲，
这回你别在意。
人家母亲雇你多少钱，
让你来抬轿子；
人家母亲给你多少钞票，
让你来打锣鼓。
名讲人家母亲不愁吃，
买爆竹却打不响；
名传人家母亲不愁用，
买爆竹却不着火。

(哭伴娘姐妹)
闹房这么几个月，

让人家母亲来拆散；
闹房这么几个月，
让人家母亲来拆开。
人家母亲吃了肥猪胆，
来把八音馆拆掉；
人家母亲吃了大猪胆，
来把娱乐馆拆除。
天一黑咱就封住房门，
很像秦吉了进入洞穴；
天一黑咱就关紧房门，
很像燕子飞入老巢。
人家母亲有媳妇娶，
才来促令拆馆；
人家母亲要娶媳妇，
才来破大家的气。
破了大家的气，
只闹房几个月时间；
麻烦你们各位姐妹，
伴我时间几个月。
明早我将要离家，
大家就要散伙。
从那时来此闹房，
明天就要分开。
(哭弟妹)
差拨姐姐我给人，
你们从此要长大；
许嫁姐姐我与人，
你们从此要长高。
差拨姐姐我离家，
你们要听娘教诲；
许嫁姐姐我出门，

你们要听妈调教。
三天去到人家母亲家里，
你们可看到长满胡须的榕树；
三天去到人家母亲家里，
你们可看到榕树繁衍出须根。
叫咱娘打好一把银梳，
替榕树捋一下须根；
叫咱娘挑选一把曲梳，
替榕树捋一下胡子。
三天去到人家母亲家里，
你们可看到猴子顶门板玩；
三天去到人家母亲家里，
你们可看到猴子踩木条耍。
三天去到人家母亲家里，
你们可看猴子戴竹筒；
三天去到人家母亲家里，
你们可看到猴子滚铁环。
人家母亲若是杀公鸡，
你们吃一点点就行；
人家母亲若杀蜂鸟，
你们连残羹都要吃下。
差拨姐姐我给别人，
你们喝清水都补身；
许嫁姐姐我与别人，
你们喝清水都长肉。

（迎新日）
新娘唱：
花轿抬到土地庙前，
四面全都吉了个透；
花轿抬到小巷子口，

四方全都吉了个遍。
人家母亲开了三拳，
吉的是咱娘和爹；
人家母亲打了三棍，
吉的是咱爹和娘。
三棍来到庙前，
棍棍都落得个大吉；
三拳来到村口，
拳拳都落得个安好。
花轿从那头进来，
亮得如同"国丁灯"；
花轿从那头进来，
亮得如同"罗令灯"。
花轿从那头进来，
照亮了整道巷子；
花轿从那头进来，
把整条巷子都照亮。
花轿盖住茅草下端，
茅草下端盘成文字；
花轿盖住瓦片下端，
瓦片下端结成个大麒麟。
差拨女儿我离家，
件件事情都吉利；
许嫁女儿我出门，
桩桩事情都安好。
什么时候都有吉日，
远不如这个月吉利；
哪个月都有吉日，
远不如这个月安好。
人家母亲会择吉日，
择日来防咱父母亲；

人家母亲会择吉日，
择日来防咱爹和娘。
恭喜如同朝内，
都选日子让父母躲避；
嫁女恭喜大利，
也让咱父母走开。
最苦的活是十月活，
也选了个大利的日子；
十月正是割稻时候，
也选十月来做吉日。
拉女儿我离开家，
爹娘别哭丧着脸；
拉女儿我出了门，
爹娘别皱起眉头。
爹娘别皱起眉头，
从此你们喝井水也补身；
爹娘别哭丧着脸，
从此你们喝井水也健康。

童 谣

（一）

tam¹ ɲit⁸ miŋ² lai² van² ,
　三　月　知了　叫，
ɔu¹ ki³ kai³ van² ?
要　什么　叫？
ɔu¹ xoŋ⁴ van² 。
要　螯　叫。

xum² lai³ xoŋ⁴　le⁴　xum² tsu⁴ m̥² van² ?
螃蟹　有　螯（助词）螃蟹　就　不　叫？
xum² da³ səŋ⁴　le⁴　xum² di² van² ?
螃蟹　里　洞（助词）螃蟹　怎　叫？
ɔp⁸　da³ səŋ⁴　le⁴　ɔp⁸ tsu⁴ van² ?
青蛙　中　洞（助词）青蛙　就　叫？
ɔp⁸　bak⁷ nɔ³　le⁴　ɔp⁸ m̥² van² ?
青蛙　口　大（助词）青蛙　不　叫？
faŋ⁴ bak⁷ nɔ³　le⁴　faŋ⁴ tsu⁴ m̥² van² ?
水缸　口　大（助词）水缸　就　不　叫？
faŋ⁴ ɔu¹ bɔŋ² tsok⁷　le⁴　faŋ⁴ di² van² ?
水缸 要　土　筑（助词）水缸　怎　叫？

三月知了叫，
拿什么叫？
拿螯叫。
螃蟹有螯螃蟹怎不叫？
螃蟹在洞里螃蟹怎叫？

青蛙在洞里青蛙也叫？
青蛙口大青蛙怎不叫？
水缸口大水缸怎不叫？
水缸用土制成水缸怎叫？

（二）

tsia² lit⁷ tset⁹，tsia² lit⁷ tset⁸，
蟋蟀　（拟声词）蟋蟀（拟声词），
mə² ŋai³ ki³ kai³ mai⁴ lɔŋ¹ fet⁸？
你　哭　什么　女　鼻　扁？
hau² ŋai³ lək⁸ lɔ¹ mən² lai³ tset⁸。
我　哭　夫婿　没有　阴茎。

蟋蟀鸣，蟋蟀叫，
你哭什么塌鼻女？
我哭夫婿没有阴茎。

（三）

uŋ³ aŋ³ kit⁷ lɔŋ¹ jɔu³ hau³ nia²，
蛤蟆　敲鼓在　头　田，
tsia² lit⁷ ŋat⁸ hin² jɔu³ saŋ¹ tia⁴。
蟋蟀　拉弦在　山林。
vɔu⁴ ti² vɔu⁴ te⁴ kua³　mai⁴ hia²，
吹　嘀吹　嗒　过　美夏（地名），
mai⁴ hia² ka³ mo¹ n̠ɔ³，
美　夏　杀　猪　大，
bai¹ tia⁴ ka³ lək⁸ kai¹。
上　山　杀　小　鸡。

lək⁸ kai¹ iak⁸ iak⁸ ka³ diu³ jan³,
小 鸡 哟哟 杀 下 酒,
mai⁴ dan³ o² o² ka³ diu³ ŋai²。
母 鹧鸪 喔喔 杀 就 饭,
tam¹ loŋ² bua⁴, ti³ loŋ⁴ ŋai²。
三 笼 糯米糕,四 笼 饭。

蛤蟆敲鼓在田头,
蟋蟀弹琴在山林。
吹号嘀嗒过美夏,
美夏杀肥猪,
山上杀小鸡。
小鸡哟哟杀下酒,
鹧鸪喔喔杀下饭。
三笼糯米糕,
四筐干饭。

（四）

u² u³ nam⁴, u² u³ kəm²,
咕 噜 水, 咕 噜 饱,
kən¹ lək⁸ boʔ⁸ mɔʔ⁸ eŋ² eŋ³。
吃 小 肚 个 瓮 瓮,
sia¹ lək⁸ huŋ⁴ hiu² beŋ² beŋ¹。
车 小 胴 条 拉长拉长。
kən¹ ku³ keŋ⁴, kəm² ku³ vən²。
吃 九 缸, 饱 九 天。

咕噜咕噜水,
咕噜咕噜饱,
喝水喝得肚子圆,

喝水喝得肠儿长。
吃九瓮，
饱九天。

（五）

eŋ¹ nɔ³ di² bəi¹ sia?⁸ xam²。
哥 大 要去 赫 坎，
bə³　　nuŋ⁴ hau² sət⁸ vian¹ tan³。
(词头) 侬 我 托 买 伞。
i² i²　mən² lai³ tan³，
要是 没有 伞，
tsu⁴ vian¹ hai² hua¹ laŋ³ men⁴。
就　买　鞋 花　草帽。

大哥要去赤坎，
小妹我托买伞。
如果没有伞，
就买花鞋草帽。

（六）

se¹ tsəŋ¹ mən² se¹ nan⁴，
给 饭团 不 给 肉，
lai³ lək⁸ mən² lai³ ba³ dan⁴。
生 子 没有 胎盘。
se¹ tsəŋ¹ mən² se¹ ba¹，
给 饭团 不 给 鱼，
lai³ lək⁸ mən² lai³ jin² da¹。
生 子 没有 眼珠。

给饭不给肉，
　生子无胎盘；
给饭不给鱼，
　生子无眼珠。